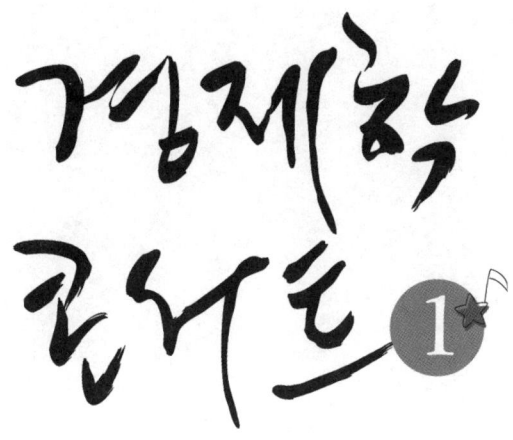

글 손경제

비씨스쿨

생활 경제 시리즈

생활에서 배우는 경제학콘서트 ❶

손경제 글

초판 1쇄 2013년 11월 20일

펴낸곳 비씨스쿨 / 펴낸이 손상열 / 디자인 송인숙

등록번호 제303-2004-36호 / 등록일자 1992년 2월 18일

주소 서울시 구로구 구로5동 107-8 미주오피스텔 2동 808호

전화 02) 869-7241 팩스 02) 869-7244

메일 foxshe@hanmail.net ISBN 979-89-91714-27-4

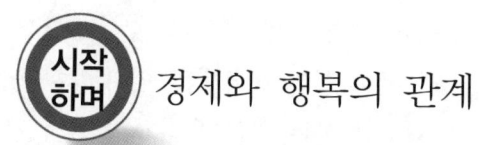

경제와 행복의 관계

　우리 속담에 아는 게 병이라는 말이 있다. 이 속담의 바탕에는 모르는 게 약이라는 무관심의 철학이 담겨 있다. 이런 속담이 등장한 배경은 정확하게 알 수 없으나 무위도식하면서 책이나 읽고 도를 깨우치는 것을 최고의 가치로 삼던 유학사상이 자리 잡고 있다고 생각한다. 조선의 유학사상은 상공업이나 농업을 무식한 백성이 하는 일로 여겼다는 것을 기록을 통해 알 수 있다. 이러한 사상은 고려의 퇴폐 정치를 혁파하려고 세운 조선이 썩을 대로 썩은 편 가르기와 더불어 백성을 수탈하는 악순환을 만들었다. 그리고 그 끝은 나라를 팔아먹고도 당당하게 애국자로 둔갑하는 사회가 되었다. 반면 나라 경제의 밑바탕이었던 백성은 고난의 시대를 떠받치면서 위기에 빠진 나라를 지켜왔다.

　이제 이러한 사상을 옹호하는 사람을 찾기는 힘들다. 개처럼 벌어서 정승같이 쓰라는 경구처럼 가난은 아무 것도 해결해 주지 않음을 지난 역사에서 몸으로 배웠기 때문이다. 조선시대뿐 아니라 우리 역사에 만연하고 있는 선민사상은 결국 백성을 고난의 시대로 내몰았다. 다시 이러한 시대가 온다면 모두가 파멸하는 일 밖에 없다. 우리가 경제를 배워야 하는 것은 삶에 많은 영향을 미치기 때문이다. 물론 학연, 지연, 혈연 등 파벌주의를 인관관계론으로 위장하고 여기에 맞는 처세술을 자기 계발이라는 논리로 무장한 극단적인 이기주의가 우리를 유혹한다.

보통 사람들이 이러한 삶의 조건들을 풀어내고 자유와 평등을 추구하려면 많은 인내와 시간, 그리고 노력이 요구된다. 물론 경제를 잘 안다고 부자가 되는 것은 아니지만 분명한 것은 최소한 아는 만큼 우리가 합리적인 소비를 통해 지혜로운 삶을 영위할 수 있다. 인간의 마지막 지향점은 행복한 삶이다. 그런데 행복한 삶을 누리지 못하고 돈의 노예가 되거나 평생 일만 하다 죽는 것이 이 시대의 역사이다. 끝없는 욕망 때문에 늘 부족함을 느끼며 살아가는 우리가 지혜롭게 마음을 추스르려면 자기 철학도 필요하다. 그러나 인간이 자연인이 아닌 사회적 동물로 살아가야 하는 조건을 인정한다면 경제 개념 정도는 알아야 할 것이다.

개인이 사회의 울타리를 벗어나 산다는 것은 누구나 할 수 있는 것이 아니다. 서점에서 팔리는 수많은 유대인의 성공담과 처세술, 교육론은 사회 속에서 살아남을 수 있는 방법을 일러준다. 유대인들은 특별한 사람들이 아니다. 그들의 역사가 짐 지운 삶을 이겨내기 위해 터득한 방법이다. 그들은 돈만이 모든 것을 해결할 수 있다는 것을 몸소 체험하면서 그리스도교의 이단자 딱지인 고리대금업과 노예상인으로 야만의 살았다. 그렇게 번 돈으로 자신들을 옹호할 수 있는 철학과 사회학과 경제학자들을 길러내 결국 전 세계를 지배하고 있다. 유대인을 옹호하겠다는 것은 아니다. 다만 강대국 틈바구니에서 역사와 문화를 지키며 살아가려면 필요한 것은 배워야 할 것이다. 그러려면 우선 생활 속에서 적용되는 최소한의 경제 원리만이라도 알아야 한다고 생각한다.

우리는 태어나서부터 치열한 경쟁을 통해 좋은 대학, 좋은 직장에 들어가려고 많은 노력을 기울인다. 모든 이들이 그렇게 하는 이유는 많은 월급을 주는 직장을 얻어 안정된 삶을 영위하기 위해서이다. 물론 많은 월급이 행복을 보장하지는 않지만 행복한 삶을 영위하는 바탕이 될 수는 있다. 그래서 각종 자격증도 따고, 스펙을 쌓으려고 노력하는 것이다. 그런데 문제는 이처럼 많은 노력을 기울이면서 꼭 필요한 경제에는 관심을 두지 않는다는 점이다. 행복한 삶을 영위하려면 시시각각 변하는 변화 속에서 어떻게 대처하는 것이 현명한 방법인지 생각하지 않으면 안 된다. 인간이 사회적 동물인 이상 경제의 그늘에서 벗어날 수 없다. 이러한 흐름을 읽지 못해 '워킹 푸어'나 '하우스 푸어', '카 푸어' 같은 사회 문제가 생기는 것이다. 시대에 영합해 아무 생각도 없이 주식 투자해 전 재산을 날리고 계획도 없이 부화뇌동해 땅이나 집을 빚으로 사는 이런 행동은 결국 경제관념이 부족해서 생긴 것이다. 물론 이런 사람 가운데는 경제학을 공부한 사람도 많다. 이들의 특징은 실물 경제가 보여주는 변화보다는 주변 사람들의 소문에만 매달려 행동한다는 점이다. 경제는 원론뿐만 아니라 현실에서 적용되는 다양한 변수를 함께 배워야 하는 이유다. 경제학은 미래를 예측하는 학문이 아니라 과거를 분석해 현재를 설명하는 학문이기 때문이다.

우리나라는 물론 세계 각국의 성공한 기업가는 시대가 필요로 하는 것을 간파해 사업을 성공으로 이끌었다. 이들은 경제학을 배우지 않았어도 본능적으로 이러한 변화를 간파해 자기화한 사람들이다. 이는 안정된 직장을 가져 평범한 소시민으로 살아가는 사람도 필수 조건이다. 조금 아는 것은 위험하고 전혀 모르는 것은 치명적이라는 서양 속담처럼 세상에 안전하게 자신을 보호해줄 직장이나 사회는 없다. 만약 약간의 경제관념을 갖추었다면 좀 더 나은 생활을 영위할 수 있을 것이다. 우리는 주변에서 갑자기 일확천금을 얻은 졸부들이 얼마 지나지 않아 다시 예전의 생활로 돌아가는 것을 가끔 보곤 한다. 이는 돈을 버는 것 못지않게 중요한 자기 관리를 못해서 일어나는 현상이다. 경제는 경제학자만 공부하는 학문이 아니다. 기업을 운영하든, 공무원이든, 평범한 월급쟁이든, 전업 주부든, 학생이든 모두 아담 스미스가 말한 보이지 않는 손이다. 그러므로 다양한 경제 원리들이 생활 속에서 어떻게 적용되고, 영향을 미치는지 안다면 지금보다 좀 더 나은 삶을 추구할 수 있을 것이다.

첫 번째 마당 생활에서 배우는 경제이야기

생활에서 배우는 경제이야기

먼 옛날 강에서 물고기를 잡으며 생활하는 부족이 있었다. 멀지 않은 곳에 높은 산이 있었고, 그곳에는 나무열매와 산짐승을 먹는 또 다른 부족이 살았다. 어느 날 강가의 부족은 나무열매가 먹고 싶어졌다. 그래서 산속 부족을 찾아갔다.

"우리 부족에게 나무열매를 줄 수 없나요?"

산속 부족들은 잠시 생각하더니,

"좋아요. 그 대신 당신들은 우리에게 물고기를 주십시오."

그렇게 두 부족은 물고기와 나무열매를 서로 바꾸었다.

경제생활은 아주 오랜 옛날부터 시작되었다. 돈을 사용하지 않던 옛날에는 서로 물건을 바꾸는 '물물 교환'이 전부였다. 그러나 사회가 발전하면서 사람들은 물건을 맞바꾸는 일이 불편하다는 걸 알게 되었다. 곡식과 멧돼지를 맞바꿀 때 서로 손해를 보지 않고 나누는 방법이 필요했던 것이다. 그래서 생겨난 것이 화폐, 바로 돈이다. 돈을 사용하기 시작하면서 경제 활동은 빠르게 발전해 갔다. 그리고 마침내 오늘날과 같은 복잡한 경제 활동을 하기에 이르렀다. 화폐를 이용해 개인끼리 물건을 사는 것뿐만 아니라 나라끼리 무역을 하기도 한다. 그뿐만 아니라 국가는 국민에게 거둔 세금으로 도로를 만들고, 도서관을 짓기도 한다. 이런 일 또한 경제 활동의 한 부분이다. 그렇다면 경제란 무엇인지 자세히 알아보자.

가격에 숨겨진 비밀

경제의 기본은 상품을 사고파는 것이다. 그러므로 상품을 사고팔 때에는 물건값을 계산해야 한다. 그런데 어떤 상품은 며칠 사이에 값이 오르기도 하고, 어떤 것은 형편없이 내려가기도 한다. 그리고 어떤 상품은 어쩌다 한 번씩 그것도 아주 조금씩 오른다. 이처럼 변하는 가격은 어떤 원리로 정해지는지 알아보자.

모든 상품에는 상품을 만들 때 쓴 돈인 생산 원가가 있다. 상품을 생산하려면 공장을 지어야 하고 기계와 원자재도 들여와야 한다. 만든 물건을 시장에 내다 팔려면 운반비도 들어가고 도매점과 소매점을 거치면서 유통비도 더해진다. 우리가 시장에서 물건을 사면서 내는 가격에는 생산 원가와 여러 비용이 포함되어 정해진다.

보통 가격은 물건을 구매하는 소비와 생산한 상품을 시장에 내놓는 공급의 영향을 받는데, 이를 수요와 공급이라고 한다. 수요란 시장에서 물건을 사려는 소비자를 의미하고, 공급은 상품을 만드는 생산자로 어부, 농부, 기업 등을 말한다. 대부분의 가격은 수요와 공급으로 결정되지만 그렇지 않은 것도 있다. 가격이 매겨지는 원리는 경제 활동 가운데 가장 중요하다. 그러므로 가격이 정해지는 원리만 정확하게 알고 있으면 합리적인 소비는 물론 행복한 삶을 영위할 수 있다.

①수요와 공급으로 결정되는 가격

　　2008년 우리나라는 태풍 때문에 큰 피해를 입었다. 1호 태풍 너구리를 비롯해 태평양에서 발생한 스물두 개의 태풍이 논밭을 휩쓸고 지나가면서 많은 농작물이 물에 잠겼다. 이 때문에 농산물 생산량이 줄어들어 가격이 천정부지로 뛰었다. 한 단에 2,000원 하던 배추가 6,000원으로 세 배나 올라 장을 보러 나온 주부들이 김치가 아니라 금치를 먹게 생겼다고 놀란 표정을 짓기도 했다. 이처럼 갑자기 가격이 오르는데 영향을 미친 요인이 어떤 것인지 알아보자.

　　먼저 태풍으로 배추밭이 물에 잠겨 배추 가격이 올랐다. 이는 배추를 사려는 사람이 많고 적음 수요 에 따라 가격이 변한 것이다. 배추를 사려는 수요가 늘면 가격은 오르고 반대로 배추를 사려는 사람이 줄면 생산자는 공급을 줄여서 가격을 유지한다.

　　또한 배추가 시장에 얼마나 공급되느냐에 따라서 값이 변한다. 만약 농부들이 배추를 시장에 한꺼번에 내다 팔면 공급이 늘어나 가격은 내려갈 것이다. 그러나 태풍 피해로 배추 농사를 망치면서 공급이 줄면 가격이 오를 것이다. 2008년 당시 배추 가격이 오른 것은 태풍 피해로 생산량이 줄면서 나타난 현상이다. 이처럼 가격은 상품을 구매하려는 수요와 팔려는 공급 사이에서 결정된다. 따라서 가격이 결정되는 가장 중요한 요인이 수요와 공급 때문이라는 것을 알 수 있다.

◯생각해 보기

1. 수요와 공급의 개념을 알아본다.
2. 생산 원가가 가격에 미치는 영향을 알아본다.

① 자유 무역을 주장한 데이비드 리카도

데이비드 리카도 1772년~1823년 는 애덤 스미스와 함께 자유주의 경제학을 대표하는 경제학자로 영국의 고전 경제학을 완성했다. 그는 노동 가치설, 차액 지대론, 국제 무역에 관한 비교 생산비설, 애덤 스미스의 절대 우위론을 바탕으로 비교 우위론을 발표했다.

리카도는 자유 무역론과 지대론을 주장하면서 국가 간 무역은 자국의 실업자를 늘려 사회 불안을 가져오지만 낮은 가격에 수입된 원료와 제품이 값비싼 자국 제품보다 더 팔리면 국가 경제에 이바지한다고 보았다. 그는 자국에서 생산한 제품으로 국내 경제를 모두 충족시킬 수 있다는 기존 생각을 뒤집었다. 이러한 그의 주장은 열네 살 때부터 아버지 회사에서 금융 투자를 배우면서 쌓은 경험이 바탕이 되었다. 그는 20대 중반부터 기업을 경영하면서 얻은 경험과 지식을 바탕으로 경제학자와 논쟁을 벌여도 지지 않을 만큼 명석한 두뇌의 소유자였다. 어려서부터 경제학자 자질을 갖췄던 리카도의 이론은 여러 경제 원리 가운데 가장 어렵지만 절묘해서 경제를 이해하는 데 꼭 필요하다.

그의 대표 이론인 비교 우위론은 시대적 배경이 많은 영향을 끼쳤다. 당시 프랑스와 전쟁 중이던 영국은 나폴레옹이 대륙 봉쇄령을 내려 곡물 수입을 할 수 없어서 가격이 천정부지로 치솟았다. 이러한 경험 때문에 전쟁이 끝난 뒤 지주들은 정치인들에게 보호 무역을 요구했다. 그러나 자유 무역을 주장했던 리카도는 보호 무역을 강력하게 반대했다. 그는 돈이 세상을 돌아가게 하지는 못하지만 돈이 경제를 움직이는 것은 틀림없다고 생각했다. 따라서 화폐 유통을 막는 것은 가장 효율적으로 생산한 상품을 필요한 곳으로 전달하는 것을 막는 행위라고 보고 돈이 세상에 잘 돌게 하려면 자유 무역이 이루어져야 한다고 주장했다. 이를 위해서 각 나라는 자국이 가장 잘 만들 수 있는 비교 우위 제품을 특화시키면 높은 효율을 얻는다고 생각했다. 자유 무역이 이루어지면 기업들은 어쩔 수 없이 경쟁력이 낮은 산업을 포기하고 경쟁력이 높은 산업만 발전시켜서 산업 구조를 바꾸게 된다는 것이다. 이렇게 산업을 개편한 국가의 국민은 더 적게 일해 높은 수준의 생활을 누릴 것이라고 생각했다.

산업 구조를 개편하면 경쟁력이 약한 산업이 무너져 실업자가 늘어나지만 자유 무역으로 보는 손해는 보호 무역 때문에 소비자가 입는 피해보다 훨씬 적다는 것이다. 그는 자유 무역으로 생기는 실업 문제는 연금을 지급하고 새로운 기술 교육을 통해 전업시키면 훨씬 이익이라면서 선진국이 보호 무역을 내세워서 수입을 제한하면 저개발국 경제가 어려워지면 더 많은 문제가 생긴다는 것이다. 그러므로 영국이 활발한 자유 무역을 추구하면 밝은 미래가 열리지만 보호 무역을 시행하면 어려움에 빠지므로 비교 우위 산업을 적극 육성해야 세계 중심 국가가 될 것이라고 확신했다. 그의 이러한 생각은 연구를 통해 얻은 결과라기보다는 정치가들을 설득해 자유 무역을 유도하려는 하나의 방편이었다.

특히 그는 산업 계층을 노동자, 소작농, 지주로 나누어 경제 논리를 제시했다. 공장 노동자와 대지주에게서 땅을 빌려 농사를 짓는 소작농과 대지주로 구분하면서 경제의 핵심을 지대에서 찾았다. 그는 토지를 임대한 사람이 소유주에게 지급하는 지대가 최저 금액을 초과하는 원인을 사회 현상에서 찾았다. 당시 지주들은 양털 가격이 빠르게 오르자 생산을 늘리려고 땅을 사들여 목초지로 만들었다. 이들은 농지와 황무지는 물론 심지어 집마저 허물어 목초지로 바꾸었다. 따라서 초지가 부족해지면서 땅을 빌릴 때 지급하는 지대도 급격하게 오른 것이라고 판단했다. 얼마 뒤, 곡물을 생산할 땅마저 부족해진 현상이 경제에 미치는 영향을 근거로 지대 상승이 쓸 때 없이 내는 돈이라고 생각한 것이다. 그는 이러한 이론을 근거로 삼아 지대와 자본의 이윤을 엄격하게 구분했다.

노동 가치설_ 상품 가치는 그 상품을 생산하는 데에 드는 노동 시간으로 결정된다는 학설로 페니(W. Petty)가 처음 주장했으며, 애덤 스미스와 데이비드 리카도가 발전시켰고 마르크스가 완성했다.

차액 지대론_ 리카도가 주장한 지대학설로 둘 이상 같은 면적의 토지에서 면적별로 같은 자본이 투입되어 만드는 농산물 차액으로 땅 주인이 아닌 생산자에게 돌아가야 한다는 이론.

비교 생산비설(Theory of Comparative Cost)_ 자본과 노동의 이동이 자유롭지 않은 국제간의 교환 원리를 무역 당사국의 생산비율의 차이로 설명하는 이론이다. 이는 각국이 자국 내 생산비가 비교 우위에 있는 상품을 집중 생산해 그 잉여분을 수출하고, 그 대신 외국에서 보다 싸게 생산할 수 있는 상품을 수입하면 무역 당사국 모두 이익을 얻는다는 것이다. 여기서 생산비의 비교는 자국 내 비교이며 타국과의 절대적인 비교에서 싸다는 의미는 아니다. 비교 생산비설은 자국 내의 모든 생산물의 생산비가 타국에 비해 절대적 우위를 차지해도 상대적으로 싼 상품 생산에 집중하는 것이 양국에 이익이라는 주장이다.

② 절대 우위론·비교 우위론·경쟁 우위론의 차이

국가 간 무역에는 항상 경쟁이 존재해 자신이 만든 상품을 더 많이 팔려는 욕구가 나타난다. 그래서 나온 학설이 상품을 비교한 절대 우위론과 비교 우위론, 경쟁 우위론이다.

절대 우위론은 현대 경제학의 시조로 불리는 애덤 스미스가 처음 제기했다. 그가 1677년 『국부론』을 발표했을 때 유럽은 중상주의가 지배하고 있었다. 중상주의란 당시 유럽 국가들이 금과 은을 무역 거래 수단으로 이용해 국부를 축적하는 방법으로 가능한 한 많이 수출하고 수입을 줄여 외국으로 유출되지 않도록 하는 것을 말한다. 따라서 유럽 국가들은 되도록 수입을 억제하고 수출을 장려하는 정책을 폈다. 이러한 목적을 달성하려고 수입품에는 관세나 쿼터 할당량로 제한하면서 수출품에는 보조금을 지급해 장려했다. 이는 무역으로 한 나라가 이익을 얻으면 다른 나라는 반드시 손해를 보는 제로섬 게임 zero-sum game 으로 판단해 생긴 결과였다. 무역으로 생기는 새로운 가치는 젖혀두고 고정된 가치를 어느 나라가 더 많이 차지하는가 하는 경쟁 관계로만 본 것이다. 그러나 애덤 스미스는 무역이 제로섬 게임이라는 중상주의자들의 주장을 비판하면서 각국이 높은 생산성을 가진 산업을 발전시키는데 노력해야 한다는 것이다. 각국이 절대 우위 상품을 생산해 다른 나라 제품과 교환하는 것이 훨씬 더 효율적이라는 논리를 폈다.

비교 우위론은 리카도가 애덤 스미스의 절대 우위론을 발전시켜 만든 국제 무역 이론이다. 애덤 스미스의 절대 우위론은 한 나라가 다른 나라보다 모든 재화 생산에서 절대 우위에 있을 때에는 두 나라 사이에 무역이 이루어질 수 없다고 보았다. 그러나 리카도는 비교 우위론을 통해 설령 한 나라가 다른 나라보다 모든 재화가 절대 우위에 있거나 절대 열위에 있어도 상대적으로 효율성이 높은 산업을 특화시켜 생산하면 두 나라 모두 이익을 얻는다고 보았다. 예를 들어 필리핀과 한국의 자동차, 조선업을 비교하면 한국은 두 가지 모두 필리핀보다 절대 우위에 있다. 이때 애덤 스미스의 절대 우위론은 조선과 자동차 산업에서 무역이 일어날 수 없다고 보았지만 리카도는 한국과 필리핀이 자동차와 조선업의 효율성을 비교했을 때 한국은 배보다 자동차를 더 잘 만들 수 있으므로 자동차 수출에 집중하고, 필리핀은 자동차보다 조선업을 발전시키는 것이 더 이롭다는 것이다.

예를 들어 A 국이 휴대 전화 한 대를 만드는데 한 시간, 자동차 한 대 만드는 데 하루가 걸리는 반면 B 국은 세 시간과 이틀이 걸린다면 절대 우위론에서는 교역이 이루어질 수 없다고 보았다. 그러나 비교 우위론에서는 A 국은 생산력이 더 높은 휴대 전화 생산에 집중하고 B 국은 A 국보다는 못하지만 그나마 생산력이 높은 자동차 생산에 집중하면 서로에게 이익을 된다는 것이다. 그러므로 땅이 넓고 기후가 온화한 나라는 농업을, 목초지가 많아 양털을 많이 생산하는 나라는 방직업을, 바다로 둘러싸인 나라는 어족자원이 풍부하므로 수산업을 적극 육성하는 것이 훨씬 효율적이라는 것이다. 결국 세계 각국이 서로 잘할 수 있는 산업에 집중해 생산한 상품을 교역하면 경제가 골고루 발전하므로 풍요로운 삶을 누릴 수 있다고 생각했다.

그러나 리카도의 비교 우위론도 국가 간 기술 수준이 줄어들어 치열한 경쟁을 하면서 등장한 경쟁 우위론에 밀려났다. 20세기 들어 국제 무역은 국가 생존을 가름하는 중요한 요소가 되었다. 특히 세계 경제를 다국적 기업의 무한 경쟁으로 규정한 경쟁 우위론은 경제 발전을 국가의 흥망성쇠와 직결된 전략으로 보았다. 특히 경쟁 우위론에서 경쟁력을 높이는 구성 요인으로 생산 요소와 수요, 관련 산업과 지원 산업, 기업 전략 구조 및 경쟁 상태, 정부 정책 환경 등으로 보고 이를 잘 활용해야 한다고 강조했다.

③ 가치로 본 가격의 아이러니

사람들이 결혼할 때 가장 중요한 예물로 생각하는 것은 반지이다. 그 가운데 다이아몬드 반지는 결혼의 증표로 생각해 많이 찾지만 실제 가치보다 매우 비싸다. 천연 다이아몬드를 100퍼센트 수입하는 우리나라도 결혼 예물로 다이아몬드를 많이 찾는다. 다이아몬드 반지를 많이 찾는 이유는 세월이 흘러도 변하지 않는 영원성에 있다. 영원한 아름다움과 사랑을 의미하는 다이아몬드는 결혼해서 두 사람이 생활하면서 겪게 될 모든 어려움을 극복하려는 의지와 소망이 담겨 있다. 그러나 다이아몬드를 찾는 또 다른 이유는 사람들이 갖는 호기심과 환상 때문이다. 사람들이 한 번쯤 꿈꾸었던 백설 공주와 백마 탄 왕자의 사랑을 다이아몬드 반지에서 찾으려는 것이다.

그런데 실제 생활에서 다이아몬드가 가진 가치는 그리 크지 않다. 금반지는 처음 산 가격에서 약간 차이가 나긴 해도 가치를 그대로 지니지만 많은 돈을 주고 산 다이아몬드를 팔 때에는 엄청나게 손해를 보게 된다.

이처럼 경제학에서 재화의 효용 가치를 설명할 때 물과 다이아몬드의 역설을 예로 든다. 물은 모든 생명체가 생명을 유지하는 데 없어서는 안 될 꼭 필요한 요소지만 그 가격은 공짜에 가깝다. 물론 수돗물이나 가게에서 판매하는 생수 값은 지급해야 하지만 대부분은 공짜이다.

이처럼 절대적 가치를 가진 물과 비교했을 때 다이아몬드의 가치는 하찮은 것이라고 생각할 수 있다. 1890년대 남아프리카에 있는 다이아몬드 광산을 방문했던 영국 귀족 처칠은 사람들이 생각하는 다이아몬드 가치는 여자들의 사치와 허영심 때문이라고 비판했다. 일상생활에서 실용성을 아무리 따져 보아도 다이아몬드 가치는 그리 크지 않다. 일부 절삭 기계 등에 사용하는 다이아몬드는 모두 공장에서 대량 생산한다. 금속과 암반을 자르는 역할 외에 실용 가치를 아무리 따져 보아도 부를 과시하는 외에는 찾을 수가 없다. 그런데도 다이아몬드는 쉽게 갖기 어려울 정도로 비싸게 거래된다. 이처럼 인간의 생존에 꼭 필요한 물은 매우 싼 반면 삶과 전혀 무관한 다이아몬드가 훨씬 높은 가치를 갖는 현상을 '물과 다이아몬드의 역설'이라고 한다.

경제학에서 재화의 가치와 가격을 처음 구별한 사람은 애덤 스미스와 데이비드 리카도 같은 고전 경제학자들이다. 애덤 스미스는 자신이 쓴 책에서 재화 가치는 사용 가치를 의미하고 가격은 교환 가치를 의미한다고 정의했다. 이들은 물은 사용 가치가 높지만 교환 가치는 매우 낮고 다이아몬드는 사용 가치는 낮아도 희소성 때문에 교환 가치가 매우 크다는 것이다. 그런데 물과 다이아몬드의 역설에 나타난 교환 가치가 무엇으로 결정되는 지는 아무도 설명하지 못했다. 그 이유는 당시 재화 가치를 결정하는 문제가 주로 철학에서만 다루던 주제였기 때문이다. 중세 스콜라 철학자인 토마스 아퀴나스는 만물의 가치는 신의 섭리로 결정되는 반면 재화 가치를 인간이 결정하면서 더 높게 매겼다고 생각했다. 그래서 재화가 본래 지닌 가치보다 더 높게 가격을 매기는 행위는 신의 섭리를 벗어나는 것이어서 죄를 짓는 행위라고 생각해 돈을 빌려주면 원금만 되돌려 받으면 된다고 생각해 이자를 줄 필요가 없다고 판단했다. 결국 돈을 빌려주고 이자를 받는 것은 신의 뜻을 벗어나 부당한 대가를 받는 행위이므로 교회에서 처벌해야 한다는 것이다. 이에 따라 중세 교회들이 고리대금업을 하는 유대인들을 신의 뜻을 거역하는 이단자로 보았다. 당시 유럽에 살던 유대인들이 돈벌이에만 눈이 먼 천한 인간으로 오랫동안 멸시와 배척을 당했던 것은 바로 종교의 영향 때문이었다.

이처럼 재화의 가치 판단이 철학자에게 맡겨진 중세 시대의 경제학자들은 교환 가치인 가격 결정에만 매달렸다. 초기 경제학자들은 가격이 재화를 생산하는 비용으로 좌우된다고 생각해 생산비 대부분을 차지하는 인건비에 비례해 결정했다. 예를 들어 호랑이 한 마리를 잡는 데 5일 걸리고 토끼 한 마리를 잡는 데 하루가 걸리면 호랑이는 토끼보다 다섯 배나 높은 가격이 매겨졌다. 이처럼 모든 가격이 노동 비용으로 결정된다는 리카도의 이론을 이어받은 마르크스는 정치 경제학의 핵심 이론인 노동 가치론을 정리했다. 그는 모든 생산물의 가치가 노동 비용으로 결정되므로 생산 과정에서 발생한 모든 가치는 결국 노동자의 몫이라고 보았다. 따라서 생산 과정에서 새로 생긴 가치가 자본가나 지주에게 돌아가는 것은 결국 노동자의 몫을 착취하는 것이라는 것이다. 그러나 착취 개념을 정치 경제학의 핵심 이론으로 삼았던 마르크스의 이론에는 모순이 있다.

만약 상품을 만드는데 들인 노동 비용과 비례해 가격이 결정된다면 같은 시간을 들여 만든 이중섭의 작품과 이름이 알려지지 않은 작가의 그림값은 같아야 한다. 그런데 현실에서 이중섭의 작품은 비싸게 팔리는 반면 이름이 알려지지 않은 화가 작품은 많이 받지 못하는 것을 볼 때 투입한 노동 비용으로만 가격을 결정하면 문제가 발생한다. 현실에서 가격이 결정되는 것은 바로 수요와 공급에 의해서 결정되는 경우가 대부분이기 때문이다. 현실에서의 가격은 생산 비용이 아무리 많이 들어도 수요가 적으면 높은 가격을 받을 수가 없고, 반대로 생산 비용이 낮아도 수요가 많으면 값은 오른다. 앨프레드 마셜은 1890년 펴낸 책 『경제학 원론』에서 가격이 수요와 공급이 작용해 결정된다면서 '수요와 공급 법칙'으로 설명했다.

시장에서 수요가 공급보다 많다면 소비자는 비싼 값을 주고서라도 재화를 사야 해 가격이 오른다. 그러나 가격이 너무 오르면 수요가 줄어들고 수요가 줄지 않으면 공급을 늘려 결국 문제는 해결된다. 반대로 수요보다 공급이 늘어나면 공급자는 낮은 가격에라도 팔려고 해 가격은 내려간다. 따라서 가격이 내려가면 수요는 늘어나지만 공급을 줄여 결국 시장 가격은 균형 가격이 된다. 이처럼 수요와 공급을 일치시켜 주는 가격을 균형 가격 또는 시장 청산 가격이라고 한다. 그러나 반대로 시장에서 효용 가치와는 다른 가격이 정해지는 역설적인 문제가 존재한다. 이처럼 물과 다이아몬드가 보여주는 역설은 인간이 가진 욕망과 허영심이 또 다른 가치를 만들어냈음을 보여준다.

물과 다이아몬드의 역설_ 생존에 꼭 필요한 물값은 매우 싼데 생존과는 무관한 다이아몬드 가격은 엄청나게 비싼 것처럼 가치가 높은 것에 더 낮은 가격이 매겨지는 현상을 이르는 경제학 개념이다.

노동 가치론_ 재화의 가치는 생산 과정에 투여된 노동량으로 결정되며 그 가치 비율에 따라 상품 교환도 성립된다는 이론으로 T.홉스, W.페터, J.로크 등이 연구하고 애덤 스미스가 정리했다. 스미스는 교환 가치를 노동 시간으로 규정하고 가격은 이 교환 가치를 화폐로 표현한 것이라고 보았다. 이어 데이비드 리카도는 시장에서 희소성을 가진 재화를 제외한 상품 가치는 투하 노동 상대 양으로 결정된다는 투하 노동 가치설을 주장했다. 이와 같은 고전학파 노동 가치론은 마르크스가 비판적으로 계승해 잉여 가치설로 발전시켰다. 마르크스는 오로지 인간의 노동만이 모든 가치를 만들어내며 유일한 이윤의 원천이라고 보았다. 그의 정치 경제학 핵심인 노동 가치론은 잉여가치 법칙을 설명하는 근본원리였다.

④ 그림 가격으로 본 수요와 공급 법칙

예술 작품은 값을 매기는 기준이 모호해 가격을 정하기가 무척 어렵다. 예술품은 생활용품처럼 제조 원가가 들어가지만 이것을 기준으로 가격을 정한다면 예술가는 살아갈 수 없기 때문이다. 그렇다고 세상에 단 하나뿐인 예술품에 가격을 매기지 않으면 거래는 이루어질 수 없다. 일반 상품은 제조 원가에 유통비를 더해 가격을 정하지만 그림은 유통 단계도 일반 상품과는 다르다. 그림은 소수의 애호가 사이에서만 거래되는 희소성과 함께 다른 상품에는 없는 호라는 단위를 사용해 가격을 매긴다. 그런데 호라는 단위를 모든 작품에 똑 같이 적용하지 않아 혼란을 준다. 이처럼 예술 작품은 우리가 이해하기 힘든 복잡한 과정을 거쳐 가격이 매겨진다.

19세기 말부터 예술가의 수도로 불린 파리 몽마르트르 언덕은 집세가 무척 싸서 많은 방랑자와 예술가가 모여들었다. 어느 날 몽마르트르 언덕에 '파블로 디에고 도세 프란시스코…'로 시작해 무려 열아홉 번이나 띄어 쓰는 긴 이름을 가진 열아홉 살 스페인 청년이 찾아왔다. 사람들은 긴 이름 때문에 첫 단어와 마지막 단어를 따서 파블로 피카소라고 불렀다. 그는 너무나 가난해서 다른 스페인 출신 화가 작업실을 떠돌며 살았다. 가난과 배고픔이 이어지던 어느 날, 그림 수집가가 찾아와 그림을 700프랑에 사겠다고 했다. 그러나 피카소는 너무 헐값이라고 생각해 거절했으나 저녁때 먹을 양식이 떨어졌다는 것을 알고 고집 피운 것을 후회했다. 다음 날, 그림 수집가를 찾아갔으나 이번에는 500프랑에 사겠다고 해 자존심이 상해 다시 돌아왔다. 그러나 배고픔을 이기지 못하고 다시 찾아갔을 때에는 그림값이 300프랑으로 내려가 있었다. 세월이 흘러 유명 작가가 되자 그림값은 하늘 높은 줄

모르고 올라갔다. 그리고 2010년 '누드, 녹색 잎과 상반신'이란 작품이 뉴욕 경매 시장에서 1억 650만 달러약 1,190억 원 에 팔려 역사상 가장 비싼 그림이 되었다. 이러한 예는 그림값이 매겨지는 과정을 이해하는 데 큰 도움을 준다.

아무리 귀한 상품이라도 세상에 알려지지 않으면 잘 팔리지 않는다. 그래서 기업들은 상품을 만든 뒤 엄청난 홍보비를 들여 알리려고 노력한다. 예술품 시장에서 무명작가와 유명 작가의 작품값은 많은 차이가 난다. 더군다나 유명 작가가 죽어서 작품을 그릴 수 없다면 그 가치는 더욱 커진다. 작가에 따라 그림값이 차이가 나는 이유는 간단하다. 사람들이 아는 유명 작가 작품은 양이 적어서 누구나 갖고 싶어 하기 때문이다. 그림도 일반 상품처럼 수요와 공급으로 가격이 결정된다. 그러나 그림값을 결정하는 것은 우리가 생각하는 것보다 무척 다양하다.

먼저 작가의 지명도는 그림값을 결정하는데 가장 중요한 요인으로 작용한다. 그림을 좋아하는 사람은 누구나 유명 작가의 작품을 갖고 싶어 해 값을 매기는 것이 의미가 없을 정도이다. 그림값은 작품 소재나 질감이 많은 영향을 주어 같은 작가가 비슷한 시기에 그렸더라도 차이가 난다. 이는 사람들이 같은 작가가 그린 작품이라도 좋아하는 그림이 따로 있음을 의미한다. 이런 특성은 동서양을 막론하고 차이가 없어 초상화는 젊은 여인과 아름다운 여인을 그린 작품이 그렇지 않은 것보다 훨씬 비싸다. 같은 누드화라도 야하거나 흐트러진 자세보다 자연스러운 모습을 그린 것이 더 비싸다. 그뿐 아니라 거실에 걸기 편해서 가로로 그린 그림이 더 비싸고, 물감을 두껍게 칠한 것과 밝게 그린 것을 더 좋아한다. 이러한 작품의 여러 요소 외에도 보존 상태나 희소성, 작품에 담긴 사연이나 유행, 기대 수익 등의 가치도 그림값에 많은 영향을 미친다.

그림 거래 기준 단위인 호號 는 원래 프랑스 인상파 화가들이 만들어 사용하면서 알려졌다. 일반적으로 엽서 크기로 불리는 1호는 인물화를 기준으로 22.7×15.8cm로 14.8×10cm인 엽서보다 두 배 가까이 크지만 2호는 1호보다 조금 큰 25.8×17.9cm이다. 그림값은 보통 호수에 호당 가격 호당 40만 원 정도 을 곱해 정하는데 작가가 10호짜리 그림을 그렸다면 400만 원이 그림값으로 매겨진다.

● 이중섭의 '은박지에 그린 그림'

그러나 일부 전문가는 호당 가격제가 합리적인 기준으로 매겨지지 않았다면서 바꿔야한다고 주장한다. 이러한 특징 때문에 작품을 거래하는 방식도 일반 상품과는 전혀 다르다. 보통 일반 상품은 공장에서 만들어져 백화점이나, 양판점이나 할인점에 진열해 놓으면 소비자가 직접 사간다. 그러나 그림은 가게에 전시하기도 쉽지 않고 잘못하면 훼손되므로 그림을 사려는 사람은 화랑에 예약을 해야만 볼 수 있다. 그렇지 않으면 경매 회사가 공개경쟁으로 진행하는 경매에 참여해야 한다. 그렇다고 모든 화가가 화랑이나 경매에서 그림을 팔 수 있는 것도 아니다. 화랑과 경매 시장에서 거래되는 그림은 이름이 널리 알려진 유명 작가 작품이므로 이름이 알려지지 않은 작가는 대부분 친지나 지인에게 판매한다. 그러나 이름이 알려지기 시작한 화가는 화랑이나 여러 개의 화랑이 한곳에 모여 미술품을 판매하는 시장인 아트 페어에서 거래할 수 있다.

일반적으로 화가 손을 떠난 작품은 미술품 수집가로 불리는 컬렉터가 거래하는 2차 시장에서 경매로 이루어진다. 1차 시장에서 거래가 이루어질 때에는 화랑 등 소비자가 작가와 협의해 가격을 결정한다. 그러나 2차 시장에서는 소수의 소비자가 경쟁을 통해 결정하므로 1차 시장보다 값이 오르기도 하지만 내려갈 때도 있다. 그 이유는 맨 처음 가격을 결정한 작가가 객관적인 기준 없이 정하기 때문이다.

예를 들어 그림이 안 팔려도 화가가 그림값을 비싸게 매길 수 있고, 싼 값에 그림을 내놓아 많은 사람이 쉽게 접하도록 하려는 화가도 있어서

호가와 실제 거래 가격이 다른 것이다. 우리나라 대학생 미술전에 출품하는 학생작품은 호당 2만~5만 원 정도이며 어느 정도 이름이 알려진 젊은 작가는 호당 10만~20만 원 정도이다. 그러나 중견작가 가운데 이들보다 낮은 가격을 받는 예도 많다. 이는 그림에 대한 선호도가 가격 결정 요인으로 작용하기 때문이다. 따라서 미술품 시장에서 좋은 그림이 항상 더 비싸게 팔린다는 공식은 성립하지 않는다.

우리나라 미술품 가격은 한국 미술품 감정 협회에서 만든 미술품 가격지수인 KAMP 50 지수 Korea Art Market Price 로 알 수 있다. KAMP 50 지수는 미술·금융전문가 등으로 구성한 평가사들이 1998년부터 2011년 6월까지 우리나라 경매 시장에서 거래 낙찰 순위와 총 거래 금액 등을 바탕으로 대표 화가 52명의 작품을 10호당 가격을 평균해 매긴 것이다. 10호당 평균 값이 가장 높은 AAA 등급 작가는 박수근으로 평균 16억 1,600만 원이고, 뒤를 이어 13억 5,900만 원인 이중섭, 4억 5,000만 원인 천경자, 3억 4,255만 원인 김환기, 3억 3,700만 원인 장욱진, 1억 8,900만 원인 이우환 순이다. 이처럼 그림이 복잡한 가격 구조를 가진 것은 일반 상품과 다르게 무게나 크기, 재료만으로 쉽게 가격을 매길 수 없는 요소들 존재하기 때문이다.

⑤ 경매로 매겨지는 가격의 특징

경매를 국어사전에서는 '가장 높은 값을 부른 사람에게 물품을 판매하는 공개 판매 방식'이라고 설명한다. 또한 경제학에서는 시장에 참여한 사람이 부르는 값에 기초해 자원이 배분되고 가격이 어떤 수준에서 결정될지를 결정하는 규칙을 갖춘 시장 제도라고 정의한다. 그러므로 경매는 단순하게 상품만 판매하는 것이 아님을 알 수 있다. 경매는 물품을 구입하거나 공사를 맡기고 자원을 배분하는 때에도 이루어지기 때문이다.

일반적으로 경매는 그림 같은 예술품이나 수시로 가격이 변하는 농수산물 시장에서 많이 이루어진다. 그러나 경제 불황이 발생하면 가장 활발해지는 곳이 바로 경매 시장이다. 특히 경매는 재산 불리기의 한 방법으로 생각해 학원에서 가르칠 정도로 인기가 있다. 사람들이 경매에 참여하는 데에는 여러 가지 목적이 있다. 일상에서 구매하는 상품에는 대부분 표준 가격이 있지만 경매 대상 물품에는 가격이 없거나, 정확히 알 수 없는 것도 있다. 이처럼 경매는 가격이 모호한 상품을 적절한 가치를 평가받아 팔려고 할 때 이루어진다. 경매 대상이 객관적인 가치를 가졌는지에 따라 개인 가치와 공통 가치로 구분한다. 이 가운데 객관적인 가치는 있지만 가격이 매겨지지 않아 개인이 느끼는 가치가 다른 대표적인 것으로 미술품이 있다. 반면 객관적 가치를 가지고 있지만 가격을 알 수 없는 것으로는 해저 원유 채굴권이나 광산 개발권 등이 있다.

흔히 역사가들은 경매의 기원을 고대 바빌로니아나 로마 제국에서 전리품을 거래한 것에서 유래를 찾는다. 그러나 근대 경매는 1744년 영국 소더비 Sotheby's 경매 회사가 희귀 서적을 팔기 시작하면서 부터이다. 지금도 전 세계 100여 개국에서 연 20억 달러 이상을 거래하는 소더비는 '크리스티'와 함께 세계에서 가장 유명한 경매 회사로 통한다. 경매 시장에서는 골동품, 책, 미술품, 심지어 침몰한 호화 여객선 타이타닉호 메뉴판에 이르기까지 희귀한 모든 것을 거래한다. 2013년에는 영국 경매 사이트에 잉글랜드 프로축구 맨체스터유나이티드의 알렉스 퍼거슨 감독이 은퇴 경기 때 씹은 껌이 6억 6000만 원에 팔리기도 했다. 그뿐 아니라 정부에서 보유한 주파수 사용권이나 전력 공급권 등 국가 자원을 배분하거나 부실기업을 공개 매각할 때도 경매를 이용한다. 전 세계 경매 규모는 정확히 알려져 있지 않지만 2010년 세계 부자 보고서는 전 세계 3000여 경매 회사를 대상으로 조사한 거래 규모를 약 34조 원에 이를 것이라고 추정했다.

경매 방식은 크게 공개 경매와 입찰제로 구분한다. 공개 경매는 입찰자가 가격을 점차 올리는 '영국식 경매 방식'과 가격을 계속 낮추는 '네덜란드식 경매 방식'이 있다. 입찰제는 입찰자가 원하는 가격을 제출해 제일 많은 가격을 쓴 입찰자가 낙찰 받는 방식으로 '최고 가격 입찰제'라고 부른다. 이때 최고가를 쓴 입찰자를 낙찰자로 선정하면서 낙찰가를 2위 입찰 금액으로 정하는 방식을 '제2 가격 입찰제'라고 한다.

경매 방식에 따라 거래되는 물품도 달라지는데 우리가 일반적으로 알고 있는 방식은 '영국식 경매'이다. 반면 '네덜란드식 경매'는 채소나 화훼, 수산물 등 신선도를 중요하게 여겨 경매 시간이 짧은 특징이 있다. 입찰제는 주로 정부가 추진하는 토목 공사나 공공 기관 물품 납품 등에서 주로 이루어지므로 입찰자끼리 담합하는 문제가 생기기도 한다.

입찰 가격을 결정하려면 가장 먼저 입찰자 입장에서 지불 의사가 있는 가장 높은 가격인 유보 가치 RV · reservation value 를 결정해야 한다. 유보 가치란 물품을 확보하려는 의지와 필요성, 과거 낙찰 가격 등 다양한 요소를 고려한 것을 말한다. 만약 입찰에 참가하려면 다른 입찰자가 생각하는 최대 가격을 고려하는 전략을 세워야 하지만 이를 알 수 없으므로 대부분 육감에 의존한다. 만약 경매에서 물품을 낙찰 받았다면 낙찰자는 유보 가격과 실제 지불한 가격 차이를 통해 이익을 환산할 수 있는데, 유보 가격이 1,000원인데 800원에 낙찰 받았다면 200원의 이익을 얻는다.

2000년대 이후 우리나라 정부가 부실기업을 입찰 경매 방식으로 거래해 친숙한 용어가 되었다. 그러나 입찰 경매로 부실기업을 인수한 모기업들이 어려움을 겪으면서 '승자의 저주 Winner's curse'라는 말이 유행했다. 보통 경매로 낙찰 받은 상품은 객관적인 가치가 매겨지지만 잘못된 판단으로 구매한 물건이 입찰자를 위험에 빠뜨리는 현상을 승자의 저주라고 한다. 이 용어는 미국의 행동경제학자인 리처드 세일러가 1992년 낸 책을 통해 널리 알려졌다. 그는 원유 매장 가능성이 있는 지역, 기업 인수 합병 등 많은 분야에서 확실하지 않은 정보를 바탕으로 거래가 이루어져서 발생한다고 분석했다.

이러한 원인은 대부분 무리한 욕심을 부려 실제 가치보다 가격이 부풀려져서 생긴 현상이다.

금호그룹은 대우건설과 대한통운을 인수했다가 모그룹까지 위험에 빠뜨렸고, 2008년 대우조선해양 인수를 추진하다가 세계 금융 위기로 입찰을 포기해 약 4000억 원의 계약금을 날린 한화그룹, 어려운 건설 경기를 예상하지 못하고 무리하게 대출로 극동건설을 인수하면서 결국 유동성 부족해 공중 분해된 웅진그룹도 있다. 2013년에는 인수 합병으로 조선업을 수직 계열화해 성공한 샐러리맨 신화로 불리던 STX그룹이 불경기 때문에 유동성이 부족해서 공중 분해되었다. 이처럼 잘못된 판단으로 경매에 참가했다가 실패한 예는 수도 없이 많다. 이는 대부분 추정 가격으로 거래되는 경매의 특징 때문에 자원 분배의 순기능과 '승자의 저주' 같은 역기능도 존재함을 보여주었다.

⑥ 자본주의와 사회주의

현대 경제학에 가장 많이 등장하는 단어인 자본주의는 현대 정치학에서 사회주의 반대개념으로도 자주 쓰여 설명이 쉽지 않다. 자유주의 경제 체제를 대표하는 용어인 자본주의 capitalism 를 설명하기가 어려운 것은 중상주의나 상업자본주의가 전개된 시기를 기준으로 해석하면 600년에 가까운 시간에 많은 변화를 겪었기 때문이다. 특히 자본주의 개념과 역사, 현대 자본주의 형성과 위기 극복 과정 등 정치, 경제,

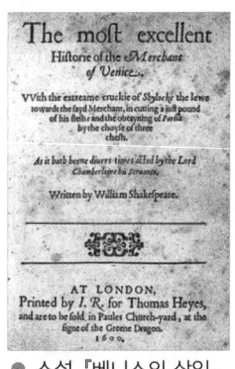

● 소설 『베니스의 상인』
초판 표지 (1600년)

사회, 문화 체제를 중심으로 설명하면 끝도 없다. 그러므로 경제 개념에 등장하는 자본주의와 사회주의를 중심으로 살펴보자.

서양 경제학에서 이미 사라진 자본주의라는 용어를 우리나라에서는 자주 사용한다. 특히 자본주의는 좋고 사회주의는 나쁘다는 식의 흑백 논리로 사용되어 사회적 갈등을 일으키기도 한다. 2011년 10월 실시된 서울시장 보궐선거에서 여당 후보가 야당 후보의 복지 정책 공약을 대중 영합주의_{포퓰리즘}이라고 비판해 많은 비난을 받았다. 이처럼 우리나라에서 사용하는 자본주의는 대부분 정치 체제인 공산주의 반대 개념으로 사용해서 혼란스럽다.

자본주의 경제 체제는 모든 생산 요소를 개인이 소유하는 것을 인정하므로 상품을 생산하는 기업이나 개인의 소비 활동도 자유롭다. 모든 경제 활동이 자유로운 계약과 교환으로 이루어지므로 자원 배분도 시장에서 자유롭게 이루어진다. 따라서 거래 규칙도 강압이나 폭력, 협박, 기만 등을 허용하지 않고 기업 활동이 자본 소유자를 통해 이루어져 자본주의라는 이름이 붙여졌다. 그러므로 자본주의 체제에서는 기업을 설립할 때 자본을 소유한 자본가가 생산 시설과 생산에 필요한 원자재, 노동력을 구매한다. 결국 자본으로 기업을 통제해 이윤을 얻는 것은 자본 소유자이므로 전문 경영인도 고용된 노동자이다. 그러나 전문 경영인이나 개인도 주식을 소유하면 자본가가 될 수 있다.

● 자유주의 시장 경제를 설파한 경제학자 머리 로스바드(Murray Rothbard)

그런데 자본주의라는 개념이 오랫동안 변화했기 때문에 우리가 알고 있는 것보다 훨씬 다양하다. 초기 자본주의는 국가의 역할을 개인 재산을 보호하는 경찰과 국방, 개인의 분쟁을 해결하는 사법권으로 제한했다. 그래서 세금도 치안과 국방, 법 집행에 필요한 최소한의 금액만 거두어 들였다. 하지만 사회주의자들은 사법부가 자본가 편을 든다는 이유를 들어서 전 근대적인 의미를 지닌 자유 자본주의라고 불렀다.

또 다른 자본주의는 고전 자본주의보다 더 강한

자유 경제를 주장해 국가가 개입하는 것 자체를 거부하는 극단적인 형태로 무정부 자본주의 또는 급진 자유주의가 있다. 무정부 자본주의는 국방이나 경찰, 사법 제도조차 정부가 아닌 기업이 제공해야 한다고 보았다. 오스트리아학파 경제학자로 자유 시장이 정부보다 우월하다면서 자유 경제를 주장한 로스바드는 기업이나 개인이 계약으로 생긴 분쟁도 민간 기업이 얼마든지 중재할 수 있고, 민간 보험회사에 소속된 수사관이 범죄 행위로부터 개인을 보호할 수 있으며 민간이 운영하는 감옥에 범죄자를 수용하면 된다고 생각했다. 일제 강점기에 지식인들 사이에 열병처럼 번져 많은 사람이 급진 공산주의로 생각한 무정부주의는 정확하게 표현하면 무정부 자본주의를 뜻해 잘못 사용하고 있는 개념임을 알 수 있다.

무정부 자본주의와 비교되는 국가 자본주의는 개인의 재산권을 인정하는 자본주의이지만 국가가 공정한 경쟁을 감시하는 역할과 정부가 집적 나서서 자원 분배도 해야 한다고 보았다. 그러므로 국가 자본주의 체제에서 국가가 민간에 자원 분배를 통제해서 생기는 문제는 복지정책에만 부분 개입해 해결하면 된다고 보았다. 이는 노후 생활을 개인이 저축으로 해결해야 하는 자유 자본주의와 달리 정부의 연금으로 해결하는 국가 자본주의와 차이가 있다. 이처럼 개인의 재산권을 인정하고 경제 구조를 시장의 상호작용에 맡기는 자본주의와 반대인 사회주의는 재산 소유권을 국가나 공동체에 귀속시키고 경제 구조도 중앙 정부 아래 두는 형태이다. 그러므로 사회주의에서는 공장과 기계 등 생산 요소를 국가나 사회가 공동으로 소유해 소득을 균등하게 분배하는 체제여서 고전적 자유 자본주의보다 훨씬 효율적이라고 주장한다.

그러나 사회주의도 매우 다양해서 초기 사회주의를 중앙화 사회주의라고 부른다. 이 체제는 중앙 정부가 모든 자본과 자원을 소유하기 때문에 재화 생산에 투입하는 원자재나 상품 등을 결정해 국민 경제에서 유일한 독점 기업 역할을 한다. 이러한 체제에서 노동자는 정부가 계획한 상품을 생산하는 부품으로 전락할 수 있어 자신의 특성에 맞는 재능과 창의성을 발휘하기 어렵다. 그래서 1930년대 오스카 랑케는 중앙화 사회주의의 단점인 생산량을 정하는 중앙 계획 경제는 효율적인 사회주의 방식이 아니므로 각 사업장 관리자는 자본주의 기업 관리 방식을 배워야 한다고 주장했다. 중앙 정부는 생산 계획 대신 상품 생산 요소와 가격을 결정하는 것에만 개입하고 각 사업체 관리자는 중앙 정부가 정한 가격을 지키면서 생산량과 투입량을 결정해야 한다는 것이다. 이는 한계 생산 비용을 중앙 정부가 정한 가격과 일치하는 수준까지 생산하고, 투입되는 노동과 자본은 노동과 자본의 한계 생산성이 일치하는 수준에서 결정하도록 한 것이다. 이러한 원칙은 자본주의 경제에서 경쟁 기업이 이윤을 최대로 늘리는 것처럼 생산

● 카를 마르크스

량 결정과 생산비를 최소화해야 한다는 랑케의 사회주의를 시장 사회주의라고 부른다.

초기 사회주의에 나타난 모순과 부작용을 개선하는 방안으로 제시된 참여 사회주의는 정부나 자본가가 아닌 개별 생산현장 노동자가 생산수단을 소유하고 민주적인 방법으로 관리해 얻은 이윤을 나누는 체제여서 시장 기능을 부분적으로 인정한다. 이는 노동자의 소득은 임금에 배당금이 더해지고 노약자, 장애인 등 노동을 할수 없는 사람은 사회 보험으로 해결하는 체제로 과거 유고슬라비아 티토정권에서 성공적으로 시행했다.

최근 영국 노동당이 목표로 하는 복지 국가는 유고슬라비아 체제를 발전시킨 것으로 현재 유럽 국가들이 추구하는 사회 민주주의이다. 유럽이 추구하는 사회 복지 국가는 정치적 권리와 보건, 교육, 식생활과 주거 등 삶을 영위할 수 있는 최소한의 복지 기준을 정해 운영한다. 특히 영국 노동당은 단순한 소득 재분배를 넘어 재산 소유와 분배, 교육, 계층 간 관계,

산업 권한과 특권 등 넓은 의미에서 계급이 없는 평등 사회를 추구한다. 구체적인 정책 수립에는 약간의 차이가 있지만 유럽식 사회주의는 결국 국가 자본주의와 연관되어 있다. 그러므로 우리나라에서 논란이 되어 온 자본주의와 사회주의 논쟁은 더 이상 의미가 없다. 고전 자본주의가 가진 경제 체제와 정치적 의미는 현대 사회에서 사회주의와 많은 부분에서 공동 영역으로 자리 잡았기 때문이다. 정부는 국민의 행복한 삶을 추구하면서 유지된다. 경제 체제로 본 자본주의는 자유로운 활동을 보장하고 자원을 효율적으로 분배하는 장점이 있지만 빈부 격차와 복지 문제를 해결하는 데에는 한계가 있다. 따라서 사회주의적 요소를 적절하게 결합하면 보다 나은 사회를 만들 수 있을 것이다.

② 시장에서 결정되는 가격

"오! 필승 코리아~ 오! 필승 코리아~"

2002년에 열린 한일 월드컵 축구대회에서 우리나라는 4강까지 진출했다. 그때 많은 사람이 운동장과 거리에서 열심히 응원하면서 거리에는 빨간 티셔츠가 넘쳤다. 한결이도 5,000원을 주고 붉은색 티셔츠를 한 장 샀는데 다른 친구는 6,000원, 또 다른 친구는 4,000원에 샀다.

이런 차이가 생긴 것은 바로 수요와 공급 원리 때문이다. 우리는 앞에서 수요가 늘어나면 가격은 오른다고 배웠다. 그렇다면 공급이 줄어들면 가격은 계속 올라갈까? 그렇지 않다. 잘 팔리는 상품은 다른 기업도 만들어 내기 때문에 시장에서 수요와 공급의 원리에 따라 가격이 조정된다.

한일 월드컵이 열리던 초기에는 빨간 티셔츠를 한 회사에서만 만들었다. 그런데 티셔츠가 불티나게 팔려 수량이 부족해지면서 가격이 올라갔다. 그러자 다른 기업도 재빨리 비슷한 옷을 만들어 공급하면서 자연스럽게 가격이 내려갔다.

하지만 공급이 계속 늘어난다고 해서 가격이 계속 내려가는 것도 아니다. 만약 공급이 계속 늘면 가격도 떨어지므로 이익도 줄어든다. 그렇게 되면 공급자는 생산을 중단하거나 공급을 줄여 시장 상황에 맞게 양을 조절하므로 가격은 안정을 찾는다. 이처럼 수요와 공급의 함수 관계는 가격에 영향을 주어 소비자에게 합리적인 가격을 제시하는 것이다.

○ 생각해 보기

1. 시장에서 가격이 결정되는 방식을 알아본다.
2. 가격이 잘 변하지 않는 상품을 알아본다.

들여다 보기

① 앨프레드 마셜

영국 런던에서 태어난 앨프레드 마셜은 고전 경제학파 이론과 한계 효용 이론을 결합해 신고전학파 케임브리지학파 이론을 만들었다. 그는 자신이 쓴 『경제학의 원리』에서 수요와 공급, 한계 효용, 생산 비용 가치론의 개념을 세워 영국 경제학의 교과서가 되었다.

앨프레드 마셜은 수학을 공부하려고 케임브리지대학에 들어갔으나 1870년대 한계 효용과

● 앨프레드 마셜

보호주의 문제 등을 연구해 많은 이론을 만들고 1903년에는 케임브리지대학에 독립된 경제학과를 개설하는데 기여했다. 1890년에 쓴 『경제학 원리』는 현대 미시 경제학을 집대성한 것으로 인정받아 오늘날의 미시 경제학에서 대부분 인용하고 있다. 그의 이론은 피구, 로버트슨 등 제자들에게 이어져 케임브리지대학을 세계 경제학의 중심지로 발전시켰다. 특히 케임브리지대학에서 경제학을 공부한 케인스는 마셜에게 많은 영향을 받았으나 대공황을 통해 공급 중심의 경제학 대신 수요 중심으로 연구 방향을 바꾸었다. 하지만 그는 세계 최고의 경제학자가 되려면 마셜처럼 수학, 역사학, 정치, 철학도 잘 알아야 한다고 말할 정도였다.

마셜은 자유주의 고전 경제학과 한계 효용학파 이론을 종합해 현대 미시 경제학의 기초가 된 신고전 경제학파의 창시자로 불린다. 1890년 펴낸 『경제학 원리』에는 일반 균형 이론과 후생 경제학을 제외한 현대 미시 경제의 모든 이론과 개념이 들어 있다. 수요 공급 곡선, 소비자 잉여와 생산자 잉여, 가격 탄력성, 단기와 장기 개념, 외부 효과, 준지대 등의 개념을 만들었다. 당시 그가 정리한 한계 효용론은 고전 경제학에 진화론을 적용해 정리했다.

마셜이 살던 1800년대는 금속 원석, 아닐린 염료, 선철 銑鐵 , 석탄, 목재, 화학 약품, 콩, 커피 등 천연자원을 이용해 제품을 생산했기 때문에 가공 기술이 매우 뒤떨어졌다.

　이러한 시대 상황을 근거로 그는 커피 농장에서 생산을 늘리면 지력을 소모해 재배에 적합한 토지가 줄어 수확량이 감소할 것이라고 생각했다. 특히 커피 농장끼리 경쟁을 해 생산량을 늘려 생산 비용이 늘어나면 한계에 이르면 소수의 생산자만 남아 가격을 예측할 수 있다는 것이다. 커피 생산자는 이익이 계속 늘어나는 한 생산을 늘리다가 가격이 내려가 이익이 전혀 없는 평균 생산비에 도달하면 완전 경쟁이 이루어진다고 보았다. 그는 다윈의 적자생존 원칙을 적용해 기업가, 소비자, 정부 등 경제 주체가 시장에 적응하지 못하면 망하므로 경쟁이 심해지면 과감하게 비용을 줄여야만 살아남는다고 주장했다.

　그는 이러한 개념을 적용해 현대 경제학의 기본 통계 이론인 세터리스 패러버스 ceteris paribus 라는 분석 체계를 만들었다. 특정 부분을 분석하는 세터리스 패러버스 분석 방법은 핵심 내용이 아닌 것은 통계에서 모두 제외하는 방식이다. 예를 들어 특정 요소를 묶은 세터리스 패러버스는 다른 조건이 모두 같으면 어떤 결과가 나올 지를 가정해 결론을 예측하는 통계 방법으로 디자인과 품질이 모두 같다면 소비자는 값싼 제품을 구매한다는 식의 접근 방식이다. 이러한 방법을 통해 마셜은 거시 경제학을 깊게 연구하지는 않았지만 명목 이자율과 실질 이자율을 구분했다. 그는 명목 이자율에서 물가 인상분을 제외한 실질 이자율 개념을 내세워 거시 경제학의 토대를 만들었다. 특히 그는 경제학에서 실용성을 강조하면서 자유 경제를 주창해 정부나 의회의 정책 결정권자를 위한 강의에도 적극적이었다. 이처럼 다양한 분석과 연구를 바탕으로 한 그의 이론은 경제학뿐 아니라 사회과학 분석에도 많은 영향을 끼쳤다.

미시 경제학_ 경제를 움직이는 주체인 소비자(가계)·생산자(기업)의 행동을 분석해 경제 현상을 밝히는 경제학의 한 분야.

일반 균형 이론_ 모든 경제적 요인은 서로 의존 관계에 있다는 것을 전제로 수요와 공급과 균형 조건 등을 밝히고 설명하는 이론.

후생 경제학_ 경제 활동이 국민 복지와 후생에 미치는 영향을 분석해 개선 방안을 연구하는 학문.

소비자 잉여_ 소비자가 얻고 싶은 재화를 낮은 가격에 사면 실제 구매 가격과 최대한 지급할 수 있다고 생각한 가격과의 차이에서 소비자가 얻는 이득.

생산자 잉여_ 여러 생산자가 서로 다른 조건에서 같은 물건을 생산할 때 상대적으로 유리한 조건에 있는 생산자가 얻는 이윤을 이르는 말.

가격 탄력성_ 상품 가격이 변할 때 수요량이나 공급량이 변화하는 정도로, 수요량이나 공급량 변화율을 가격 변화율로 나누어 구한 값.

준지대_ 오래 쓸 수 있는 재화나 자본, 설비에서 얻어지는 초과 이윤.

외부 효과_ 경제 활동과 관련해 다른 사람에게 의도하지 않은 혜택이나 손해를 입히면서도 이에 대한 대가를 받지도 않고 비용을 지급하지도 않는 상태로 외부 효과는 외부 경제와 외부 비경제로 구분한다.

미시 경제_ 소비자와 생산자가 직접 만나는 시장.

② 수요 공급 법칙

마셜은 자신의 책에서 수요와 공급 법칙을 개별 상품 판매자와 구매자의 관계를 통해 설명한다. 수요 공급 법칙은 시장에서 팔리는 가격과 생산량을 결정하는 모델로 미시 경제를 분석하는 데 필수적인 이론이다.

수요 곡선과 공급 곡선을 이용한

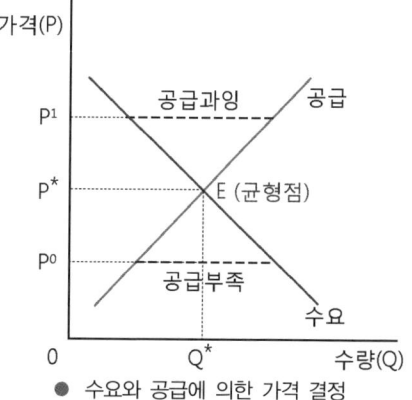

● 수요와 공급에 의한 가격 결정

마셜의 이론에서는 가격을 세로축에 놓는다. 가격(P), 수량(Q) 관계는 그림에 나타나는 수량 변화율과 가격 변화율 비율로 가격 탄력성이라고 한다. 이때 탄력성이 크면 가격 변화에 따른 수량 변화도 커지므로 가격도 바뀌어 곡선은 오른쪽으로 움직인다. 수요는 재화를 구매하는 욕망으로 가격과 수요량 관계를 그린 수요 곡선으로 오른쪽 밑에 나타낸다. 이때 가격이 오르면 수요도 감소하므로 수요량이 늘어나 수요 곡선이 오른쪽으로 움직이는 것을 수요 증대 수요량 증대 아님 라고 한다.

공급은 재화나 용역을 제공하는 경제 활동으로, 가격과 공급량의 관계를 설명한 공급 곡선은 보통 오른쪽 맨 위에 나타낸다. 이것은 가격이 오른 만큼 공급량도 늘어 가격에 따른 공급량 증가로 공급 곡선 자체가 오른쪽으로 움직이는데 공급 증대 공급량 증대 아님 라고 한다. 균형은 수요 곡선과 공급 곡선이 만나는 경쟁 균형 가격으로 균형 가격 시장 가격 거래량 또는 균형 거래량이라고 부른다. 수요 곡선과 공급 곡선이 만나는 곳에서 정해지는 가격 여부는 다음 기준으로 판단할 수 있다.

공급량이 수요량을 초과하면 가격이 내려가고, 수요량이 공급량을 초과하면 가격이 오르기 때문에 수요량과 공급량의 차이는 줄어든다. 또한 공급 가격이 수요 가격을 초과하면 수량이 줄어들고, 수요 가격이 공급 가격을 초과하면 공급을 늘려 수요 가격과 공급 가격의 차이가 조정된다. 이러한 원리를 이용해 정부가 특정 상품 가격을 통제할 때 상한가나 하한가를 정한다. 예를 들어 전세를 사는 사람들을 위해 일정한 금액을 벗어나서 전세금을 받지 못하도록 상한가를 정하면 전세금 상승으로 공급량이 증가하므로 초과 수요를 해결할 수 있다. 또한 노동자의 최저 임금을 정하면 사용자는 임금 부담으로 채용을 줄이므로 노동력 수요가 줄어들기도 한다.

수요와 공급 곡선이 이동하는 요인은 두 가지로 수요 곡선은 소득, 대체재 가격, 보완재 가격, 연령별 분포인 인구 구성, 기호, 상품에 대한 소비자 지식인 정보, 미래 예측의 변화에 따라 달라지는 반면 공급 곡선은 상품을 생산하려고 투입하는 가격, 기술 혁신, 기후, 질병 등의 자연 환경, 미래 예측 변화에 따라 달라진다.

재화(財貨)_ 경제학에서 사용 또는 소비를 통해 소비자의 효용을 증가시킬 수 있는 모든 것을 의미한다. 물리적인 실체는 있으나 눈에 보이지 않는 공기나 전기와 같은 것도 포함하는 개념으로 운송이나 대중교통 같은 서비스와는 다르다.

왈라스의 법칙(Walras' law)_ 어떠한 경제 활동에서든 화폐를 포함한 재화의 총 공급액과 총 수요액은 같다는 개념.

대체재_ 재화 가격이 오르면 다른 한쪽 재화 수요량을 증대시키는 재화.

보완재_ 재화 가격이 오르면 다른 한쪽 재화 수요량을 감소시키는 재화.

③ 한계 효용 이론

한계 효용이란 소비자가 재화나 용역을 필요한 양보다 더 많이 갖게 되면서 얻는 만족이나 편익을 나타내는 경제학 개념이다. 바꾸어 말하면 소비자가 자신에게 꼭 필요한 양보다 더 구매한 상품이 주는 효용과 편익 관계를 설명한 이론으로 예를 들어 빵 한 개뿐인 가족에게 빵 한 개가 더 주어지면 한계 효용은 클 것이다. 왜냐하면 배불리 먹기에 부족했던 가족에게 빵 한 개와 두 개의 상대적 가치가 다르기 때문이다. 그런데 빵 30개가 있는 가족에게 한

개가 더 생기면 빵 한 개를 가진 가족보다 상대적 가치가 작다. 빵이 30개인 가족은 가진 빵만으로도 배고픔을 충분히 해결하고도 남기 때문이다.

고전학파	앨프레드 마셜 신고전학파 창시자	존 메이너드 케인스 거시 경제 이론	밀턴 프리드먼 신자유주의
-애덤 스미스(자유방임 주의) -리카도(비교 우위론) -세이(공급이 수요를 창출) -한계 효용학파 상품 가치는 한계 효용으로 결정 -쿠르노(계량 경제학 선구자) -고센(한계 효용 균등 및 체감법칙) -제번스(고전학파 비판, 한계 효용 이론 정립)	-고전학파 (공급 분석, 장기 동태론 분석) 한계 효용 가치론을 미시 경제학 체계적으로 정립 -경제학을 도덕 철학에서 분리 -오늘날 미시 경제학 교과서 -소비자·생산자 잉여, 단기·장기 개념, 외부 효과 등 정립	-대공황 이후 자유방임주의 자본주의를 끝내고 신고전학파와 대립 -공급 중심 경제학에서 수요 중심 경제학으로 전환	-통화론자 -미시 경제학, 거시 경제학, 경제 통계학 등에 기여 -소비분석, 통화 이론과 역사, 통화 안정화 정책 복잡성에 관한 논증 -통계학 분야에서 프리드먼 테스트 고안 폴 사무엘슨 -신고전학파 미시 경제 이론과 케인스의 거시 경제 이론을 접목, 신고전파 종합 이론 체계 확립.

이처럼 상품이 가진 가치는 소비자가 상품을 점점 더 구매한 만큼 한계 효용이 점점 줄어들다가 마침내 더는 필요가 없는 0이 된다. 한계 효용이란 위에서 설명한 것처럼 빵 한 개가 더해질 때의 가치를 말한다.

한계 효용 이론은 19세기 경제학자들이 가격이라는 근본적인 경제 실체를 연구하면서 밝혔다. 당시 경제학자들은 가격의 일부분인 효용 가치가 소비자의 필요와 욕망을 충족시키는 정도에 따라 결정된다고 생각했다. 그러나 효용 가치와 실제 가격의 관계를 비교해 보면 전혀 다른 역설이 성립된다. 사람이 생명을 유지하는 데 꼭 필요한 빵이 장신구에 불과한 다이아몬드보다 실제 가치는 크지만 시장에서 훨씬 싼 가격에 거래되기 때문이다. 경제학에서 '물과 다이아몬드의 역설'로 불리는 이 이론은 한계 효용 이론을 적용해 문제를 해결했다.

빵과 비교한 다이아몬드는 매우 귀하므로 소유하려는 욕구가 커서 만족도도 높다. 결국 다이아몬드는 빵보다 한계 효용이 크기 때문에 사람들은 상대적으로 높은 가격을 지급하고 구매하는 것이다. 반면 빵은 너무나 흔해서 언제든지 필요한 양을 살 수 있으므로 희소성이 낮고, 배고픔을 해결한 사람은 쉽게 구매 욕구와 효용 가치가 사라진다. 이러한 한계 효용의 개념은 지금도 경제학에서 중요한 이론으로 등장한다.

④ 사고팔 때 금값이 다른 이유

2009년 2월 국제 금값이 온스 당 1,000달러를 넘어선 뒤 2012년까지 계속해서 최고 가격을 갈아치웠다. 일반적으로 금값이 오르는 이유는 세계 경제가 어려워졌음을 의미한다. 국제 경기가 나빠지면 금융 투자가들은 달러나 채권, 주식보다 더 안전한 자산으로 생각하는 금을 찾기 때문이다. 이처럼 금값이 갑자기 올랐을 때 집에 가지고 있던 금붙이를 내다 팔아서 큰 이득을 얻을 수 있다. 그런데 집에 보관하던 금을 팔 때 금시장의 원리를 잘 알면 더 비싼 값을 받을 수 있다. 금을 사고파는 소매시장은 국제 시장에서 거래되는 가격과 많은 차이가 나기 때문이다. 금값이 올라 집에 있던 금을 팔려고 하면 가게마다 부르는 가격이 조금씩 다르다. 국내에서 금이 유통될 때 서울과 지방의 도·소매 거래에서 중간 이윤이 발생하기 때문이다. 우리가 흔히 말하는 금값은 시장에서 거래되는 소매가격으로 유통 수수료와 세금이 포함되어 있다. 또한 소매가격에는 국제 시장에서 거래하는 가격에 부가가치세와 유통 이윤 등이 더해져 결정된다. 반면 소비자가 금을 내다 팔 때에는 국제 시장 가격을 기준으로 계산해 부가가치세와 유통 이윤을 뺀 나머지 금액을 받는다.

2009년 2월 당시 우리나라 순금 3.75그램 1돈쭝 당 소매가격은 21만 4,000원이었다. 그러나 귀금속 가게가 금괴를 구매하면서 낸 세금을 제하면 도매가격은 18만 원이므로 개인이 금을 팔았을 때 15만 4,000원 정도이다.

이처럼 금을 살 때와 팔 때 가격이 다른 이유는 도매가격 18만 원에서 부가가치세 10퍼센트인 1만 8,000원, 소매점 이윤 8,000원 등 유통 과정에서  낸 세금과 이윤을 모두 제하기 때문이다. 그러므로 정확한 의미에서 소매가격이 순수한 금 값이라고 할 수 없다. 우리나라에서 거래되는 금값은 국제 시장 가격과 환율, 유통 이윤과 부가가치세를 더한 것이다. 따라서 귀금속판매중앙회에서 발표하는 가격은 참고 자료일 뿐 정확한 금값은 아니다. 그뿐 아니라 국제 시장에서 금을 거래하는 형태인 금괴가 아니면 더 많은 차이가 날 수 있다. 보통 금반지와 금 거북, 금 단추 등은 소매점에서 사들이는 가격이 서로 다르다. 국제 시장에 거래하는 금괴를 상품으로 만들면서 소량의 금이 사라지기 때문이다. 그렇다고 세공업자가 세공 과정에서 사라진 양만큼 채워주거나 가격에서 제하지 않지만 매입할 때에는 정확하게 계산한다. 그러므로 국제 시장에서 거래하는 금괴는 국제 기준 가격에 사지만 돌 반지나 목걸이, 팔찌, 메달 등은 기준 가격에서 1,000원 정도, 열쇠나 골프공, 거북이, 돼지 등 동물 모양 금붙이는 2,000원, 칠보, 단추, 망사형 금붙이는 3,000원 정도를 빼고 계산한다.

그리고 금 종류도 여러 가지로 분류해 가정에 보관하는 반지나 목걸이는 오래된 금이라는 뜻의 고금 古金 으로 불린다. 금은 순금 함유량을 기준으로 순금 100퍼센트인 24K, 순금 75퍼센트인 18K, 순금 58.5퍼센트인 14K 등으로 나뉘지만 모두 고금으로 분류한다. 이를 순금 3.75그램 15만 4,000원 기준 가격으로 계산하면 18K는 순금의 약 73.5퍼센트인 11만 3,200원, 14K는 8만 7,800원을 받을 수 있다. 따라서 소매시장 금값은 국제 금값에는 없는 여러 가지 세금과 세공 과정에서 사라진 소량의 금이 가격에 반영되어 차이가 나는 것이다. 이처럼 우리가 생활하는 곳곳에는 평소 잘 알지 못했던 경제 원리가 숨어서 작용한다.

2011년 11월 우리나라 금값은 순금 3.75그램당 소매가격이 무려 26만 원까지 올라 어려운 경제의 단면을 보여주었다. 또한 값비싼 다이아몬드보다 금의 가치가 항상 유지되는 것은 언제 어디서나 화폐로서의 역할을 하기 때문이다.

⑤ 같은 상품에 다른 가격을 매기는 이유

생활 곳곳에는 우리가 이해하기 어려운 경제 원리가 숨어 있다. 한 회사에서 생산된 제품이 서로 다른 가격으로 팔리는 것을 보는 때가 많다. 그런데 이처럼 같은 제품의 가격 차이가 수요와 공급의 원리와는 아무런 관계가 없는 것처럼 보여서 더욱 궁금증을 자아낸다. 이러한 예로 2008년 현대자동차에서 만든 제네시스는 우리나라에서 5,000만 원이 넘는 가격에 팔렸지만 미국에서는 3만 3,000달러 1달러 1,350원 기준으로 4,500만 원 였다. 먼 미국까지 배로 실어 날라 판매하면 운송비가 더 들어가는데 오히려 값이 더 싼 이유를 소비자가 이해하는 것은 쉽지가 않다. 소비자는 자동차회사가 우리나라에서는 비싸게 팔고 미국에서는 더 싸게 판다고 생각해 억울해 할 수도 있다. 그런데 이상하게도 자동차회사는 미국에서 판매하는 자동차가 절대 싸지 않다고 주장한다. 여기에는 우리가 잘 모르는 경제학의 비밀이 숨어 있기 때문이다.

보통 가격을 결정할 수 있는 공급자는 소비자마다 각기 다른 가격을 매겨 판매하는 것이 가장 유리하다. 예를 들어 생수를 팔 때 목마른 사람과 그렇지 않은 사람을 구분할 수 있으면 똑 같은 상품을 다른 가격에 판매하더라도 문제가 되지 않기 때문이다. 목이 말라 당장 물을 마셔야 하는 사람이라면 생수 가치를 훨씬 높게 평가할 것이기 때문이다. 그렇다고 편의점 주인이 손님 얼굴만 보고 목이 얼마나 마른 지를 판단하는 것은 쉽지 않다.

● 현대자동차의 제너시스 자동차

그래서 공급자는 이런 차이를 알아 내려고 많은 노력을 한다. 기업에서 가장 많이 사용하는 방법은 다양한 할인 쿠폰을 발행하는 것이다. 이때 기업이 할인 쿠폰을 발행하면 싼 가격에 공급하는 것이므로 이익이 줄어든다. 그런데 쿠폰을 가진 모든 사람이 사용하지 않기 때문에 생각보다 많은 손해를 보지는 않는다. 일반적으로 쿠폰을 많이 사용하는 소비자는 대부분 가격에 민감한 사람으로 싼 물건이 있으면 바로 상품을 구매한다. 이때 특정 기업에서 발행한 할인 쿠폰을 가진 소비자는 다른 제품을 사지 않는다. 이처럼 기업들은 쿠폰 사용 여부로 가격에 민감한 사람과 그렇지 않은 사람을 구분하고 이러한 통계를 바탕으로 기업들은 특정 상품에 서로 다른 가격을 매겨 이윤을 늘리는 것이다.

그래서 대부분의 항공사는 여러 곳을 거쳐 가는 경유 노선보다 빠른 직항노선 가격을 더 비싸게 매기는 방식으로 소비자를 구분한다. 이처럼 기업들은 많은 노력을 기울여 소비자를 구분하려고 하지만 때론 아무런 기준도 없이 시장을 구분하는 경우도 있다. 대표적인 예가 바로 수출 시장과 내수 시장을 구분하는 방법이다. 기업이 수출품에 싼 가격을 매겨도 소비자가 직접 외국에서 사오기 쉽지 않아 국내에서 구매할 수 밖에 없다는 점을 이용한 것이다. 이러한 방법으로 자동차회사는 국내외에서 판매하는 상품에 서로 다른 가격을 책정해 이익을 늘린다. 기업들이 이런 판매 정책을 펴는 것은 미국은 경쟁이 치열하므로 싼 가격에 팔고 과점 상태인 국내 시장에서는 상대적으로 비싼 값을 받는 것이다. 기업은 이익을 최대한 늘리려는 영리를 목적으로 하므로 만약 상품 가격을 낮추고 싶다면 가격 정책을 비판하기보다는 불매 운동을 펴 수요를 줄이거나 자유 무역 협정을 체결해 싼 값에 수입해 과점 구조를 깨뜨리는 것이 더 효과적이다. 요즘 우리나라에 유럽산 자동차가 많이 팔리는 것도 유럽 연합과 자유 무역 협정을 체결해 관세 부담이 줄어 가격이 내려갔기 때문이다. 이처럼 기업들은 다양한 방식으로 소비자의 마음을 파악해 판매를 촉진하는 가격 정책을 편다. 이러한 가격의 원리를 잘 파악하면 싼 값에 상품을 구매하는 합리적인 소비를 할 수 있다.

⑥ 가격이 내려가서 생기는 문제

사람들은 가격이 내려가면 더 많은 소비를 할 수 있어 긍정적으로 생각한다. 그러나 가격이 내려가는 것을 부정적으로 보는 때도 있는데 대표적인 상품이 바로 부동산이다. 보통 사람들은 집을 살 때 은행에서 많은 대출을 받는다. 사람들이 은행에서 대출을 받아서라도 집을 장만하는 이유는 주거와 투자 목적 때문이다. 2008년 이전까지 우리나라의 부동산 가격은 한 번도 내려간 적이 없었다. 그래서 부동산은 대표적인 재산 불리기 수단이면서 중산층에 진입한다는 상징적인 의미도 있어서 무리해서라도 아파트를 사곤 했다. 이처럼 대부분의 아파트 소유자는 많은 빚을 안고 있어서 부동산 가격이 내려가면 이자 부담이 늘어나면서 소비를 줄여 경제가 어려워진다. 우리나라는 오랫동안 부동산 경기에 의존해 가격과 거래 안정을 국가 경제의 중요한 정책으로 생각했다. 특히 부동산은 국민이 소유한 사유 재산이면서도 사람이 살아가는 데 꼭 필요한 의식주 가운데 하나여서 공공성을 무시할 수 없다. 우리나라 사람들이 소유한 재산 가운데 집이나 땅이 차지하는 비중은 약 80퍼센트에 이를 정도로 매우 높다. 따라서 국민 대부분이 재산을 부동산으로 소유해서 가격이 오르내리는 것에 매우 민감하다.

특히 부동산 가격이 갑자기 오르면 집 없는 사람들은 집을 사기가 더 어려워진다. 부동산 가격이 오르면 집을 장만하려고 돈을 모은 사람은 의욕을 잃게 된다. 하지만 집을 소유한 사람도 집값이 오르는 것이 반갑지만은 않다. 왜냐하면 부동산 가격이 오르면 다른 집도 함께 올라 더 좋고, 넓은 집으로 이사하기가 어려워지기 때문이다. 반면 부동산 가격이 오르기 시작할 때 아파트를 여러 채 사는 부동산 투기를 하면 큰돈을 벌 수 있다. 그러나 부동산 투기가 늘어나면 부자와 가난한 사람의 소득이 차이가 나는 양극화 현상이 심해진다. 결국 집값이 올라도 집을 살 수 없는 서민은 불만이 쌓여서 사회적 갈등을 일으킬 수 있다. 그래서 부동산 가격이 너무 오르면 정부는 투기를 막으려고 많은 대책을 내놓는 것이다.

반면 집값이 너무 내려가면 오를 때 나타나는 부작용은 사라지지만 또 다른 문제가 생긴다. 우리나라의 아파트 한 채 값은 보통 수억 원씩해서 집을 살 때 대부분 은행에서 대출을 받는다. 은행에서 돈을 빌리면 매달 이자도 내야하고 원금도 갚아야 한다. 그런데 집값이 내려가면 대출로 집을 산 사람은 생활이 어려워진다. 집값이 오르면 집을 팔아서라도 빚을 갚을 수 있지만 내려가면 그럴 수도 없기 때문이다. 이처럼 대출 때문에 생활이 어려워진 사람들이 소비가 줄이면서 경기가 더 나빠진다.

2008년 이후 우리나라에 사회 문제가 된 하우스 푸어 House Poor 도 대출로 아파트를 샀지만 이자와 원금을 갚고 나면 쓸 돈이 없는 사람들이 빠르게 늘면서 내수 경기도 덩달아 침체했다. 생활이 어려워서 대출금을 연체한 사람들이 이를 갚으려고 샀던 집을 헐값에 내놓으면서 아파트 가격이 더 내려가면서 소비 경제에 영향을 준 것이다. 이에 정부는 집값이 오를 때 시행했던 정책을 반대로 폈지만 한 번 내려간 부동산 가격을 되살릴 수 없었다.

우리나라의 국토 약 10만㎢ 가운데 집을 지을 수 있는 땅은 3퍼센트도 되지 않는다. 토지나 건물은 다른 곳으로 이동할 수 없는 부동산 不動産 이어서 이용할 수 있는 땅이 한정되어 수요가 늘더라도 바로 공급할 수가 없다. 일반 소비재 상품은 수요가 늘면 해당 기업이 공장을 쉴 새 없이 가동해 짧은 시간에 생산할 수 있지만 부동산은 그럴 수 없다. 또한 집을 지으려면 땅도 사고 건축 계획을 세워 관할 관청에서 허가도 받아야 하는 등 많은 절차가 필요하다. 이처럼 부동산 가격이 내려가면 생활에 부정적인 면이 많아 부동산 가격이 안정되어야 하는 것이다.

③ 성공한 기업은 수요와 공급을 잘 예측한다

"삐리릭! 쿵 탁, 쿵 탁!", "자기야 전화 받아!"

한때 많은 사람이 설정해 놓았던 휴대 전화 벨소리이다. 휴대 전화가 처음 우리나라에 들어올 당시에는 너무 비싸서 누구나 사용할 수 없었다. 당시 휴대 전화는 모두 외국에서 만든 제품이었다. 그런데 10년도 지나지 않아 우리나라 제품이 시장을 차지했다.

이런 일이 가능했던 것은 바로 기업이 수요와 공급을 잘 예측한 결과이다. 생산자가 소비자 마음을 잘 예측해 상품을 만들면 기업은 성장한다. 우리나라 기업들은 많은 연구와 투자로 외국 제품보다 작고, 가벼우면서 모양도 예쁜 휴대 전화를 만들었다. 그러자 너도나도 국산 휴대 전화를 사용하면서 많은 돈을 벌 수 있었다. 이처럼 다른 회사보다 먼저 수요를 예측하면 상품을 더 빨리 생산할 수 있어 많은 돈을 벌 수 있다. 그러나 예측을 잘못하면 망하거나 경쟁에서 뒤처지게 된다. 어떤 제품이 잘 팔리면 다른 기업도 비슷한 것을 만들고, 처음에는 잘 팔리던 것도 시간이 지나면 판매가 줄어들기도 한다. 그래서 지금 당장 잘 팔리는 시장에 늦게 뛰어들면 가격이 내려가 이익이 줄어들거나 시장을 선점한 상품에 밀려날 수 있다. 결국 많은 돈을 들여 연구 개발과 투자를 해도 이익이 나지 않는 기업은 위험에 빠지게 된다. 그러므로 새로운 상품이 성공하려면 소비 시장을 잘 예측해야만 한다.

○ 생각해 보기

1. 수요 예측이 기업에 미치는 영향을 알아본다.
2. 스마트폰이 유행한 이유를 알아본다.

들여다 보기

① 수요와 예측을 잘해서 성공한 기업

우리나라의 대표적인 수출 상품
인 휴대 전화는 세계 어디서나 인기
가 많다. 갤럭시, 옵티머스, 베가 등
의 상표를 단 휴대 전화는 전 세계
시장에서 점유율이 매우 높지만 지금도 새로운 제품을 만들려고 끊임없이
노력한다.

그 가운데 2009년 삼성전자가 개발한 스마트폰은 먼저 시장을 개척한
제품에 맞서 새로운 디자인으로 시장을 넓혔다. 당시 애플이 아이폰이라는
스마트폰을 개발해 시장을 넓히자 삼성전자도 재빨리 상품을 만들어 시장
에 내놓아 세계 1위를 차지했다. 특히 2009년 삼성전자와 LG전자는 태양광
으로 충전하는 휴대 전화를 개발해 많은 관심을 끌었다. 2000년대 들어
화석 연료 고갈을 예상해 대체에너지 기술을 적용한 휴대 전화를 만들었다.
이들 휴대 전화는 건전지 덮개에 빛을 전기로 바꾸어 주는 장치인 태양광
패널을 장착해 햇볕을 쬐면 배터리가 충전된다. 이런 휴대 전화는 장소에
구애를 받지 않고 사용할 수 있어 유용하고 전기도 절약할 수 있다. 이런
기술을 노트북 컴퓨터나 MP3 플레이어 등 멀티미디어 기기에 응용하면
더 높은 부가 가치를 만들어 낼 수 있다. 아직 이 기술은 걸음마 단계라서
한 시간을 충전하면 18분 정도밖에 사용할 수 없을 정도로 사용 시간이
짧지만 본격적인 연구 개발로 상용화에 성공하면 국제 시장을 석권하는
것도 어렵지 않다.

2008년까지 휴대 전화 생산업체 1위였던 노키아는 끊임없는 기술 개발
로 새로운 상품을 만들어낸 삼성전자와 LG전자에게 시장을 빼앗겼다. 특히
2009년 말 애플이 스마트폰인 아이폰을 팔기 시작하면서 휴대 전화 시장에

는 엄청난 변화가 일어났다. 스마트폰은 언제 어디서나 인터넷 접속은 물론 다양한 상품을 구매하거나 회사 업무를 볼 수 있는 프로그램을 장착해 기존 휴대 전화가 가지고 있던 기능을 뛰어 넘었다. 아이폰은 기존의 다양한 모바일 기능을 모아서 휴대 전화에 장착한 혁신적인 제품이어서 많은 사람에게 사랑을 받았다. 그러자 삼성전자는 아이폰보다 더 다양한 성능을 가진 갤럭시 시리즈를 내놓아 세계 1위의 스마트폰 생산 기업이 되었다. 반면 디자인과 홍보에만 힘을 쏟았던 LG전자는 이들 기업에 뒤져 어려움을 겪었다. 이처럼 미리 시장을 예측하는 능력은 기업의 생사가 걸린 문제가 되었다. 생각의 속도로 변한다는 현대 정보 통신 시장에서 소비자의 요구를 얼마나 빨리 반영하느냐는 기업이 성공하는 열쇠이다.

② 수요 예측을 잘못해 어려움을 겪은 기업

2006년 마이크로소프트는 전 세계 MP3플레이어 시장을 장악한 애플의 아이팟에 맞서려고 '준'이라는 신제품을 만들어 1위 목표를 세웠다. 당시 마이크로소프트는 MP3플레이어 시장을 차지하려고 많은 하드웨어 개발자를 투입해 실패를 의심하지 않았다. 그러나 엄청난 개발비를 들여 시장에 내놓은 준이 2년 동안 벌어들인 돈은 8,500만 달러에 불과했다. 반면 같은 기간 아이팟은 약 33억 달러를 벌어들여 마이크로소프트의 코를 납작하게 만들었다. 마이크로소프트가 준을 팔아 번 돈은 아이팟과 비교하면 초라하기 이를 데 없는 성적이었다.

이처럼 시장 변화를 예측하지 못하고 신제품을 만들면 엄청난 손해를 보게 된다. 그런데 사람들은 마이크로소프트처럼 돈 많고 이름난 기업에서 개발한 제품은 실패하지 않을 것이라고 생각했다. 그러나 세계적인 기업이 온힘을 기울여 만든 제품이라도 빠르게 변하는 시장을 제대로 파악하지 못해 어려움을 겪는 예는 우리가 생각하는 것보다 훨씬 많다.

1985년 설립되어 2004년까지 HP, 델과 함께 미국 3대 PC 판매업체로 이름을 날린 게이트웨이는 수요를 잘못 예측해 2007년 7억 달러에 대만 컴퓨터 업체인 에이서에 팔렸다. 당시 경쟁 회사들이 노트북 컴퓨터로 눈을 돌릴 때 게이트웨이는 데스크톱 컴퓨터 판매만 고집해 기업용 PC시장을 빼앗겨 사라졌다. 그뿐 아니라 2010년까지 세계 1위 휴대 전화 회사였던 노키아는 2004년 세계 최초로 터치스크린과 인터넷을 연결할 수 있는 스마트폰을 개발했지만 이를 제품으로 만들지 않았다가 2008년 애플에 뒤쳐졌다. 특히 휴대 전화 제조업체인 팜은 가장 먼저 스마트폰 전 단계인 팜 파일럿, 팜 V 등을 만들어 판매했지만 기술 개발을 게을리 해 블랙베리와 아이폰에 밀려났다. 초기 스마트폰 시장에서 블랙베리를 앞세워 가장 선두에 섰던 림 RIM 은 애플과 삼성전자와의 경쟁에서 밀려나 어려움을 겪었고, 휴대 전화 시장에서 2위를 차지했던 모토로라는 2011년 구글에 팔렸다. 휴대 전화 사용자는 무선 인터넷 서비스를 원했지만 팜이나 림은 이런 요구를 알아채지 못했다. 이 때문에 2000년 1주당 무려 669달러였던 림의 주가는 2009년 11달러까지 떨어졌다. 그뿐 아니라 상품을 시장에 내놓기 전부터 가장 성공한 기기로 관심을 받던 시리우스XM 위성라디오는 2010년 가입자 수가 40만 명이나 줄어들었다. 이 회사는 이익이 발생하는 시점인 가입자 1,000만 명을 모집하려고 큰 비용을 투자했다가 아이팟, 스마트폰, PMP 등에 소비자를 빼앗기면서 시장에서 사라졌다.

1999년 파산한 국제 위성 전화 회사인 이리듐도 현실을 무시한 투자로 엄청난 대가를 치렀다. 당시 이 회사는 인공위성이 무려 66개나 필요한 계획에 50억 달러를 투자했다가 가입자 1만 명과 15억 달러가 넘는 빚만 남기고 사라졌다. 이 회사는 3,000달러짜리 위성 전화로 소비자가 정해진 장소에서 1분당 5달러를 내야하는 상품을 만들 계획했지만 이렇게 많은 돈을 내고 통화할 사람은 많지 않았기 때문이다.

그런가 하면 잘 나가다가 갑자기 실패를 겪은 기업도 있다. 미국의 대표적인 인터넷 검색 엔진 회사인 구글은 유튜브를 인수했다가 큰 위기를 겪었다. 구글은 마이크로소프트처럼 미국에서 가장 성공한 회사로 엄청난 자금과 가입자를 가졌지만 항상 성공할 수 없다는 교훈을 남겼다. 구글은 전 세계에서 하루 1억 명이 50억 건의 동영상을 보는 유튜브를 인수해 규모를 키웠으나 안정적인 수익을 가져다줄 모델이 없었다. 반면 엄청난 운영비 때문에 고전했다. 당시 국제 투자 은행들은 유튜브에 엄청난 운영비가 들어가는 반면 수익을 내는 상품이 없어서 엄청난 적자를 볼 것이란 예측이 맞아 떨어졌다.

2008년 마이크로소프트는 보안 기능을 크게 강화한 윈도 비스타를 개발해 성공을 장담하면서 판매를 시작했지만 이를 구매한 사용자들에게 보안 기능과 호환성, 속도 등에서 윈도 XP보다 나을 것이 없다는 평가를 받고 시장에서 사라졌다. 당시 윈도 비스타는 전 세계 시장에서 24퍼센트의 점유율에 그쳐 회사 설립 23년 만에 처음으로 매출이 줄어들었다.

이러한 예들은 모두 수요를 잘못 예측하거나 시장 변화에 적절하게 대응하지 못한 상태에서 신제품을 내놓아 어려움을 겪은 것이다. 세계적인 기업들이라도 잘못된 예측을 하면 언제든 위험에 빠질 수 있다. 그래서 기업들은 끊임없이 정확한 수요와 예측을 하려고 노력한다.

③ 비대칭 정보와 가격

2010년 전 세계 휴대 전화 회사들은 스마트폰 때문에 큰 홍역을 치렀다. 세계 점유율 1~3위였던 노키아, 삼성전자, LG전자 가운데 삼성전자만 판매를 늘렸고 두 회사는 예측을 잘못하면서 판매가 줄어들어 큰 어려움을 겪었다. 이처럼 미래를 예측하는 기업의 정보 분석은 미래를 좌우할 정도이다.

그러나 판매에 가장 많은 영향을 미치는 것은 가격이다. 올바른 수요 예측과 신제품 개발은 새로운 시장을 만들지만 기존 상품에 가격 정책을 바꾸면 소비자는 민감하게 반응하기 때문이다. 이때 가격을 올려서 잘 팔리는 상품이 있는가 하면 실패하는 상품과 가격을 그대로 유지해도 판매량이 줄어드는 예도 있어 수요와 예측만으로는 설명할 수 없는 예들이 다양하게 존재한다.

2005년 연회비 200만 원에 9,999장만 발급한 우리나라 최초로 VVIP 초우량 고객 를 대상으로 나온 '블랙'이란 신용 카드는 엄청난 연회비에도 많은 인기를 끌었다. 보통 신용 카드는 회원이 발급신청을 하지만 블랙은 카드 회사가 자격을 갖춘 예비 고객을 선정해 초청했다. 신용 카드 회사가 카드 발급 양을 조절해 회원이 수천 명에 불과했지만 엄청난 연회비를 내야했다. 그런데 서로 신용 카드 회원이 되려고 한 것은 각종 복지 서비스 이용권과 항공기 예약, 호텔 및 명품 우대권 제공 등 많은 혜택이 주어졌기 때문이다.

반면 가격을 올려서 인기를 끌다가 사라진 제품도 있다. 2011년 판매 한 달 만에 100만 개를 판매해 인기를 끌었던 신라면 블랙은 나가사끼 짬뽕과 꼬꼬면이 등장하면서 시장에서 사라졌다. 이처럼 신제품 판매와 동시에 인기를 끌다가 사라지는 이유는 상품 정보와 가격 사이에 숨어 있는 함수관계 때문이다. 신라면 블랙이 처음 판매될 당시 제조 회사는 소비자가 상품 정보

를 잘 모른다는 점을 이용해 설렁탕 한 그릇의 영양소가 들어있다고 광고해 실제보다 훨씬 높은 가격을 매겼다. 이에 사람들은 광고만 믿고 일반 라면 두 배 값을 내고 사먹다가 공정거래위원회가 과장 광고임을 밝혀내 불매운 동으로 사라졌다.

보통 가공식품이 어떤 성분과 재료로 만들어졌는지 소비자는 알 수 없다. 이처럼 제조 회사와 소비자 사이에 정보 불균형이 생기는 현상을 '정보의 비대칭' 또는 '비대칭 정보'라고 한다. 2005년 소비자에게 정확한 정보와 혜택을 준 신용 카드 '블랙'은 200만 원이라는 비싼 연회비를 받고도 큰 성공을 거둔 반면 신라면 블랙은 소비자에게 정확한 정보를 제공하지 않아 사라진 것이다. 실제 생활에서 이러한 예는 수없이 많다.

가격을 내려 성공한 기업도 있고, 기존 가격을 유지하거나 약간 올려서 판매량이 줄어든 예도 많다. 우리나라 수입 자동차시장에서 가장 많은 판매를 해 몇 년째 점유율 20퍼센트를 넘긴 회사가 있다. 독일 자동차회사인 BMW가 우리나라에서 성공할 수 있었던 배경은 2007년 가격을 내렸기 때문이다. 당시 BMW코리아는 528i, 530i, 550i 등 새로운 모델을 판매하면서 이전 제품보다 1,900만 원 싼 6,750만 원을 책정했다. 엔진 배기량은 기존 자동차보다 10퍼센트 이상 늘었고, 연비까지 좋아진 신제품을 이전보다 싼 가격에 내놓는 파격적인 전략을 편 것이다. 당시 국내 수입차 시장 1위였던 렉서스는 여전히 고가전략을 펴고 있었다. 비슷한 시기 일본의 혼다자동차도 어코드 3.5의 가격을 낮추어 3,000만 원대에 내놓아 많은 인기를 얻었다. 그러나 2008년 세계 금융 위기로 엔고 _{엔화 고환율} 부담을 견디지 못한 혼다자동차는 2009년 3월 가격을 최대 500만 원 인상했다. 반면 BMW는 유로화 가치가 상승해 적자가 늘었지만 이를 감수하고 가격을 그대로 유지했다. 얼마 뒤 수입차 판매량에서 선두를 다투던 혼다 어코드는 2011년 10위권 밖으로 밀려났고, 2007년까지 1위를 지켰던 렉서스도 판매량이 급격하게 줄어들어 결국 순위에서 사라났다. 이처럼 국제 경기의 침체에도 가격을 유지했던 BMW는 지금도 많은 사람에게 인기를 얻으며 수입차 시장에서 1위 자리를 지키고 있다. 이처럼 가격은 판매에 민감하게 작용한다. 특히 신라면 블랙처럼 기업만이 알고 있는 상품 정보를 이용해 폭리를 취하는 정보 비대칭은 기업이 상품 정보를 독점하는 가공식품이나 중고차 가격에 영향을 줘 수요와 공급 외에도 중요한 변수로 작용한다. 그러나 농수산물이나 생활용품처럼 용량과 품종이 공개된 상품에서는 발생하지 않는다.

정보 경제학에서 수요와 공급이 가격을 결정한다는 고전 경제학에 의문을 갖기 시작한 것은 독일 자동차회사인 폴크스바겐 때문이었다. 독일에서 만들어져 세계 곳곳에서 인기를 얻은 폴크스바겐의 비틀 모델 가운데 1965년 생산된 레몬은 자주 고장을 일으켜 독일 중고차시장에서 불량 자동차라는 명성을 얻었다. 일반적으로 중고차 판매 회사들은 사고나 불량 등 정확한 정보를 알 수 없는 소비자를 속여 비싼 값에 팔곤 한다. 당시 독일 중고차시장에서도 판매업자가 정보를 숨기고 레몬을 팔았다가 문제가 되었다. 이러한 사례를 연구한 경제학자 조지 애컬로프는 1970년 레몬이 중고차시장에 엄청나게 증가한 것은 자동차의 정확한 정보를 숨겨 나타난 현상으로, 중고차시장 전체를 어려움에 빠뜨렸다는 이론을 발표했다. 그가 처음 경제지에 이론을 발표하려 하자 주제가 너무 평이하다는 이유로 게재를 거부당하기도 했다. 그러나 그 뒤 경제학자들이 애컬로프의 정보 비대칭 이론을 인용하면서 대표적인 정보 경제학의 이론으로 자리 잡았다. 그는 이러한 공로를 인정받아 2001년 조지프 스티글리츠, 마이클 스펜스와 공동으로 노벨경제학상을 받기도 했다.

이러한 예는 우리 사회 곳곳에 숨어 있다. 여름철 장마로 물에 잠겼던 자동차를 문제가 없는 자동차로 판매하거나, 1990년대까지 호황을 누렸던 용산 전자상가에서 소비자가 정확한 정보를 모르는 점을 이용해 폭리를 취했던 예도 모두 이러한 사례에 해당한다. 특히 용산 전자상가는 이러한 사실을 숨기려고 현금 결제를 유도해 카드 수수료를 깎아주고 마치 가격이 싼 것처럼 광고하기도 했다. 우리 주변에 비대칭 정보로 많은 문제가 자주 발생하는 대표적인 것은 주식 시장에서 발생하는 주가 조작 사건이다. 이는 개인 투자자가 기업의 정보를 얻기 어렵다는 점을 악용한 사례로 만약 주식 시장에서 기업 정보가 투명하게 공개되면 주식 가치만큼 투자가 이루어지므로 주가나 주가 지수 변화도 줄어든다. 그렇게 되면 주가 지수에 기초해 이익을 얻는 각종 파생상품 거래에 영향을 줘 거래가 줄어들 수 있다. 그러므로 적당한 정보 비대칭은 주식 시장에 활력을 유지하는 기능을 하기도 한다.

이러한 비대칭 정보 문제는 기업가와 투자자뿐 아니라 대주주와 전문 경영인 사이에서도 나타날 수 있다. 대주주는 경영 정보가 부족하면 전문 경영인과 갈등을 일으킬 수 있다. 전문 경영인은 기업 사정을 자세하게 알고 있어 자신에게 이익이 되는 행동을 할 가능성이 높다. 따라서 전문 경영인 체제에서 나타날 수 있는 문제를 해결하려고 전문 경영인에게 일정 기간이 지나면 자사 주식을 미리 약정한 가격에 살 수 있도록 권리를 부여하는 스톡옵션 제도를 시행한다. 또한 전문 경영인에게 승진과 보상을 주가 상승과 경영 성과와 연계해 지급하는 성과 보상제, 이사회 제도, 회계 공시 제도도 대주주와 전문 경영인 사이에 나타날 수 있는 정보 비대칭 문제를 줄이는 역할을 한다. 이사회 제도는 기업의 중요한 결정을 이사회에서 결정하도록 하는 방법이며, 회계 공시 제도는 일 년에 한 번씩 주주 총회를 열어 수입과 지출 등 기업 상황을 공개하는 방법이다. 그러나 정보 비대칭을 근본적으로 해결하는 방법은 대주주가 직접 기업을 경영하는 것이다. 우리나라 기업에서 대부분 채택하는 방법으로 대주주가 직접 기업을 경영하면 정보 비대칭의 부작용을 줄일 수 있다. 그러나 대주주가 직접 기업을 경영하는 곳도 대부분 상장 회사여서 소액 주주와 또다시 정보 비대칭 문제가 발생할 수 있다. 경제 뉴스에 보도되는 대주주의 횡령 사건이 바로 이런 문제가 원인이 되어 일어나는 것이다.

그러나 보험시장에서는 이러한 정보 비대칭 문제를 해결하려고 다른 방식을 활용하기도 한다. 보험은 여러 사람이 가진 위험을 확률로 계산해 보험료를 낸 가입자가 사고를 당하면 보험료를 지급하는 사업이다. 따라서 만약 위궤양을 앓는 사람이 위암에 걸릴 확률이 훨씬 높을 경우 이런 사람은 보험료를 더 내야하고, 그렇지 않은 사람은 적게 내야만 한다. 그런데 보험 가입자는 각종 질병 등 건강 상태를 더 많이 알고 있어 보험회사보다 계약에 유리하다. 그래서 보험회사는 정보 비대칭으로 피하고 싶은 고객을 걸러내려고 '역 선택'을 하게 된다. 역 선택이란 보험회사가 정보 비대칭을 줄이려고 묻거나 따지지 않고 누구나 무조건 가입시키는 무심사 보험을 말한다. 이는 보험 가입자의 위험률을 일반화해 같은 금액의 보험료를 부담하게 하고 그 대신 보험금은 이에 맞춰 줄인 상품을 말한다. 그러므로 가입자는 보험사와 계약을 할 때 자신만 아는 건강 상태를 알리면 보험료를 낮출 수 있다. 이처럼 보험회사가 무심사 보험으로 가입자 스스로가 보험회사에 자신의 정보를 알리도록 하는 방법이다. 이처럼 역 선택으로 기업이 비대칭 정보를 해결하는 방법인 시장 신호 이론을 발표한 경제학자는 마이클 스펜스이다. 그는 정보를 갖지 못한 쪽에서 비용을 들어서라도 불균형을 없애면 서로가 이익이라고 생각했다.

　　예를 들어 자신의 능력을 잘 알고 있는 사람이 회사에 취직하려 할 때 기업은 정보가 부족해 학력증명서나 토익 점수 등 구체적인 자료를 요구하게 되는데 이것도 바로 정보 비대칭 문제를 해결하는 방법이다. 이때 구직자가 기업에 제출한 대학 졸업장과 자격증은 입사 자격 조건 역할을 해 모두에게 이익이다. 기업은 이러한 원리를 이용해 이익 배당금 액수로 주식 투자자가 경영 상태를 파악하도록 하기도 한다. 이러한 시장 신호 이론을 경제학자 스티글리츠는 스크리닝 Screening · 심사 방법으로 해결했다. 그는 정보가 적은 사람이 정보를 가진 사람에게서 필요한 정보를 심사를 해서 얻는 방법으로 해결한다. 이는 보험회사가 가입자 건강을 종합 검진으로 철저하게 조사해 피하고 싶은 고객을 걸러내는 방법이다. 그러나 비대칭 정보는 인터넷과 소셜네트워크서비스 등의 발달로 소비자가 다양한 정보를 알 수 있어서 복잡한 문제가 생길 수 있다. 그러나 새로운 문제가 생기면 이를 해결하려는 새로운 이론과 대안도 끊임없이 만들어지므로 결국 정보 비대칭 문제는 해결된다. 세상에 비밀은 없다는 말이 생겨난 것은 결국 언제, 어디서나 해결하게 됨을 의미한다.

④ 세계 일류 제품이 우리나라에서 실패하는 이유

사람들은 생활하려고 날마다 혹은 며칠에 한 번씩 시장에 가서 생활필수품을 산다. 생산 기술이 발달하고 경제 규모가 커지면서 보다 안전하면서 값싼 물건을 파는 기업들이 생겨났다. 이 가운데 세계 창고형 할인점 판매 1, 2위를 달리는 다국적 기업인 월마트와 까르푸는 우리나라에 회사를 세운 지 10년도 안 돼 철수했다. 그뿐만 아니라 우리에게 잘 알려진 스타벅스는 미국을 대표하는 커피전문 체인점 회사로 국내에서 시장 점유율 1위를 기록하다 토종 기업에 밀려났다. 스타벅스는 한때 할리우드 배우들이 투자해 사람들의 관심을 끌면서 엄청난 인기를 끌었다.

커피는 1773년 미국 독립의 불씨가 된 보스턴 차 사건이 벌어진 뒤 홍차를 대체하는 상품으로 자리 잡아 국제 시장을 장악했다. 그런데 스타벅스는 2010년 우리나라의 토종 커피 전문회사들에게 시장을 빼앗겨 3위로 밀려났다. 이뿐 아니라 우리에게 잘 알려진 인터넷 검색 회사 구글과 평상복을 생산하는 폴로, 즉석식으로 유명한 맥도날드도 세계 일류 회사이지만 유독 우리나라에서만 어려움을 겪고 있다. 이처럼 2010년 불명예스러운 명단에 이름을 올린 다국적 기업은 어떤 문제가 있었는지 알아보자.

2011년 1월 정부가 발표한 통계에 의하면 스타벅스는 1999년 국내에 들어 온 10여 년 동안 커피 전문점 시장에서 1위였지만 2010년 말 토종 커피 체인점인 카페베네와 엔제리너스에 밀려나 3위로 떨어졌다. 스타벅스가 시장을 빼앗긴 이유는 모든 매장을 직영으로 운영해 대부분 가맹점 형태로 운영하는 토종 기업에게 매출은 앞서지만 매장 수가 크게 뒤졌기 때문이다. 2011년 1월 당시 카페베네 매장은 스타벅스의 336개보다 70여 개나 많은 410개였고, 한 달 평균 30여개 체인점을 개설해 개점 속도를 따라잡

을 수 없었다. 우리나라는 정보 통신 산업이 급격하게 발전하면서 생긴 생활 변화를 본사 결정만 따르는 스타벅스는 따라잡을 수가 없었던 것이다. 2010년 한국 스타벅스는 매장 개설 속도를 내지 않으면 시장에서 뒤질 것으로 예상했지만 아무런 대책을 세우지 않았다. 따라서 10여 명이 담당하는 매장 개발팀이 좋은 입지를 가진 점포를 선점하는 토종 기업을 이길 수 없었다. 토종 기업들은 야간 인구가 많은 동대문과 임대료가 비싼 강남 등의 지리적 특성에 맞춰 24시간 영업하는 10여 개 매장을 갖추었다. 이처럼 국경 없는 경제 세계에서는 그 나라 사정에 맞는 방식과 문화를 파고드는 전략을 펴야만 뒤처지지 않고 성공할 수 있다.

이러한 속도 경영은 세계 최고의 대형 할인점 운영 기술을 가진 월마트가 우리나라에서 실패한 원인이기도 하다. 세계에서 가장 많은 현금을 가지고 있다는 월마트가 우리나라에서 사라진 이유는 빠른 의사 결정과 현지화에 적응하지 못한 때문이다. 월마트뿐 아니라 세계적인 다국적 기업이 우리나라에서 어려움을 겪는 또 다른 원인은 현지화와 감성 경영에서 소비자를 따라가지 못하기 때문이다. 우리나라의 외식 기업들은 다국적 기업에는 없는 다양한 상품을 개발해 판매한다. 예를 들면 커피전문점에 곡식을 넣어 만든 다이어트 대용식인 오곡 라떼처럼 독창적인 메뉴와 햄버거 가운데 최고 인기 상품인 불고기버거도 한국인의 입맛을 겨냥해 만든 것이다.

세계 다국적 의류업체 가운데 최고 회사로 불리는 폴로를 밀어내고 고급 평상복 시장에서 1위를 차지한 빈폴은 품질 평가단을 구성해 소비자 불만을 철저하게 관리하고, 일류 디자이너와 협업으로 신제품을 만들어 큰 성공을 거두었다. 반면 폴로는 현지 문화에 맞는 상품을 개발하지 않아 경쟁에서 밀려났다. 이런 현상이 나타나는 것은 우리나라 기업은 사업성이 있다고 판단하면 매우 공격적인 전략을 펴는 반면 초기에 성공을 거둔 다국적 기업은 계속 자기 방식만 고집하기 때문이다. 이처럼 세계 일류 기업도 성공을 장담할 수 없는 것은 로마에 가면 로마법을 따라야 한다는 격언처럼 현지 시장에 맞춘 빠른 의사 결정보다 기업의 인지도만 내세우려는 안일함 때문이다.

4 공공요금이 쉽게 오르지 않는 이유

수요와 공급 법칙에 따르면 수요가 늘어나면 가격이 오르고, 수요가 줄어들면 가격은 내려간다고 배웠다. 그런데 현실에서는 그 법칙이 항상 적용되는 것은 아니다.

흔히 공공요금으로 불리는 버스, 전철, 전기, 수도, 가스 등은 국가 경제와 국민 생활에 많은 영향을 미치므로 국가에서 직접 관리한다. 전기는 대부분 석유를 원료로 생산해 가정이나 공장, 사무실, 전철 등 사회 각 분야에 공급한다. 수요와 공급 법칙을 적용하면 국제 유가가 오르내리면 전기 요금도 함께 오르내려야 한다. 그런데 매번 상황이 바뀔 때마다 가격을 바꾸면 사람들은 요금이 얼마인지 몰라서 우왕좌왕할 것이고, 기업도 매번 가격을 조정해야 해 큰 혼란을 겪게 될 것이다.

이처럼 많은 사람이 이용하는 공공요금이 자주 바뀌면 나라 경제가 혼란에 빠지면서 기업에도 많은 영향을 주므로 대부분의 공공요금은 정부가 직접 관리한다. 그래서 갑자기 국제 유가가 올라 생산 원가가 늘어나도 그 손해는 세금으로 충당하고, 반대로 국제 유가가 내려가더라도 요금을 내리지 않는 대신 이익은 국가가 갖는다. 간혹 외국에서 정부가 소유했던 전력 회사나 철도 회사를 민영화해서 국민이 이익을 얻는 경우도 있다. 그러나 민영화로 얻는 이익보다는 국가에서 운영하면 공공성을 강화할 수 있어서 더 긍정적이다.

◯ 생각해 보기

1. 공공요금이 잘 오르지 않는 이유를 알아본다.
2. 민영화된 기업들을 알아본다.

① 물가는 어떻게 측정할까?

사람들이 물가에 많은 관심을 두는 이유는 생활에 미치는 영향이 매우 크기 때문이다. 명절 때만 되면 물가가 크게 오르고 있다는 뉴스를 쉽게 접하는 것도 물가가 생활과 밀접한 관련을 맺고 있음을 보여준다.

물가는 생활필수품 가운데 가장 많이 구매하는 상품 가격을 평균값으로 표시한 것이다. 우리가 사는 물건 가운데에는 식료품이나 옷처럼 자주 사는 물건이 있는가 하면 냉장고나 세탁기처럼 어쩌다 한 번씩 사는 것도 있다. 그러나 상품 가격은 오르내리는 정도가 모두 제각각 이어서 생활에 미치는 영향도 조금씩 다르다. 그래서 모든 가격의 변화를 한 눈에 볼 수 있도록 하려고 여러 가격을 한데 묶어 통계를 낸 물가는 평균 가격을 의미한다.

통화 가치 변화와도 연관되어 있어 물가가 오르면 같은 물건을 사더라도 더 많은 돈을 지급해야 해 화폐 가치가 떨어졌음을 알 수 있다. 반면 물가가 내려가면 화폐 가치가 올라가 같은 돈으로 더 많은 물건을 살 수 있어 물가와 화폐 가치는 반대로 움직임을 확인할 수 있다. 그러므로 물가를 안정시키면 화폐 가치를 안정시키는 것과 같다.

물가는 보통 물가 지수로 측정하는데, 그 변화를 쉽게 알 수 있도록 특정 시점 물가를 100으로 놓고 현재와 비교해서 지수로 표시한다. 예를 들어 어느 시기 물가 지수가 120이라면 이는 기준 시점보다 물가가 20퍼센트 오른 것을 의미한다. 우선 물가 지수를 알아보려면 조사 대상 품목을 선정하는데, 이는 모든 상품을 조사할 수 없기 때문이다. 물론 가격 변화를 정확하게 파악하려면 모든 상품을 조사하면 된다. 그러나 모든 가격을 조사하는 데에는 많은 돈과 시간이 필요하므로 한계가 있다. 그래서 생활에 많은 영향을 미치는 상품 가운데 거래가 많은 품목을 대상으로 물가 지수를 조사하는 것이다. 먼저 품목이 결정되면 기준 연도 가격을 100으로 설정해 가격 지수를 구하고 품목이 갖는 중요도인 가중치를 합산해 물가 지수를 매긴다. 품목별 가중치는 물가 지수 종류별로 산정 기준을 따로 정하는데 국가 전체 상품 총 거래 금액이나 도시 가계 소비 지출 총액 가운데 품목이 차지하는 비중 등을 반영하고 기준 연도가 바뀔 때마다 다시 조정한다.

● 물가 지수 계산 예

품 목	기준 연도 (A)	비교 연도 (B)	가격지수 (C=B/A100)	가중치 (D)	물가 지수 (CD)
옷	100,000원	125,000원	125	0.2	25
쌀	40,000원	48,000원	125	0.5	60
선풍기	50,000원	60,000원	125	0.3	36
계	-	-	-	1.0	121

　　물가 지수는 이용 목적에 따라 여러 가지로 작성하는데 생산자가 공장에서 생산한 상품을 유통업체에 판매할 때 적용하는 가격을 알아보는 생산자 물가 지수, 도시 소비자가 소비하는 상품과 서비스 요금을 알아보려고 작성하는 전 도시 소비자 물가 지수, 수출품과 수입품의 움직임을 파악하려고 작성하는 수출입 물가 지수 그리고 농산물 판매 가격과 농가가 소비하는 상품 및 서비스 구매 가격의 움직임을 알아보려 작성하는 농가 판매 및 구매 가격 지수 등이 있다.

② 피부로 느끼는 물가 지수의 차이

경기가 불황에 빠졌을 때에는 물가가 오르내리는 것을 피부로 느낄수 있다. 주부는 시장바구니를 통해서, 직장인은 매일 마시는 커피나 점심값을 통해서, 학생들은 참고서나 교복, 학용품값에서 물가 움직임을 직접 확인할 수 있다. 그런데 정부에서 작성해 발표하는 물가 지수는 우리가 몸으로 느끼는 것과 다르다고 생각할 때가 많다. 이는 새로운 상품이나 인터넷 등장으로 생활양식이 바뀔 때마다 물가 지수를 바로 반영하지 못하기 때문이다. 물가 지수는 국내에서 소비하는 상품을 평균 가격으로 작성하지만 사람마다 소득 수준에 따라 지출하는 대상이 서로 달라 차이가 날 수밖에 없다. 물가 지수는 소비 시장 전체를 보는 것이지만 사람들은 각각의 가격을 통해 느끼기 때문이다.

일반적으로 소득 수준이 낮은 사람이 물가 변화에 더 민감하다. 소득 수준이 같아도 소비하는 대상이 다르면 피부로 느끼는 물가가 다르기 때문이다. 예를 들어 특정 기간에 교육비가 많이 오른 대신 가전제품이나 의류와 같은 공산품 가격이 내려가면 물가에 미치는 영향은 서로 비슷해져 소비자 물가 지수는 크게 바뀌지 않는다. 그러나 상품 하나하나를 따져보면 사정이 달라진다. 만약 학생이 없는 가정은 교육비가 올라도 살림에 큰 영향을 주지 않아 정부가 발표하는 소비자 물가 지수가 정확하다고 느끼는 반면 학생이 많은 가정은 교육비가 늘어나므로 물가가 많이 올랐다고 생각할 것이다. 이처럼 정부에서 발표하는 물가 지수는 주어진 상황이 같아도 개인의 소비 품목에 따라 받아들이는 느낌도 차이가 나는 것이다.

특히 생활수준이 높아져 씀씀이가 커지면 물가가 올랐다고 착각할 수 있다. 예를 들어 소형 아파트에 살던 사람이 소득이 늘어 더 넓은 아파트로 이사를 하거나 대형 냉장고나 에어컨을 새로 들여놓으면 전기 요금 등 지출이 늘어나므로 물가가 올랐다고 생각할 수 있다. 이처럼 생활수준이 향상되어 지출이 늘어난 것을 물가가 오른 때문이라고 잘못 생각하는 때도 많다. 따라서 물가에서 느끼는 차이는 개인의 소비 성향과 소득 수준 등에 따라 달라짐을 알 수 있다.

③ 물가가 변하는 이유

물가는 어떤 수준에 머물지 않고 수시로 오르내린다. 이처럼 물가가 변하는 데에는 여러 가지 원인이 있다. 물가가 변하는 요인으로는 우선 상품을 만드는 비용인 생산 원가가 오르거나, 상품을 사려는 수요와 상품을 만들어 내는 공급이 서로 맞지 않을 때 많이 변한다. 또한 특정 상품을 생산하는 기업이 하나밖에 없거나, 여러 기업이 있어도 서로 경쟁을 하지 않기로 담합해 공급량과 가격을 조절해도 변한다.

물가가 변하는 요인 가운데 대표적인 것은 생산 원가로 원자재, 환율, 임금, 이자, 세금 등이 영향을 미친다. 이 가운데 가장 많은 영향을 끼치는 것은 원자재값으로 우리나라 기업은 상품을 만드는 원자재 대부분을 외국에서 수입한다. 그런데 국제 원자재 가격이 오르면 생산 비용이 늘어나면서 물가에 영향을 끼친다. 과거 여러 차례에 걸쳐 국제 유가가 크게 올랐을 때 국내 물가가 변한 것은 바로 이 때문이다. 그뿐 아니라 외화를 원화로 바꿀 때 적용하는 환율이 변해도 물가는 변한다. 예를 들어 1달러에 1,000원 하던 환율이 2,000원으로 오르면 달러로 지급해야 하는 원자재 가격이 두 배로 늘어나므로 결국 물가는 오른다.

반면 환율이 내려가면 수입 원자재 가격이 내려가므로 물가를 낮추는 효과가 있다. 특히 상품을 만드는데 큰 몫을 차지하는 임금은 물가에 많은 영향을 준다. 임금이 오르면 노동자가 임금이 오른 만큼 더 많은 생산을 하면 문제가 없지만 생산량이 그대로이거나 줄어들면 기업은 가격을 올리게 된다. 그러나 임금이 올라도 노동자 한 사람당 생산량이 더 늘어나면 상품을 만드는 데 들어가는 비용이 줄어들기 때문에 기업은 가격을 내릴 수 있다. 반면 임금이 조금 오르더라도 노동자 한 사람당 생산량이 이보다 적으면 생산비용이 늘어나므로 기업은 손해를 보지 않으려고 가격을 인상해 결국 물가는 오르게 된다.

물가가 오르는 또 다른 요인으로 수요와 공급이 서로 맞지 않는 때를 들 수 있다. 물건을 사려는 사람은 많은데 팔 물건이 부족하면 물가는 오르게 되고 반대로 팔려는 물건은 많은데 사려는 사람이 적으면 물가는 떨어진다. 여름철 홍수나 태풍 같은 자연재해가 발생하면 농산물 가격이 급등하는 것도 공급이 부족해서 일어나는 현상이다. 특히 원유나 철광석 같은 주요 원자재 가격이 크게 오르면 그 영향이 국가 경제 전체에 미쳐 물가가 크게 오르는 요인이 된다.

④ 물가가 안정되어야 하는 이유

한 국가 내에서 수요가 변하는 것은 국민 소득이나 생활양식이 바뀌는 것에서 그 원인을 찾을 수 있다. 하지만 가장 중요한 원인은 국내에서 사용하는 통화량이 변해서 생긴 것이라고 경제학자들은 밝혔다. 개인 소득이 늘어나면 씀씀이도 느는 것처럼 통화량이 늘면 가계 소비나 기업 투자 등 국내 총 수요도 늘어난다. 이렇게 늘어난 수요에 맞춰 공급을 늘리거나 외국에서 수입을 하면 물가는 변하지 않지만 반대일 때에는 오르게 된다.

제1차 세계 대전 뒤 독일은 통화량 관리에 실패해 엄청나게 물가가 오르는 것을 경험했다. 당시 독일은 전쟁에서 패한 뒤 전쟁 배상금을 해결하려고 화폐를 마구 발행했다가 결국 가치가 폭락해 어려움을 겪었다. 이처럼 화폐 가치가 떨어지면 물가가 오르는 인플레이션이 발생해 경제에 나쁜 영향을 미친다. 물가가 계속 오르면 사람들이 소비를 줄인 영향으로 기업도 생산을 줄여 실업자가 늘어난다. 또한 무역 적자로 국제 수지가 악화되면 경제에 나쁜 영향을 미치므로 수출과 내수를 통한 적절한 경제 운용은 물가 안정에 중요한 역할을 한다.

⑤ 한 번 오른 물가가 쉽게 내려가지 않는 이유

물건값이 오르면 화폐 가치는 그만큼 줄어든다. 예를 들어 1,000원이었던 과자 한 봉지가 1,500원으로 오르면 2,000원으로 과자 한 봉지밖에 살 수 없다. 이처럼 물가가 오르면 사람들은 절약을 하게 되므로 경제에 나쁜 영향을 준다. 또한 화폐 가치가 떨어지면 월급으로 생활하는 직장인이나 채권에 투자하는 투자자는 손해를 보게 된다. 반대로 부동산이나 상품을 많이 보유한 사람은 이익을 얻는다. 채권 같은 금융 자산은 가치가 늘어나지 않지만 상품이나 부동산은 가격이 오르기 때문이다.

우리는 뉴스를 통해 소비자 물가나 물가 상승률이란 말을 자연스럽게 접한다. 앞에서 물가가 얼마나 올랐는지 알아보려고 여러 가격을 평균해 표시한 물가와 생활과 밀접한 소비자 물가 지수를 살펴보았다. 소비자 물가 지수는 쌀, 라면, 전기료, 자동차, 연료비, 지하철과 버스 요금, 학원비, 집세, 영화 관람료 등 사람들이 생활하면서 많이 소비하는 재화와 서비스를 하나로 묶은 평균 가격이 어느 정도인지를 수치로 나타낸다. 그런데 물가가 오르는 이유는 무척 다양하다. 경제가 잘 돌아가 개인 소득이 증가하면 소비와 지출이 늘어난다. 이때 공장에서 생산하는 공급보다 총수요가 늘어나면 가격은 오른다. 소비자가 원하는 상품을 공장에서 많이 생산하면 물가는 그대로겠지만 그렇지 못하면 공급이 줄어들어 물가가 오르는 것이다.

만약 경기를 되살리려고 정부가 재정 지출을 늘렸는데 경기가 되살아나지 않거나, 중앙은행이 지나치게 많은 돈을 시장에 풀면 화폐 가치가 떨어져서 물가가 오르게 된다. 그뿐 아니라 수입품이나 원자재 가격이 올라도 물가는 상승한다. 특히 석유와 같은 수입 원자재가 크게 오르면 물가뿐 아니라 생산 비용도 함께 늘어서 기업에 많은 영향을 준다. 이처럼 물가가 오르는 요인이 너무 많아서 물가를 안정시키는 것은 말처럼 쉽지가 않다. 한국은행의 역할 가운데 첫 번째가 바로 물가 안정인 것도 바로 이러한 이유 때문이다. 그런데 이러한 물가 지수 통계에는 많은 허점이 있다.

2010년 우리나라에는 구제역이 발생해 많은 소와 돼지를 도살 처분했다. 이러한 영향으로 돼지고기 가격이 쇠고기보다 더 올라 2011년 7월 소비자 물가는 전년보다 무려 4.4퍼센트나 상승했다. 당시 통계청 조사에 의하면 돼지고기 가격이 전년보다 46.3퍼센트나 올라 식당에서 파는 삼겹살 값이 16.6퍼센트 상승했다고 한다. 이에 정부는 돼지고기 가격을 내리려고 수입 돼지고기 13만 톤을 2011년 말까지 관세를 물리지 않고 수입해서 가격을 낮추고 한국은행도 기준 금리를 올렸다.

우리는 앞에서 가격이 수요와 공급으로 결정된다고 배웠다. 그런데 한 번 오른 물가가 쉽게 내려가지 않는 것을 자주 볼 수 있다. 하지만 이런 상황을 설명하기가 쉽지 않은 것은 가격이 오르내리는 데에는 많은 요인이 숨어있기 때문이다. 예를 들어 설렁탕집, 순댓국집의 밥값은 한 번 오르면 배추, 무, 감자, 쇠고기 등 식자재 가격이 내려가도 오른 가격을 그대로 받는다. 이는 식당이 항상 오르내리는 재료 가격을 식대에 일일이 반영할 수 없기 때문이다. 이렇게 식자재 가격과 밥값이 일치하지 않는 현상을 '메뉴 비용'이라고 한다. 이는 음식 가격이 바뀔 때마다 일일이 메뉴판을 바꿔야 하는 비용을 지출하지 않으려고 가격을 낮추지 않는 것이다.

● 수입산 포도주

이때 특정 가격이 오르면 다른 상품도 함께 오르게 된다. 이는 여러 사람이 모인 곳에서 앞을 잘 보려고 일어나면 뒷사람도 모두 일어나는 현상처럼 값을 올릴 이유가 없는데 덩달아 올리는 것으로 '편승 인상'이라고 한다. 이처럼 물가는 여러 가지 요인이 복합적으로 작용해 상승과 하락을 반복하지만 한 번 인상된 가격은 대부분 내리지 않아 정부와 한국은행은 물가 안정을 위해 많은 노력을 기울이는 것이다.

⑥ 소비자 물가 지수에 나타난 허와 실

물가 지수를 측정할 때 모든 상품을 조사하지 않는다. 그 이유는 어떤 가격 변화가 중요한가는 생산자와 소비자 입장에 따라 서로 다르기 때문이다. 예를 들어 지하철 요금이 오르면 일반 소비자는 물가가 오른 것을 바로 피부로 느끼지만 기업은 생산 원가에 직접 영향을 미치지 않아 잘 느끼지 못한다. 그러나 만약 철판값이 오르면 일반 소비자는 잘 느끼지 못하지만 기업은 생산에 직접 영향을 주므로 민감하게 반응한다. 이처럼 소비 주체에 따라 피부로 느끼는 물가 지수도 달라 생산자 물가 지수와 소비자 물가 지수를 달리 작성한다.

보통 가정주부는 생필품 가격이 오르면 장보기를 두려워하고 전기 요금이 오르면 전열기구 사용을 줄이고, 대학등록금이 오르면 휴학생이 늘어난다. 자장면이나 설렁탕 등 식비가 오르면 직장인들은 식대를 아끼려고 도시락을 싸가지고 다니거나 값싼 음식을 찾게 된다. 주부, 학생, 직장인 등 일반 소비자가 생활을 유지하려고 구매하는 재화와 서비스 가격 변화를 나타내는 물가 지수가 바로 소비자 물가 지수이다. 그러므로 소비자 물가 지수는 도시 가정 평균 생계비나 구매력 변화를 알아보는데 유용한 지표이다. 만약 소비자 물가 지수가 10퍼센트 오르면 가계 소득으로 구매할 수

 있는 상품이나 서비스 양이 10퍼센트 감소한다. 이는 월급 생활자가 이전보다 지출하는 생계비가 10퍼센트 더 들어가기 때문에 소비자 물가 지수는 인플레이션을 확인하는 지표가 된다. 따라서 소비자 물가 지수를 작성할 때에는 가계 소비에서 차지하는 비중이 큰 상품을 조사 대상으로 선정하는데, 2013년 통계청이 발표한 2012년 도시 가구당 매달 생활비로 지출하는 돈은 평균 3,399,572원이었다. 이 가운데 1/10,000인 185원 이상 지출되는 품목을 소비자 물가 지수 통계 대상으로 삼았다. 2012년 조사 대상은 2010년을 기준 가격을 바탕으로 489개 상품과 서비스 품목을 전국 37개 도시에서 조사해 작성했다.

이때 선정된 품목 가운데 전체 소비 지출에서 차지하는 비중이 큰 품목에는 높은 가중치를 부여한다. 이는 지출이 많은 상품에 낮은 가중치를 부여하면 생활에서 느끼는 지수의 공정성이 떨어지기 때문이다. 일반적으로 상품별 가중치는 도시 평균 가구에서 지출하는 주요 상품을 기준으로 정하기 때문에 저소득 국가는 고소득 국가보다 식품 가중치가 높다. 그러나 선진국마다 가중치가 조금씩 달라 일본은 우리나라와 달리 생선회를, 프랑스는 포도주에 높은 가중치를 부여한다.

통계청이 작성해 발표하는 우리나라 소비자 물가 지수 상승률은 일반 소비자가 피부로 느끼는 물가 상승률과 차이가 날 때가 많다. 그래서 이런 문제를 보완하려고 소비자 물가 지수의 보조 지표로 작성하는 것이 장바구니 물가 지수로 불리는 생활 물가 지수이다. 생활 물가 지수는 소비자가 피부로 느끼는 물가를 쉽게 파악할 수 있도록 가계 지출 비중이 높은 쌀, 달걀, 배추, 소주 같은 생활필수품 153개 품목을 선정해 작성한다.

그러나 가뭄, 홍수, 냉해와 같은 계절 영향으로 농산물 가격이 한때 폭등하거나 중동의 정치 불안이나 원유 투기 세력 때문에 유가가 급격하게 오르는 것은 일시적인 현상으로 판단해 제외한다. 물가 변화를 장기적인 시각에서 파악하려면 곡물을 제외한 농산물과 원유가 등 일시적인 영향으로 가격이 변한 것을 제외해 '근원 물가'라고 한다.

소비자 물가 지수를 작성할 때 중요한 것은 가중치를 얼마나 적절하게 매기느냐이다. 예를 들어 많은 사람이 주거비가 올라 생활에 어려움을 겪을 때 비중을 반영하지 않으면 낮은 가중치 때문에 소비자 물가 지수는 실제 물가 상승률보다 낮을 수 있다. 이와 비슷한 예가 바로 '대체 편향'으로 소비자가 실제 소비에서 대체할 가능성을 반영하지 않아 발생하는 현상을 말한다. 예를 들어 물가 지수를 작성한 기준 연도에 돼지고기가 닭고기보다 싸면 소비자는 돼지고기를 더 많이 소비해 가중치가 높아진다. 그런데 이듬해 비싼 돼지고기 때문에 소비자가 닭고기를 많이 구매하면 돼지고기에 지출하는 비용이 줄어들어 가중치도 함께 낮추어야 한다. 그런데 물가 지수를 작성할 때에서는 기준 연도에 정한 돼지고기 가중치를 그대로 적용하므로 실제보다 높게 나타난다. 이러한 현상은 가격이 오르거나 내려간 상품을 바로 반영할 수 없어서 생기는 것이다. 이외에도 소비자 물가 지수는 새로운 상품이 등장하거나 품질 향상으로 가격이 내려가는 현상을 제때에 반영하지 못하는 때도 많다.

생산자가 상품을 생산할 때 가장 많이 차지하는 것은 원자재나 중간재 구매비용이다. 그러므로 생산자는 상품 생산에 투입하는 자재비가 늘어날 때마다 부담으로 작용한다. 예를 들어 자동차를 만들 때 가장 많이 사용하는 철판, 타이어, 유리 가격이 오르면 자동차 가격도 함께 올려야 하므로 판매에 영향을 준다. 따라서 생산자는 상품 생산에 꼭 필요한 원자재나 중간재 가격이 변하는 것에 많은 관심을 갖는다. 이러한 생산자의 상황을 고려해 생산비 부담을 측정할 수 있는 유용한 물가 지수가 바로 생산자 물가 지수이다.

생산자 물가 지수는 국내에서 생산한 원자재와 서비스를 국내 기업끼리 거래할 때 나타난 가격 변화를 종합한 것으로 원래 도매 물가 지수라고 불렀다. 도매 물가 지수는 우리나라에서 가장 오래된 경제 지수로 1910년 처음 조사하기 시작해 1992년부터 생산자 물가 지수로 이름을 바꾸었다. 생산자는 생산자 물가 지수를 바탕으로 생산에 필요한 원자재비용 부담을 계산하는데 유용할 뿐만 아니라 생산과 유통, 수급 상황 등 경기 흐름을 판단하는 기준이 된다. 생산자 물가 지수는 생산자가 생산에 필요한 원자재나 중간재 가격이 오르면 수요와 공급에 미치는 영향을 미리 파악할 수 있다. 만약 원자재가 빠르게 오르면 제품 가격도 함께 올려야 하는데 한 번에 너무 많이 인상하면 판매 부진으로 재고 부담이 늘어나 생산량도 줄여야 해 불황에 빠지게 된다.

그런데 생산자 물가 지수와 소비자 물가 지수가 같은 방향이나 다른 방향으로 움직이더라도 차이를 보일 때가 많은 것은 두 지수를 작성할 때 포함되는 상품과 서비스 품목이 다르기 때문이다. 예를 들어 소비자 물가 지수를 조사할 때에는 외식비, 집세, 교육비 등 개인의 서비스 요금이 포함되지만 생산자 물가 지수에는 제외되므로 집세나 학원비, 대학 등록금이 아무리 많이 올라도 변하지 않는다.

반면 생산자 물가 지수를 작성할 때에는 원자재, 중간재, 자본재 가격만 반영하므로 소비자 물가 지수는 변하지 않는다. 그러나 제품 생산에 필요한 원자재 가격이 오르면 소비재 가격에도 영향을 미쳐 소비자 물가 지수는 상승한다. 결국 같은 품목이더라도 생산자 물가 지수와 소비자 물가 지수에서 부과하는 가중치가 다르기 때문에 두 물가 지수의 변화는 일치하지 않는 것이다. 생산자 물가 지수 가중치는 생산자 매출액을 기준으로, 소비자 물가 지수는 도시 가계 지출액을 기준으로 삼기 때문이다. 예를 들어 채소는 소비자 물가 지수에서 차지하는 가중치가 생산자 물가 지수에서 차지하는 가중치보다 훨씬 높고, 원유는 생산자 물가 지수 가중치가 소비자 물가 지수 가중치보다 10배나 높다. 결국 두 물가 지수 기준이 달라 생산자 물가 지수가 소비자 물가 지수보다 변동 폭이 작게 나타난다.

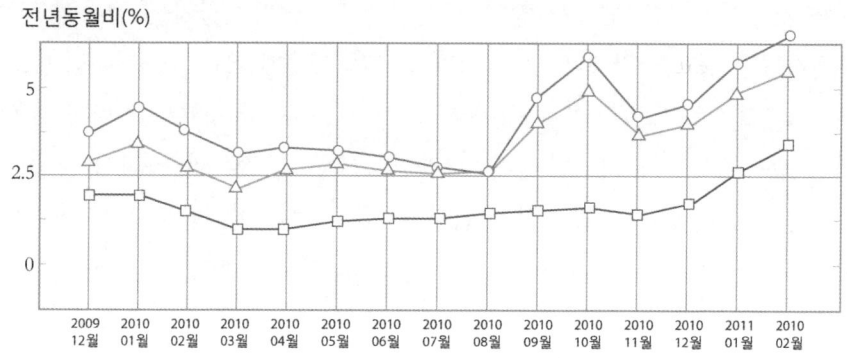

● 월별 소비자 물가, 근원 물가, 생활 물가 상승률

전년동월비(%)

△ 소비자물가상승률   □ 근원물가상승률   ○ 생활물가상승률

<출처 : e-나라지표>

　　생산자 물가 지수는 공장도 가격인 도매 물가여서 부가가치세는 제외된다. 그러나 소비자 물가 지수를 작성할 때의 평균 가격은 소매가격을 기준으로 작성하므로 유통 과정에서 발생하는 중간 이윤과 부가가치세 등이 모두 포함되므로 생산자 물가 지수보다 물가 변화의 폭이 더 크게 나타난다.

　　2011년 우리나라는 소비자 물가 지수 품목을 바꾸었다. 소비자 물가는 소비자가 자주 소비하는 489개 품목의 가격 변화와 가중치를 곱해서 계산한다. 소비자 물가 지수 품목은 5년마다 조정하는데 1995년에는 음반 CD와 무선호출기, 이동 전화 요금이, 2000년에는 즉석 식품과 PC방 이용료, 이동 전화 부가서비스가 포함되었다. 2005년에는 전자 사전과 찜질방 이용료가 포함되고 팥과 햄버거스테이크, 비프커틀릿, 식기 세척기, CD가 제외되어 2011년까지 쓰였다.

　　소비자 물가 구성 품목을 변경할 때에는 가계 소비 형태를 분석해 소비하는 빈도를 따져 결정한다. 보통 가계 소비 지출액의 1만분의 1을 차지하는 품목인지, 아닌 지를 기준으로 변경 여부를 결정한다. 2011년 우리나라 물가가 4퍼센트대로 빠르게 오르자 정부는 소비자 물가 지수 항목을 조정했다. 이에 경제학자들은 물가가 많이 오른 품목을 제외해 물가를 인위적으로 조정하려 한다고 비판했다. 당시 제외된 품목 가운데 금은 2008년부터 빠르게 올라 물가를 오르게 하는 항목으로 꼽혔다. 그러나 정부는 소비자 물가 조정 항목에서 제외되었던 금을 갑자기 포함시켜 정부가 가격이 급등한 품목을 조정해 물가를 조절하려 한다는 의심을 받았다. 당시 통계 조사를 마친 뒤 다른 물가는 모두 안정을 되찾았으나 2008년 세계 금융 위기 이후부터 급격하게 오르기 시작한 금값이 소비자 물가를 높이는 역할을 했기 때문이다. 소비자 물가에서 금반지가 차지한 비중은 0.48퍼센트였으나 2011년 9월 금반지 가격이 19.4퍼센트나 올라 순금 3.75g 1돈 당 26만 원으로 2005년 이후 가장 높은 가격대를 형성했다. 보통 소비자 물가는 2~3퍼센트를 안정의 기준으로 삼는데 반해 너무 빠르게 오른 금값이 물가 상승 요인으로 작용했다. 당시 정부가 금반지를 소비자 물가 항목에서 제외하면서 지수는 대폭 낮아졌다. 이러한 예처럼 소비자 물가 지수는 어떤 것을 품목으로 정하느냐에 따라 물가 상승률이 달라져 때로는 정치에 악용될 소지도 있다.

경제는 정말 어려울까?

경제학에서는 경제의 개념을 재화와 서비스 생산, 분배, 유통을 포함한 모든 소비 활동과 그것을 통해 이루어지는 사회적 관계라고 설명한다. 이는 개인으로부터 사회, 국가에 이르는 포괄적인 행위와 현상을 나타내는 넓은 의미로 보기 때문이다.

우리말에서 경제라는 용어는 경세제민 經世濟民 의 약자로 세상을 경영해 백성을 부유하게 한다는 뜻을 가져 인간의 물질적 부와 관련된 모든 행위를 의미한다. 따라서 생활에 필요와 욕구를 충족시키는 재화와 서비스 생산, 소비, 분배와 관련한 활동과 이에 필요한 모든 질서를 경제라고 보았다.

경제에는 크게 공장에서 물건을 만드는 것처럼 재화와 서비스 가치를 늘리는 생산과 개인이나 기업, 국가를 유지하는데 사용하거나 소모하는 소비 그리고 재화와 서비스 생산에 기여해 시장 가격으로 보상 월급 받는 분배로 나뉜다.

한 나라 경제 단위를 국민 경제라고 부르는 것은 개인과 기업, 정부를 포함하기 때문이다. 경제 활동은 재화를 늘리려는 노력으로 화폐를 매개로 해 금융 경제와 실물 경제가 조화롭게 이루어져야만 한다. 이처럼 경제는 인간이 사회적 동물임을 확인시켜 주는 예이다. 결국 사람은 태어나서 죽는 날까지 경제 활동을 하므로 경제 원리와 개념을 익히면 합리적인 생활을 할 수 있다.

1 경기를 측정하는 두 가지 방법

"경기가 나빠서 장사가 안 돼!"

2008년 이후 시장 어디서나 쉽게 듣는 소리이다. 그런데 경기는 왜 나빠지는 것일까? 보통 경기가 나빠졌다는 것은 나라 경제가 제대로 돌아가지 않는다는 뜻이다. 경기란 우리가 생활하면서 기분이 좋거나 나쁠 때가 있는 것처럼 경제를 움직이는 기운을 뜻한다. 기업이 성장하려면 무엇보다 수요와 공급을 잘 예측해야 한다. 그리고 다른 기업보다 먼저 신상품을 만들어서 팔아야 많은 이익을 얻을 수 있다.

한 나라 경제 규모를 나타내는 통계를 국민 총생산량GNP과 국내 총생산량GDP이라고 한다. 국민 총생산량이란 우리나라 국민이 국내외에서 벌어들인 모든 소득의 합계 금액을 말한다. 여기에는 우리나라 기업이 국내와 외국에 공장을 세워 벌어들인 돈과 외국에서 활동하는 연예인과 운동선수, 노동자가 번 돈까지 모두 포함된다. 국내 총생산량은 국민 총생산량에서 외국에서 생산해 번 소득을 뺀 금액으로 순수하게 국내에서 생산한 모든

상품과 서비스의 합계를 의미한다. 국내 총생산량은 보통 1년 단위로 집계하며 1년 동안 국내에서 만든 상품이나 서비스의 총생산 금액으로 개인 소비와 기업 투자 등에 영향을 주므로 매우 중요한 통계이다.

○ 생각해 보기

1. 경기를 파악하는 방법을 알아본다.
2. 국민 총생산량과 국내 총생산량을 알아본다.

🔍 들여다 보기

① 실질 성장률과 잠재 성장률

잠재 성장률이란 한 나라에 존재하는 모든 자원을 최대한 활용해 생산할 수 있는 능력을 예상해 만든 통계로 보통 국내 총생산 GDP 성장률을 바탕으로 작성한다.

따라서 잠재 성장률은 앞으로 한 국가의 물가가 얼마나 상승할지 지표로 활용되고 통화 정책 등 주요 거시 경제 정책 수립과 운용에 기초 자료로 삼는다. 그러므로 잠재 성장률이 낮더라도 경기가 좋아지면 물가는 쉽게 오른다. 경기가 좋아지는데 물가가 오르는 이유는 경제 규모가 커져서 성장할 수 있는 여지가 줄어들었다고 생각하기 때문이다. 그런데 잠재 성장률을 정확하게 계산하는 것은 현실적으로 불가능하다. 그래서 정부는 실업을 최소화하고 경제 성장을 위해 기존에 조사한 통계를 바탕으로 잠재 성장률을 일정 수준으로 가정하고 정책을 집행한다.

잠재 성장률과 달리 한 나라 경제가 실제로 생산한 모든 생산물의 시장 가치를 나타내는 것을 실질 성장률이라고 한다. 따라서 경제가 잘 돌아가 생산 요소를 초과해 생산하면 실질 성장률은 잠재 성장률을 넘는 때도 많다. 그러나 불황기에는 높은 실업률과 낮은 생산 가동률 등으로 실질 성장률이 잠재 성장률보다 낮을 때도 있다.

② 유동성 선호와 유동성 함정

고전 경제학자들은 경제 활동에서 화폐의 수요는 항상 일정하다고 보았다. 이들은 화폐가 거래에 사용된 횟수는 일정한 기간에 생산한 재화와 서비스의 생산량이므로 실제 GNP에 평균 물가를 곱한 것과 같다는 것이다.

이는 짧은 기간에 생산할 수 있는 재화와 서비스가 한정되어 있어서 통화량을 늘리려면 물가가 오르는 것을 반영해야 한다고 생각했다.

그러나 경제학자 케인스는 화폐 수요 이론 유동성 선호 이론 에서 경제가 어려워지면 사람들이 주식이나 부동산에 투자하지 않고 안전한 현금이나 언제든 현금처럼 사용할 수 있는 금 같은 안전 자산을 선호한다고 보았다. 이처럼 전 세계 어디서나 안전하게 사용할 수 있는 금이나 달러를 보유하려는 유동성 선호 현상은 경기가 불확실해 불안해진 사람들이 언제 어디서나 사용하기 편한 화폐나 현금성 자산을 확보해 위험에 대비하려는 것이다. 그러므로 불경기에 현금성 자산을 보유하고 있으면 이자 소득과 같은 이익은 발생하지 않는다.

반면 일정 기간 유동성 선호를 포기하고 타인에게 돈을 빌려주면 이에 대한 보수로서 이자를 받는 이자율은 유동성을 일정 기간 포기한 데 따른 보수율이라는 것이다. 따라서 그는 정부가 불황을 극복하려면 통화량을 늘려 실질적인 수요 소비자 를 만들어내면 문제가 해결된다고 보았다. 이때 통화량이 늘어나 금리가 내려가더라도 시장의 거래 동기, 예비적 동기, 투기적 동기에 따라 이자율이 결정된다는 것이다. 여기서 거래 동기와 예비적 동기는 불황기에 사람들이 유동성 선호 즉, 재산을 현금으로 보유하려는 욕구 때문에 화폐 수요가 늘어나는 것을 말한다. 따라서 투자로 이익을 얻을 기회가 올 때까지 현금성 자산을 보유하는 것을 투기적 동기라고 정의했다. 그는 통화 공급은 중앙은행에서 결정하지만 시장에서는 실질적인 수요와 공급으로 이자율이 결정되며 소득이 많은 부자일수록 금융 거래 규모가 커서 현금 보유량도 많을 것이므로 소득 수준이 영향을 준다는 것이다. 결국 불황기에 유동성 선호뿐 아니라 실질적인 화폐 유통에 따라 이자율이 결정되는 원인을 설명했다.

보통 불경기로 경제가 어려워지면 정부는 경기 부양책으로 금리를 내리고 화폐를 시장에 공급하는 양적완화 정책을 펴는 때가 많다. 그런데 금리를 내리거나, 통화량을 늘리더라도 시장에 돈이 잘 돌지 않는 경우가 발생한다. 그 이유를 케인스는 이자율이 너무 낮으면 이자율이 상승할 때까지 사람들이 투자를 보류하기 때문이라고 설명했다. 이는 시장에 늘린 통화가 개인 대출을 늘려 소비를 촉진시키고 더 나아가 기업의 채권 투자로 이어지지 않아 결국 채권 가격도 내려간다는 것이다. 이때 이자율이 더 내려갈 것으로 판단한 사람들이 돈을 빌려 채권에 투자하면 가격이 오르지만 더 많은 이익을 얻으려고 투자를 줄이면 수요가 줄어든다는 것이다. 이는 경기를 되살리려고 정부가 시장에 많은 통화를 공급해도 사람들이 투자하지 않고 쌓아 놓아 돌지 않는다는 것이다. 이처럼 정부가 경기를 살리려고 금리를 인하하고 통화량을 늘려도 시장에서 돈이 돌지 않아 불경기가 지속되는 것을 유동성 함정이라고 한다.

③ 출구전략

정부는 어려워진 경기를 되살리려 할 때 시장에 통화량을 늘리거나 금리를 인하하는 정책을 편다. 금리가 내려가거나 통화량이 늘어나면 개인과 기업은 대출받은 돈으로 소비하거나 투자를 늘려 소비를 촉진시키므로 경제는 제자리를 찾게 된다. 그러나 경제가 안정되었을 때 경기를 되살리려고 시장에 풀었던 통화량을 줄이지 않으면 인플레이션이 발생해 국민 경제에 나쁜 영향을 주므로 이때 정부는 통화량을 줄이는 출구전략을 시행해 시장을 안정시킨다.

출구전략은 시장에 풀린 자금을 중앙은행이 다시 거둬들이는 유동성 회수 정책이다. 경제 위기가 오면 정부는 시장에 자금이 잘 돌게 하려고 금리를 내리거나 세금 인하와 공공 건설 등으로 재정 확대 정책을 펴게 된다. 그런데 경기가 되살아나면 재정 확대 정책으로 풀린 통화가 물가와 부동산 가격을 올리는 인플레이션을 일으켜 국민 경제에 나쁜 영향을 미친다. 이러한 상황을 고려해 정부는 시장에 늘어난 자금을 줄이는 통화 회수 정책을 시행하는 것이다.

　　출구전략이란 용어가 처음 등장한 것은 베트남 전쟁에서 미국 국방성이 인명과 손실을 최소화하면서 전쟁에서 발을 빼려는 전략을 표현하면서 사용하기 시작했다. 그 뒤 보스니아 내전에 개입했던 클린턴 정부에서 보스니아 내 세르비아계를 공습하려는 미군이 발칸반도 전쟁에 휘말리지 않도록 출구전략을 먼저 세워야한다고 국무장관이던 워런 크리스토퍼가 상원 청문회에서 밝히면서 널리 퍼졌다.

● 올리버 스톤 감독의 베트남 전쟁 영화 위로부터 플래툰, 7월 4일생

　　그러나 경제학에서 출구전략은 유동성 회수 정책뿐만 아니라 투자 손실을 최소화하면서 특정 자산이나 사업을 제3자에게 헐값으로 매각하려는 기업의 경영 전략을 일컫는 의미로도 쓰인다. 경제학에서 출구전략이 널리 알려진 것은 2007년 미국 비우량 주택담보대출 사태로 시작된 금융 위기를 통해서 이다. 당시 미국에서 시작된 금융 위기가 전 세계에 영향을 주어 경기가 어려워지자 미국을 비롯한 선진국과 주요 개발도상국이 자국 경제를 살리려고 기준 금리를 인하하고 재정을 지원하면서 통화량이 급격하게 늘어났다. 당시 우리나라도 경기를 되살리려고 양적완화 정책을 펼쳐 많은 돈을 시장에 풀었다. 그 뒤 정책이 효과를 발휘해 경제가 살아나기 시작하자 여기저기서 출구전략을 펴야 한다고 주장했다. 전쟁 용어로 사용된 출구전략은 전쟁에서 피해

를 줄이면서 안전하게 철수하는 것이지만 경제학에서는 경제를 살리려고 늘린 유동성을 회수하는 것을 의미한다. 그런데 경제 정책에서 출구전략이 적절한 시기에 시행되지 않으면 다시 불황에 빠질 수 있으므로 신중하게 결정해야 한다.

경제에서의 출구전략은 복잡한 설명과 다르게 시행 방법은 간단하다. 먼저 시중에 풀어놓은 자금을 회수하도록 중앙은행이 기준 금리를 올리거나 정부가 재정 지출을 줄이면 된다. 그런데 여기서 중요한 문제는 이러한 정책을 언제 시행할 것인가이다. 만약 경제가 회복되지 않았는데 출구전략을 시행하면 경제가 더 나빠져 장기 불황에 빠질 수 있기 때문이다. 그래서 언제, 어떻게, 얼마나 정확하게 경제 상황을 진단하고 정책을 실행하느냐를 두고 의견이 분분한 것이다. 우리나라처럼 수출 중심으로 움직이는 경제 구조에서는 국제 경기가 많은 영향을 미친다. 그러므로 국내 상황만 판단해 출구전략을 세우면 위험에 빠질 수 있으므로 되도록 모든 상황을 고려하려 고민하는 것이다.

④ 금값과 경제의 상관관계

2008년 미국 비우량 주택담보대출 서브프라임 모기지 사태로 시작된 경기 침체는 전 세계를 위험에 빠뜨렸다. 그 결과 자금이 안전 자산에 몰리면서 2009년 2월 이후 국제 금시장에서 트로이온스 당 1,000달러를 넘어 끝없이 올랐다. 2008년 가장 낮을 때에 트로이온스 당 700달러였던 것을 생각하면 엄청난 결과였다. 이처럼 경제가 어려워지면 금값이 오르는 이유는 무엇 때문일까? 그 이유는 금융 투자자들이 금을 전 세계에서 가장 안전한 자산으로 생각하기 때문이다. 이는 금의 역사를 살펴보면 쉽게 이해할 수 있다.

19세기까지만 해도 무역에서 금 자체가 화폐를 대신했다. 금은 쉽게 쪼

개거나 붙일 수 있으며 오랜 시간이 지나도 변하지 않는 특징을 가지고 있다. 또한 누구나 쉽게 구별할 수 있고 언제나 희소성이 유지된다는 점에서 화폐를 대신할 수 있었다. 이러한 이유로 금을 통화 제도에 적용한 것이 바로 금본위제이다. 금본위제는 각국이 자국 화폐 가치를 일정한 순금과 교환할 수 있는 기축통화로 사용하는 것을 말한다. 금본위제를 통해 세계 각국은 금화 주조와 자유로운 수출입을 허용하고 지폐나 예금 통화 등을 제한 없이 금과 교환할 수 있게 되었다.

금본위제에서 화폐가 가진 특징은 각국이 물가와 비교한 환율 대신 국제 금시장에서 정한 금값을 환율로 사용한다는 점이다. 그러므로 금 가치가 상상할 수 없을 정도로 떨어지지 않는 한 화폐 가치가 변하는 것을 막을 수 있다. 또한 금본위제는 인플레이션과 통화량이 급격하게 늘어나는 것도 막을 수 있다. 그런데 금 본위제의 문제는 각국 정부가 보유한 금만큼만 화폐를 발행할 수 있다는 점이다. 요즘처럼 경제가 발전해 화폐 수요가 늘어도 쉽게 화폐를 발행할 수 없다.

금본위제는 고정 환율제이므로 국제 수지가 적자인 국가에서는 수입품을 줄이거나 강력한 긴축 재정을 통해 해결해야만 한다. 그러나 강력한 긴축 정책을 펴면 경기가 위축돼 국민 소득을 감소시킨다. 또한 이러한 정책은 국제 수지를 줄일 수 있지만 효과적인 자원을 배분할 수 없으며 실업자 문제 등을 해결할 수 없는 한계가 있다. 이러한 문제 때문에 세계 각국은 금본위제 대신 관리 통화 제도를 시행하게 되었다. 관리 통화 제도는 통화량을 금 보유량과 관계없이 통화 정책 기관 중앙은행 이 자국 상황에 맞게 관리 조절하는 것을 말한다.

관리 통화 제도가 시행되면서 금이 가진 경제적 비중은 줄어들었지만 여전히 투자 대상으로 인기를 얻고 있다. 그 이유는 금이 가진 물리적 특성인 희소성과 불변성, 보석으로서의 가치도 가지고 있어 아무리 값이 내려가도 화폐처럼 휴지 조각이 될 염려가 없다. 이러한 이유로 금은 전 세계 어디서나 통용되는 화폐 기능뿐 아니라 안전한 자산으로 인기를 얻게 된 것이다.

그렇다고 금값이 마냥 오르는 것만은 아니다. 2008년 이후 국제 금값은 트로이온스 당 1,700달러까지 올랐다가 2013년에는 무려 1,100달러까지 떨어졌다. 이런 현상이 나타난 것은 경기가 좋아져서가 아니라 국가 재정 위기로 어려움을 겪은 남유럽 국가들이 보유한 금을 팔 것이라는 소문이 돌았기 때문이다. 특히 2013년 국가 부도 위기에 몰렸던 키프로스는 유럽 연합에서 지원한 구제 금융으로 위기를 넘기면서 보유하고 있던 금을 팔아 문제를 해결할 것으로 예상해 가격이 떨어졌다. 그러나 경기는 끊임없이 변하므로 금값이 오르기만 할 수는 없다. 세상에 가치가 꾸준히 오르기만 하는 것은 없다. 경제 세계에서는 모든 가치가 끊임없이 오르내리기를 반복하다가 제자리를 찾기 것은 바로 수요와 공급의 원리가 적용되기 때문이다.

온스_ 야드파운드법에 의한 무게 단위로 귀금속이나 보석류를 달 때 사용된다. 1트로이 온스는 480 그레인으로 약 31.1034그램이다.

2 국내 총생산량

경기가 좋고 나쁜지는 국내 총생산량 GDP 을 비교해 보면 알 수 있다. 경기가 나빠지는 이유에는 여러 가지가 있는데 무역을 통해서 알아보자.

미국은 세계에서 수입을 가장 많이 하는 나라이다. 우리나라처럼 자원이 부족한 나라는 수출을 많이 해야 경기가 좋아진다. 그런데 만약 미국이 다른 나라와 전쟁을 하면 미국 국민은 불안한 마음이 생겨 절약하게 되므로 소비가 줄어든다. 국내 소비가 줄어든 기업들은 수요와 공급을 예측하기 어려워 외국에서 들여오는 수입품도 줄이게 된다. 이렇게 되면 우리나라의 수출이 감소해 생산량을 줄이면서 결국 일자리도 줄어든다. 결국 월급에 의존하는 우리나라 국민도 미래가 불안해져 꼭 필요한 물건이 아니면 사지 않게 되면서 전체 소비가 줄어 개인을 비롯한 기업과 국가 경제가 모두 어려움에 빠지는 것이다.

경기가 좋다는 말은 시장에서 돈이 잘 돈다는 뜻이다. 이러한 흐름을 한눈에 비교해 볼 수 있는 것이 국내 총생산량이다. 한 나라 경제는 기업이 물건을 만들어 팔고 이익을 얻으면서 성장한다. 기업이 상품을 많이 만들어 팔면 경기가 좋아져 국내 총생산량도 증가한다. 그러나 상품이 팔리지 않으면 경기가 나빠지면서 국내 총생산량이 감소한다. 따라서 기업이 좋은 물건을 많이 만들어도 소비가 줄어 불황에 빠지게 된다. 그러므로 국내 총생산량은 경기의 흐름과 알 수 있는 중요한 지표이다.

○ 생각해 보기

1. 국내 총생산량을 조사하는 이유를 알아본다.
2. 국내 총생산량을 통해 예측할 수 없는 이유를 알아본다.

🔍 들여다 보기

① 경기 변화의 특성

1996년 12월 우리나라는 선진국 클럽이라는 경제 협력 개발 기구 OECD 에 가입했다. 우리나라가 OECD에 가입하면서 그동안 외국 자본이 들어오는 것을 막았던 다양한 규제 정책을 없애면서 외국인 투자가 늘어나 호황을 누렸다. 당시 외국 자본이 많이 들어오면서 아파트나 골프장 회원권은 청약과 함께 분양을 마감했고 부동산도 하늘 높은 줄 모르고 치솟았다. 이러한 사회 분위기 때문에 일부 기업에서는 필요한 노동력을 구하지 못하는 구인난이 발생해 생산량이 줄기도 했다. 또한 재벌 기업들은 은행에서 대출받은 돈으로 마구 기업을 설립하거나 경영과는 무관한 부동산 투자에 열을 올리기도 했다.

그러나 1997년 태국에서 발생한 외환 위기로 경제가 어려워지면서 대출로 차입 경영을 일삼던 대기업들이 부도를 내고 문을 닫았다. 이 때문에 정리해고를 당한 실업자가 늘어나면서 가정이 해체되는 아픔을 겪었다. 당시 갑자기 실업자가 된 사람들은 생활비조차 벌 수 없었고, 미래에 불안을 느낀 사람들은 소비를 줄이면서 판매 부진을 겪은 기업들이 계속 망해 실업자는 더욱 늘어났다. 정부는 외환 위기로 시작된 경제를 되살리려고 공적 자금을 투입해 불필요한 산업을 통폐합하거나 정비하고 외국에서 달러를 빌려 외화 시장을 안정시켰다. 경제를 되살리려는 정부와 국민의 피나는 노력으로 우리나라는 깊은 불황에서 빠져나올 수 있었다. 이처럼 엄청난 고통과 희생을 통해 경제가 제자리를 찾으면서 국제 신용 등급도 오르고 외국 투자자도 다시 돌아왔다.

이처럼 깊은 불황을 이겨낸 경제는 탄력을 받아 절정에 이르렀다가 다시 위축되는 순환 법칙이 이어진다. 경제학에서 설명하는 경기 변화란 국내 모든 경제 활동에 나타나는 흐름을 말한다. 국가 경제가 생산량, 고용, 이윤 등 거시 경제 지표로 측정한 활동이 확장되어 절정에 이르렀다가 점차 위축되어 저점에 도달했다가 다시 회복하는 과정을 경기 변동이라고 한다. 경기 변동은 생산량이나 고용 같은 특정한 움직임이 아니라 경제에 속한 변수들이 함께 움직인다. 예를 들어 경기 확장기에는 생산, 소비, 투자, 고용, 주가 지수, 수입액 등이 모두 증가한다.

일반적으로 경기가 변하는 흐름은 확장, 침체, 수축, 회복으로 구분하는데, 이러한 분석을 체계적으로 발전시킨 사람이 바로 미첼이다. 그는 경기가 저점에서 정점에 이르는 기간을 확장 또는 상승으로, 정점에서 저점에 이르는 기간을 수축 또는 하강으로 구분했다.

경제학자 슘페터도 경제가 정상적인 수준을 정상 또는 균형 상태로 보고 경기를 정상 수준 이상과 정상 수준 이하로 구분했다. 그는 정상 수준 이상 기간을 호황기와 침체기로 정상 수준 이하 기간을 불황기

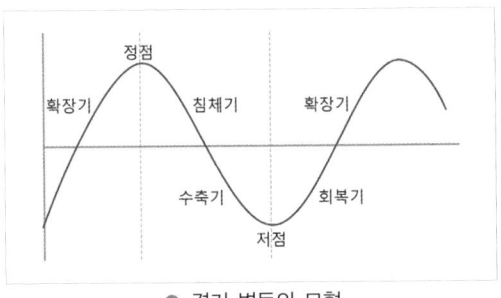

● 경기 변동의 모형

와 회복기로 구분하면서 경제가 정상에서 멀어질수록 오름세나 내림세가 느려져 정상으로 되돌아가려는 힘이 더 크게 작용한다고 보았다.

경기 변동을 설명하는 이론은 크게 두 가지로 외적 요인과 내적 요인이 있다. 외적 요인은 경제 외부 영향과 정책 실패로 균형에서 벗어난 경제가 자율적인 조정 기능으로 균형을 회복하므로 장기적으로 안정된다는 것이다. 특히 고전 경제학파나 신고전 경제학파의 학자들은 수요가 자동으로 공급에 맞추면서 조정되므로 정부 개입 같은 외부 영향이 없더라도 완전 고용을 이루는 균형 상태로 회복된다고 믿었다. 이는 경기가 하강 국면에 진입하는 이유가 경제 외적 요인 때문에 발생한 것이므로 결국 경기 침체 원인도 외부 요인 때문이라는 것이다. 이처럼 경기 변동 원인을 외부 충격이나

정부 개입이라는 외적 요인 때문이라고 주장을 한 이론이 바로 '세이의 법칙'이다. 세이의 법칙이 발표된 뒤 존 스튜어트 밀, 앨프레드 마셜, 제번스, 왈라스 등은 가격, 임금, 이자율이 자유롭게 변하다가 결국 균형 상태로 되돌아온다고 생각했다. 예를 들어 수요가 부족하면 가격이 하락하고 가격이 하락하면 수요가 증가하므로 이때 공급을 줄이면 균형 상태가 된다는 것이다. 따라서 이들은 경기가 나빠지는 하강 국면과 실업은 완전 고용 균형에서 잠시 벗어난 일시적인 현상에 불과하다고 생각했다.

경기가 외적 요인 때문이라고 처음 주장한 사람은 경제학자 제번스로 태양 흑점이 증가하면 경제에 많은 변수가 생기는 것처럼 경제가 외부 요인으로 불경기를 겪는 것도 한때 나빠지는 현상과 같다고 보았다. 그가 이런 주장을 한 19세기에는 주기적으로 태양 흑점이 증가한 기상 이변으로 기온이 낮아질 것이라는 확신 때문이었다. 만약 기상 이변으로 기온이 내려가면 농작물 수확이 줄어드는 것처럼 태양 흑점이 증가하면 기본 경제였던 농업이 피해를 입으면서 경기가 하강 국면으로 진입한다는 것이다. 그러나 이십 세기에 진입하면서 농업이 경제에서 차지하는 비중이 줄면서 그의 주장은 설득력을 잃고 사라졌다.

경기 변동이 외적 요인으로 이루어졌다는 주장과 달리 케인스학파나 제도주의학파 경제학자들은 경제 체제 내에서 경기 변동 원인을 찾았다. 이들은 수요와 공급으로 경기가 자동으로 조정된다는 세이의 법칙을 비판하면서 자유 경제 체제가 균형 상태에 도달해도 반드시 완전 고용은 이루어질 수 없다면서 이는 경제의 내적 요인 때문 경기가 하강하는 것이라고 주장했다.

이들 가운데에서 마르크스는 자본주의 경제에서 상품이 시장에서 돈을 받고 판매되므로 생산은 이윤이 보장되어야만 계속 이루어진다고 보았다. 만약 기업이 목표로 한 이윤을 얻지 못하면 생산을 줄이거나 포기하므로 기업 활동이 위축되면서 실업자가 생긴다고 주장했다. 이때 소득이 없는 실업자 때문에 판매가 줄어들어 기업이 생산한 모든 상품을 판매해 요소 소득으로 환원되더라도 일부 소득은 상품을 소비하는데 사용하지 않을 수도 있어 결국 경기는 나빠진다는 것이다. 이러한 경기 침체는 자유 경제 체제가 지닌 구조적인 문제에서 발생한 것이므로 경기 변동은 자본주의가 지닌 창조물이라고 주장했다.

그러나 케인스학파는 경기 변동 원인을 유효 수요 부족, 특히 실제 소비자인 수요 부족을 근거로 내세워 내부 요인을 설명했다. 만약 소비가 위축되면 생산한 상품이 팔리지 않아 공급 과잉 상태에 빠져 경기가 하향 국면으로 바뀌면서 생산량 감소로 투자가 이루어지지 않아 실업자가 증가와 소비 감소로 소득 분배를 악화시킨다는 것이다. 일반적으로 부자들과 비교해 저소득층은 소득 대부분을 생활 유지를 위한 생활필수품 구매에 사용하므로 부는 결국 소득이 많은 부자에게 집중해 경제 전체 수요가 더욱 위축되어 불황이 더 깊어진다는 것이다.

이와 달리 경기 변동 원인을 과잉 투자의 결과라고 주장하는 경제학자도 있다. 일반적으로 기업이 생산을 늘리는 것은 미래에 많은 이윤을 얻을 것을 예상해 투자를 늘리면서 이익을 감소시킨다는 것이다. 기업이 투자를 위해 필요한 자금을 차입하면 다른 기업들도 돈을 빌리려 해 이자율이 상승해 늘어난 금융비용 때문에 이윤이 줄어든다는 것이다. 이때 수요가 조금이라도 줄어든 기업은 대출금은 고사하고 이자도 낼 수 없어 금융 위기를 가져와 경기 침체가 더욱 깊어진다는 것이다. 결국 경기가 변하는 원인이 무엇인지를 밝히는 것은 자유주의 경제와 적절한 정부 개입 가운데 어떤 것이 더 중요한 지를 결정할 때 기준으로 삼는 요인이 되었다.

미첼(Wesley Clair Mitchell, 1874~1948)_ 미국 경제학자로 경기 변동 이론 분야에서 당대 최고 권위자로 인정받았다. 시카고대학에서 공부하면서 베블렌과 존 듀이의 영향을 받은 그는 시카고, 캘리포니아, 컬럼비아대학교와 뉴욕 사회연구신학교 등에서 강의하면서 경제 연구에 몰두했다. 1920년에는 미국 국민 경제 조사국 설립에 종신 위원으로 참여해 1945년까지 이사장직을 맡았고, 제1차 세계 대전 기간에는 전시 산업 위원회 물가 부문에서 일했다. 그 뒤 허버트 후버 사회 연구소 소장, 1933년 국가 계획국에서 국가 자원국을 맡아서 관리했다. 또한 그의 지도로 사회 과학 연구위원회와 교육 실험국이 미국 국내외 경제 활동 통계 수집 등 양적 측면에서 연구, 발전시키는 데 영향을 주었다.

② 다양한 경기 곡선 용어의 의미

경제학이 발전하면서 경제와 관련된 많은 경기 곡선과 조어들이 만들어졌다. 예를 들면 경기가 회복되었다가 다시 급격하게 나빠지는 이중 침체 더블 딥, Double dip 를 쉽게 설명하는 V자형 곡선처럼 다양한 경제 곡선은 복잡한 경기를 한눈에 알 수 있는 용어이다. 이러한 곡선은 V자형, U자형, L자형, W자형, 삼중 침체 U형, 삼중 침체 V형, N자형 등 마치 암호처럼 보이지만 경제학에서는 중요한 의미를 담고 있다.

보통 경기가 언제 좋아지고 나빠지느냐에 따라 잘 나가던 기업이 어려움에 빠지기도 하고, 반대로 경기가 언제 바닥까지 내려가느냐에 따라 기업과 개인의 생활이 바뀔 정도로 경제는 무척 복잡하고 다양하게 변한다. 이러한 경제 상황을 표현하는 곡선은 다양하게 움직이는 경기를 쉽게 설명하려고 사용하기 시작했다. 특히 미국에서 발생한 비우량 주택담보대출 사태로 2008년 금융 회사 리먼브라더스가 파산해 금융 위기를 겪으면서 많은 경기 곡선 용어가 등장했다.

일반적으로 경기의 변화를 나타내는 곡선 가운데 V자형은 경기 침체 후 짧은 시간에 회복하는 상황을 나타낸 것이고, U자형은 경기가 불황에서 오랜 시간이 지난 뒤 회복하는 것을 의미한다. 반대로 L자형은 오랜 기간 경기가 침체하는 것을 의미하고, W자형은 두 차례 경제 위기를 겪은 뒤에 회복하는 것을 뜻한다. 경제에 관심을 갖는 사람이라면 이러한 경기 곡선이 무엇을 의미하는지 쉽게 알 수 있다. 그러나 이중 침체를 의미하는 더블

● 미국 연방준비제도이사회

딥의 dip은 살짝 담그다, 떨어진다는 뜻과 심층, 깊은, 집중이라는 의미로도 쓰여 이해하기가 쉽지 않다. 이중 침체는 오랫동안 경기가 나빠서 마이너스 성장을 지속하다가 잠시 회복한 뒤 다시 침체에 빠진 상황을 의미한다. 이는 두 번 침체를 거쳐 회복한다는 점에서 W자형 곡선과 비슷하지만 경제학에서는 2분기 이상 경기 침체로 연속 마이너스 성장을 끝내고 잠시 회복하다가 다시 2분기 이상 마이너스 성장하는 것을 의미한다.

이중 침체를 의미하는 더블 딥은 1980년대 초 세계 경제를 뒤흔든 석유 파동 때 미국이 힘겹게 경기를 되살렸다가 연방준비제도이사회 FRB 가 기준 금리를 올리면서 다시 불황에 빠졌을 때부터 사용하기 시작했다. 그러나 많은 사람이 이중 침체란 용어를 사용하기 시작한 것은 국제 금융 위기를 겪은 2008년 이후부터이다. 당시 경제학자들은 잠시 생산과 소비가 늘어나 경기가 되살아나는 것처럼 보이지만 구조 조정 등 근본적인 문제를 해결하지 못해 경제가 다시 어려움에 빠질 것이라면서 이중 침체를 경고하면서 널리 쓰이기 시작했다. 이러한 이중 침체의 경제 불확실성은 2008년 당시 국제 금융 위기를 극복하려고 각국에서 시행한 저금리 · 재정 확대 정책인 양적완화로 경제가 되살아나자 통화량 증가가 또 다른 위기를 불러올 수 있다고 학자들이 경고해 관심을 끌었다. 특히 누리엘 루비니 뉴욕대 교수와 로버트 실러 예일대 교수, 폴 크루그먼 프린스턴 대학 교수 등은 이중 침체 가능성을 끊임없이 주장했다. 그 뒤 이중 침체 이론이 더욱 세분화 하면서 꺾인 날개란 의미를 가진 브로큰 윙 Broken Wing 이론으로 발전했다. 브로큰 윙은 L자형과 W자형 중간 형태의 곡선으로 국제 경기가 새의 부러진 날개처럼 짧은 기간 회복했다가 장기 침체에 빠질 가능성이 높다는 의미에서 붙여졌다. 이러한 경기 곡선 용어는 2008년 이후 세계 경제 흐름과 대부분 맞아떨어지면서 이제는 시사용어처럼 사용하고 있다.

특히 2011년 루비니 뉴욕대 교수는 이중 침체보다 더 큰 삼중 침체 Triple dip 가능성을 예상해 사람들을 긴장시켰다. 삼중 침체는 세 차례 경기 침체를 거친 뒤에야 경기가 회복하는 것을 말한다. 이 이론은 2011년 8월 피그스 PIGS: 포르투갈, 이탈리아, 그리스, 스페인 등 로 불리는 남유럽 국가의 재정 위기와 미국 국가 신용 등급이 한 단계 내려가 세계 경제가 충격을 받으면서 사람들의 관심을 끌었다. 경제학자들은 삼중 침체를 경기 침체가 장기간 세 차례 연속해서 나타나는 삼중 U자형과 비교적 단기간 세 차례 침체기를 거쳐 회복이 반복되는 삼중 V자형으로 분류했다.

그런데 일부 경제학자들은 이중 침체, 삼중 침체보다 더 비관적인 경기 형태인 O자형 경기 곡선을 내놓았다. 이는 경기 침체로 정부가 경기를 되살리는 정책을 펴면 잠시 회복되었다가 효과가 사라지면 다시 침체되는 현상으로 마치 알파벳 O처럼 불경기가 계속 되는 악순환을 의미한다.

그 외 경기 곡선에는 바닥을 향해 수직으로 떨어진 공이 강하게 튀어 오르는 것처럼 경기가 바닥까지 내려갔다가 빠르게 회복한

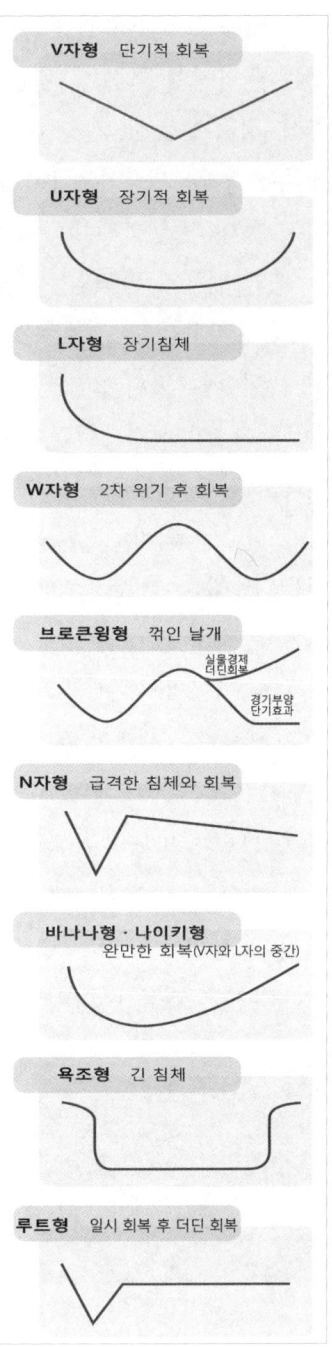

다는 의미로 N자형 곡선, V자형, L자형, 경기가 완만하게 회복되는 바나나 또는 나이키형 곡선, U자형보다 경기 침체가 훨씬 길게 이어지는 욕조형 곡선, 경기가 잠시 회복되다가 정체에 빠지는 루트형 곡선도 있다. 이 가운데 루트형 경기 곡선은 2009년 이성태 한국은행 총재가 당시 우리나라 경제 회복 형태로 분석해 많은 관심을 모았다.

경기 침체가 반복되는 근래에는 경기의 변화를 나타내는 곡선뿐만 아니라 경기 자체를 진단하는 용어들도 많이 등장했다. 2011년 8월 국제 신용 평가 회사인 피치가 미국의 국가 신용 등급을 한 단계 내리면서 혼란이 발생했다. 이때 경제학자 케네스 로고프는 재수축 The great contraction 이란 말로 미국의 경제 상황을 표현했다. 이는 당시 미국 경제가 마치 대공황을 생각나게 한다는 의미로 사용했다. 그는 1929년 10월 뉴욕 증권 시장이 폭락한 것을 제1대 수축으로, 2008년 금융 위기 이후 세계 경제를 제2대 수축으로 이름 붙였다. 그가 주장한 재수축이 일반적인 경기 침체와 다른 것은 생산, 고용뿐 아니라 개인 부채가 신용에 영향을 줘서 발생했다는 것이다.

또한 경기 침체와 물가 상승을 합친 말로 두 가지가 동시에 발생하는 스태그플레이션이 계속 이어진다는 뜻의 슬럼플레이션이란 용어도 등장했다. 2011년 8월 남유럽 국가의 재정 위기인 소버린 쇼크와 미국 국가 신용 등급 강등 사태가 벌어지기 전에는 소프트 패치 Soft patch 라는 용어도 널리 쓰였다. 소프트 패치는 병충해 등으로 잔디가 망가진 골프장 페어웨이 홀컵 주변 잔디 를 나타내는 라지 패치 large patch 의 반대말로 쓰였다. 이 용어는 2002

● 골프장의 라지 패치

년 미국 연방준비제도이사회 앨런 그린스펀 의장이 의회에서 미국 경제 상황을 설명하면서 등장했다. 그는 골프 경기에서 잔디가 망가진 라지 패치에 골프공이 빠지면 위기이지만 경기하는 사람은 심각하게 생각하지 않는 것처럼 경제 불안은 일시적인 현상이므로 금방 회복될 것이라는 긍정적인 의미로 쓰였다. 또한 2008년 국제 금융 위기와 2011년 8월 남유럽의 국가 재정 위기 소버린 쇼크 때에는 자유 낙하 Free fall 라는 용어도 등장했다. 자유 낙하란 경제 위기 상황에서 주가나 실물 경제 지표, 달러화 가치 등이 수직으로 떨어지는 것을 말한다. 이처럼 국제 경기가 예측할 수 없을 정도로 불투명해지면서 경제와 관련된 용어들이 계속 생겨나고 있다.

소버린 리스크(sovereign risk, 국가 부도 위험)_ 한 나라 정부나 공공 기관이 국제 금융 시장에서 돈을 빌렸거나 지급 보증을 섰을 때 발생하는 위험으로 국가 주권자(sovereign)가 빌린 돈을 갚지 못해 생기는 위험(risk)을 소버린 리스크라 부른다. 따라서 소버린 리스크는 국가 재정이 취약하거나 외화 차입 의존도가 높은 나라에서 발생한다. 1970년대 개발 도상국이 국제 금융 시장에서 많은 자금을 빌리면서 사용하기 시작한 용어이지만 2008년 국제 금융 위기 이후에는 선진국의 국가 부도 위험이 늘어나면서부터 본격적으로 사용하기 시작했다.

3 경제 성장률과 국내 총생산량의 관계

"한국은행은 올해 경제 성장률 목표를 4퍼센트에서 3.5퍼센트로 하향 조정했습니다."

새해가 되면 텔레비전에서 정부 기관과 민간 연구소가 전망한 경제 성장률을 보도한다. 매년 초 연구 기관들이 경제 성장률을 예측하면 경제 주체인 기업과 개인이 이를 근거로 계획을 수립하도록 하기 위해서다. 경제 성장률은 국내 총생산량 GDP 이 전년과 비교해 얼마나 증가 또는 감소했는지를 퍼센트로 나타낸 것이다. 예를 들어 2000년 우리나라 국내 총생산량이 5,000억 달러에서 2001년 5,150억 달러로 늘면 경제 성장률이 3퍼센트 증가했음을 의미한다. 반대로 2000년 국내 총생산량이 5,000억 달러에서 2001년 4,850억 달러로 줄면 경제 성장률은 −3퍼센트로 감소한 것이다.

1970년부터 1990년대까지 우리나라는 매년 10퍼센트가 넘는 경제 성장률은 기록했다. 자동차, 철강, 조선, 전자 제품 수출과 신상품이 계속 생산되면서 국내 소비와 함께 서비스 산업도 성장했기 때문이다. 그러나 IMF 경제 위기를 겪은 뒤부터 줄기 시작해 1999년 10.5퍼센트, 2000년 9.5퍼센트, 2001년 3.0퍼센트까지 떨어졌다. 국제 금융 위기가 발생한 2008년에는 더 떨어져 1퍼센트 대의 낮은 경제 성장률을 기록했다. 2000년대 이후부터는 경제 위기가 수시로 발생해 매년 초 발표한 경제 성장률을 중간에 수정하는 일도 잦아졌다. 이는 국제 경제에 예상하지 못한 문제들이 발생하기 때문이다.

○ 생각해 보기
1. 경제 성장률이 높았던 시기의 특징을 알아본다.
2. 2000년대 중반 이후 경제 성장률이 낮은 이유를 알아본다.

① 잠재 성장률과 경제의 관계

보통 나라 경제는 불황기 - 회복기 - 호황기 - 후퇴기를 반복하면서 발전한다. 그런데 경제가 너무 빠르게 성장하면 인플레이션과 같은 부작용이 나타나면서 후퇴기로 접어든다. 이와 반대로 경기가 어려워지면 성장이 더뎌져 고용과 소비가 함께 줄어 후퇴기에 접어들었다가 차츰 회복기로 바뀐다.

● 외국인들이 관광 명소가 된 명동

경제학에서 잠재 성장률은 한 나라 경제가 물가를 안정시키면서 달성할 수 있는 최대 성장률로 생산 요소와 총 요소 생산성으로 결정된다고 한다. 여기서 자유 경제를 대표하는 생산 요소는 노동과 자본이다. 따라서 잠재 성장률이 높으면 빠른 경제 성장을 통해 국민 소득도 증가하므로 경제 규모를 키우는데 유리하다. 반대로 잠재 성장률이 낮으면 경제 성장이 더뎌지고 경제를 움직이는 힘도 떨어진다. 따라서 잠재 성장률은 한 나라 경제가 적당한 속도로 성장할 수 있는 잠재력을 의미하기도 한다.

그렇다면 우리나라의 잠재 성장률은 어느 정도일까? 아쉽게도 이것을 직접 알 수 있는 방법은 없다. 왜냐하면 국내 모든 노동력과 자본, 생산성 등을 빠짐없이 조사해야 하기 때문이다. 그래서 해가 바뀔 때마다 정부와 중앙은행, 경제 연구소 등은 각종 경제학 이론과 모형을 통해 잠재 성장률을 예측한다. 우리나라 연구 기관들이 예측한 2010년대 잠재 성장률은 4퍼센트 초중반이며, 2020년대에는 2~3퍼센트 수준으로 낮아진다고 예상했다. 이렇게 예상한 이유를 알려면 노동력, 자본, 총 요소 생산성 등을 살펴보아야 한다.

먼저 노동력을 보면 우리나라는 생산 가능한 인구 15~64세 가 낮은 출산율과 고령화로 2020년이 지나면 빠르게 줄어들 것으로 예상했다. 2010년 우리 나라 출산율은 1.15명으로 경제 협력 개발 기구 OECD 국가 가운데 가장 낮았다. 출산율이 내려가면 경제 활동을 하는 사람이 줄면서 생산량이 감소 해 잠재 성장률도 내려갈 것이기 때문이다.

● 화학공장 건설 현장

자본은 보통 기업의 투자를 근거로 예측하는데, 기업이 생산 량을 늘리려면 낡은 기계와 공장 을 교체하는 투자가 끊임없이 이 루어져야 한다. 1980년대까지 기 업들은 연평균 10퍼센트 내외의 시설 투자로 고속 성장에 이바지했다. 그러 나 1990년대 들어서면서 투자율이 연 5.8퍼센트대로 낮아졌고, 2000년대에 는 3.7퍼센트까지 떨어졌다. 특히 2008년 이후에는 세계 경제가 어려워지면 서 투자는 이전보다 더욱 줄어 1.7퍼센트였다.

일반적으로 기계가 부족한 좁은 공장에 사무직을 늘리면 생산량이 늘어 나지 않는 것처럼 투자가 계속 줄어들면 생산에 투입하는 자본도 감소해 잠재 성장률을 떨어뜨린다. 한국생산성본부는 2000년대 우리나라 총 요소 생산성을 1981년부터 비교한 결과 절반 이하로 떨어졌다고 밝혔다. 이는 미국, 일본, 프랑스, 독일 등 선진국보다 훨씬 낮은 수준으로 똑같은 노동과 자본이 있어도 생산량이 뒤지는 것을 의미한다. 이처럼 총 요소 생산성이 줄어들면 노동과 자본이 부족해 잠재 성장률도 내려간다.

잠재 성장률을 높이려면 어떻게 해야 할까? 잠재 성장률에서 가장 기본 이 되는 노동과 자본 등 총 요소 생산성을 늘려야만 한다. 노동을 늘리려면 출산율을 높일 수 있는 정책을 펴 인구가 줄어드는 것을 방지하고 여성이 경제 활동을 할 수 있도록 여건을 조성해 주어야 한다. 그리고 고령자에게 새로운 일자리를 제공할 수 있도록 기업과 함께 정년 연장 등 노동력을 확보하는 제도를 개선해야만 한다.

자본을 늘리려면 꾸준한 투자가 필요하다. 자본을 늘리기 위해서는 투자 주체인 기업과 정부가 경제가 발전하도록 끊임없이 연구 개발과 정책 협조를 병행해야 한다. 기업은 더 많은 이익을 얻을 수 있도록 신사

● 제철소에서 철판을 가공하는 모습

업을 발굴하는 연구 개발에 투자를 늘리고 정부도 기업이 발굴한 새로운 사업이 성공할 수 있도록 세금 감면과 같은 직접적인 지원과 법적, 제도적 절차를 줄여 투자 환경을 개선해야 한다.

그뿐 아니라 기업들이 감당할 수 없는 사회 기반 시설 SOC, 도로, 항만 등 산업에 필요한 시설 을 정비해 유통과 물류가 잘 이루어지도록 도와야 한다. 그렇지만 짧은 시간에 노동과 자본을 늘리기는 쉽지 않다. 인구를 늘리는 데는 많은 시간이 필요하고 기업들에게 무작정 투자를 늘리라고 강요할 수도 없기 때문이다.

총 요소 생산성을 늘려 경제 성장을 이루려면 기술 개발과 생산 과정 합리화, 노동과 자본의 합리적인 재배치, 효율적인 투자 등으로 생산을 늘릴 수 있도록 정부와 기업이 힘을 합쳐야 한다. 결국 잠재 성장률을 높이려면 모든 경제 주체가 힘을 모아야만 가능하고 시간도 오래 걸린다는 점에서 많은 노력이 필요하다.

② 실질 GDP와 명목 GDP

보통 가계 소득이 늘어도 물가가 오르면 생활에는 아무런 보탬이 되지 않는다. 이는 소득과 물가가 함께 올라 실제 소득 효과가 줄어들었기 때문이다. 우리를 혼란스럽게 하는 경제 용어 가운데 실질이나 명목이란 이름이

붙은 용어는 많다. 그 가운데 국가 경제에 가장 중요한 역할을 하는 실질 GDP와 명목 GDP로 국내 총생산 개념을 알아보자.

● 한국은행 본점 모습

우리나라 GDP 통계는 한국은행 국민소득과 약 80명 정도로 구성 에서 담당한다. GDP 통계는 기본적으로 5년마다 전체 인구와 기업체 등을 대상으로 조사한 통계 자료를 바탕으로 일정 기간에 나타난 표본 수치와 다양한 공식 통계를 근거로 작성한다. 산업 통계에는 농림수산업 통계, 광공업 통계, 건설업 통계, 도소매업 통계, 서비스업 통계가 있다. 이러한 통계는 산업별 단체나 민간 기관이 작성한 것도 활용하고 모집단 조사에서 얻은 자료를 이용해 표본 조사로 드러난 통계를 근거로 조정, 보완한다.

산업 통계 조사에서 쏘나타나 K5과 같은 자동차나 휴대 전화, 스마트 TV 등 제조업 제품의 가격이나 판매량은 비교적 쉽게 조사할 수 있지만 서비스업은 간단하지가 않다. 물론 항공이나 기차, 선박 등 운수 서비스는 가격과 거래량 통계를 쉽게 구할 수 있지만 도소매업이나 금융업은 쉽지가 않다. 그래서 도소매업은 중간 이윤 판매액 - 구입액 을, 금융업은 수수료나 중개 서비스인 수입 이자에서 지급 이자를 뺀 것을 토대로 작성한다.

국내 총생산은 한 국가 내에서 생산한 최종 생산물을 시장가로 계산한 것이므로 명목 국내 총생산 Nominal GDP 이라고도 한다. 이때 명목 GDP를 특정 연도 물가를 기준으로 작성한 것을 실질 국내 총생산 Real GDP 이라고 한다. GDP의 변화를 알아보기 위해 실질 GDP를 기준으로 삼는 이유는 재화와 서비스 가격을 해당 기준 연도 가격으로 계산하기 때문이다.

실질 GDP는 현재 가격 대신 해당 기준 연도 가격에 생산량을 곱해 작성한다. 반면 명목 GDP는 재화와 서비스를 현재 가격으로 계산하는데, 해당 연도 재화와 서비스 가격에 생산량을 곱해 작성하면 가격과 생산량에 변수가 생기기 때문이다.

　GDP를 다양하게 분류하는 이유는 간단하다. GDP 개념은 국가 총생산 액으로 부가 가치의 합계인 동시에 모든 국민이 소비하게 될 소득이기 때문이다. 따라서 국내에서 생산한 만큼 소비하거나 남는 것은 수출해서 번 돈으로 외국에서 필요한 것을 사다 쓰는 개념이므로 GDP 변화는 재화와 서비스 가격, 생산량의 차이로만 결정한다. 만약 재화와 서비스 가격이 올랐는데 생산량이 변하지 않았다면 명목 GDP는 올라가지만 이전 가격을 기준으로 생산량 변화를 측정하는 실질 GDP는 변하지 않는다. 명목 GDP가 증가했다고 재화와 서비스가 늘어난 것은 아니기 때문이다.

　그러므로 생활수준 변화를 측정하기 위해 가격 대신 생산량 변화를 확인할 수 있는 실질 GDP를 작성한다. 명목 GDP는 해당 연도 경제 구조와 국민 소득을 구성하는 각 요소 중요도를 분석할 때 사용한다. 실질 GDP는 경제 성장, 경기 변동 등이 어떻게 변하고 있는지를 알아보는 데 꼭 필요하므로 각각 조사하는 것이다.

③ 규모의 경제와 규모의 비경제

　기업이 규모를 키워 생산량을 늘리면 생산 비용도 함께 증가한다. 이때 기업이 생산량을 두 배로 늘렸을 때 생산 비용이 줄어들기도 하고 두 배로 늘거나 이보다 더 증가할 수도 있다. 만약 생산량이 두 배로 증가할 때 생산 비용이 두 배 이하이면 규모의 경제라고 하고, 반대로 생산량이 두 배 증가할 때 생산 비용이 두 배 이상 늘어나면 규모의 비경제라고 한다.

기업이 규모를 키워서 얻을 수 있는 이익은 원자재를 대량으로 구매했을 때와 시설 자금을 더 낮은 금리로 빌렸을 때, 그리고 생산량이 늘었을 때 등이다. 그러나 기업이 규모를 키웠다고 해서 항상 이익이 늘어나는 것은

● 보잉 727기

아니다. 기업이 규모를 키웠을 때 나타날 수 있는 상황은 이익이 증가 수확 증가 하거나, 일정 수확 불변 하거나, 감소 수확 감소 하는 것뿐이다. 기업이 규모를 키웠을 때 이익이 증가하는 요인은 모든 생산 요소 투입량 증가율보다 생산량이 더 늘었을 때이다. 기업이 규모와 생산 시설을 늘리면 생산량이 증가하므로 이익도 늘어난다.

이러한 특성 때문에 많은 경제학자들이 규모의 경제에 대해 연구했다. 특히 1981년 경제학자인 모리아티와 사피로는 미국 보잉사의 생산 요소를 연구 발표해 주목을 받았다. 두 사람은 보잉사가 1,050대째 727항공기를 생산하는데 들어간 노동력이 400번째 상품에 비해 2/3 정도밖에 안 된다는 것을 밝혀냈다. 이처럼 생산 규모를 늘렸을 때 들어가는 모든 생산 요소 투입량 증가율과 생산량이 같은 비율로 늘어나는 것을 수확 불변이라고 한다.

수확 불변은 생산량과 생산 비용이 똑같이 변하므로 투입하는 생산 요소에서 비용이 줄어들어 규모의 경제를 이루게 된다. 예를 들어 원자재, 노동력, 공장을 두 배로 늘리면 생산량도 두 배로 늘어난다. 이때 인건비를 줄이려고 사람이 하던 일을 기계가 대체하면 비용이 감소한다. 따라서 생산량이 두 배로 증가해도 생산 비용이 두 배로 늘지 않았을 때 규모의 경제를 이룰 수 있다.

반면 기업이 여러 제품을 함께 생산해 효율성을 높이는 방법도 있다. 혼다자동차와 BMW는 승용차와 오토바이, 자전거 등을 함께 생산해 효율성을 높였다. 한 기업에서 한꺼번에 두 가지 이상을 생산하면 두 상품 가운데

하나만 생산하는 것보다 더 낮은 비용으로 생산할 수 있기 때문이다. 이처럼 한 가지만 생산하는 기업보다 두 가지 이상의 상품을 동시에 생산해 비용을 줄이는 것을 범위의 경제라고 한다. 반면 한 가지 상품만 생산하는 기업은 생산율이 떨어질 수 있어 범위의 비경 제라고 한다. 그러나 한 가지 상품만 생산하면 규모의 경제와는 직접적인 관계가 없다.

● BMW 자동차

국경이 사라진 무한 경쟁 시대에 일정한 규모를 갖추지 않고 살아남기 란 쉽지가 않다. 만약 경쟁 기업이 생 산 규모를 늘려 물량 공세를 펴거나 가격을 계속 낮추는 치킨게임을 하면 규모가 작은 기업이 먼저 망할 가능성 이 높기 때문이다.

● 삼성반도체 기흥공장 모습

대표적인 예가 바로 2007년부터 2010년까지 벌어진 D램 반도체 제조 업체들의 치킨게임이다. 당시 삼성전 자와 하이닉스는 미국의 마이크론, 일

● 하이닉스반도체 공장 모습

본의 엘피다, 대만의 파워칩, 난야, 프로모스 등과 가격 인하 경쟁을 벌여 생산량 감축이라는 항복 선언을 받아냈다. 우리나라 D램 반도체 기업들이 외국 기업과의 치킨게임에서 승리한 것은 규모의 경제를 갖추고 한편에서는 신기술 개발을 통해 가격 경쟁력을 개선해 경쟁 기업보다 높은 생산 효율성 을 갖추었기 때문이다. 따라서 규모의 경제는 물량 공세와 같은 치킨게임에 서 살아남을 수 있는 방패 역할을 하므로 기업들은 끊임없이 규모를 키우려 노력하는 것이다.

특히 규모의 경제를 강조했던 앨프레드 마셜은 대기업을 가장 바람직한 기업 형태로 보았다. 그러나 그는 규모의 경제만 추구하면 시장에서 중소기업이 대기업과 경쟁에서 살아남기 어려워 결국 모든 산업이 독점이나 과점 기업이 지배할 수 있으므로 자유로운 경쟁만이 경제를 발전시킨다고 서로 다른 주장을 펴기도 했다. 하지만 기업들이 규모의 경제를 이루어도 후발 기업이 끊임없이 시장에 뛰어들기 때문에 특정 대기업이 지배하는 독점 시장은 존재할 수 없다고 생각했다.

그는 기업을 생물의 세포 조직에 비유해 창업자가 기업을 설립해 관리하면 대기업으로 키울 수 있지만 창업자가 은퇴하거나 사망하면 이를 이어받은 최고 경영자는 창업자처럼 유능하거나 온 힘을 기울이지 않아서 점점 시장 지배력이 줄어든다는 생각했다. 반면 유능한 기업가가 새로 창업한 회사는 규모를 키우면서 기존 대기업이 지배하던 시장을 빼앗아 성장하게 된다. 창업자는 넘치는 의욕으로 빠른 의사 결정을 해 타성에 젖은 기존 기업을 앞설 수 있기 때문이다. 특히 창업 회사는 기존 기업보다 위험이 큰 사업에도 과감하게 투자하는 도전정신을 가지고 있어서 성장할 수밖에 없다는 것이다.

우리나라에는 창업자가 경영 일선에서 물러난 뒤 회사가 망하는 예가 수도 없이 많았다. 대표적인 것은 1980년대까지 우리나라의 금속 산업을 이끌었던 삼미그룹과 소주시장을 독점했던 진로그룹, 건설로 규모를 키운 신동아그룹 등은 창업자가 물러난 뒤 규모를 키우려고 방만한 경영을 하다가 망하면서 사라졌다. 또한 1960년대 말 설립되어 세계 경영을 외치며 무모한 확장과 규모의 경제를 추구하던 대우그룹도 외환 위기로 한순간에 사라졌다. 이러한 예는 외국에서도 예외는 아니어서 1970년대 미국의 대표적인 정보 통신 기업이었던 ITT와 IBM 등은 창업자가 은퇴하면서 이전에 가졌던 경쟁력을 잃어버렸다.

인수 합병은 기업 규모를 키우는 대표적인 방법이다. 그러나 기업이 단순히 규모를 키웠다고 해서 반드시 성공하는 것은 아니다. 1990년대 말

● 대우건설 본사 모습

미국 시사주간지 타임을 발행하던 타임과 워너브라더스 영화사는 지식과 자산을 공유해 효율성을 높이려고 통합했다가 경영의 비효율성 때문에 어려움을 겪다가 2000년 정보 통신 기업인 아메리칸 온라인 AOL 에 흡수 합병되었다. 타임워너는 합병으로 얻은 이익보다 방만한 조직을 관리하지 못해 실패한 대표적인 사례로 꼽힌다.

2006년 금호그룹은 대우건설과 대한통운을 무리하게 인수했다가 승자의 저주라는 비난을 받으며 2010년 모기업이 어려워지면서 인수했던 기업을 채권단에 넘기고 재무 구조 개선 작업 워크아웃 을 받았다. 두산그룹은 주력 사업이었던 주류 사업을 매각하고 한국중공업을 인수해 가장 성공적인 인수 합병 사례로 꼽혔지만 2007년 미국 중장비 제조업체인 밥캣을 무리하게 인수했다가 오랫동안 자금난에 시달렸다. 2008년 한화그룹도 대우조선해양을 무리하게 인수하려다가 미국에서 시작된 국제 금융 위기로 수천억 원의 계약금을 날리고 포기했으며, 웅진그룹은 극동건설과 태양광 사업에 무리하게 투자했다가 2013년 그룹이 해체되었다. 또한 2000년대 이후 인수 합병으로 무섭게 규모를 키운 STX그룹도 조선과 해운업의 경기 침체로 유동성 위기를 극복하지 못해 2013년 재무 개선 작업에 들어간 뒤 해체되었다. 이처럼 기업이 인수 합병으로 무리하게 규모의 경제를 이루려다 실패한 예는 수없이 많다.

2000년대 들어 미국 기업들은 방대한 규모 때문에 생기는 비효율성을 없애려고 규모를 줄이는 것이 유행처럼 번졌다. 정보 통신 대기업이던 ATT는 1990년대까지 잘 나가던 통신 장비 자회사를 자사 주주들에게 매각해 구조를 재편성했고, 주류 제조·판매 회사였던 NDC는 아예 생산시설을 매각하고 사업 구조와 상호를 QCC로 바꾸어 기업 가치를 끌어 올렸다. 미국 기업의 이러한 예는 합병으로 기업 규모를 키우는 것이 반드시 더 많은 이익을 보장하지 않음을 보여준다. 이러한 변화는 정보 통신과 생활 방식이 바뀌면서 기업 환경에 영향을 미쳤기 때문이다. 이러한 사례는 주력 산업인 전자나 자동차, 화학, 조선 등 대기업에만 매달리는 우리나라 경제 구조가 중소기업 중심으로 바꾸지 않으면 언제든지 위험에 바질 수 있음을 의미한다. 만약 이들 주력 산업이 순식간에 경쟁력을 잃으면 수출 경제가 한순간에 무너질 수 있기 때문이다. 2009년 휴대전화 시장에 혁신적인 기능을 내장한 아이폰이 등장해 기존 기업들을 한순간에 무너뜨린 예처럼 규모의 경제를 추구하기 보다는 조직을 세분화해 다양한 상품을 개발하지 않으면 살아남을 수 없음을 잘 보여주고 있다.

> **치킨게임(Chicken Game)**_ 두 대의 자동차가 마주 보고 달리는 극단적인 담력시험으로 마주 보며 돌진하다가 충돌 직전 한 명이 방향을 틀어서 치킨, 즉 겁쟁이가 되거나 아니면 양쪽 모두 자멸하는 게임을 말한다. 1950년대 미국 젊은이들 사이에서 유행했는데, 어느 한 쪽도 핸들을 꺾지 않으면 둘 다 승자가 되지만 충돌하면 양쪽 모두 자멸한다. 서양에서는 치킨은 주인이 모이를 주려고 해도 가까이 오지 않기 때문에 의심과 겁이 많아 겁쟁이로 불린다. 치킨게임은 1950~70년대 미국과 소련의 극심한 군비 경쟁을 꼬집는 용어로도 사용되고 정치학 용어로도 쓰였다. 지금은 흔히 한 국가 안의 정치나 노사 협상, 국제 외교, 산업 등에서 상대의 양보를 기다리며 갈 데까지 가다가 파국으로 끝나는 사례를 설명할 때 많이 사용한다.

화폐 가치가 변하는
인플레이션과 디플레이션

경제에서 가장 풀기 어려운 문제는 바로 인플레이션과 디플레이션이다. 인플레이션은 소득의 분배 구조를 바꾸고 디플레이션은 부의 생산을 지연시켜 나라 경제에 나쁜 영향을 준다.

인플레이션이 발생하면 화폐 가치가 떨어지므로 개인 소득과 기업 이익이 들어든다. 부동산과 같은 실물을 가진 기업이나 개인은 이익을 얻을 수는 있지만 소득이 줄어든 개인이 저축을 줄이면 기업 등에 투자할 자금이 부족해져 결국 실업자가 늘어난다. 물가가 오르면 개인의 소비와 기업 투자가 줄어드는 현상이 연쇄적으로 발생해 결국 회복하기 어려운 상황을 맞을 수도 있다.

임금 등 주요 생산 비용이 고정된 상태에서 디플레이션이 발생하면 판매량이 줄어든 기업이 가격을 내리면서 생산량을 줄이므로 실업자가 증가한다. 디플레이션 발생 초기에는 경제 영향이 상대적으로 작지만 기간이 늘어나면 인플레이션보다 더 나쁜 영향을 끼친다. 1990년대부터 잃어버린 10년을 보낸 일본은 디플레이션이 발목을 잡았기 때문이다. 당시 일본은 부동산 거품이 꺼지면서 디플레이션이 발생해 30년 가까이 불황에 빠졌다. 세계 각국이 인플레이션과 디플레이션이 일어나지 않도록 노력하는 것은 바로 이러한 이유 때문이다.

① 경기에 따라 변하는 화폐 가치

지하철 기본요금이 또 올랐다. 10년 전에는 기본요금이 300원으로 1,100원이면 승차권을 세 장을 살 수 있었지만 지금은 한 장 밖에 살 수가 없다. 10년 전에는 쌀 한 가마 가격이 10만 원 정도였지만 지금은 그 돈으로 살 수가 없다.

그러나 우리나라에 처음 휴대 전화와 컴퓨터가 들어 왔을 때 가격은 200만 원을 넘었다. 그런데 여러 기업이 생산 기술을 발전시킨 지금은 아무리 비싸도 100만 원이면 살 수 있다. 휴대 전화나 컴퓨터와 마찬가지로 스마트 TV도 처음 나왔을 때에는 수백만 원이나 해 아무나 살 수가 없었다. 이렇게 가격이 오르내리는 것처럼 화폐 가치도 오르내리기를 반복하는데, 가격이 올라 화폐 가치가 떨어지는 현상을 인플레이션이라고 하고 반대로 가격이 내려가 화폐 가치가 오르는 현상을 디플레이션이라고 한다.

기업들이 끊임없는 기술 개발과 경쟁으로 가격이 내려가면서 누구나 싸게 상품을 살 수 있다. 보통 특정 상품은 기업이 기술 개발로 경쟁을 하면 가격이 떨어지지만 기존의 상품은 대부분 오르는 특징이 있다.

이처럼 가격이 오르내리는 인플레이션과 디플레이션은 수요와 공급의 균형이 깨지면서 생기는 현상이다. 특히 오랫동안 불황이 지속되어 가격이 계속 내려가는 디플레이션은 화폐 가치를 높이지만 수요가 줄어서 나타나는 현상이어서 더 위험하다.

○ 생각해 보기

1. 인플레이션과 디플레이션을 알아본다.
2. 디플레이션이 더 문제인 이유를 알아본다.

🔍 들여다 보기

① 역사상 최고를 기록한 인플레이션

생활 속에서 갑자기 예상할 수 없을 정도로 물가가 오르는 것을 초인플레이션이라고 한다. 경제학에서 개념이 명확하게 정리된 것은 아니지만 보통 한 달 동안 물가가 50퍼센트 이상 오르면 초인플레이션이라고 한다. 초인플레이션을 이야기할 때 빼놓을 수 없는 것이 바로 1920년대 독일의 예이다.

당시 제1차 세계 대전에서 패한 독일은 승전국에게 1,320억 마르크라는 엄청난 배상금을 지급해야 했다. 전쟁 배상금은 독일 국민이 2년 동안 생산한 것을 하나도 사용하지 않고 모아야 하는 엄청난 금액이었다. 배상금을 마련할 길이 없었던 독일은 마구잡이로 화폐를 발행하는 방법을 택한 결과 1921부터 1923년 사이 물가가 급격히 올라 인류 역사상 가장 유명한 초인플레이션을 겪었다. 1922년 7월 1달러당 493마르크였던 화폐 가치가 1923년 11월에는 1달러에 무려 4조 2,000억 마르크까지 폭등했다.

이와 비슷한 예는 제2차 세계 대전 직후인 1946년 헝가리에서 발생했다. 당시 헝가리는 무려 4만 2,000조 퍼센트에 이르는 최악의 초인플레이션이 발생해 물가가 15시간마다 두 배로 올랐다. 이러한 예는 볼리비아와 아르헨티나, 러시아, 브라질에서도 일어났다. 1985년 볼리비아는 소비자 물가가 약 2만 3,500퍼센트, 1989년 아르헨티나는 약 20,000퍼센트, 1992년 러시아는 약 2,300퍼

● 초인플레이션을 겪은 짐바브웨 화폐

센트, 1990년과 1994년 브라질은 6,800퍼센트와 4,900퍼센트의 물가 상승률을 기록했다. 우리나라도 초인플레이션이 발생한 적이 있다. 위에 열거한 나라들보다는 낮지만 1950년대 초 소비자 물가가 크게 올랐다. 당시 우리나

라는 6·25 전쟁을 치르면서 재정 부족으로 정부가 화폐를 마구 발행했기 때문이다. 그 결과 이듬해인 1951년 6월 물가가 6배 이상 올라 엄청난 고통을 겪었다. 흥선대원군이 집권하던 조선 말기에는 경복궁을 지으려고 발행한 당백전이 심각한 인플레이션을 일으켰다. 당백전 발행 초기인 1866년 12월 7~8냥이던 쌀 1섬 가격이 2년 만에 약 6배나 폭등했다. 이처럼 물가가 급격하게 오르는 초인플레이션 현상은 화폐 가치를 떨어뜨려 경제를 어려움에 빠뜨린다.

② 독일의 초인플레이션을 해결한 할마르 샤흐트

제1차 세계대전에서 패전한 뒤 독일은 전쟁 배상금을 갚으려고 화폐를 발행하면서 경제가 걷잡을 수 없을 정도로 나빠졌다. 전쟁에 패한 독일뿐 아니라 승전국이었던 영국과 프랑스도 전쟁을 치르려고 발행한 체권 때문에 엄청난 빚을 지고 있었다. 영국과 프랑스는 군수물자를 조달하려고 국채를 발행했다. 승전국이던 영국과 프랑스는 독일에게서 받은 배상금으로 전쟁 때문에 생긴 빚을 청산하려 했다. 특히 전쟁이 자국 영토에서 벌어져 큰 피해를 입었던 프랑스는 독일에게 추가 배상까지 요구했다. 그러나 승전국이 요구한 전쟁 배상금은 독일이 지급할 수 있는 능력을 한참 벗어난 금액이었다.

독일 경제 상황이 최악으로 치달은 것은 배상금 지급하려고 발행한 마르크화가 원인이었다. 엄청난 마르크화 발행으로 1922년 초인플레이션이 발생하면서 달러당 환율이 10만 마르크이던 것이 11월에는 40만 마르크까지 폭등했다. 독일 국민은 하늘 높은 줄 모르고 치솟는 물가 때문에 하루에도 몇 번씩 번 돈을 바로 필요한 생필품과 바꾸는 고통을 겪었다. 노동자가 일터에서 퇴근할 때면 부인이 가져온 수레에 담은 돈을 즉시 생활용품과 바꾸었다. 극한의 초인플레이션으로 일부 사람들은 난방용 땔감으로 마르크화를 태우기까지 했다. 독일 정부는 초인플레이션을 해결하려고 많은 노력을 했지만 쉽지 않았다.

전쟁 이후 독일의 여섯 번째 총리가 된 구스타프 슈트레제만은 1923년 8월 초인플레이션을 잡으려는 조치로 바이마르 헌법 일곱 개 조항을 정지시키고 비상사태를 선포하고 10월 새 통화인 렌텐마르크를 발행할 수 있는 법률을 공포했다. 이 법으로 전쟁 이전 금본위제에서 사용된 독일 라이히마르크화와 같은 가치를 지닌 새 화폐 렌텐마르크를 발행해 인플레이션을 해결하려 했다. 이때 등장한 사람이 바로 민간 은행인 다름슈타트 내셔널에서 일하던 할마르 샤흐트였다.

그는 1877년 지금의 덴마크에서 태어나 대학에서 철학을 전공하고 1908년 드레스덴 은행에서 부행장을 역임했다. 1914년부터 1915년까지 벨기에를 점령한 독일 정부의 브뤼셀 재정 고문으로 일하면서 금융 정책을 담당했던 그는 모국어에 영어, 프랑스어까지 구사했다. 정부에 초빙된 샤흐트는 "독일을 위해서라면 악마와도 손을 잡겠다"고 선언하고 초인플레이션을 잡으려는 강한 의지를 보였다. 1923년 11월 빵 한 덩어리 가격이 무려 200억 라이히마르크에서 1,400억 라이히마르크로 폭등하면서 독일 각지에서 식량과 생필품을 구하려는 약탈과 폭동이 일어났다. 독일 마르크화 가치가 전쟁 전보다 무려 1조 분의 1 수준으로 폭락하면서 농민들이 농작물 판매를 거부해 많은 사람이 굶어죽었다. 대도시에서는 시민들이 빵과 일자리를 요구하며 매일 시위를 벌이면서 상점을 약탈하기도 했다.

1923년 11월 15일 샤흐트는 휴지가 되어버린 라이히마르크화 발행을 중단하고 렌텐마르크화를 발행하면서 교환 비율을 1조 대 1로 정했다. 렌텐마르크는 금본위제를 바탕으로 했던 라이히마르크와 달리 토지와 건물로 가치를 보장하는 새로운 형태의 화폐였다. 샤흐트는 금보다 유동성이 떨어지는 토지 저당 증권을 담보로 한 렌텐마르크화가 사람들의 신뢰를 얻기 힘들다는 점 때문에 공급량을 철저하게 통제해 발행 한도인 24억 렌텐마르크 당시 6억 달러 정도의 가치 를 고수했다. 이는 독일 경제 전체로 따지면 극히 적은 양이어서 중앙 정부를 비롯한 지방 정부와 은행, 기업들이 발행 한도 증액 요구를 거부하고 화폐 가치 회복을 위해 온 힘을 기울였다. 이러한 노력으로 몇 주 뒤, 라이히마르크화 거래를 거부했던 농민들이 렌텐마르크를 받고 농작물을 내다 팔기 시작하면서 식량난이 해소되고 인플레이션도 서서히 잡히기 시작했다. 특히 렌텐마르크를 발행할 때 약 3,000억 달러의 가치를 지녔던 라이히마르크를 1조 9,000억 렌텐마르크 약 4,500억 달러의 가치로 모두를 회수해 영웅으로 불렸다. 그러나 나치 정권에서 중앙은행장으로 일하게 된 그는 화폐 발행으로 독일군 재무장 비용을 마련하라는 히틀러의 요구를 거부하고 물러났다.

2010년 남유럽의 재정 위기로 통화 발행과 국채 통화화 같은 정책을 독일 국민이 적극 반대했던 것은 제1차 세계 전쟁 후유증으로 초인플레이션이 발생해 엄청난 시련을 겪었기 때문이다.

③ 하우스 푸어가 생긴 이유

2010년 우리나라는 경기 침체로 부동산 가격이 내려가면서 평생 모은 돈과 은행 대출로 마련한 아파트가 애물단지로 변했다. 국민에게 중산층이라는 꿈을 꾸게 했던 아파트가 덫이 되어 집 가진 가난한 사람으로 만든 것이다. 그동안 엄청난 불로소득과 함께 중산층을 상징했던 아파트는 2008년 세계 금융 위기를 겪은 뒤 시작된 불경기로 아파트 소유자들을 어려움에 빠뜨렸다. 이처럼 대출로 아파트는 장만했지만 생활비 대부분을 빚을 갚는 데 사용하는 사람들을 하우스 푸어 house poor 라고 한다. 2000년대 초 열심히 일해도 저축하기 어려울 정도로 형편이 어려운 계층을 일컫는 워킹 푸어처럼 하우스 푸어는 부의 상징이던 부동산의 덫에 빠진 것이다. 우리나라에서 한 번도 일어난 적이 없는 부동산 가격 하락이라는 신화가 깨지면서 생긴 문제여서 대출로 집을 산 것을 투기로 보기에 무리이다. 그동안 부동산 신화를 부추긴 사회적 책임도 있기 때문이다. 그러나 어떻게든 집을 사야 신분 상승을 할 수 있다는 잘못된 생각이 근본적인 원인이었다. 2010년부터 급격하게 떨어지기 시작한 아파트 가격 때문에 거래가 줄어 분양받은 아파트 입주가 늦어지는 악순환이 발생해 더 많은 하우스 푸어가 생겼다. 새로 분양받은 아파트에 입주하고 싶어도 살던 집이 팔리지 않고 전세로 돌리자니 잔금이 턱없이 모자라 이러지도 저러지도 못하는 진퇴양난에 빠진 것이다.

● 강남 아파트 단지 모습

사람들이 이런 선택을 한 이유는 기회가 왔을 때 아파트를 장만하지 못하면 평생 집을 사지 못한다거나, 분양받은 아파트로 돈을 벌었다는 소문만 믿고 무리하게 사서 시세 차익으로 노후를 편안하게 보내려는 막연한 기대감이 만든 결과였다. 특히 건설 회사와 언론, 경제 전문가는 부동산 투자를 최고의 재산 불리기라고 부추겨 사람들은 부동산시장이 조금이라도 꿈틀거리면 앞뒤를 가리지 않고 무작정 사들였다. 여기에는 국민연금과 같은 노후 보장 정책을 부정적으로 생각한 것도 원인 가운데 하나였다. 정부가 보증한 수익률로 지급하는 국민연금을 부정하고 근거도 없는 부동산 신화만 믿어서 낳은 결과였다.

세상 모든 사람이 부자가 될 수는 있지만 역사에 그런 사회가 존재했던 적은 한 번도 없다. 다만 비교적 많은 사람이 안정적인 삶을 영위하는 사회만 있었다. 술자리에서 주식이 화제였던 다음날에는 반드시 팔라는 주식시장의 속담처럼 엄청난 투기 자본이 움직이는 부동산시장에서 개인이 성공할 확률은 매우 낮다. 이제 각자가 스스로 미래를 어떻게 준비해야 할지 선택할 때가 온 것이다.

우리나라 아파트 시장은 베이비붐 세대가 주도했다. 1956년부터 1962년

● 아파트 모델하우스 내부 모습

에 태어난 1차 베이비붐 세대가 1980년대부터 부동산 시장을 주도하고, 1970년부터 1972년 사이에 태어난 2차 베이비붐 세대가 결혼과 함께 주택을 구입하기 시작하면서 가격이 빠르게 올랐다. 여기에 돈이 전부라는 황금만능주의가 싹튼 1990년대 이후 부동산은 주식과 함께 재산 불리기의 대명사가 되었다. 그러나 2000년대를 지나면서 핵가족과 저출산 사회로 바뀌면서 넓은 집보다는 작은 집을 찾기 시작해 수요가 줄기 시작했다. 이를 알아차리지 못한 사람들은 아파트에 전 재산을 투자하고도 월급으로는 감당할 수 없는 이자와 분양가보다도 낮아진 아파트 가격이 폭탄이 되었다. 또한 이익에 눈이 먼 건설사들은 높은 가격을 매긴 아파트를 끊임없이 공급하면서 거래가 계속 줄어들었다. 우리나라 하우스 푸어는 대부분 소득의 절반 이상을 이자를 갚는 데 사용한다. 그래서 교육비 등 다른 생활비 지출을 고려하면 가계를 꾸려나가기가 어렵다. 집을 가지고 있어도 중산층의 삶을 꿈꿀 수 없는 현실은 열심히 일하고도 빈곤에서 벗어나지 못하는 워킹 푸어와 같다.

그렇다면 이들은 부동산 투기꾼일까? 아니면 부동산 환상의 피해자일까? 하우스 푸어는 단순히 집을 가진 가난한 사람이 아니라 집을 가졌기 때문에 가난한 사람들이다. 여기서 집은 주로 상대적으로 고가인 아파트를 가리킨다. 하우스 푸어는 주로 빚을 내서라도 더 좋은 아파트를 무리하게 샀다가 가계 수입에 문제가 생겨서 빈곤층으로 전락한 사람들이다. 2010년 기준으로 수도권에 약 95만 가구, 전국 198만 가구였다. 이들은 대부분 2~3년 전에 분양받은 아파트 입주예정자로 살던 집을 팔아 잔금을 마련해야 하는데 거래가 끊겨 제값에 팔 수 없었다. 국토해양부 통계를 보면 아파트 거래량이 최고치를 기록했던 2006년 11월 전국 8만 9,458건에서 2010년 7월 3만 454건까지 떨어졌다. 문제는 이들 대부분이 2008년부터 분양가 대비 적게는 50퍼센트에서 많게는 90퍼센트까지 대출로 무리하게 집을 장만해 이자 부담이 늘어났다. 정부가 실거래 가격을 바탕으로 당시 조사한 결과를 보면 아파트 가격이 최고로 올랐던 2007년을 기준으로 2010년 서울의 강남구, 서초구, 강동구 15~20퍼센트, 수도권 주요 도시 25~35퍼센트가 하락

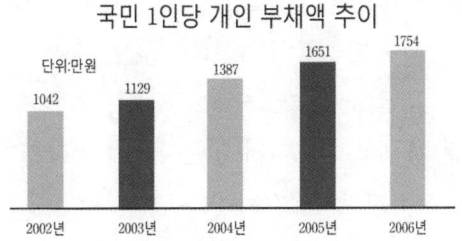

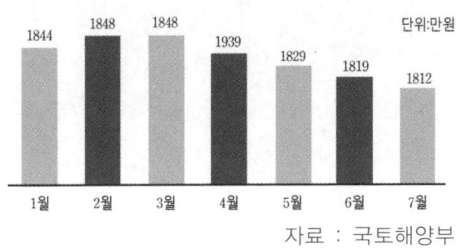

자료 : 국토해양부

해 집값 폭락과 대출 이자 부담, 매매 부진이라는 삼중고에 시달리는 가구 수가 무려 200만여 세대였다. 이들은 정부에 대출 조건 완화와 대출 금리 인하, 취득·등록세 한시적 감면, 입주금 유예 등을 요구했지만 수요자가 더 줄어들면서 하우스 푸어는 더욱 늘어났다.

그러나 하우스 푸어를 바라보는 시각도 다양해 주식 투자에 실패하면 손실을 스스로 감수해야 하는 것처럼 아파트로 재산을 불리려다 생긴 결과도 본인이 책임져야한다는 주장도 많다. 특히 2010년 정부가 시행했던 DTI 규제 완화 정책도 결국 또 다른 하우스 푸어를 만드는 폭탄 돌리기여서 문제를 해결할 수 없었다는 것이다. 이들은 은행 담보대출 거치 기간 끝나면 하우스 푸어는 더 늘어날 것으로 예상했다.

한국은행이 집계한 2009년 초 은행권 주택 담보대출 잔액 247조 원은 2010년 267조 원으로 약 20조 원 늘어나 2013년 이후에 기준 금리가 오르면 이자와 원금 상환 부담이 더욱 늘어나기 때문이다. 주택담보 대출의 거치 기간이 끝나 만기 연장이 돌아오는 규모는 2012년 분기별로 25조 원을 넘었고, 2013년에도 계속 늘어났다. 만약 대출 상환을 연기하더라도 원금 상환이

시작되면 살던 집을 처분해도 빚을 갚을 수 없는 가구가 전체 가구 가운데 약 15퍼센트여서 가계 부채가 계속 늘어날 수밖에 없는 구조이다.

그런데 더 큰 문제는 정부가 어떤 부동산 정책을 내놓아도 시장이 좋아질 가능성이 보이지 않는다는 점이다. 2009년 초 부동산 거래가 줄어들면서 이사하지 못한 집이 약 4만 1,000가구 이상으로 당시 수도권 아파트 입주 물량 8만 5,591가구의 48퍼센트가 2010년부터 발생한 아파트 미입주의 원인이었다. 2010년 말 미분양 아파트는 수도권 2만 3,000호, 전국 약 12만 호로 추산했지만 이 통계는 건설 회사가 신고한 것만 집계한 것이고 2013년 이후에도 빈 아파트는 계속 늘어났다. 하우스 푸어 뿐만 아니라 판매 부진으로 망하는 건설 회사가 늘어나면서 경기 침체가 장기간 계속될 수 있다는 점이다.

또 다른 하우스 푸어의 근본적인 원인은 이명박 정부가 대기업 중심의 수출 정책과 일회성 사업인 4대강 개발 등 토목 공사로 일자리를 늘리기 경제 정책에 실패한 때문이다. 2012년 발생한 저축은행 도산으로 대량 인출 사태가 벌어진 것도 따지고 보면 아파트 분양을 못해 자금난에 시달린 여러 건설 회사가 망하면서 생긴 부실 채권이 원인이었다. 이는 첨단 기술을 바탕으로 한 정보 통신 시대에 토목과 건설에만 집중해 일자리를 늘리려 한 근시안적인 정부와 무능한 정권이 만들어낸 정책의 산물이다. 특히 국내 경제에 많은 영향을 끼쳐온 주택 공급 사업을 한치 앞도 예측하지 못하고 방치한 것은 무능한 정권과 탐욕에 눈이 먼 개인과 기업 그리고 정부의 안일한 정책이 만들어낸 시대의 자화상이다.

DTI(총부채상환비율)_ 담보대출을 받을 때 채무자의 소득으로 상환할 수 있는지 판단해 대출 한도를 정하는 제도를 말한다. 주택 담보대출의 연간 원리금 상환액과 기타 부채를 기준으로 연간 갚을 이자의 합을 연간 소득으로 나눈 비율을 말한다. 이때 수치가 낮을수록 빚을 갚을 수 있는 능력이 뛰어나다고 인정해 낮은 금리를 적용받을 수 있다.

④ 일본에서 먼저 생긴 하우스 푸어

1980년대 일본에는 대출을 끼고 집을 산 뒤 차익을 남기고 되팔기를 반복해 재산을 늘리는 부동산 용어 토치고로가시 땅을 굴린다는 의미 가 있었다. 1981년 도쿄에 새로 지은 아파트 한 채 평균 가격이 2,616만 엔이었으나 부동산 거품이 정점이었던 1990년에는 무려 6,123만 엔으로 10

● 일본 도쿄 긴자 거리

년 동안 2배 이상 올랐다. 이러한 현상은 수요가 수요를 부른 결과로 이러한 거품이 한꺼번에 꺼지면서 많은 하우스 푸어를 만들어냈다.

특히 거품이 정점으로 향하던 1989년 미에노 야스시 일본은행 총재는 부동산 거품을 걷어내 집값을 안정시키려고 1989년부터 1990년 사이에 금리를 2.5퍼센트에서 6퍼센트로 올리고 대출 규제 정책을 성공적으로 시행해 영웅으로 추앙받았다. 그러나 이러한 정책은 부동산 가격을 낮추는 데는 성공했지만 거품 경제가 꺼지면서 일본 역사상 가장 혹독한 불황을 가져왔다. 1991년 1억 1,520만 엔이던 도쿄의 23평 아파트가 5,400만 엔으로 떨어지면서 대출로 집을 산 사람들이 이자도 감당하기 어려운 상황이 되었다. 금융 선진국인 일본 정부는 개인이 본 손해를 보전하려는 대책을 전혀 세우지 않아 대출 이자를 갚지 못한 채무 불이행자는 거리에 나앉았다. 일본 정부는 하우스 푸어를 각자가 투자한 행위이므로 국가에서 손해를 보전해줄 수 없다고 밝혔다. 부동산 시장이 붕괴했지만 전세제도가 없어서 세입자의 피해는 없었다. 이처럼 부동산 가격 폭락으로 피해를 본 선의의 피해자가 없어서 일본 정부는 재정 지출을 통해 도로, 항만 등 사회 기본 시설에 집중 투자할 수 있었다.

그러나 부동산 가격 폭락으로 주택 구입자가 대출금을 갚지 못해 수많은 사람이 신용 불량자로 전락하고 부실 채권을 떠안은 은행이 어려워지면서 많은 기업이 망하고 실업자가 늘어나는 등 큰 혼란에 빠졌다. 이에 일본 정부는 뒤늦게 엄청난 돈을 쏟아 부으며 경기 부양 정책을 시행했지만 얼어붙은 경기는 꼼짝도 하지 않았다. 결국 일본 중앙은행이 금리를 0퍼센트 수준으로 내렸지만 부동산 가격이 떨어지는 것을 막을 수 없었다.

일본은 잃어버린 10년이라는 긴 불황에 빠진 1991년부터 2000년까지 아홉 차례에 걸쳐 124조 엔이라는 막대한 공적 자금을 사회 간접 시설에 쏟아 부어 경기를 되살리려 했지만 재정 지출 부담만 늘어났다. 당시 일본 정부는 한꺼번에 너무나 많은 재정을 투입해 2010년 말에는 국가 부채가 무려 949조 엔 일인 당 750만 엔 에 달했다. 그 뒤 부동산 경기는 다소 살아났으나 거품 경기가 정점이었던 20년 전의 약 50~70퍼센트 수준에 머물렀다. 이처럼 잃어버린 10년이라는 신조어를 만들며 긴 불황에 빠진 일본은 2011년 세계 2위 경제국 자리를 중국에 빼앗기는 수모를 당했다. 그뿐 아니라 세계에서 손꼽히는 나랏빚 때문에 국가 부도로 이어질 위험에 빠졌다. 일하지 않고 투기로 불로소득을 얻으려 한 일본인들의 행동이 어떤 결과로 나타나는지 잘 보여준다.

⑤ 과소비가 불러온 카 푸어

2012년 이후 20~30대 젊은 직장인 사이에 카 푸어 Car Poor 족이 늘어났다. 카 푸어족은 번 돈 대부분을 저축보다는 자동차 할부금에 쓰느라고 생활에 어려움을 겪는 사람을 말한다. 이들은 아무리 돈을 벌어도 가난에서 벗어나지 못하는 워킹 푸어나 하우스 푸어와 비슷하지만 그 대상이 자동차라는 점에서 차이가 있다. 우리나라에서 판매되는 수입 자동차를 20~30대가 구매하는 비율이 무려 40퍼센트를 넘어섰다. 이전까지만 해도 수입 자동차는 일부 자동차 애호가나 고소득층에서 구입했지만 지금은 주 소비층이 젊은 직장인으로 옮겨 갔다.

특히 카 푸어족은 불투명한 미래 때문에 저축이나 결혼보다 현실 자체를 즐기려는 생각이 강하다. 이들은 불안한 장래를 걱정하면서도 사고 싶은 것은 앞뒤 안 가리고 구매하는 특징이 있다. 이런 사고방식 때문에 결혼해서 독립하지 않고 나이가 들어도 부모에게 의존하는 성향이 강하다. 그런데 문제는 이들이 자신이 버는 돈보다 유지비가 훨씬 많이 드는 수입차를 산다는 점이다. 수입차는 국산 자동차보다 가격은 물론 부품이나 수리비도 몇 배나 비싼데 예상 지출은 생각하지 않고 무리하게 구입해 저축은커녕 수입보다 지출이 더 많을 수밖에 없었다. 이들은 우리나라 대졸 평균 월수입인 255만~343만원보다는 많지만 평균 3,000만~4,000만 원대인 자동차 할부금과 유지비를 포함해 한 달에 150만원 가까이 지출해야 해 엄청난 경제적 부담을 안게 되었다. 특히 자동차의 보증기간인 3년이 지나면 수리비는 크게 늘어나는 반면 중고차 가격은 50퍼센트 이하로 떨어지는 것도 많은 카 푸어를 만든 원인이다.

이처럼 사람들이 비싼 수입 자동차를 사는 것은 판매 회사의 할부 유예 프로그램 때문이다. 예를 들어 4,000만 원대인 수입 자동차의 할부 유예 프로그램을 이

● 수입 자동차 전시장 모습

용하면 총 1,600만 원 정도를 매달 32만원씩 3년 동안 갚으면 살 수 있다. 그런데 문제는 할부 유예 프로그램이 끝나는 3년 뒤에 자동차 가격의 60퍼센트에 해당하는 유예 원금 2,400만원을 한 번에 내야한다. 보통 우리나라에서 판매되는 수입 자동차는 수리 보증 기간이 끝나는 3년 뒤 가격이 50퍼센트 이하로 내려간다. 하지만 많은 구매자는 할부 유예 프로그램이 끝난 뒤, 차를 팔아 유예 원금을 갚으려고 계획해서 집을 팔아도 빚을 갚을 수 없는 하우스 푸어처럼 차를 팔아도 원금을 충당할 수 없는 카 푸어로 전락했다.

수입 자동차 할부 대출 금리는 매우 높은 편이다. 수입 자동차회사들은

판매 경쟁으로 연 3~4퍼센트 대의 낮은 금리나 무이자 할부를 내세우기도 하지만 이는 일부 차종에만 적용되고 인기가 많은 주력 차종은 대부분 연 10~15퍼센트의 금리가 적용된다. 2008년 이후 우리나라 기준 금리가 2~3퍼센트 대에서 움직여 예금 금리도 약 4퍼센트 내외인 것을 감안하면 엄청나게 높은 금리임을 알 수 있다. 수입차 할부 금융 프로그램을 이용하면 실제 자동차 가격과 수천만 원의 추가 유지비가 필요하다는 점을 예상하지 못한 것도 문제였다. 그런데도 수입차를 사는 사람들 가운데 약 70퍼센트는 할부 유예 프로그램을 이용해 2010년 이후 3년 동안 수입 자동차 유예 원금만 1조 원에 이른다. 앞으로 이들 또한 대부분 카 푸어가 될 수 있다는 점에서 더 큰 사회문제로 발전할 수 있다.

2000년대 초 20~30대에서 카드를 갚지 못해 많은 신용 불량자가 발생해 경제가 침체한 것처럼 카 푸어가 늘어나면 비슷한 문제가 생길 수 있다. 2013년에는 4대강 사업을 위해 중장비를 산 사람들이 공사가 끝난 뒤 일거리를 찾지 못해 빚쟁이로 전락한 머신 푸어도 등장했다. 이처럼 미래를 예측하지 못하고 눈앞의 이익만 쫓다보면 자신도 모르는 사이에 빚쟁이가 될 수 있다. 이러한 빚쟁이가 되지 않으려면 자신의 소득에 맞는 합리적인 소비 생활을 하는 것이 중요하다.

2 인플레이션이 발생하는 이유

세계 어느 나라나 물가가 오르는 인플레이션이 발생하면 이를 안정시키려고 많은 정책을 시행한다. 인플레이션이 발생하는 원인은 크게 두 가지이다.

먼저 경기가 살아나서 소득이 늘어나면 인플레이션이 발생한다. 사람들은 소득이 늘면 생활에 필요한 물건을 더 많이 구매하려는 욕구가 생긴다. 이때 많은 사람이 한꺼번에 소비를 늘리면 공급이 부족해지면서 가격이 오른다.

상품 생산에 필요한 원자재나 인건비 등이 오를 때에도 인플레이션은 발생한다. 옷을 만드는 데 사용하는 인조 섬유는 대부분 원유에서 생산한다. 그런데 원유 가격이 오르면 인조 섬유를 생산하는 원자재비용도 늘어나면서 자연스럽게 가격이 오르는 것이다. 그뿐 아니라 임금이 오르면 상품 생산비용이 늘어 기업은 손해를 보지 않으려고 가격에 포함시키므로 자연스럽게 가격은 올라간다.

인플레이션이란 가격이 한꺼번에 오르는 현상으로 가격이 많이 오르면 화폐 가치가 떨어지므로 경제가 어려워진다. 인플레이션이 발생했다고 생활에 필요한 물건을 사지 않을 수는 없지만 필요한 물건 외에는 사지 않게된다. 물가가 오른 만큼 월급이 오르지 않으면 생활하기가 어려워져서 소비를 줄이기 때문이다.

○생각해 보기

1. 인플레이션이 발생하는 원인을 알아본다.
2. 인플레이션이 경제에 끼치는 영향을 알아본다.

① 인플레이션이 발생했는지 어떻게 알 수 있을까?

기업들은 원자재 가격이 오르면 제품 가격도 올린다. 예를 들어 우리가 즐겨 먹는 라면이나 아이스크림은 밀가루나 분유 등 원자재 가격이 오른 만큼 가격을 인상한다. 그런데 상품이 얼마나 올랐는지 알려면 모든 상품을 조사해야 한다.

모든 물가가 똑같이 오르면 쉽게 알 수 있지만 현실은 그렇지 않다. 어떤 것은 오르기도 하고 또 어떤 것은 내려가기 때문에 모든 물가 상황을 종합 반영해 물가 지수를 작성한다. 우리나라 물가 수준을 보여주는 통계는 한국은행이 조사하는 생산자 물가 지수와 통계청에서 조사하는 소비자 물가 지수이다. 그런데 소비자 물가 지수는 피부로 잘 느끼지 못하는 때가 많아서 소비자 물가 지수 대상 품목 가운데 생활하면서 많이 소비하는 상품만 따로 집계하는 생활 물가 지수를 별도로 작성한다.

보통 상품을 만드는 원자재 가격이 오르면 주요 생활필수품 통계인 소비자 물가 지수를 조사해 발표한다. 우리나라는 1970~1980년대까지만 해도 높은 인플레이션을 기록했다. 물가가 적게 상승할 때에는 연간 10퍼센트 정도였지만 많이 오를 때에는 20퍼센트에 달해 해마다 평균 10~20퍼센트씩 올랐다. 그러나 1990년대 이후 정부의 노력으로 이전과 비교해 많이 안정되었다.

인플레이션은 화폐 경제와 함께 시작된 현상으로 홍수와 가뭄 등으로 흉년이 들거나 인구가 갑자기 늘어날 때에도 나타났다. 그뿐 아니라 금을 화폐로 사용하는 나라에서 금광이 발견되어 생산량이 늘어도 인플레이션은 발생했다. 반면 전쟁이나 전염병 등으로 인구가 많이 감소한 때에는 곡물 수요가 줄면서 인플레이션이 사라지기도 했다. 인플레이션은 경제가 발전하면서 생기는 자연스러운 현상이지만 너무 빨리 물가가 오르면 모든 분야에 영향을 주므로 적절한 관리가 필요하다.

② 인플레이션이 생활에 미치는 영향

인플레이션이 발생하면 국가 경제에 엄청난 영향을 미친다. 특히 인플레이션을 넘어서 초인플레이션이 발생하면 이웃 나라까지 영향을 줄 가능성이 높다. 그러므로 초인플레이션이 생활에 미치는 영향은 상상을 초월한다. 제1차 세계 대전 뒤 초인플레이션을 겪은 독일인들은 매우 고통스러운 생활을 해야 했다. 화폐 가치가 너무 떨어져서 돈을 땔감으로 사용할 정도였다. 나무나 석탄 대신 땔감으로 돈을 태우는 일은 정상적인 상황에서는 상상도 할 수 없는 일이다. 그러나 당시에는 돈을 주고 땔감을 사는 것보다 돈을 태우는 것이 불씨도 더 오래가서 훨씬 경제적이었다고 한다. 그뿐 아니라 1921년 1월 0.3마르크이던 신문 한부 값은 마르크화 가치가 최저가 된 1923년 11월에는 7,000만 마르크를 기록했다. 그래서 독일인들은 교통비나 점심값을 작은 수레에 싣고 다녔다고 한다. 당시에는 물가 인상 속도가 너무나 빨라서 노동자들은 하루에도 몇 번씩 임금을 나누어 받았고 퇴근할 때에는 부인이 일터로 수레를 끌고 와서 받은 임금으로 생활필수품을 즉시 바꾸었다.

이처럼 극단적인 인플레이션이 아니더라도 과도한 인플레이션은 생활에 여러 가지 나쁜 영향을 끼친다. 급여 소득자는 실질 소득이 줄어들기 때문에 각종 투기가 나타나고 가난한 사람이 늘어나는 양극화 현상도 심해진다. 기업은 매출이 줄어 시설 투자를 줄이게 되므로 매출이 줄어들면서 경제는 불황에 빠진다. 이처럼 좋은 것이 하나도 없어 보이는 인플레이션으로 이익을 얻는 사람도 있다. 남에게 돈을 빌린 사람과 돈이 많아 부동산과 같은 실물에 투자한 사람들이다. 인플레이션이 계속 이어지면 돈을 빌린 사람은 화폐 가치가 떨어져서 부채가 줄어드는 효과가 있고, 부자들은 여윳돈으로 가치가 안정적인 금이나 부동산과 같은 실물 자산에 투자해 재산을 늘릴 수 있다. 하지만 인플레이션이 계속 이어지면 저소득층은 실질 소득이 줄어들고 부유층은 재산이 계속 늘어나면서 소득의 양극화를 가져와 사회 문제가 발생할 수 있다.

제1차 세계 대전 뒤 발생한 초인플레이션으로 경제난에 시달린 독일은 결국 히틀러와 나치 극우정권이 들어서는 원인을 제공했다. 그리고 국민의 눈높이에 맞도록 경제 문제를 해결할 수 없었던 히틀러는 군중심리를 자극해 제2차 세계 대전이 일으켜 사람들을 고통 속에 몰아넣어 유럽 각국에 회복하기 어려운 피해를 안겨주었다.

이러한 이유 때문에 불황이나 인플레이션이 발생하면 여러 나라가 힘을 합쳐 해결하려고 노력하는 것이다.

③ 인플레이션과 국제 금값의 관계

2009년 기준으로 세계 황금 협회 WGC 가 조사한 통계에서 세계 최대 금 보유국은 외화 보유액 가운데 73.9퍼센트인 8,133톤의 금을 보유한 미국이다. 그 뒤를 이어 70.3퍼센트인 3,402톤의 독일, 68.6퍼센트인 2,452톤의 이탈리아, 67.2퍼센트인 2,435톤의 프랑스, 1.7퍼센트인 1,054톤을 보유한 중국 순이었다. 2010년에도 8,133톤을 보유한 미국이 최고였지만 국제 통화 기금 IMF 이 2,847톤의 금을 가지고 있어서 보유량 기준으로만 따지면 세계 3위에 해당한다. 금 투자에 가장 적극적인 미국 다음으로 독일, 이탈리아, 프랑스 등이 전체 외화 보유액 대비 금 보유량이 상대적으로 높은 나라이다. 반면 중국은 대표적인 외화 보유액 대비 금 투자 비중이 가장 적은 국가이다. 2009년 말 기준으로 금 보유량이 1,054톤이어서 총 외화 보유액 2조 8,400억 달러 가운데 1.7퍼센트 밖에 되지 않는다. 중국보다 보유량은 적지만 외화 보유액 비율로 따져 금 보유량이 많은 국가는 16.4퍼센트인 스위스, 6.7퍼센트인 러시아, 3퍼센트인 일본과 네덜란드보다도 낮다. 중국의 금 보유량은 미국의 8분의 1 수준으로 약 3조 달러에 달하는 외화 보유액과 비교하면 턱없이 작은 양이다. 그래서 중국은 2000년대 들어서면서 금 매입에 적극 나서고 있다. 특히 중국인들은 중국 정부보다 더 무서운 속도로 금을 사들여 세계 금 소비의 대명사가 되었다.

중국은 1990년대 이후 높은 경제 성장으로 소득이 늘어났지만 인플레이션으로 화폐 가치가 떨어져서 상대적으로 가치 변화가 적은 금 투자에 열을 올리고 있다. 빠른 경제 성장으로 개인 소득이 빠르게 늘어난 반면 인플레이션이 계속되면서 실질 금리마저 마이너스를 기록해 이를 회피하려는 수단으로 금을 선호해 매입량이 다른 나라보다 훨씬 많았다. 2010년 중국은 세계 금시장에서 투자용 금괴와 금화 93.5톤을 사들여 85.6톤을 수입한 인도를 제치고 세계 최대 소비국이 되었다. 당시 중국의 수입량은 전 세계 금 소비량의 25퍼센트로 23퍼센트를 사들인 인도를 앞섰다.

2010년 뉴욕 현물 거래소에서 거래된 8월 인도분 금 선물 가격은 온스 당 1,500달러를 넘어서 1년 전보다 무려 24퍼센트나 오르기도 했다. 2011년 7월 국제 금값은 온스 당 1,700달러까지 치솟아 역사상 가장 높은 가격을 기록했다. 전 세계 금 수요를 늘린 것은 중국과 인도 외에 아시아 신흥 공업국의 수요가 늘어난 것도 하나의 원인이었다. 아시아 신흥 공업국들도 경제 성장에 따른 인플레이션으로 통화 가치가 하락해 금 투자에 적극적이었다. 2010년을 기점으로 전 세계에 달러화 가치가 내려가는 약 달러 현상이 나타나면서 국제 투자자마저 대체 투자 수단으로 금 투자를 늘려 가격이 상승했다. 이러한 영향으로 불과 10년 전만 해도 가지고 있던 금을 팔았던 각국 중앙은행도 달러 가치 하락 위험을 줄이려고 금 매입에 적극

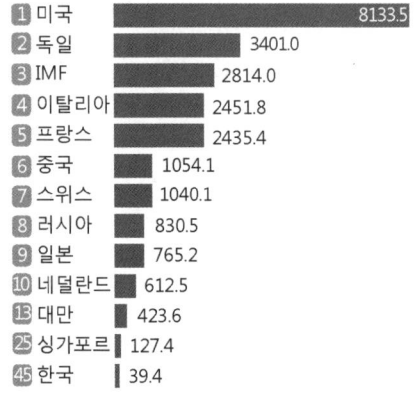

주요국 및 공적기관의 금 보유량(단위 : t)

	국가	보유량
1	미국	8133.5
2	독일	3401.0
3	IMF	2814.0
4	이탈리아	2451.8
5	프랑스	2435.4
6	중국	1054.1
7	스위스	1040.1
8	러시아	830.5
9	일본	765.2
10	네덜란드	612.5
13	대만	423.6
25	싱가포르	127.4
45	한국	39.4

세계금위원회. 한국은행 2012년 7월 기준

나서면서 한때 온스 당 2,000달러까지 오를 것으로 예상하기도 했다. 이와 함께 금값이 최고치를 경신한 것은 금 수요가 늘어도 전 세계 금광에서 생산하는 양을 무한정 늘릴 수 없기 때문이다. 영국의 스탠다드차타드 은행은 2012년 이후 5년 동안 새로 채굴할 수 있는 광산이 거의 없어서 금 수요가 변하지 않아도 공급 부족 현상으로 가격이 계속 오를 것으로 전망하면서 안에 온스 당 5,000달러까지 오를 수도 있다고 예측했다.

그러나 끊임없이 오르던 금값은 2013년 남유럽 국가인 키프로스가 국가 부도 위기에 몰려 중앙은행이 가지고 있던 금을 팔 것이라는 소문으로 온스 당 1,200달러까지 떨어졌다. 그러나 이러한 현상이 일시적이라며 우리나라 사람들마저 세금 회피 수단으로 금 투자를 늘리고 있다. 하늘 모르고 오르던 금값이 한풀 꺾였지만 전 세계 경기가 되살아나지 않아 금을 사려는 사람이 계속 늘어날 것으로 보인다.

3 디플레이션이 발생하면 실업자가 늘어 나는 이유

디플레이션은 인플레이션과 반대로 물가가 계속 내려가는 현상을 말한다. 가격이 내려가면 소비자는 좋지만 국가 경제에는 꼭 그렇지가 않다. 디플레이션은 경기가 나빠졌을 때 나타나는 현상이기 때문이다. 경기가 나쁘면 사람들은 꼭 필요한 물건 외에는 사지 않는다. 소비가 줄어들면 기업은 판매를 늘리려고 가격을 내리게 되고, 그래도 판매가 늘지 않으면 더 가격을 낮추면서 결국 망하는 기업이 생기기 때문이다.

1980년대 말 이웃 나라 일본에서는 토지나 건물 등 부동산 가격이 계속 오르는 특수한 인플레이션이 발생했다. 당시 일본 은행들은 부동산을 담보로 개인과 기업들에게 많은 돈을 빌려주었다. 그러나 불경기로 실업자가 된 사람들이 빚을 갚지 못하면서 주택 가격이 폭락했다. 이 때문에 소비가 줄면서 은행과 기업들이 어려움에 빠졌다. 불량 채권이 눈덩이처럼 불어난 은행들이 시설 투자에 필요한 돈을 기업들에게 빌려줄 수 없게 되면서 어려움에 빠졌다.

결국 시설 투자를 할 수 없게 된 기업은 경쟁에서 밀려나거나 망하면서 실업자가 증가했다. 이렇게 불경기가 계속되자 미래에 불안감을 느낀 사람들은 꼭 필요한 물건 외에는 사지 않아 기업이 가격을 계속 내려서 디플레이션이 반복되면서 긴 불황에 빠졌다.

○ 생각해 보기
1. 디플레이션이 일어나는 이유를 생각해 본다.
2. 디플레이션에서 벗어나는 방법을 생각해 본다.

○ 들여다 보기

① 인플레이션보다 디플레이션이 더 무서운 이유

경제학자 세일러는 자신의 책 『불편한 경제학』에서 자본주의 경제는 구조적으로 매우 불안정해 끊임없이 팽창 인플레이션 하거나 팽창을 멈추는 순간 바로 연쇄적인 수축 디플레이션 으로 돌아서므로 안정을 유지할 수 없다고 주장했다.

2007년 미국의 비우량 주택담보대출 사태로 시작된 국제 금융 위기로 세계 각국은 경기를 되살리려고 시장에 엄청난 자금을 공급하는 양적완화 정책을 시행했다. 그 뒤 양적완화 정책이 성공하면서 경기가 좋아졌으나 2010년 남유럽에서 국가 재정 위기가 발생하면서 전 세계 국가에서 폈던 통화 확대 정책이 디플레이션이라는 새로운 문제로 발전할 수 있다고 우려했다. 2009년 그리스에서 시작된 남유럽 국가 재정 위기가 포르투갈, 이탈리아, 스페인으로 번지면서 유럽 각국이 긴축 정책을 시행해서 디플레이션을 유발할 수 있는 조건을 갖추었기 때문이다. 이에 앞서 일본도 1990년대 시작된 경제 불황으로 2000년대까지 디플레이션이 발생해 엄청난 고통을 겪었다. 1990년 당시 일본은 무리한 대출로 부동산에 투자했던 사람들이 거품이 꺼지면서 발생했다. 그러나 1990년대 일본과 2008년 미국에서 시작된 금융 위기 때에는 금융과 부동산 등 자산 가격만 하락하고 물가가 하락하는 심각한 디플레이션은 발생하지 않았다.

현대 경제사에서 가장 대표적인 불황은 1929년대 발생한 대공황으로 당시 선진국들은 긴축 정책 대신 통화량을 늘려서 디플레이션이 발생하지 않았다. 2008년 미국 금융 회사 리먼브라더스 파산하면서 시작된 금융 위기 때에도 주요 20개국 G20 이 긴축 재정과 보호 무역 대신 양적완화 정책을 시행해 디플레이션이 발생하는 것을 막았다. 미국에서 디플레이션이 발생하지 않은 것은 달러 발행을 통해 양적완화 정책을 펼친 재정의 힘도 큰 영향을 미쳤다.

　그러나 2010년 그리스에서 시작된 남유럽 국가의 재정 위기는 엄청난 재정 적자가 원인이어서 많은 우려를 낳았다. 당시 유럽 연합은 그리스 때문에 유럽 전체가 위험에 빠지는 것을 막으려고 약 7,500억 유로의 재정 안정 기금을 만들기로 합의했으나 의견 차이로 갈등을 겪으면서 성사되지 못했다. 2008년 미국 금융 회사 리먼브라더스가 망하면서 시작된 불황을 벗어나려고 세계 각국이 쏟아 부은 양적완화 정책으로 인플레이션이 발생해 경제 성장을 가로막을 것을 우려해 재정 확보가 중요하게 생각했기 때문이다. 이러한 영향으로 영국은 2010년 공무원 임금 퍼센트와 공공 지출 60억 파운드를 줄였고, 프랑스는 2011년부터 3년 동안 정부 지출을 동결했다. 독일은 2010년 연금 총액을 동결하고 수령 연령을 높였으며, 포르투갈과 아일랜드는 공무원 월급을 줄이고 다리나 공항 등 공공시설 건설을 중단했다. 이러한 긴축 정책은 또 다른 금융 위기를 막고 경제를 되살려 재정을 확보하려는 목적이었다. 그러나 PIGS 포르투갈,

이탈리아, 그리스, 스페인 의 금융 시장이 불안해지면서 경제 회복을 가로막아 재정 확보 계획이 실패로 돌아갔다.

　당시 국제 통화 기금은 이러한 상황을 근거로 2010년 그리스의 국내 총생산 대비 국가 채무 115.1퍼센트에서 2015년 140퍼센트까지 올라갈 것으로 예상했다. 그리스뿐만 아니라 이탈리아, 영국, 스페인, 프랑스도 국가 채무가 2015년까지 계속 늘어나 디플레이션이 발생할 것으로 예상돼 전 세계를 긴장시켰다. 특히 2010년 재정 위기를 겪은 남유럽 국가들의 재정 적자가 급격하게 늘어나면서 유럽 연합의 노력만으로는 경제를 살릴 만한 여력이 없었다. 전 세계가 디플레이션 문제를 두려워하는 것은 인터넷 등으로 이전보다 더욱 긴밀하게 연결되어서 심리적 거리감이 줄어들었기 때문이다.

디플레이션 역사에서 빼놓을 수 없는 예가 바로 1929년 미국 대공황과 1990년대 발생한 일본의 잃어버린 10년이다. 보통 한 국가에 금융 위기가 발생하면 인플레이션보다는 디플레이션이 발생한다고 경제학자들은 보고 있다. 그 이유는 모든 자산 가치가 실제보다 폭등했다가 거품이 빠지면서 내려가기 때문이다. 1929년 시작된 대공황 이전의 미국은 주식 시장이 오랜 호황으로 중산층이 너도나도 주식 투자에 뛰어들었다. 그러나 한꺼번에 거품이 꺼지면서 모든 자산 가치가 폭락하면서 디플레이션이 발생해 수많은 개인과 기업이 파산했다. 1990년대 '잃어버린 10년'이라는 불황을 겪은 일본과 2008년 미국 비우량 주택담보대출 사태로 시작된 금융 위기, 2010년 남유럽 국가들의 재정 위기도 자산 가치가 급격하게 떨어지면서 디플레이션으로 발생했다. 당시 남유럽에서 이전의 예보다 심한 디플레이션이 발생

● 긴축 재정을 반대하는 그리스 시위

하지는 않았지만 발생할 가능성이 높은 징조가 여러 곳에 나타나면서 전 유럽을 긴장시켰다.

아시아에서는 2006년 6월 디플레이션에서 벗어났다고 선언했던 일본 정부가 3년여 만인 2009년 11월 디플레이션이 발생했다고 밝혔다. 이러한 영향으로 2010년 일본은 저성장, 저물가, 고실업이라는 삼중고의 디플레이션 수렁에 빠져 경제를 되살리려고 엄청난 양적완화 정책을 시행했다. 일본의 디플레이션 역사는 1985년 플라자 회의에서 엔화의 고평가에 합의하면서 통화 가치가 올라 국내외에서 많은 부동산을 사들이는 최고의 활황기를 보냈다. 그러나 1989년 경기 과열을 우려한 일본은행이 기준 금리를 2퍼센트 대에서 6퍼센트대로 갑자기 올리면서 주식 등 자산 가격이 폭락해 국민이 빚더미에 올라앉고, 내수 시장마저 나빠져 실업가 증가하면서 불황기로 접어들었다. 1990년대를 무기력하게 보낸 일본은 2000년대 들어서도 '잃어버린 10년'이 지속돼 고생을 하다가 겨우 디플레이션 공포에서 벗어났지만

오래가지 못했다. 인플레이션은 자산 가치가 빠르게 올라 이익을 얻는 사람도 생기지만 디플레이션은 모든 실물 자산의 가치를 떨어뜨려서 경제에 미치는 영향이 훨씬 크다. 그래서 디플레이션이 발생할 조짐을 보이면 이를 막으려고 모든 노력을 기울이는 것이다.

② 경제의 악마로 불리는 디플레이션

경제학자들은 디플레이션에 발을 잘못 내딛으면 쉽게 헤어나기 어렵다고 해서 경제의 악마로 부른다. 디플레이션은 인플레이션과 반대되는 개념으로 소비나 투자 감소, 통화량 부족 등으로 명목 물가가 하락하는 것을 말한다. 디플레이션은 자산 가치 하락→소비 감소→투자 위축→고용 축소→소득 감소→다시 소비 감소로 이어진다. 여기에 경제가 계속 침체할 것

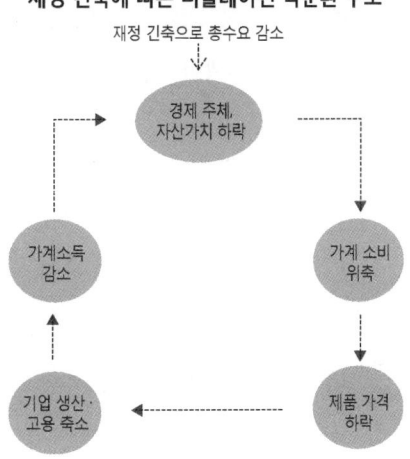

재정 긴축에 따른 디플레이션 악순환 구조

재정 긴축으로 총수요 감소

경제 주체,
자산가치 하락

가계 소비
위축

제품 가격
하락

기업 생산·
고용 축소

가계소득
감소

이라는 공포심이 경제 주체를 자극하면 악순환이 끊임없이 이어져서 결국 공멸하게 된다.

그러나 디플레이션은 신기술 개발로 생산성이 향상되어 공급이 늘어나면 전체 물가가 내려가는 역할을 해 경제에 긍정적인 영향을 끼치기도 한다. 2000년대 중반 세계의 공장으로 불린 중국이 값싼 노동력을 바탕으로 세계 곳곳에 저가 상품을 공급하면서 인플레이션 요인을 줄어들게 한 것이 대표적이다. 그러나 경제에서 가장 무서운 것은 가격이 하락해도 수요가 늘지 않고 가격이 계속 내려가는 디플레이션이다.

일반적으로 경제학에서 디플레이션은 특정 시기를 기점으로 2년 넘게 물가가 계속해서 내려가는 것을 말한다. 디플레이션은 특히 공급이 증가해도 수요가 줄어들면서 가격이 하락하므로 기업의 수익성을 악화시켜 고용을 감소시킨다. 실업자의 증가는 개인이나 가계 소비를 더 줄이는 악순환이 지속되면 상류층마저도 가격이 더 내려갈 것으로 생각해 소비를 줄이므로 깊은 불황에 빠뜨린다. 절약과 저축의 대명사로 불렸던 일본이 저소비의 덫에 걸려 성장이 멈춘 것도 이러한 원인이 한꺼번에 작용했기 때문이다.

경제가 어려워지면 정부는 재정 지출을 늘려 되살린다. 그러나 정부의 재정 지출은 가계 소비와 기업의 투자처럼 국민 소득으로 이루어지므로 디플레이션이 발생하면 소비를 줄이는 개인처럼 지출을 줄일 수밖에 없다. 이때 정부는 경제를 살리려고 인위적으로 재정 지출을 늘릴 수 있지만 불황으로 재정 수입이 줄어들 수 있어서 함부로 정책을 시행할 수 없다. 만약 경기 부양을 위해 정부가 지출을 늘렸다가 경기가 살아나지 않으면 국가 부도로 이어질 수 있기 때문이다.

1930년대 대공황을 해결하려고 미국 정부가 케인스의 경제 이론을 바탕으로 대규모 공사 등에 재정 지출을 늘리는 정책을 폈던 것도 경기를 되살려야 가계 소득과 소비를 통해 재정 수입을 늘릴 수 있다고 판단했기 때문이다. 그러나 모든 것이 기계로 이루어지는 현대 사회에서는 토목 공사를 벌여 디플레이션을 해결하는 것은 불가능하다. 첨단 기술을 바탕으로 경제가 이루어지는 국가에서 재정 지출로 경제를 살려 재정 수입을 늘리려면 새로운 산업을 육성해 시장을 넓혀야 한다. 그러므로 디플레이션을 해결하려면 재정 지출 정책과 함께 새로운 산업을 육성하는 장기적인 계획을 추진하는 것이 필요하다.

돈이 없으면 나라도 망한다

인류 역사는 부채의 역사이다. 개인이 생활하면서 돈이 부족하면 친지나 이웃에게 빌려 쓰고 갚지 못하면 파산하는 것처럼 국가도 마찬가지다. 1998년 우리나라가 겪은 외환 위기는 좁은 의미에서는 통화 위기이지만 넓은 의미에서 보면 경제 위기였다.

기업과 금융 부실로 경상 수지 적자가 발생하면 달러가 부족해서 외국에 대금을 결제할 수 없어서 국제 신뢰도가 떨어지므로 외화를 빌리기가 어렵다. 이렇게 되면 외환 시장 불안으로 환율이 더욱 상승하므로 경기가 침체하는 악순환이 이어진다. 경기가 침체하면 불안을 느낀 외국 자본이 한꺼번에 빠져나가 통화 가치와 주가 폭락으로 은행들이 파산해 예금주가 금융 기관에 맡긴 돈을 모두 찾는 뱅크 런이 발생한다. 금융 시장이 혼란에 빠지면 사업 자금을 구하지 못한 기업들이 파산하면서 실업자가 증가해 사회 불안이 지속된다.

외환 위기를 해결하는 가장 일반적인 방법은 IMF 국제 통화 기금에서 구제 금융을 받거나 금융·기업·노동 등 경제 주체를 개혁하는 것이다. 그러나 IMF에서 구제 금융을 받는 조건은 매우 엄격해서 정부에 긴축 재정과 강력한 경제 구조 개혁을 요구해 금리 인상과 경기 악화, 실업률 상승 등 악순환이 이어져 경제가 더 어려워 질 수 있다. 그러므로 외환 위기를 겪지 않으려면 개인과 기업뿐만 아니라 국가도 적절한 재정 지출로 건전한 경제 활동을 유지하는 것이 무엇보다 중요하다.

❶ IMF 외환 위기가 발생한 원인

1997년 말 동남아시아에서 시작된 외환 위기의 영향으로 1998년 우리나라에도 발생했으나 IMF의 도움으로 벗어날 수 있었다. 그런데 우리나라에서 외환 위기가 일어나게 된 원인을 정확하게 아는 사람은 많지 않다. IMF는 국제 통화 기금의 약자로 경제 위기를 겪는 국가에 돈을 빌려주는 국제기구이다. 1998년 우리나라는 달러가 바닥나 IMF에서 빌리면서 IMF 외환 위기로 부르기 시작했다.

1997년 태국, 말레이시아, 인도네시아 등에 외환 위기가 발생해 홍콩과 대만, 우리나라에도 영향을 끼쳤다. 당시 1달러에 800원 하던 우리나라 환율이 갑자기 1,800원까지 치솟자 불안을 느낀 외국 투자자가 자금을 한꺼번에 회수하면서 달러가 바닥났다. 이를 해결하려고 정부는 외국에서 달러를 빌려달라고 요청했지만 모두 거부했다. 설령 돈을 빌려주더라도 엄청난 이자를 요구해 IMF에서 부실기업 정리와 금융 시장 개방 등의 조건을 받아들이면서 돈을 빌려 위기를 벗어날 수 있었다.

우리나라가 외환 위기를 겪은 것은 기업들이 대출로 덩치를 키우다가 이자가 눈덩이처럼 불어나 파산한 것이 원인이다. 그뿐 아니라 기업에 마구 돈을 빌려준 은행들이 부실 채권 때문에 문을 닫거나 위험에 빠져 엄청난 실업자를 만들었다. 이 때문에 국가 신용 등급도 투자하기 위험한 부적합 판정을 받았다.

⭕생각해 보기

1. 외환 위기가 일어난 이유를 알아본다.
2. 외환 위기가 경제에 끼친 영향을 알아본다.

🔍 들여다 보기

① IMF가 하는 일

워싱턴에 본부를 둔 IMF는 환율과 국제 수지 감시 등 국제 금융체계 감독을 위임받은 국제기구로 회원국이 요청하면 기술 및 금융 지원을 한다.

IMF는 1944년 브레턴우즈 협정을 체결하면서 국가 간 거래에 달러를 기축통화로 하는 금환본위제를 도입해 국가 간 금융 거래 질서와 교역을 원활하게 하려는 목적으로 설립되었다. IMF는 국제 통화 협력과 환율 안정과 조정, 경제 성장, 낮은 실업률 등을 해결하는데 필요한 자금을 지원해 외화 지급 능력을 높이도록 한다. 185개 회원국을 둔 IMF은 국제 통화 협력과 각국 재정 안정과 무역을 촉진해 높은 취업률과 경제 성장을 도와 빈부 격차를 줄이려고 노력한다. 2010년 현재 미가입국은 북한을 비롯해 쿠바, 안도라, 모나코, 리히텐슈타인, 투발루, 나우루 등이며, 우리나라는 1955년 8월 26일 58번째 회원국으로 가입해 1965년부터 1987년까지 한도 내에서 빌려주는 대기성 차관 25억 9,000만 달러를 빌려 만성적인 국제 수지 적자를 해결하는 데 사용했다. 1986년 이후 경상 수지 흑자가 늘어나면서 1988년 일부 금액을 제외하고 모두 갚았다. 그 뒤, 1998년 외환 위기를 맞아 IMF에 구제 금융을 신청해 1차로 55억 6,000만 달러 등 1999년 5월까지 모두 10차에 걸쳐 195억 달러를 빌렸으나 모두 갚았다. IMF 구제 금융을 짧은 시간에 갚을 수 있었던 것은 온 국민이 금 모으기 운동 등으로 힘을 모았기 때문이다.

② IMF 외환 위기의 원인과 결과

우리나라가 겪은 IMF 외환 위기를 한마디로 설명하기 어려운 것은 다양한 원인이 복잡하게 작용했기 때문이다. 그러나 원인을 몇 가지로 분류하면 다음과 같다.

1960년대 우리나라의 경제 개발 계획을 수립한 박정희 정권은 정부가 직접 은행을 설립해 달러를 벌어오는 기업들에게 사업 자금을 마구 빌려주었다. 이러한 관치 금융 중심의 개발 방식은 1970년대를 거쳐 1990년대까지 계속되면서 기업들은 은행 돈을 눈먼 돈으로 생각해 대출 받은 자금으로 마구 기업을 설립했다. 특히 아무런 계획도 없이 돈을 빌려 사업을 벌인 기업들은 부동산 투기에도 열을 올려 부실을 자처했다.

은행들도 아무런 계획도 없이 외국에서 마구잡이로 달러를 빌려다가 높은 금리로 기업과 개인에게 대출해 주는 관행을 되풀이했다. 이러한 모습은 국가가 운영하는 은행은 절대 망하지 않는다는 안일한 생각과 문제가 생기면 국가에서 책임질 것이라는 환상에 빠지도록 만들었다. 이처럼 방만한 경영을 한 은행과 기업들의 무책임한 태도는 결국 곪을 대로 곪은 종기와도 같았다.

우리나라가 외환 위기를 겪게 되면서 그동안 빚으로 기업을 유지해 온 한보그룹을 비롯해 대우그룹, 기아자동차 등 수많은 기업이 연쇄 부도를 내고 문을 닫았다. 당시 외환 위기는 홍콩과 대만 주식 시장이 폭락하면서 외화가 부족했던 태국과 인도네시아로 옮겨가면서 불안해진 외국 투자자들이 한꺼번에 돈을 회수해 가면서 발생했다. 결국 외환 위기의 가장 큰 원인은 재벌 기업들이 신용이나 능력과 관계없이 은행에서 사업 자금을 쉽게 대출받아 흥청망청 쓰면서 발생한 것이다. 그뿐 아니라 아무런 대책도 없이 단기 자금을 싼 금리로 빌려서 높은 금리로 마구 대출해 준 은행 책임도 크다. 기업들은 은행에서 빌린 돈으로 부동산 투기를 일삼거나 이익도 나지도 않는 기업을 계속 만들었고, 은행은 무분별하게 외화를 빌려와 기준도 없이 대출해 준 문제가 한꺼번에 터진 것이다.

당시 태국에서 시작된 외환 위기는 주변 국가로 번져 기본 경제가 튼튼한 것으로 평가받던 홍콩은 물론 대만마저 위기에 빠졌고, 그 충격으로 우리나라는 한순간에 무너졌다. 우리나라의 외환 위기는 국내외 요인 한꺼번에 겹치면서 최악의 경제 위기로 발전한 결과물이었다.

당시 우리나라 기업들은 은행에 엄청난 빚을 지고 있었고, 무역 수지 마저 적자인 반면 외화 보유액은 홍콩이나 대만보다 적었다. 세계에서 주목받던 아시아의 네 마리 용 가운

● 1998년 금 모으기 운동 모습

데 하나로 불리던 우리나라만 외환 위기를 버텨내지 못하고 IMF에 경제 주권을 빼앗긴 것은 바로 이 때문이었다. 당시 외국에서 빌린 외채 만기일을 연장할 수도 있었지만 재계 8위였던 기아그룹이 부도를 내고 망해 국가 신용 등급마저 떨어져 위기에서 벗어날 수 없었다. 특히 기아그룹 부도를 수습하는 과정에서 보여준 노·사·정의 문제 해결 모습이 S&P 같은 국제 신용 평가 기관에 부정적인 영향을 주어 신용 등급을 떨어뜨리는 역할을 했다. 국가 신용 등급이 내려가서 만기 연장은커녕 외국 투자자가 더 빠른 속도로 빠져나가면서 IMF에 도움을 요청할 수밖에 없었다. 1997년 동아시아를 휩쓸았던 외환 위기는 1920년대 대공황의 미국 경제와 1980년대 일본 경제와 마찬가지로 동아시아 경제 기적이라는 환상이 만들어낸 거품이 꺼지면서 나타난 결과였다.

그러나 외환 위기를 극복하려고 온 국민이 금 모으기 운동을 벌여서 21억 3,000달러어치를 모았고, 한편에서는 절약을 생활화하고 국산품을 소비하는 운동을 벌여 국산품을 강조하는 광고가 유행하기도 했다. 그러나 우량 기업마저 채무 압력에 시달려 주식을 헐값에 팔아 빚을 갚으면서 많은 국부가 유출되었다. 한편에서는 이익이 나지 않는 사업과 인력을 과감하게 줄여 불필요한 비용을 없애는 등 사업을 대폭 조정했고, 정리 해고로 일자리를 잃은 사람들을 위해 기업 활동을 가로막는 여러 문제를 개선했다. 또한

경제를 되살리려고 GDP의 약 40퍼센트에 해당하는 막대한 공적 자금을 쏟아 부어 벤처 산업을 육성하고 소비를 늘리는 신용 정책을 시행해 성공하면서 1999년부터 2002년 사이에 6퍼센트가 넘는 경제 성장률을 기록하기도 했다. 그러나 이러한 과정에서 1999년 대우그룹이 해체되고 삼성그룹의 자동차사업 철수, 현대전자와 LG반도체의 인수 합병 등 산업별 구조 조정도 이루어졌다.

이에 따른 부작용도 만만치 않게 나타났다. 내수 경기를 활성화 하려고 신용 카드를 마구 발급했다가 신용 불량자가 발생하면서 금융 시장이 부실해져서 오히려 내수 시장이 위험에 빠지기도 했다. 또한 금융 시장을 전면 개방해 주식 시장에서 거래되는 주식 40퍼센트가 외국인 손에 넘어갔고, 증권과 부동산 등 돈이 되는 곳은 외국인의 투기장으로 변했다. 결국 IMF 외환 위기는 개인과 기업의 몰락은 물론 경제 주권까지 빼앗기는 희생을 치르고서야 해결할 수 있었다.

② IMF 외환 위기의 책임

IMF 외환 위기를 몰고 온 책임 주체는 다양하다. 먼저 은행에서 돈을 빌려서 무분별하게 덩치를 키워온 기업이다. 기업들은 국가가 주도하는 경제 정책을 이용해 은행에서 마구잡이로 돈을 빌려 기업을 설립하고 사업에 필요도 없는 부동산 투기에까지 손을 댔다가 대출금을 갚지 못하면서 망했다.

그리고 신용은 따져보지도 않고 기업에 마구 돈을 빌려준 은행의 책임도 크다. 은행들은 기업의 능력이나 신용과 관계없이 마구 돈을 빌려줘 부실 채권을 늘렸고, 계획도 없이 외국에서 달러를 빌려다가 대출 이자로 쉽게 돈을 벌려다가 위험에 빠졌다.

기업과 은행을 철저하게 감독하지 않은 정부 책임도 크다. 정부는 국영 은행이 수출 기업들에게 능력도 따지지 않고 돈을 빌려주도록 했다. 또한 은행 규모에 맞게 외화를 빌려오는 것을 감독하지 않은 것도 문제였다.

그리고 분수에 맞지 않게 외국 여행과 비싼 외제품을 사들여 과소비를 일삼은 국민의 책임이 크다. 우리나라는 1990년대 초까지 무역 수지 적자여서 부족한 달러를 외국에서 빌려 해결했다. 그러나 많은 국민이 값비싼 외제품을 사들여 외화를 낭비했다. 이처럼 정부를 비롯한 모든 경제 주체가 자신의 능력을 벗어난 행동으로 경제 주권을 IMF에 내주는 희생을 치르고 외환 위기에서 벗어났다.

○생각해 보기

1. IMF 경제 위기를 몰고 온 주체를 알아본다.
2. 우리나라 국가 신용 등급의 변화를 알아본다.

🔍 들여다 보기

① IMF에 구제 금융을 신청하면?

IMF는 회원국이 어려움에 빠지면 급전을 빌려줘서 위기를 면하게 해준다. 그리고 해당국 경제를 정상화시켜 자신들이 빌려준 돈과 이자를 회수하려고 경제 정책을 통제한다. 다시 말하면 돈을 빌린 나라는 경제 통제권을 IMF에 넘기는 것이다.

IMF에 구제 금융을 신청하면 해당 국가에 사무실을 설치하고 끊임없이 자신들에게 맞는 정책을 권고한다. 그러나 좋게 말해서 권고이지 실제로는 강제로 통제하는 것이다. 보통 IMF는 외환 위기를 겪는 국가가 경제를 되살려 빚을 갚게 하기보다는 긴축 정책을 펴서 대대적인 구조 조정을 하도록 요구한다. 그러므로 생산, 판매, 소비, 고용, 투자 등 모든 분야에서 성장이 멈추게 된다. 또한 국가 부채를 최대한 줄이려고 기업이나 은행의 규모를 줄일 것을 요구하고 돈 못 버는 기업은 퇴출시킨다. 결국 망한 기업에서 일하던 사람들이 길거리로 쫓겨나는 실업 사태가 벌어진다. 이렇게 실업자가 늘면 가계 소득이 감소해 소비가 줄고, 매출이 줄어든 기업은 생산을 줄이면서 일자리가 줄어 경제는 더욱 어려워진다.

외환 위기는 국가 신용에도 많은 영향을 미친다. 누군가 은행에서 빌린 돈을 갚지 못해 다른 사람 도움으로 문제를 해결하면 신용을 잃는 것처럼 신용 등급이 내려가게 된다. 2000년대 후반까지 우리나라의 금융 시장이 다른 나라보다 불안했던 이유도 외환 위기를 겪었던 이력이 한몫을 했다. 국제 투자자 입장에서 보면 외환 위기를 겪은 국가가 불황에 빠지면 더 조심할 수밖에 없기 때문이다.

2000년대 들어서 신흥 공업국을 중심으로 IMF 활동에 많은 문제를 제기했다. 우리나라를 비롯한 아시아의 신흥 공업국에 돈을 빌려주면서 많은 조건을 단 반면 선진국에는 아무런 조건을 달지 않아 차별 대우를 받는다고 생각했다. 이처럼 신흥 공업국들이 문제를 삼을 수 있었던 것은 경제 규모가 커졌기 때문이다. 그러나 이런 차별을 당하지 않으려면 경제를 튼튼히 해 돈을 빌리는 국가보다 돈을 빌려주는 국가가 되어야 한다. 그러려면 사회 모든 분야를 골고루 발전시켜 외화를 벌어들이는 구조를 만들어야만 한다.

② 나랏빚 국채

2008년 금융 위기 이후 경기 전망이 어두워지면서 국제 주식 시장이 혼란에 빠지면서 우리나라 국채에 관심이 늘어났다. 국제 투자자들은 금융 위기 속에서도 빠르게 경제를 되살리자 국채에 투자하기 시작해 2009년 약 28조 원, 2010년 중반까지 40조 9,000억 원으로 늘려 국제 시장에서 11.3 퍼센트를 점유했다. 이처럼 많은 국제 투자자가 우리나라 국채를 사들인 영향으로 환율 조절과 같은 정부의 금융 정책이 제대로 작동하지 않는 문제가 생겼다.

국채란 정부가 부족한 재정 수입을 채권을 발행해 빌리는 것으로 자금 용도에 따라 국고 채권, 재정 증권, 국민 주택 채권, 보상 채권이 있다. 국채 가운데 가장 대표적인 국고 채권의 상환 기간은 3년, 5년, 10년, 20년짜리가 발행되며, 6개월마다 이자를 지급하고 만기에 원금을 되갚는 이표채 구조로 되어 있다. 이처럼 일정한 기간이 지나면 현금으로 바꿀 수 있는 채권 가격은 미래의 현금을 할인하는 이자율에 많은 영향을 미친다. 특히 독립적인 통화 정책을 수행하는 국가가 자국 통화로 발행한 국채는 부도가 날 위험이 낮기 때문에 각종 금융 거래의 지표 금리로 삼는다. 지표 금리는 금융 회사 간의 거래뿐 아니라 기업 및 가계가 자금을 공급, 조달하는 데에도 많은 영향을 준다. 예를 들어 국채 가격이 상승하면 관련 금리가 하락하므로 예금은 줄어들고 대출이 늘면서 가계 소비가 증가하므로 기업의 자본 조달

비용이 줄어드는 역할도 한다. 이러한 영향으로 기업은 쉽게 시설 투자를 늘릴 수 있다.

보통 국고 채권은 돈의 쓰임새가 정해져 있어 신용 위험이 낮은 안전 자산으로 분류한다. 그러나 국채 투자에 따른 위험이 전혀 없는 것은 아니다. 예를 들어 국채를 발행한 국가의 재정이 부족해 부채를 상환하려고 통화량을 늘리면 인플레이션이 발생할 가능성이 높다. 그러므로 채권으로 이익을 얻는 투자자는 인플레이션으로 통화 가치가 하락하면 손해를 볼 수 있다. 인플레이션이 발생하면 통화 가치가 낮아져 국채의 실질 금리가 물가 상승률보다 더 낮아지기 때문이다.

한편 국외 채권에 투자하면 환율 변화에 따라 수익률이 변할 수 있다. 또한 보유하고 있던 채권을 만기 이전에 팔면 가격이 하락하면서 이자율은 상승해 환율 차이로 손해를 볼 수 있다. 각국 정부가 보유한 외화와 국부 펀드도 국제 채권 시장에 많은 영향을 미친다. 한국, 중국, 일본 등은 급격한 자본 유출입과 환율 관리를 위해 2012년 6월 기준으로 3,109억 달러, 3조 3,050억 달러, 1조 2,777억 달러를 보유했다. 세계 각국이 보유한 외화는 대부분 현금과 주식, 금이며, 부동산보다 위험이 적은 국채에 투자한다. 그러므로 중국처럼 많은 외화를 보유한 국가의 외화 보유액에 변하면 국제 채권 시장도 영향을 받는다.

2008년 금융 위기 이후 국제 채권 시장에서 투자할 때에는 각국의 인플레이션 상황과 환율, 외화 보유액 구성 등을 토대로 위험을 분석한다. 2008년 미국은 경기를 되살리려고 통화량을 늘렸지만 경기가 빨리 살아나지 않아 인플레이션이 발생하지 않았다. 그러나 우리나라를 비롯한 중국, 일본이 미국 국채를 사들이면서 가격이 크게 올라 5년과 10년짜리 국채 이자율이 각각 1.32퍼센트, 2.50퍼센트까지 내려갔다. 반면 재정이 부족한 그리스, 스페인, 포르투갈 등은 스스로 유로화를 발행할 수 없어서 신용 위험이 높아졌다. 이에 유럽 국채 가격이 폭락하면서 유로화 가치도 8.8퍼센트 떨어

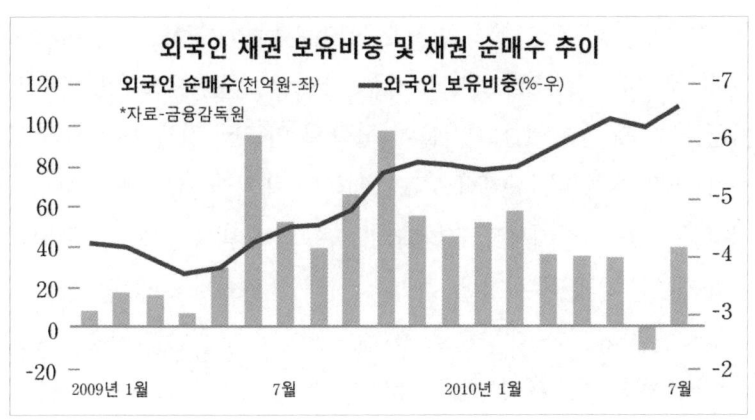

외국인 채권 보유비중 및 채권 순매수 추이

외국인 순매수(천억원-좌) ━ 외국인 보유비중(%-우)
*자료-금융감독원

겼다. 불안을 느낀 국제 투자자들은 유럽 국채 대신 미국 국채에 투자하기 시작해 미국의 이자율이 크게 낮아진 반면 유럽은 높아졌다. 이처럼 유로화 가치 전망이 불투명하자 국제 투자 자금은 우리나라와 일본 등 아시아 시장으로 발을 돌렸다. 이러한 영향으로 국민 총생산 대비 정부 부채가 200퍼센트에 육박해 OECD 국가 가운데 부도 위험이 가장 높다는 일본 국채와 엔화 가치가 모두 올랐다.

우리나라도 외국인 채권 투자가 늘어나 2010년 국채 시장에 들어온 외국 투자금은 약 13조 원에 달했다. 당시 우리나라의 국고채 금리는 3년짜리가 3.58퍼센트로 선진국 투자자들이 제로에 가까운 금리로 자금을 조달할 수 있는 것과 비교하면 상당히 높은 금리를 보장했다. 더군다나 우리나라는 다른 신흥 공업국과 비교해 채권과 외화 시장의 유동성이 풍부하고 국고 채권을 이용한 차익 거래 환차손, 국제 금리 차이 기회도 많아 국제 채권 투자자들이 많은 관심을 가졌다. 이처럼 외국 채권 자금이 계속 우리나라에 들어오면 국채 시장이 활발해져 금리 인하 등의 긍정적인 역할을 했다.

그러나 국채 투자 자금이 너무 많이 들어오면서 정부의 각종 통화 조절을 위한 외환 정책을 시행해도 효과가 없는 문제가 발생했다. 외국 투자 자본이 너무 많이 들어와 정부의 통화 정책이 제대로 작동하지 않은 것이다. 만약 이때 우리나라의 금융 시장이 위험을 대비해 외화 보유액을 계속 늘리면 환율 하락과 통화량 증가로 인플레이션이 발생할 수 있다. 물론 중앙은행이 물가가 오르는 것을 막으려고 기준 금리를 올릴 수도 있지만 외국의 투자 자금이 계속 들어오면 이자율이 하락해 의도한 정책 목표를 달성하는 데 문제가 생길 수 있다. 장기적으로도 외국인 채권 투자가 늘면 우리나라의 채권 시장과 외환 시장에서 급격한 외화 유출입이 발생했을 때 문제를 해결하기가 쉽지 않다. 채권 시장은 주식 시장과 비교해 오르내림이 심하지는 않지만 외국인 투자자가 대량으로 국채를 팔아치우면 이를 사줄 곳이 마땅하지 않아 오히려 더 큰 문제가 발생할 수 있다. 국가가 발행하는 채권 가격이 폭락하면 경제 활동에 기초가 되는 금리가 크게 오르기 때문이다. 이처럼 정부가 부족한 재정을 해결하려고 발행하는 국채는 경제에 많은 영향을 주므로 가능하면 발행하지 않도록 노력해야 한다.

일자리 만들기

고대 그리스 철학자인 플라톤과 아리스토텔레스는 정치, 경제를 비롯한 모든 사회 공동체의 욕구를 충족시키는 가장 이상적인 형태로 도시 국가를 꼽았다. 사회의 한 형태인 국가는 시민 질서와 안전을 위해 법과 규범을 적용하고 영토와 지리적 경계를 가진 사법권과 주권을 보유한다는 점에서 다른 사회 조직과는 다르기 때문에 개인 간 합의로 만들어진 법률로도 분쟁을 해결할 수 있다고 주장했다.

유럽에서 근대 국가의 개념이 싹튼 것은 16세기 이후부터 이다. 이탈리아 사상가 마키아벨리와 프랑스의 장 보댕은 국가를 "안정을 이룩하려 결집한 권력"으로 정의했다. 특히 마키아벨리는 『군주론』에서 도덕성을 전혀 고려하지 않고 지배 권력 유지를 가장 중요하게 생각해 활력과 용기, 자주성을 통치 능력으로 보았다. 동시대 인물인 보댕은 힘만으로는 주권을 유지할 수 없으므로 안정된 통치력을 유지하려면 윤리성과 함께 권력 승계의 연속성을 가진 체계가 확보되어야 한다고 주장해 유럽 절대 왕정의 통치 수단이 되는 왕권신수설의 기초를 다졌다.

그 뒤 존 로크, 루소 같은 개혁 사상가들이 나타나 새로운 분위기를 만들었다. 그러나 가장 중요한 것은 국가가 국민을 위해 존재한다는 점이다. 국가는 국민이 낸 세금으로 유지되므로 이를 확고히 하려면 일자리를 만들고, 경제가 잘 돌아가도록 해야 한다. 결국 국민의 행복을 보장하지 못하는 국가는 존립 근거가 사라지기 때문이다.

# 실업자와 실업률에 숨겨진 비밀

IMF 외환 위기 뒤부터 우리나라는 실업자가 급격하게 늘어나 지하철역이나 공원에 노숙하는 사람들이 생겼다. 실업자는 IMF 외환 위기 같은 특별한 때에만 발생하는 것은 아니다. 자유 경제 체제는 경쟁을 통해서 유지되므로 항상 실업자가 생길 수밖에 없다.

우리가 알고 있는 실업자는 회사에서 쫓겨난 사람만 뜻하는 것이 아니다. 일할 능력은 있으나 일자리가 없는 사람도 포함된다. 실업자가 늘어나는 것은 경제 상황과 밀접한 관계가 있기 때문에 실업률을 경기를 나타내는 지표로 불린다.

실업률은 실업자 수를 일할 수 있는 총 노동 인구로 나눈 것을 말한다. 여기서 일할 수 있는 사람이란 만 18세부터 60세까지 국민으로 학생이나 주부, 질병 등으로 일하지 않는 사람은 제외한다.

예를 들어 실업률이 10퍼센트라면 총 노동 인구 10명 가운데 1명은 일을 하고 싶어도 할 수 없음을 의미한다. 실업률이 중요한 것은 경제 흐름과 깊은 관련을 맺고 있기 때문이다. 만약 경기가 나빠져서 기업들이 사업을 축소하면 생산 인력도 줄이므로 실업률은 올라간다. 반대로 경기가 좋아지면 기업은 사업을 확대하려고 직원을 늘리므로 실업자가 감소해 결국 실업률이 내려간다. 실업자가 많이 생기면 사회 문제로 발전하므로 정부는 일자리를 만들려 노력하는 것이다.

○생각해 보기

1. 실업자의 개념을 알아본다.
2. 실업률을 계산하는 방법을 알아본다.

들여다 보기

① 잡 셰어링(일자리 나누기)

우리나라는 2007년 미국에서 발생한 비우량 주택담보대출 사태로 발생한 국제 금융 위기로 불황에 빠졌다. 2008년 미국의 많은 금융 회사가 망하고 일부 은행이 공적자금을 받으면서 국제 금융 위기로 발전했다. 국민 총생산량의 43.4퍼센트 2010년 기준 를 수출에 의존하는 우리나라는 이러한 영향으로 극심한 수출 부진을 겪었다. 일부 기업을 제외한 대기업과 중소기업, 자영업자의 매출 감소로 일자리를 잃은 사람들이 늘어나고 국민 소

득마저 줄어서 사회 문제가 되었다. 그래서 정부는 일자리를 만들려고 많은 노력을 했지만 확실한 해결책을 내놓지 못했다. 일자리를 만들려면 오랫동안 새로운 산업을 육성해야 하지만 그럴 수 없었기 때문이다.

불경기 때 일자리를 잃으면 취업하기가 어려운데 바로 낙인효과 때문이다. 불경기에 실직을 하면 기업들은 능력이 부족하다고 판단하기 때문에 일자리를 구하기가 쉽지 않다. 그러나 불경기 때 나타나는 낙인효과는 기존 노동자의 임금이 오르는 계기가 되기도 한다. 기업들은 실직자의 능력을 낮게 평가하는 반면 경기가 되살아났을 때 직원들의 능력을 더 높게 평가하기 때문이다. 경기가 좋아지면 불경기에 살아남은 노동자에게 임금을 올려 주는 것은 노동 생산성을 높이고 도덕적 해이를 없애기 위해서이다. 이처럼 노동자 임금이 오르면 실직자는 취업을 하기가 더 어려워진다. 그러므로 정부 정책으로 한 번 올라간 실업률을 이전 수준으로 되돌리기는 쉽지 않다.

불황기에 늘어난 실직자는 정부에 큰 부담으로 작용하므로 정부는 기업들에게 일자리 나누기를 권장하는 것이다.

불황기에는 누구나 실직자가 될 수 있다. 일자리를 나누면 임금을 줄어들지만 해고 대신 많은 사람을 채용할 수 있어서 고용 안정과 생산성을 향상시키므로 기업과 노동자 모두 이롭다. 이때 취업을 한 노동자는 받은 임금으로 소비를 늘려 돈이 잘 돌아가게 하므로 경기를 빨리 회복시킬 수 있다. 반면 불경기에 기업이 많은 노동자를 해고하면 인건비를 절약할 수 있지만 경기가 되살아났을 때 기존 노동자의 임금을 올려줘야만 한다. 임금을 올리지 않으면 노동자의 도덕적 해이로 생산성이 떨어질 수 있기 때문이다. 불경기에 발생하는 실업자는 경제 발전에 큰 짐이 되므로 정부는 최대한 줄이려고 노력을 하는 것이다.

② 임금 피크제

우리나라 경제가 선진국형으로 바뀌면서 경기가 살아나도 일자리는 쉽게 늘어나지 않는다. 이러한 현상은 기업들이 일자리를 늘리기보다는 자동화 설비를 갖추거나 하청업체에 위탁 생산 아웃 소싱 을 하기 때문이다. 이는 고령화 사회로 접어든 우리나라 현실에 비추어볼 때 일자리 만들기를 더 어렵게 하는 요인으로 작용한다. 이러한 문제를 해결하려면 정년을 연장하면 되지만 기존 노동자의 근무 연수가 늘어나면 임금도 더 줘야 해 쉽게 추진하지 못하는 것이다. 그래서 생겨난 것이 바로 임금 피크제이다. 임금 피크제는 임금을 줄이는 대신 정년을 보장하는 제도로 우리나라 최대 공기업인 한국전력공사가 2010년 정년을 연장하는 제도를 도입했다. 한국전력공사가 시행한 임금 피크제는 6개 발전 자회사와 4개 계열사와 다른 공기업에도 영향을 주었다.

임금 피크제는 고용 형태에 따라 크게 정년 연장형과 정년 보장형, 고용 연장형 등 세 가지가 있다. 정년 연장형은 정년을 늘리되 임금을 낮추는 방법으로 한국전력공사가 도입한 임금 피크제에 해당한다. 임금 피크제는 크게 정년은 보장하되 임금을 줄이는 정년 보장형과 정년 퇴직자를 계약직으로 재고용해 적은 임금으로 다시 활용하는 고용 보장형이 있다. 일본은 베이비붐 세대가 은퇴하기 시작한 1980년대부터 기업 가운데 약 80퍼센트가 임금 피크제를 도입해 시행하고 있다.

● 서울 취업박람회 포스터

우리나라는 2003년 신용보증기금이 공기업으로는 처음 도입했고, 2011년 공기업 26.7퍼센트, 일반 기업 약 5.7퍼센트가 이 제도를 시행해 정년이 평균 55.8세에서 56.7세로 늘어났다. 그러나 일반 기업은 명예퇴직을 자주 시행해 공기업과 많은 차이를 보였다. 기업 처지에서 보아도 임금 피크제는 정년퇴직을 앞둔 숙련된 노동자를 적은 임금으로 다시 고용할 수 있고, 정부는 고령 실업자를 구제한다는 점에서 서로 득이 된다. 노동자 처지에서도 임금은 줄어들지만 정년퇴직 이전에 구조 조정이나 명예퇴직 등으로 일자리를 잃는 것을 방지할 수 있어서 도움이 된다.

② 호황에도 실업자가 줄지 않는 이유

경기가 좋아지면 일자리가 늘어서 실업률이 낮아진다고 배웠다. 그러나 산업이 고도로 발달한 현대 사회에서는 경기가 좋아져도 실업률이 낮아지지 않는다.

기업은 경기가 좋아지면 생산성을 높이려고 노동자의 임금을 올려준다. 노동자의 임금이 오르면 기업은 지출이 늘어나므로 이익이 줄어든다. 그래서 기업은 지출 부담을 줄이려고 임금이 싼 외국으로 공장을 옮기거나 기계를 자동화하고 외부 업체에 생산을 맡기는 아웃소싱, 정규직보다 임금이 싼 계약직과 시간제 노동자를 고용한다. 그러므로 경기가 좋아져도 실업률이 변하지 않고, 취업을 해도 임금이 줄어든다.

경기와 관계없이 계속 실업률이 올라가는 것에는 의학 발달로 수명이 연장되는 것도 원인이다. 수명이 연장되면 정년퇴직 기간도 조금씩 늘어나야 하지만 일자리를 찾는 사람도 함께 증가해 경기가 좋아져도 실업률이 낮아지지 않는 것이다. 실업률이 높으면 국가 재정에도 많은 부담을 주므로 정부는 실업자 문제에 민감하게 반응하고 실업률을 낮추려고 끊임없이 노력하는 것이다. 일자리를 늘리려면 정부는 물론 새로운 산업을 육성하도록 기업도 적극 참여해야 한다. 우리나라는 수출에 의존하는 경제 특성 때문에 국제 경기가 불안하면 수출이 줄어들지만 실업자가 늘어나면 소비가 줄어 기업도 위험에 빠지기 때문이다.

○생각해 보기

1. 경기가 좋아져도 일자리가 늘지 않는 이유를 알아본다.
2. 일자리를 늘리는 정부 정책을 알아본다.

🔍들여다 보기

① 미래에 인기가 시들해질 직업

1980년대 초까지만 해도 주산 학원은 큰 인기를 끌었다. 상업고등학교 학생들에게는 필수 과목이었던 주산이 계산기 역할을 대신했기 때문이다. 그러나 전자계산기가 그 자리를 차지하면서 상업고등학교의 인기가 사라지고 말았다. 오르막과 내리막이 있는 삶처럼 직업도 마찬가지여서 한 때 많은 이들이 선망하던 직업도 경제 환경이 변하면 인기가 사라진다. 1990년대 우리나라 예비 신부들이 손꼽았던 예비 신랑의 인기 직업은 대기업 회사원이었다. 그러나 1998년 IMF 외환 위기를 겪으면서 대기업 회사원 순위는 5위로 내려가고 공무원과 전문직이 1위와 2위를 차지했다. 이처럼 사회 변화에 따라 인기 직업도 변한다.

2010년 미국의 경제 전문 방송국인 CNBC는 지금까지 인기가 있지만 앞으로 시들해질 직업 아홉 가지 통계 기준 2010년 를 선정해 발표했다. 미래에 인기가 떨어질 직업 가운데 첫 번째로 꼽은 것은 기자로 2010년 미국에서 약 6만 1,600명이 일했는데 앞으로 10년 동안 8퍼센트 정도 줄어들 것으로 예상했다. 그 이유는 매체 간 서비스의 합병과 여러 매체가 다양하게 결합해 미디어 산업의 영향력이 줄어들 것으로 보았기 때문이다. 이는 각 매체가 생산하는 정보를 공유하게 되어 그만큼 기자가 필요하지 않을 것으로 예상한 때문이다.

직업 가운데 가장 많은 연봉을 받는 최고 경영자 CEO, 약40만 400명, 평균 연봉 15만 8,500달러, 약 1억 8,300만 원 와 기업 임원 평균 연봉 9만 1,000달러, 약 1억 500만 원 , 170만 명 은 경기 침체로 기업 간 인수 합병이나 구조 조정이 늘어 기업이 줄어들 것으로 예상되어 선정되었다. CEO는 10년간 1퍼센트 줄고 임원은 현재 수준을 유지할 것으로 전망했다.

평균 연봉 11만 달러 약 1억 2,500만 원 를 받은 판사는 사회가 점점 복잡해져

판결할 것이 더 늘어나지만 정부가 긴축 재정 정책을 시행해 예산이 줄어들 것으로 보기 때문이다. 미국 연방 정부와 주 정부는 계속되는 재정 적자로 예산을 줄여야 해 앞으로 10년간 3퍼센트가 줄 것으로 예상했다.

평균 연봉 8만 5,000달러 약 9,700만 원 를 받는 화학 기술자는 산업 현장에서 인기가 많은 편이어서 10년간 생명 과학 분야는 약 72퍼센트 늘 것으로 예상했지만 휘발유나 합성수지, 시멘트 등 화학 분야는 국방 예산 삭감으로 항공, 전자 산업 등에서 정규직 대신 계약직 고용과 임금이 싼 외국인으로 바뀔 것으로 예상해 10년간 수요가 약 2퍼센트 감소할 것으로 보았다.

평균 연봉 8만 달러 약 9,200만 원 를 받은 광고 기획자는 장기간의 경기 침체로 광고비 지출을 줄여 일자리가 감소할 것으로 전망했다.

또한 평균 연봉 7만 달러 약 8,000만 원 에 42만 명이 일하는 컴퓨터 프로그래머는 인기가 있지만 개인 소득에서 많은 차이가 나고 컴퓨터 사용자 수준이 높아져 직접 프로그램을 제작하는 전문 사용자가 늘어 전문 개발자 대신 외주 업체에 일을 맡겨서 앞으로 약 3퍼센트 가량 줄 것으로 예상했다.

2010년 평균 연봉 5만 7,000달러 약 6,500만 원 를 받으며 약 10만 3,000명이 일하는 보험 설계사는 인터넷이 발달해 언제 어디서나 보험 상품을 확인할 수 있고, 가입 조건을 조회하는 등 업무가 간편해져 할 일이 줄어 앞으로 10년간 약 4퍼센트 감소할 것으로 전망했다.

이러한 직업들의 인기가 떨어진 것은 2008년 금융 위기를 겪고 난 뒤 경제 여건이 변하고 정보 통신 기술이 발전하면서 기존 산업도 다양하게 변했기 때문이다. CNBC는 청소년들이 미래에 어떤 직업을 택할지는 스스로 판단해야 한다고 강조했다. 인기 직업은 생활 변화에 따라 끊임없이 바뀐다. 그러므로 인기에 연연하지 말고 자신에 맞는 적성에 맞는 직업을 찾는 것이 지혜롭게 살아가는 방법이다.

② 경기 침체의 덫, 더블 딥(이중 침체)

경제학에서 더블 딥 Double-Dip 은 Double 두 번 과 Dip 급강하하다 의 합성어로 경기가 한때 회복했다가 다시 침체하는 현상을 말한다. 이중 침체는 경제 성장률 모양이 알파벳 W자를 닮았다고 해서 W자형 경기 침체라고도 부른다. 그런데 뉴스에서 어떤 이는 경제가 살아나고 있다고 주장하는가 하면 더 나빠질 수 있다고 서로 다른 분석을 내놓아 우리를 혼란스럽게 한다. 그뿐 아니라 한쪽에서는 국제 경제가 회복되고 있다면서 출구전략을 논의하지만 한편에서는 다시 경제 위기가 온다고 걱정한다. 이처럼 경제가 좋아진다는데도 불경기를 걱정하는 이유는 바로 이중 침체에 대한 두려움 때문이다. 보통 정부나 언론 매체는 경기와 관련해 긍정적인 면을 더 많이 알리는 경향이 있다. 그 이유는 국민이 미래를 긍정적으로 보도록 하기 위함이다.

선진국들은 2008년 미국 금융 회사인 리먼브라더스의 파산으로 시작된 금융 위기를 해결하려고 낮은 금리로 시장에 돈을 풀어 경기를 되살렸다. 이러한 노력으로 어느 정도 금융 위기에서 벗어나자 한쪽에서는 시장에 뿌린 돈을 거두어 들어야 한다며 출구전략을 주장했다. 그러나 한편에서는 세계 경제가 다시 불황에 빠질 수 있다면서 반대했다. 이들은 정부가 돈을 뿌려 되살린 경기는 거품이 끼어 있어서 이것이 빠지면 다시 불경기로 돌아갈 수 있다는 것이다. 그런데 이러한 평가가 전혀 터무니없는 주장은 아니다. 우리나라 경제를 보면 2009년 양적완화 정책을 시행해 경기를 살린 뒤 2010년부터 소비가 줄어들어 어려움을 겪고 있다. 가계 소득은 그대로인데 물가가 오르면서 아파트나 주택 등 부동산 수요가 줄어 경제의 한축이었던 건설 경기가 불황에 빠졌기 때문이다.

이처럼 이중 침체 현상은 언제나 나타날 수 있다. 지금까지 미국은 두 번의 이중 침체를 겪었다. 첫 번째는 1927년 대공황부터 1941년까지였고, 두 번째는 1979년부터 1982년까지 2차 석유 파동 때였다. 1979년 발생한 이중 침체는 대공황 때보다 다소 낮아 '레이지 Lazy 더블 딥'으로 불렸으나, 경기 침체의 폭과 기간이 깊고 길어서 '에너제틱 Energetic; 강한 더블 딥'이라고도 불린다.

2010년 일부 경제학자들 사이에서 세계 경제가 이중 침체에 빠질 것이라는 주장이 꾸준히 제기됐다. 이런 주장의 근거는 2008년과 2009년 각종 경제 지표가 개선되었다가 미국과 유럽 일부 국가를 중심으로 경제 위기가 발생했기 때문이다. 특히 아일랜드와 그리스는 재정 적자와 불황으로 구제 금융을 신청해 이중 침체의 공포심을 불러왔다. 당시 경제학자들은 이들 국가의 재정 투입 효과가 일부에서만 작동해 소비와 투자가 활발히 이루어지지 않은 점을 근거로 꼽았다. 특히 세계 최대 수입국인 미국이 재정 적자와 가계 부채 때문에 오랫동안 소비를 줄일 것이라는 점과 기업이 일자리를 늘리기보다 비용 절감과 재고 조정으로 이익을 개선하는 고용 없는 성장을 추구할 것으로 판단했기 때문이다. 특히 재정 위기를 겪는 남유럽 국가들은 막대한 재정 지출과 재정 적자로 인플레이션이 발생해 이중 침체가 올 것이라고 예상했다. 우리나라의 연구 기관들도 이러한 근거를 들어 이중 침체를 대비해야 한다고 주장했다. 이처럼 경기가 나빠지면 정부는 여러 가지 정책을 펴 경제를 되살리지만 거품이 꺼지면 이중 침체가 발생할 수 있으므로 출구전략을 잘 짜야 한다.

3 실업률을 낮추려는 정부의 노력

1990년대 이전에는 경기가 나빠서 실업률이 올라가면 정부는 댐이나 도로, 항만 시설 등 대규모 건설 사업으로 일자리를 만들었다. 미국이 대공황 때 많은 공공사업을 벌인 것도 실업률을 낮추려는 방편이었다.

그러나 정부가 벌이는 공공사업은 세금으로 벌이는 것이므로 무작정 늘리면 재정이 부족해지기 쉽다. 국가 재정이 부족하면 정부는 국채를 발행해 돈을 빌려야만 하는데 이러한 돈은 국민에게 세금을 더 부담시키는 것이어서 여러 가지 부작용이 생길 수 있다.

실업률을 낮추기 위해서는 모두가 관심을 두지 않던 산업에 정부가 적극 투자해 새로운 성장 산업을 찾아야 한다. 우리나라는 일자리를 늘리려고 1990년대 말 정보 통신 분야의 벤처기업을 육성했다. 2000년대 들어서는 원유나 석탄 같은 화석 연료 고갈을 대비해 풍력발전, 조력발전, 태양광발전 등 새로운 에너지사업에 집중 투자해야 한다고 주장한 것도 결국 새로운 일자리를 만들려는 목적이었다.

우리나라는 IMF 외환 위기를 겪으면서 정보 통신 산업에 많은 투자를 해 벤처 기업 모험기업 을 육성했다. 당시 설립된 다음, 네이버, 한글과 컴퓨터 등 많은 정보 통신 업체가 성장해 많은 일자리를 제공했다. 벤처기업을 육성하던 초기에 많은 기업이 생겼다가 사라졌지만 이들 가운데 어려움을 극복한 기업들은 정보 통신 산업을 이끌면서 일자리를 만들고 있다.

○생각해 보기

1. 일자리를 만드는 방법을 알아본다.
2. 일자리를 만들기 위해 육성할 산업을 생각해본다.

① 유연 근무제(플렉스 타임, flex-time)

● 노사 화합을 기원하는 모습

2000년대 들어 선진국형 경제로 진입한 우리나라는 회사에서 일하고 집으로 퇴근하는 방식에서 벗어나 생산성을 높일 수 있는 다양한 근무 방식을 계속 도입하고 있다. 유연 근무제는 출퇴근 시간을 정하지 않고 자율적으로 노동 시간을 관리하는 제도이다. 유연 근무제는 노동자의 업무 능력을 향상시키려고 요일이나 시간대 별로 노동시간을 정하도록 해 높은 만족도와 함께 일자리를 만들거나 나누는 장점이 있다. 유연 근무제는 고용 없는 성장과 심각한 저출산을 겪는 선진국에서 일자리를 늘리는 대표적인 방법이다.

우리나라와 마찬가지로 세계 각국 정부의 고민은 바로 일자리 늘리기이다. 그러나 이러한 고민에도 불구하고 고용 없는 성장을 지속해 실업률이 점점 높아지고 있다. 우리나라는 2000년대 이후 청년 실업자가 100만 명을 넘어섰고 실제 실업자 수는 약 400만 명을 넘는 것으로 예상한다. 그래서 정부도 여러 가지 정책을 시행해 일자리를 늘리려고 노력하지만 실업자는 줄지 않고 있다. 이처럼 고용 없는 성장이 가속화되고 청년실업이 사회문제로 떠오르면서 유연 근무제가 많은 관심을 끌었다.

유연 근무제는 출퇴근 시간을 노동자가 정하는 자율 출퇴근제와 집에서 근무하는 재택 근무제, 업무 효율이 높은 시간에 근무하는 집중 근무제, 시간 단위로 일하는 시간 근무제, 일정한 기간을 근무하면 무급 휴가를 주어 재충전의 시간을 갖게 하는 장기 휴가제 안식년, 안식월 등이 있다. 그동안은 기업들은 주로 복지 차원에서 유연 근무제를 시행했으나 2009년부터 전 업종에서 일자리 나누기 운동을 펼쳐 주목을 받았다.

플렉스 타임 flexible time으로도 불림 으로 불리는 유연 근무제는 가변적 노동 시간, 신축적 노동 시간, 유동적 노동 시간을 의미한다. 1967년 독일 기업에서 출근 난을 해결하려고 처음 도입한 뒤 세계 각국에 보급되었다. 명칭과 구체적인 실시 사례는 국가나 기업에 따라 약간씩 차이가 있지만 기업에서 근무하는 하루 8시간만큼 기본으로 일하는 플렉스 타임과 코어 타임 core time , 공통 노무 시간으로 나뉜다. 코어 타임은 점심시간을 근무 시간 중간에 두고 전원이 의무적으로 일하는 형태이고, 플렉스 타임은 코어 타임 앞뒤에 적절하게 노동 시간을 일·주·월 단위를 채우는 범위에서 자유롭게 출퇴근 하는 방식이다. 이러한 방식은 노동자의 자주성과 책임감, 사기를 높여 능률 향상을 유도하고 출근율과 이직을 줄일 수 있어서 안정된 노동력을 확보할 수 있다. 또한 취업자의 생활에 맞춰 교통 정체가 심한 시간을 피해 출퇴근 하도록 조정할 수 있어서 자유 시간을 늘리는 장점도 있다. 주 5일 또는 주 4일 근무도 가능해 많은 이점을 가진 유연 근무제는 미국에서 정착된 방식이다. 대표적인 곳은 미국 퍼스트 테네시은행으로 전체 직원 가운데 60퍼센트가 이러한 방식으로 일하고 있다.

2009년부터 우리나라에서 판매 하기 시작해 선풍적인 인기를 끈 스마트폰도 유연 근무제가 널리 펴 지면서 보급되었다. 미국 기업들은 근무 시간이 아닌 목표 달성으로

● 비정규직 철폐를 요구하는 집회 모습

최종 성과와 능력을 평가하는 성과 평가제를 시행하기 때문에 직원들의 이동 근무를 지원하려고 지급하기 시작했다. 이는 노동의 성격이 시간 중심 인 육체노동에서 성과 중심인 지식 노동으로 바뀌어서 가능했다. 특히 우리 나라보다 저출산과 고령화 문제를 더 빨리 겪은 일본 정부는 기업들과 공동 으로 재택 근무제를 확산시키려 많은 노력을 하고 있다. 2010년 일본 정부는

전체 취업 인구 가운데 약 20퍼센트를 재택근무로 전환하는 e-Japan 계획을 시행했다.

우리나라도 일자리를 늘리려고 공기업부터 유연 근무제를 도입했지만 시간제로 불리는 단시간 근무 형태여서 더 많은 일자리를 만드는 데에만 초점을 맞추었다. 그러나 기업은 정부의 목적과는 다르게 자율 출퇴근제를 도입했다. 자율 출퇴근제는 오전 6시부터 10시까지 자유롭게 출근해서 법정 근로시간인 8시간 휴식시간 포함 9시간 을 채우면 정상 근무로 인정하는 방식이어서 큰 성과를 거두지는 못했다.

유연 근무제는 생산성과 고객 만족도를 높이고 이직률을 줄이는 효과가 크다. 기업 입장에서 근무 시간을 유연하게 운영해 업무 효율을 높이는 장점이 있지만 우리나라 기업들은 수량적 유연성을 주로 추구해서 확산되지 못했다. 수량적 유연성이란 직원 수를 조정해 유연성을 확보하는 방식으로 경기 침체나 상품 수요 감소 등으로 어려움이 닥쳤을 때 구조 조정이나 명예퇴직을 주로 시행하는 것을 말한다. 수량적 유연성은 바로 효과가 나타나는 장점은 있지만 조직 역량을 파괴하고 업무 집중력을 크게 떨어뜨려 사회 갈등을 일으키는 단점도 있다. 2009년 쌍용자동차가 회사를 정상화하려고 근무 연수가 오래된 직원을 대량 해고했다가 전문 인력 부족으로 어려움을 겪은 것이 좋은 예이다.

유연 근무제는 노동자의 근무 형태와 시간 등을 조정해 유연성을 확보하므로 '내적 수량 유연성'으로도 불린다. 이는 자유롭게 근무 시간을 정해 노동자를 만족시키므로 집중력을 높이는 동시에 기업도 생산 전략을 유연하게 적용할 수 있어 긍정적이다. 그런데 우리나라에서 유연 근무제가 확산되지 못하는 이유는 장시간 노동으로 업무를 조정할 시간이 부족하고 조직 분위기를 해칠 수 있다는 우려 때문이다. 특히 대기업에서는 재택 근무제가 업무 성과를 떨어뜨릴 수 있다는 부정적인 생각을 갖고 있다. 그래서 일부 기업에서는 이런 문제를 보완하려고 재택근무 사원은 업무 일과를 인트라넷 기업 내 정보 통신망 에 공개하거나 쪽지 창 메신저 에 응답 가능, 자리 비움, 회의 가능 등으로 현재 상태를 표시하도록 해 재택근무자와 관리자가 실시간으로 소통하는 장치를 마련했다. 유연 근무제는 정보 통신 기술을 바탕으로 성과 관리제를 강화하고 근무 관리 시스템을 적절하게 도입 보완하면 노동자를 만족시킬 뿐 아니라 창의력을 촉진하고 생산성 향상 효과를 기대할 수 있다. 그러므로 기업들이 유연하고 긍정적인 노무 관리로 전환할 수 있도록 정부가 많은 제도적 장치를 뒷받침할 필요가 있다.

② 베이비붐 세대가 경제에 끼친 영향

베이비붐 baby boom generation 세대는 제2차 세계 대전이 끝나면서 미뤄졌던 결혼을 한꺼번에 해 태어난 사람들로 베이비부머 baby boomer 로도 불린다. 미국 역사에서 가장 교육 수준이 높다고 평가받는 베이비붐 세대는 이전 세대와 달리 높은 경제 성장으로 풍요로운 환경에서 다양한 미디어 영향을 받으며 자라 사회운동과 문화운동을 주도했다. 로큰롤과 히피문화로 무장한 이들은 베트남과의 전쟁을 겪으면서 반전운동을 펼쳤고, 여성 해방과 시민 사회 권리 운동 등 사회운동에 참여하기도 했다. 또한 과학 기술 발전으로 화석 에너지 위기와 냉전 체제에서 소련과 경쟁한 우주시대도 경험했다.

우리나라는 6 · 25전쟁 직후인 1956년부터 1962년 사이에 태어난 세대를 베이비붐 세대라고 부른다. 우리나라에서 58년 개띠로 불리는 특정한 세대가 유명해진 것도 이들이 바로 베이비붐 세대를 대표하기 때문이다. 그런데 이들이 사회에서 은퇴할 때가 되면서 새로운 사회 문제가 생겼다. 한창 일할 수 있는 이들이 은퇴하면 실업자로 전락할 가능성이 높기 때문이다. 선진국이 과학과 의학의 발달로 빠르게 고령화 사회로 접어드는 것처럼 우리나라도 빠르게 고령 인구가 늘어나고 있다. 그러나 더 일할 수 있는 이들에게 일자리를 제공하거나 안정된 생활을 보장하는 것은 생각처럼 쉽지 않다. 그래서 이러한 고민은 선진국 정부 대부분이 해결해야 하는 어려운 숙제가 되었다.

일본은 제2차 세계 대전 직후인 1947년에서 1949년에 태어난 베이비붐 세대를 단카이 세대 團塊世代, 단괴세대 라고 부른다. 일본의 베이비붐 세대는 보통 1차 단카이 세대와 2차 단카이 자녀 세대 1971~74년생 로 구분한다. 현재 일본은 기대 수명의 증가로 베이비 붐 세대인 단카이 세대가 고령화되면서 전 세계에서 가장 높은 수준의 고령화 국가로 꼽히고 있다. 일본 1차 단카이 세대가 고령화해 사회 경제 변화는 이제 베이비 붐 세대의 은퇴가 시작되는 우리나라와 비슷한 점이 많다. 일본 인구 가운데 약 18퍼센트 약 1,800만 명 에 해당하는 단카이 세대는 경제 성장의 주역으로 지금도 사회 곳곳에서 많은 영향력을 행사하고 있다. 일본 정부는 단카이 세대가 은퇴하는 것을 대비하려고 2004년부터 고령자 고용안정법을 만들어 60세를 정년으로 의무화했으며, 2006년부터 이들을 고용하는 기업들에게 1인당 월 5만~7만 엔을 지원하는 등 다양한 정책을 시행하고 있다. 기업들도 이러한 정책을 적극 수용해 2010년 정년을 65살로 연장했고, 정년 시기를 직원이 마음대로 정하는 정년 선택제와 퇴직 후에도 재고용하거나 근무 기간을 연장하는 계속 고용 제도를 시행하고 있다. 일본 기업이 베이비붐 세대를 중요하게 여기는 이유는 이들이 가진 숙련된 노동력을 활용하면 얻을 것이 많기 때문이다.

미국 베이비붐 세대는 1946년부터 1964년 사이에 태어난 사람으로 전체 인구 가운데 약 26퍼센트 약 7,800만 명 를 차지한다. 미국 정부는 1980년대부터 이들이 은퇴하는 것을 대비해 1986년 연령 차별 금지법을 개정해 정년 제도를 폐지하고 채용과 승진, 급여 등에서 나이 차별을 금지했다. 그리고 퇴직 연금 제도를 집중 육성해 2009년 약 14조 4,000억 달러를 운용해 미국 퇴직 연금 총자산은 전체 가계 금융 자산의 약 34퍼센트를 차지했다. 그 덕분에 미국 베이비붐 세대는 60세 이후에도 오랫동안 직업을 가질 수 있는 여건을 갖추었다. 2009년 미국인 공식 은퇴 나이는 65.8세로 우리나라보다 무려 8년 가까이 길다.

영국 베이비붐 세대는 55세 이상인 사람들로 2010년 전체 인구 가운데 약 33퍼센트인 1,900만 명이며, 2025년에는 2,400만 명에 이를 것으로 예상한다. 영국은 미국이나 일본과는 달리 은퇴자 자신이 노후를 준비하는 구조이다. 2009년 영국 공적 연금이 소득을 대체하는 비율은 30.8퍼센트로 우리나라

● 건설현장의 작업 모습

42.1퍼센트나 OECD 평균인 45.7퍼센트보다 낮지만 이러한 공백을 개인연금으로 해결한다. 영국 베이비붐 세대 개인연금 소득 대체 비율은 39.2퍼센트로 공적 연금 대체 비율 30.8퍼센트를 더하면 70퍼센트에 이른다. 이 수치는 퇴직 전 소득 70퍼센트를 노후에도 받는 것을 의미한다. 일반적으로 은퇴자는 퇴직 전 소득 70퍼센트만 있으면 안정된 생활을 할 수 있다고 한다. 영국은 개인연금보험 제도가 일반화 되어서 2008년에만 약 48만 건의 판매가 이루어졌다. 이 수치는 2008년 태어난 출생자 수를 뛰어넘는 것으로 한 사람이 최소한 한 곳에는 연금보험을 들었음을 의미한다.

우리나라 베이비붐 세대는 1958년부터 1963년까지 태어난 1차 베이비붐 세대와 1971년부터 1974년 사이에 태어난 2차 베이비붐 세대로 나뉜다. 1차 베이비붐 세대인 58년 개띠들은 2012년 55세로 정년퇴직을 했거나 길게 잡아도 5년 사이에 모두 퇴직하게 된다. 우리나라 기업 평균 은퇴 나이는 55세이며 공무원은 60세이다. 그런데 우리나라는 일본 퇴직 연금 제도나 미국 퇴직 연장 제도를 시행하지 않아 사회 문제가 될 가능성이 높다. 현재 국가에서 운용하는 국민연금으로는 풍요로운 노후 생활을 누리기에 부족하고 이마저도 2050년쯤 되면 모두 바닥날 것으로 예상하고 있다. 결국 우리나

라 베이비붐 세대는 은퇴한 뒤에도 자신이 생활비 대부분을 책임져야 한다. 그러므로 정부가 베이비붐 세대 은퇴에 특별한 정책을 시행하지 않으면 경제에 많은 문제가 생길 수밖에 없다.

이러한 문제를 해결하는 방법으로 정부가 내놓은 것은 노사정 노동자, 사용자, 정부의 약칭 공동 대응형과 기업 주도형, 개인 중심형 등이다. 이 가운데 가장 비용이 적게 드는 것은 영국이 실시하고 있는 개인 중심형이다.

개인 중심형은 사회생활을 시작하면서 개인 소득 일부를 개인연금보험에 가입하도록 해 노후를 대비하도록 하는 방법이다. 그러나 경제가 어려울 때마다 기업들이 명예퇴직과 구조 조정을 시행해서 실효성이 떨어진다. 그러므로 이러한 구조적인 문제를 해결하지 않으면 많은 사람이 퇴직과 동시에 생활에 어려움을 겪게 될 가능성이 높다. 개인 중심형은 오랜 준비 기간이 필요한데 이를 지금 적용하면 당장 은퇴하는 1차 베이비붐 세대의 노후 준비 기간이 너무 짧은 문제가 있다. 기업 주도형은 고용에서 노후까지 기업이 책임지는 방법으로 국가는 새로운 일자리를 만드는 데에만 열중하면 된다. 그러나 이 방식은 기업이 파산하면 개인의 노후생활도 함께 어려워진다는 단점이 있다.

우리나라에서 당장 시행하기에 가장 유리한 것은 일본 노사정 공동 대응형으로 정부가 정책을 내놓으면 기업과 개인이 따르는 방식이다. 그러나 이 방식은 정년 연장을 추진하는 기업에게 세금 감면 혜택이나 국민연금 구조를 개선해야만 가능하다. 특히 젊은 층의 개인연금보험 가입률을 끌어올릴 수 있는 여러 가지 지원 정책도 필요하다. 그러므로 미국에서 실시하고 있는 퇴직 연금 적립 방식을 혼합하는 것도 대안이다. 이 방식은 노동자 퇴직 연금 적립 부담금을 신설, 확대해 현재 소득 가운데 일부를 강제로 맡기도

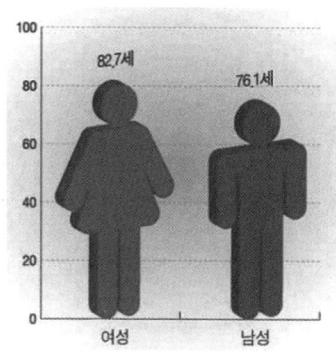

● 우리나라 평균 수명(2012년 기준)

록 하는 방법이다. 그러면 기업이 부담해야 하는 문제를 해결하면서 안정된 노후 보장 체계를 구축할 수 있다. 그러나 이를 위해서는 직장 생활을 오랫동안 유지할 수 있도록 경제를 안정시켜야 하므로 정부의 역할이 더욱더 크다. 만약 노동자가 중간에 일자리를 잃었을 때 해결할 대책도 함께 마련하지 않으면 사회문제가 될 수 있다. 우리나라는 세계에서 가장 빠르게 고령화 사회로 진입해 빠르게 늘어나는 노인들의 일자리 문제와 더불어 베이비붐 세대 은퇴가 한꺼번에 나타나 문제가 심각하다. 그러므로 정부가 가장 합리적인 정책을 내놓아야만 고령화 사회에 나타날 수 있는 문제들을 잘 해결할 수 있다.

한편 베이비붐 세대가 직장에서 은퇴하면서 노인 인구가 급격하게 늘어나는 현상을 의미하는 조어인 파피붐 세대가 있다. 베이비붐 세대의 반대 개념으로 사용되는 파피붐 세대 pappy boom generation 는 1940년대 후반부터 1960년대 초 사이에 출생한 베이비붐 세대가 50대가 되면서 붙여진 명칭이다. 이들은 세계 경제가 호황을 누리던 시절에 성장해 높은 경제력을 갖추어서 적극적인 소비 성향과 구매력을 지닌 세대를 의미한다.

# 4 정부가 새로운 산업에 적극 투자하는 이유

정부는 일자리를 만들려고 많은 노력을 한다. 우리나라는 IMF 외환 위기를 겪은 뒤 정보 통신 산업에 투자해 많은 일자리를 만들었다. 2000년대 후반 정부가 풍력, 조력, 태양에너지, 바이오산업 등 청정에너지 산업과 기초 소재 산업에 투자하도록 유도한 것도 일자리를 만들기 위해서이다. 그러나 새로운 산업을 육성하려면 많은 자본과 시간이 필요하다.

보통 일자리를 늘리는 가장 쉬운 방법은 기업을 설립하거나 일하는 방식을 바꾸는 것이다. 혼자 하던 일을 두 사람이나 세 사람이 하고, 열두 시간 맞교대하던 것을 삼교대나 사교대로 조정하면 소득은 줄어들지만 일자리를 늘릴 수 있다. 이렇게 되면 기업은 더 많은 일자리를 만들지만 생산성을 높일 수 있어서 유리하다. 높은 실업률을 유지하는 선진국은 이런 방법으로 실업자를 줄이려 노력한다. 그러나 기업은 생산 시설을 자동화해 고용 없는 성장을 추구해 한계가 있다.

실업자를 구제하는 정책으로 실직한 사람에게 직장을 얻을 동안 생계비를 지원하는 실업 급여 제도가 있다. 그러나 우리나라는 지급액과 지급 기간이 짧고 국가 재정을 사용해야 해 한계가 있다. 그래서 정부는 끊임없이 새로운 산업을 육성하려고 노력한다. 일자리를 늘리기 정책은 모든 국가의 역점 사업이지만 선진국은 고학력 실업자가 많아 기술 집약적인 산업을 집중 육성해야 하는 문제가 있다.

○생각해 보기

1. 고용 없는 성장이 나타나는 이유를 알아본다.
2. 실업자를 지원하는 정책을 알아본다.

🔍 들여다 보기

① 지속 가능한 경제와 녹색산업

지속 가능한 경제란 그동안 사용해 온 화석 연료가 고갈되더라도 경제를 지속할 수 있도록 친환경 에너지를 공급해 뒷받침하는 녹색산업을 의미한다. 녹색산업은 친환경 산업으로 기후 변화에 대비해 탄소 배출 없이 경제 성장을 추구하는 것이다. 예를 들어 조류나 파도, 바람이나 햇빛을 이용한 발전 시설에 사용되는 태양전지, 수소전지 등을 개발하는 산업으로 기후 변화를 대비해 기업이 배출하는 탄소를 사고파는 탄소 배출권 제도와 관광 상품 개발도 친환경 녹색산업이다. 녹색산업은 인간이 자연과 공존하는 것을 목표로 하므로 자연 파괴로 생기는 피해를 해결하고 지속 가능한 성장을 이룰 수 있다. 녹색산업이 중요해진 이유는 화석에너지 같은 요소 투입 위주의 성장이 한계에 도달했기 때문이다. 온실가스를 규제하는 국제 협약으로 지속적인 성장을 위해 저탄소 경제로 전환하지 않으면 국가 경쟁력이 뒤질 수 있다. 그래서 세계 각국은 저탄소 산업과 친환경 사업을 새로운 성장을 이끌 중요한 전략 산업으로 생각하는 것이다.

유럽 연합은 세계에서 가장 강력한 수준으로 환경을 규제해 브릭스 BRIC: 브라질, 러시아, 인도, 중국의 머리글자를 딴 조어 등 개발 도상국을 견제하는 동시에 녹색 산업을 적극 육성해 경제 성장과 실업 문제를 해결하는 수단으로 활용하려고 한다. 녹색산업은 자원 고갈과 환경 규제에서 벗어나 국가의 경쟁력을 높일 수 있고, 환경 관련 시장을 선점하면 많은 부가 가치를 가져다주기 때문에 국가 발전의 핵심 전략으로 꼽는다.

우리나라는 2008년부터 전자, 자동차, 조선 등 기존 주력 산업과 연계해 녹색산업의 경쟁력을 높이려 노력하고 있다. 이전까지 반도체 산업과 정보 통신, 벤처 산업을 발전시켜 관련 신기술 개발과 연구·개발 투자로 세계 10위권의 경제 규모를 이룩한 것처럼 녹색산업을 키워 새로운 성장 동력을 확보하려는 것이다. 이는 외국도 예외가 아니어서 미국의 오바마 대통령은 2008년 선거 공약으로 10년간 신재생 에너지 개발에 1,500억 달러를 투자해 500만 개의 일자리를 만들겠다고 밝혔다. 그러자 경쟁자였던 매케인도 2025년까지 건물의 탄소 배출 제로 등을 공약으로 내걸었다. 이처럼 선진국이 녹색산업 기술을 새로운 성장 동력으로 발전시키려고 하는 것은 자원과 에너지를 동시에 확보해 자원을 효율적으로 이용하면 환경 오염을 최소화해 경쟁력을 높일 수 있기 때문이다.

영국은 2020년까지 207조 원을 투자해 신재생 에너지 확보에 총력전을 펴겠다고 선언했고, 독일은 2020년까지 신재생 에너지 분야에서만 일자리 약 50만 개를 만들 계획을 세웠다. 프랑스도 2020년까지 전기에너지 생산에서 화석 연료를 퇴출한다고 선언했으며, 일본도 2007년 국가 장기 전략 지침인 '이노베이션 25'에서 환경을 경제 성장과 국가 공헌 엔진으로 활용하겠다고 밝혀 녹색산업 육성에 모든 역량을 집중하고 있다.

우리나라는 2005년 환경부와 유엔 아시아태평양 경제 사회 위원회가 공동 주최한 아시아·태평양 지역 환경과 개발에 관한 장관 회의에서 처음으로 녹색 성장을 논의했다. 당시 회의에서 우리나라는 압축·고도성장으로 환경을 훼손한 경험을 바탕으로 지속 가능한 경제 성장 모델을 제시했다. 특히 경제·사회 발전과 환경 보호의 문제점을 보완해 경제 성장 방식을 환경 친화적으로 전환하기로 했다. 당시 내용에는 환경을 이용한 에너지 산업을 육성하기 위해 하이브리드, 전기, 수소 자동차와 전력 소모가 적은 가전제품을 개발해 오염 물질 배출량을 줄이고 탄소 배출권 제도 도입 등 구체적인 실천 방안을 수립했다.

그러나 2008년 취임한 이명박 대통령은 녹색 성장보다는 4대강 사업과 같은 토목 공사에 많은 재정을 투입해 구호만 요란한 사업이 되었다. 선진국이 녹색산업을 발전시키려고 온 힘을 기울인 5년이라는 시간을 토목 공사에 허비한 것이다. 이제부터라도 녹색산업 발전에 온 힘을 기울이면 다행이지만 만약 이를 게을리 하면 경제 규모 1조 달러를 달성한 2011년의 신화도 한순간에 무너질 수 있다. 녹색산업에 온 힘을 다해야 하는 이유는 바로 지속 가능한 경제 성장을 통해 일자리를 창출하는 가장 확실한 방법이기 때문이다.

② 최저 임금제를 만든 이유

국가는 국민을 위해서 존재한다. 국가는 국민을 위험에서 보호하고 이러한 대가로 세금을 거둔다. 그러므로 국가는 국민이 최소한의 조건에서 생존할 수 있도록 하는 의무가 있다. 임금은 노동자가 노동을 통해 가족을 부양함은 물론 자녀 교육 등 최소한의 문화생활을 누려 노동력을 재생산할 수 있는 생존 임금 수준이 되어야만 한다. 그러나 임금은 노동 시장에서 수요와 공급으로 결정되므로 생활 임금인 생존 임금보다 낮게 책정된다. 최저 임금제는 국민생활 안정과 노동력을 향상하려는 목적이므로 시장의 균형 임금보다 높게 정하는 것이다. 결국 최저 임금제는 빈곤 퇴치와 소득 불평등을 완화하는 역할을 한다.

국민의 기본적인 삶을 보장하는 최저 임금제는 1894년 뉴질랜드에서 만들어진 산업 조정 중재법이 시초이다. 그 뒤 미국에서 1938년 공정 노동 기준법을 제정해 최저 임금제를 시행했다. 원래 취지는 남여 노동자에게 정당한 노동의 대가를 보장하려고 만들었다. 그러나 최저 임금은 명목 임금이어서 물가가 오르면 실질 임금은 줄어든다. 그래서 미국 의회는 실질 임금 수준으로 최저 임금을 올릴 필요가 있다고 판단하면 공정 노동 기준법을 개정해 최저 임금을 인상해 왔다. 우리나라는 헌법 제32조 1항에서 노동자의 적정 임금을 보장하도록 명시했지만 1986년 12월 31일 최저 임금제가 제정되어 1988년 1월부터 시행되기 시작했다. 최저 임금은 아홉 명으로 구성된 최저임금심의위원회가 경제 상황, 물가 상승률, 생산성 향상 등을 참고해 매년 결정한다. 최저 임금제는 국가가 노동자 생활 안정 등을 위해 임금의 최저 수준을 정하고, 사용자에게 그 수준 이상 임금을 지급하도록 법으로 강제하는 제도여서 1인 이상 노동자가 종사하는 모든 사업장이 대상이다.

최저임금위원회는 노·사·공익 대표 각 3명씩 총 9명이 매년 인상안을 의결해 정부에 제출하면 노동부 장관이 내용을 고시한다. 2012년 최저 임금은 시간급 1시간 4,580원, 일급 하루 8시간 기준으로 36,640원, 월로 계산해 주 40시간 사업장은 95만 7,220원, 주 44시간 사업장은 103만 5,080원이었다. 수습사원은 채용한 날부터 3개월까지 시간급 최저 임금을 10퍼센트 줄여서 지급할 수 있지만 직원으로 채용하면 사용자는 다음과 같은 의무를 지켜 피해자가 생기지 않도록 알려야 한다.

사용자는 매년 8월 31까지 최저 임금액 등을 노동자들이 볼 수 있는 장소에 게시하거나 적당한 방법으로 알려야 한다. 내용은 최저 임금액과 최저 임금에 포함되지 않는 임금 범위, 최저 임금제에서 제외되는 노동자 범위와 효력이 발생하는 날짜 등이다. 최저 임금액 이상을 의무적으로 지급해야 하는 사용자는 최저 임금제를 이유로 기존 임금 수준을 낮추어서는 안 되며, 만약 최저 임금보다 낮은 임금을 받기로 맺은 근로 계약은 무효로 최저 임금액을 임금으로 정해 지급해야 한다. 만약 사용자가 매년 노동부 장관이 정하는 최저 임금액 이하로 지급하면 사업장 담당 지방 노동부 근로 감독과에 신고해 권리 구제를 요청하면 된다.

최저 임금을 해마다 인상하지 않으면 물가가 올라도 사용자 기업주 는 월급을 적게 지출해 이익이지만 임금을 받는 노동자는 수입이 줄어서 생활이 어려워진다. 일반적으로 최저 임금을 올리면 가장 큰 불만을 나타내는 곳은 요식업으로 주방장과 같은 중요한 일을 하는 사람을 제외한 직원 대부분이 시간제나 임시직이기 때문이다. 최저 임금이 오르면 사용자는 임금 지출이 늘어 수입이 줄어들지만 물가가 오르면 가격을 인상하므로 기업 이익도 늘어나 실질 구매력은 변하지 않는다. 그런데도 기업은 최저 임금을 인상하면 인플레이션을 조장해 실질 임금이 줄어든다고 주장한다. 최저 임금이 물가 인상률보다 낮으면 기업은 가격을 올리지 않아도 된다. 그러나 기업들은 임금을 줄이려고 최저 임금 인상을 무조건 반대하는 것이다.

③ 10년 뒤 유망 직업

십 년이면 강산도 변한다는 말처럼 빠르게 변하는 경제 상황에서 10년 앞을 내다보기란 쉽지가 않다. 십 년 후 성인으로 사회에 진출하는 사람들은 지금 같은 직업을 우리나라에서 갖기가 어려울 수도 있다. 우리나라가 급격한 고령화 사회로 바뀌면서 실업률도 증가해 취업하는데 많은 어려움을 겪을 것이기 때문이다. 그러므로 세계 모든 또래를 경쟁 상대로 생각하고 취업 준비를 할 필요가 있다. 십 년 후 유망 직업을 예측하기가 쉽지는 않지만 그렇다고 전혀 불가능한 것도 아니다. 전통적인 직업에서 의식주 문화가 바뀌더라도 사회 구조에 따라 작은 변화만 나타나기 때문이다. 그러나 분명한 것은 십 년 후 직업을 선택할 때에는 외국에서 취업하는 것을 예상해야 한다는 점이다. 세계 경제가 국경 없는 시대로 나아가기 때문이다. 그렇다면 십 년 뒤 유망한 직업들은 어떤 것들이 있는지 살펴보자.

2010년 대한무역투자진흥공사 KOTRA 는 십 년 뒤 유망 직업을 조사해 발표했다. 한국인이 당장 외국에 진출해 두각을 나타낼 수 있는 유망 분야와 직종은 현재 인기가 있는 직업 외에 전문성과 창의성을 발휘할 수 있는 분야여서 외국에서도 인기를 얻을 것으로 예상했다. 십 년 뒤 선진국에 진출할 때 가장 유망한 직업으로 꼽힌 것은 패션 디자이너, 의류 상품 기획 자였다. 그 이유는 인간에게 필요한 의식주 가운데 선진국 국민이 개성을 살리는 상품 가운데 의류 산업이 가장 적합하다고 보았기 때문이다. 음식이나 주거 시설은 나라마다 다른 생활 습관과 문화가 다르기 때문에 일반화하기에는 어려움이 많다. 그러나 의류 디자이너나 의류 상품 기획자는 외국에서 성공하는 사람이 늘기 때문이다. 미국에서 활동하는 두리 정이나 리처드 채처럼 자신의 이름을 내건 디자이너는 인지도를 내세운 상품으로 성공했다. 이처럼 외국 기업의 디자인·전문 기획·구매 부서에서 중요한 의사를 결정하는 관리자로 일하는 한국인이 점점 늘어나 패션업계의 영향력이 커졌기 때문이다.

일본에서는 개발 사업·신규 공사 등의 팀을 조직해 계획을 종합적으로 운용하는 프로젝트 매니저나 고급 소프트웨어 설계사 등 고급 정보 통신 전문가가 진출하면 성공할 가능성이 높다고 보았다. 일본에 중·저급 기술자는 이미 인도, 베트남인들이 차지했지만 일부 정보 통신 기술에서 뒤져 고급 기술을 가진 인력이 많이 부족하기 때문이다. 특히 정보 통신 분야 전공자는 신흥 공업국이나 저개발국에서도 많은 기회가 생길 것으로 예상했다. 정부 차원에서 인재 유치에 적극적인 싱가포르는 온라인 게임 프로그래머가 주목받을 것으로 예상했고, 케냐에서는 온라인 쇼핑몰 사업자로 나서면 성공할 가능성이 높다고 전망했다. 케냐는 영어권 국가이면서 광통신망이 잘 구축되어 있어 인터넷 사용자와 전자 결제 시스템, 신용 카드 사용자가 빠르게 늘고 있기 때문이다. 그뿐 아니라 오프라인 시장에서 구매할 수 있는 물건이 적어 한국인 정도의 경쟁력이면 충분히 성공할 수 있다고 분석했다.

하지만 정보 통신 분야가 아니더라도 기술자를 원하는 국가는 많다. 인도는 IT 분야에는 강하지만 제조업 기반이 취약해 제품 개발 전문 기술자가 인정받을 것으로 전망했다. 또한 자원 개발에 열을 올리는 호주에서는 국내에서 숙련된 건설 기술자가 인기를 끌 것으로 예상했다. 브라질은 정부를 중심으로 심해 유전 개발과 조선업 육성을 연계해 추진하고 있지만 경제 수준이 낮아 기술과 경험을 가진 선박 기술자의 수요를 대체할 수 있기 때문이다.

2000년대 후반부터 전 세계에 몰아친 한류 열풍을 활용한 업종에 도전하는 것도 성공 가능성을 높일 수 있다. 한류 인기가 꾸준한 베트남에서는 미용이나 패션 관련 산업에 진출하면 성공할 가능성이 높다고 전망했다.

우리나라는 전통적으로 전문직인 판·검사와 의사·약사를 최고 직업으로 꼽는다. 사회적으로 전문성을 인정받으면서도 업무 권한이나 자율성이 높아 직장 만족도가 높고, 임금이나 복리 후생 등 근무 여건에서도 최고 직업으로 손색이 없기 때문이다. 지금의 추세라면 판사, 검사는 계속 유망 직업을 유지할 것으로 보인다.

그러나 유망 직업 9위인 변호사를 5년 후 직업 전망 지표에서 낮게 평가를 했는데, 그 이유는 법학 전문 대학원인 로스쿨의 등장으로 사법 시험 선발 인원이 늘어나 1인 당 수임 건수가 줄어들 것으로 예상했기 때문이다. 실제로 법학 전문 대학원 제도가 도입된 뒤 신규 변호사 수가 급격하게 늘었다. 2012년 법학 전문 대학원 졸업자와 사법 시험에 합격하고 사법 연수원을 졸업한 신규 법조인은 약 2,500여 명으로 2010년 말 전국 개업 변호사 수 1만 1000명의 23퍼센트에 달한다. 또한 자유 무역 협정으로 법률 시장이 개방된 것도 변호사 미래를 부정적으로 본 이유다. 2010년 7월 한·EU 자유 무역 협정 발효로 법률 시장이 개방되면서 외국계 대형 법률 회사가 국내에 진출할 수 있게 되었다. 2010년 군 입대자를 제외하고 사법 연수원을 수료한 781명 가운데 일자리를 찾지 못한 연수생은 343명으로 43.9퍼센트에 달했다. 그러나 변호사를 긍정적인 직업으로 보는 견해도 있는데, 이러한 현상을 전체 변호사가 아닌 일부 변호사에만 나타나는 문제로 보았기 때문이다. 법률 시장에 부익부 빈익빈 현상이 나타나고 있지만 결코 사라질 수 없는 직종이므로 능력에 따라 일부 변호사는 지금보다 더 좋은 대우를 받을 것으로 예상했다.

반면 변리사와 법무사는 장래가 어두운 직업으로 예상했다. 변리사는 변리사 시험 합격자와 변리사 영역으로 진출하는 변호사가 계속 늘어나는 점을 꼽았다. 그렇지만 다양한 전문 지식을 갖춘 변리사 수요가 계속 늘 것으로 전망해 의견이 엇갈렸다. 법무사는 인터넷으로 개인이 직접 등기를 처리하는 일이 잦고 법원과 검찰에 제출하는 서류가 간단해져 인기가 떨어질 것으로 전망했다. 또한 일반인이 직접 소송을 하는 '나 홀로 소송'이 늘어난 것도 원인으로 꼽았다.

판·검사는 계속 유망한 직업으로 분류했다. 현재는 변리사보다 상대적으로 낮은 소득과 발전 가능성도 변호사보다 떨어지지만 10년 뒤에는 정반대일 것으로 예측했다. 그 이유는 안정적인 직업 특성으로 많은 이들이 선호할 것으로 보았기 때문이다. 의료 보건 직종에서는 진료 과목에 따라 직업 전망에서 차이를 보였지만 최근 외모에 관한 관심이 높아지면서 성형외과, 치과, 안과 의사를 유망 직업으로 평가했다. 또한 건강에 대한 높은 관심과 우리나라가 초고령 사회로 바뀔 것으로 예상해 일반 의사도 나쁘지 않을 것으로 전망했다. 그러나 일반 의사는 많은 업무량과 스트레스, 장시간 근무 등 근무 여건이 나빠서 지금보다는 인기가 약간 떨어질 것으로 예상했다.

반면 한의사는 한의대에서 배출하는 한의사 면허 등록자가 빠르게 증가해 부정적인 평가를 내렸다. 2010년 건강보험 심사평가원이 전국 의료 기관을 조사한 결과 한의사는 2000년 8,845명에서 1만 6,038명으로 무려 81퍼센트, 한의원도 7,243곳에서 1만 1,968곳으로 65퍼센트 늘었지만 폐업한 곳도 2009년에만 727개로 감소하고 보약 수요도 계속해서 줄어들 것으로 보기 때문이다. 특히 홍삼, 복분자, 구기자, 산수유 등 건강 기능 식품이 보약 시장에 진출하고 이상 기온으로 한약재 생산 감소로 가격이 오른 것도 이유로 꼽았다.

이처럼 십 년 뒤에도 인기를 끌 직종은 주로 의식주와 관련된 것들로 국내가 아닌 국제 경쟁력을 갖추어야만 한다는 전제 조건을 달았다. 같은 전문직이라도 사회 변화에 따라 인기가 달라지므로 미래의 직업을 선택하려면 단순하게 전문직만 선호할 것이 아니라 외국에 진출해 성공할 수 있도록 준비해야 한다. 이제 취업도 국내를 벗어나 외국인과 경쟁해야 하는 무한 경쟁 시대가 다가오기 때문이다.

진출국가	유망 직업	이유
미국	패션 디자이너, 머천다이저	패션업계의 코리안 파워는 나날이 커져가고 있고 감각과 실력을 갖춘 한국인 활약이 뛰어나 수년 내 업계 주류가 될 것
일본	고급IT 엔지니어	중국, 베트남 등의 개발자가 공격적으로 진출하고 있어 단순 IT직군은 어렵지만 프로젝트 매니저, 애플리케이션 개발자 등은 각광
호주	건설 숙련 기술자	자원 개발 붐으로 광산업 관련 프로젝트들이 다수 진행·계획 중. 호주는 임금이 높아 현지 인력 조달에는 한계가 있으며 숙련 기술자의 경우 현재도 인력 부족 현상을 겪고 있음
브라질	조선 엔지니어	정부 차원에서 심해 유전 개발과 조선 산업 육성을 연계해 추진하고 있는데 이런 산업 성장세에 비해 기술력과 경험을 가진 조선 엔지니어가 크게 부족
싱가포르	온라인 게임 개발자	국가적으로 육성 프로젝트가 가동돼 한국 고급 엔지니어 영입을 1순위로 놓고 있음
대만	IT서비스 분야 기술 영업	IT서비스 분야의 전문 영업 인력 부족현상 또한 클라우드 컴퓨팅이 신흥 기술로 부상하고 있으며 서비스 과학 및 공학이 중시되고 있어 향후 IT 서비스 분야 기술 영업 수요가 증가할 것으로 예상됨
인도	제품 개발 고급 엔지니어	인도의 경우 IT 등 많은 교육 기관을 바탕으로 풍부한 엔지니어 인력이 배출되고 있으나 제조업 기반이 약해 실제 고급 제품 개발을 위한 실무능력을 가진 엔지니어는 부족함
태국	의료코디네이터	태국은 의료 수준이 높고 외국인을 상대하는 업무 수요가 높아 한국 코디네이터들의 경쟁력이면 충분
케냐	온라인 쇼핑몰 사업자	통신망 구축으로 인터넷 사용 인구 급증, 전자 결제 시스템·신용 카드 사용자 증가, 유통망의 대형화, 오프라인으로 구매할 물건이 제한적이라 한국인들의 경쟁력이면 충분히 승산 있음
베트남	미용사·패션업	한국인들의 외모 가꾸는 노하우를 상당히 배우고 싶어 하는 인식이 많아 유망

자료 : KOTRA

④ 시대에 따라 변하는 인기 직업

결혼은 젊은 사람들에게 가장 중요한 일이다. 결혼할 상대는 사랑과 함께 평생 행복을 나눌 수 있는 조건을 갖추어야 한다. 그래서 결혼을 앞둔 예비 신부는 이상적인 배우자로 직업과 경제적 안정을 제일 먼저 따져 남녀 모두 안정된 생활을 이룰 수 있는 공무원이나 전문직 종사자를 선호했다. 그렇지만 시대에 따라 이러한 생각에는 약간의 차이가 있었다. 시대에 따라 여성이 선호하는 직업이 변해왔는데, 1990년대 중반 국내 경기가 한창 좋을 때는 대기업 직원, 벤처기업 열풍이 불었던 2000년대 초에는 정보 통신 관련 종사자를 1위로 꼽았다. 금융 직종 선호도도 시대에 따라 바뀌어 금융업이 외국인에게 전면 개방된 2000년대 초반 은행원 인기는 2위였으나 카드 대란이 일어난 2003년에는 선호도가 내려갔다가 2007년 이후부터 다시 상위권을 유지했다. 남성은 1990년대 중반까지만 해도 배우자 직업이 무엇이든 상관없다는 생각이 많았지만 IMF 외환 위기가 발생한 뒤로는 어떤 직업이 되었든 경제적 안정을 최고로 꼽았다.

2010년 한국고용정보원이 펴낸 우리나라 직업사전에 나타난 변화를 살펴보면 1969년 유망한 직업은 3,260개에서 2008년 1만 2,360개로 불과 40년 만에 1만 개나 늘어났다. 그러나 1만 개가 넘는 직업 가운데 자신이나 자녀가 무슨 직업을 택할 것인지를 고민해보면 선택의 폭은 매우 좁아진다. 2000년대 들어 우리나라에서 사회 문제가 된 청년 실업도 따져보면 일자리가 부족해서라기보다는 손에 꼽는 직업군에서만 일자리를 찾기 때문에 수요와 공급의 불균형이 나타난 것이다. 한 번 정한 직업은 오랫동안 함께 해야 하는 것이어서 선택하는 것이 쉽지 않다. 더 큰 문제는 현재의 유망한 직업보다는 미래에 유망한 직업이어야 한다는 점이다. 지금은 다소 낯설고 힘들어 보여도 미래 유망 직종이나 직업군에서 일을 시작하면 나중에 얻는 경제적 안정은 매우 높을 것이다.

그렇다면 10년, 더 나아가서 20년 뒤에 안정적인 직업은 과연 무엇일까?

한국직업능력개발원은 2009년부터 2년에 걸쳐 직업 전문가들을 대상으로 10년 뒤 직업 전망 지표를 조사해 발표했다. 그런데 놀랍게도 모든 전문가가 여러 기준을 들어 유망 직업은 없다고 평가했다. 그 이유는 기준을 무엇으로 삼느냐에 따라 유망 직업이 달라지기 때문이다. 소득이나 고용 안정성, 발전 가능성, 근무 여건과 전문성, 평등한 고용 기회 등 일곱 가지 기준으로 판단하면 평가하는 사람에 따라 유망 직업이 다르기 때문이다.

예를 들어 소득을 기준으로 유망한 직업을 따져보면 기업의 고위 임원, 자산관리사, 치과의사, 판사, 검사, 외환 딜러 등 전문직이 대부분이지만 고용 상황을 기준으로 삼으면 간호사, 생명과학 연구원, 간병인, 응용 소프트웨어 개발자, 식품공학 기술자 등이 높은 평가를 받았다. 발전 가능성을 기준으로 따지면 투자 분석가, 치과의사, 정보 기술 상담사, 자산관리사 순이고, 안정된 직업으로 분류하면 판사와 검사, 경찰관, 치과의사, 항공기 승무원 등이 높은 평가를 받았다. 근무 환경을 기준으로 삼으면 전자 제품 제조 노동자와 임상 병리사가 높은 평가를 받았고 급여나 소득 등 보상을 기준으로 평가하면 현재 최고 유망 직종인 치과의사, 판사 등이다. 하지만 현실적으로 이들 직업을 갖기에는 많은 어려움이 있다. 따라서 일자리가 계속 늘어날 가능성이 높은 간호사, 생명 과학 연구원, 응용 소프트웨어 개발자에 도전하면 훨씬 쉽게 직장을 구할 것으로 분석했다. 우리나라는 빠르게 고령화 사회로 진입해 생명 과학 연구원과 간병인 수요가 급격하게 늘 것으로 예상했다. 10년 뒤 인기 직업으로는 노인 상담사, 신재생 에너지 전문가, 관광 및 레저 전문가, 다문화 가정 상담사, 날씨 경영 상담사 등을 꼽았다.

그러나 유망 직업을 획일적으로 정하는 것에 반대하는 사람들도 있다. 그들은 과학 기술이 빠르게 발전해 유망 직업도 수시로 바뀌므로 이러한 분류는 무의미하다는 것이다. 2000년대 이후 소셜네트워크서비스 SNS 와 같은 모바일 중심 전문가가 인기를 얻었지만 이런 직종은 몇 년 전만 해도 찾아볼 수 없었던 직업이기 때문이다. 또한 미래 유망 직업을 예측하기 어려운 이유는 1990년대 말 인터넷이 등장하면서 직업 환경이 크게 바뀌었기 때문이다. 최근에는 스마트폰이 등장해 평생직장이라는 개념이 사라지는 상황에서 과거와 같은 인식과 잣대로 유망 직업을 예측한다는 것은 불가능하다는 것이다. 그러나 분명한 것은 현재나 미래에도 가장 좋은 직업은 지속해서 경제적 안정을 가져다주는 것이다. 그러나 이러한 직업도 기술 발전과 빠른 사회 변화에 따라 계속 바뀌므로 이러한 상황을 고려해 결정해야만 한다.

● 고용현황 기준

10년후 전망 좋은 직업		10년후 전망 좋지 않은 직업	
직업명	점수	직업명	점수
간호사, 생명 과학 연구원	72	초등학교 교사, 대학 교수	19
간병인, 응용 소프트웨어 개발자	70	우편물 집배원	21
자동 조립 라인 및 산업용 로봇 조작원, 텔레마케터, 광고 및 홍보 전문가, 피부 미용 및 체형 관리사	68	중·고등학교 교사	23
		이용사, 임상 병리사, 성직자	24
식품공학 기술자	67	아나운서 및 리포터	26
웹 및 멀티미디어 디자이너	66	항공기 객실 승무원, 촬영기사	29

자료 : 한국직업능력개발원

국가 신용과 경제의 관계

흔히 현대 사회를 신용 사회라고 부른다. 신용이 돈이 되는 이유는 서로 믿을 수 없는 불신이 자리하고 있기 때문이다. 이러한 불신은 믿음이라는 인간 본성보다는 자본을 기초로 한 계약을 잘 이행하느냐 그렇지 않은가에 따라 평가한다.

개인이 신용을 잃으면 친구를 잃을 수 있고, 국가가 신용을 잃으면 국민을 잃는 다는 격언이 이를 잘 설명한다. 이처럼 현대 사회에서 신용이 갖는 의미는 재화나 돈으로 환산할 정도로 중요한 위치를 차지하고 있다.

그러므로 신용 사회에서 신용은 보이지 않는 가치를 가져 자산으로 인식하는 것이다. 따라서 개인이나 기업뿐 아니라 국가의 신용은 지구촌이라는 경쟁 사회에서 생존하는 기본 요소이다.

특히 개인이나 기업과 달리 국가의 신용은 사회 구성원을 대표하는 것이어서 경제 안정과 밀접한 관련이 있다. 신용 위기를 겪은 나라들이 경제 위기를 겪은 예가 이러한 중요성을 잘 설명하고 있다.

신용이 뿌리내린 사회는 급격한 경제 성장보다 더불어 사는 사회를 구현하려고 노력한다. 사회 복지를 국가 이념으로 삼는 북유럽 국가들은 경제 안정뿐 아니라 신용을 잘 유지해 사회를 안정시켰다. 결국 국가 신용이 국민 경제에 중요한 역할을 하기 때문이다.

① 국가도 신용 등급이 매겨진다

우리는 IMF 외환 위기를 겪으면서 국가 신용 등급이란 말을 자주 듣게 됐다. 보통 개인끼리 돈을 빌릴 때 이자를 언제, 얼마씩 갚겠다고 약속하는데 이런 약속을 잘 지키는 사람을 신용이 있다고 말한다.

금융 거래에서 신용은 한마디로 돈을 제때에 갚는 능력을 의미한다. 은행은 개인이나 기업에게 돈을 빌려주기에 앞서 신용을 조사한다. 물론 신용이 있으면 돈을 쉽게 빌려주지만 신용이 좋지 않으면 돈을 빌리기 어렵고 신용이 있는 사람보다 이자도 더 많이 내야하며, 심지어는 대출을 받지 못할 수도 있다.

신용은 국가가 돈을 빌릴 때에도 중요한 역할을 한다. 개인 신용 등급은 저축액과 대출, 신용 카드 사용액 등을 기준으로 매기지만 국가 신용 등급은 국가의 신용을 평가하는 것이므로 경제 규모, 외화 보유액, 국채 발행액, 무역 수지 등 다양한 자료를 바탕으로 한다.

국가 신용 등급을 매기는 곳은 국내 은행이 아니라 국제 신용 평가 회사들이다. 우리나라는 1998년 외환 위기 때 달러가 부족해서 IMF로부터 195억 달러, 세계은행 IBRD 에서 70억 달러, 아시아개발은행 ADB 에서 37억 달러를 빌렸다. 외환 위기로 국가 신용 등급이 하락해 IMF에서 돈을 빌리면서 그 중요성을 실감하게 되었다.

○ 생각해 보기

1. 신용의 개념을 알아본다.
2. 금융 회사가 신용 등급을 매기는 이유를 알아본다.

① 금융 위기 때마다 달러가 빠져나간 이유

보통 가정은 월급으로 생활한다. 이때 가계부를 쓰는 사람이 매달 수입과 지출을 잘 파악해야 합리적인 소비를 할 수 있다. 이러한 수입과 지출, 부채는 개인 신용 등급을 매기는 데 중요한 자료이다. 특히 금융 거래 확인서는 대출을 받을 때 반드시 제출해야 하는 서류로 금리를 정하는 중요한 기준이 된다.

세계 각국 정부도 수입과 지출, 채무 등을 국제 회계 기준에 맞추어 기록해야 한다. 국제 사회에서도 국가 회계가 투명해야 돈을 쉽게 빌릴 수 있다. 2011년 이전까지 우리나라의 회계 방식은 현금주의였다. 현금주의란 현금이 들어오고 나가는 것만 기록하는 방식으로 선진국 회계 방식인 발생주의와는 많은 차이가 있다. 발생주의 회계는 수입과 지출은 물론 자산이 늘거나 줄어드는 것까지 모두 기록하는 것으로, 세계 주요 국가는 IMF가 2001년 만든 정부 재정 통계 편람 GFSM 2001 에 맞추어 국가 채무를 계산한다. 그러나 우리나라는 2010년까지 IMF가 1986년 만든 정부 재정 통계 편람 GFSM 1986 을 기준으로 국가 채무를 계산해 공기업 등이 빌려와 국가가 갚아야 하는 부채가 모두 드러나지 않는다. 이러한 이유 때문에 세계 주요 투자자들은 우리나라의 국가 회계 방식과 국가 채무를 신뢰하지 않아 금융 위기가 발생했을 때 정부가 문제가 없다고 주장해도 즉시 투자 자금을 회수해 갔다.

이러한 문제를 해결하려고 우리나라는 2011년부터 현금주의 회계 방식을 발생주의 회계 방식으로 바꾸면서 나랏빚이 엄청나게 늘어났다. 그러나 바뀐 회계 방식도 국가 채무 기준을 중앙 행정 기관과 지방 자치 단체만 포함시킨 것이어서 공기업과 준정부 기관까지 포함하면 부채는 더 늘어난다. 우리나라 준정부 기관들은 방만한 운영을 해 부채가 해마다 엄청나게 늘었다. 2007년 우리나라의 공식 채무액은 298조 9,000억 원이었다. 그러나 미국에서 발생한 금융 위기 이후 경제를 살리려고 재정 지출을 늘리면서 2010년에는 407조 1,000억 원으로 증가했다. 우리나라 준정부 기관 가운데 LH공사와 수자원공사이다. LH공사는 보금자리 주택 건설로 수자원공사 4대강 사업을 지원해 늘어났다.

2010년 주택공사와 토지공사가 합병해 설립된 LH공사는 땅을 개발해 조성한 주택 단지를 건설 회사에 공급하면서 신도시를 마구 개발해 엄청난 빚을 졌다. LH공사가 밝힌 채무는 2010년 기준으로 110조 원, 2013년에는 무려 130조 원으로 매년 이자만 수조 원이 들어간다. 그뿐 아니라 2008년 정부가 추진한 4대강 사업비 15조 3,000억 원 가운데 8조 원과 경인 운하 사업비 2조 2,000억 원 가운데 1조 8,000억 원 등 9조 8,000억 원을 떠안은 수자원공사도 빚더미에 올라앉았다. 특히 1년 매출액이 고작 2조 4,000억 원이던 수자원공사는 4대강 사업을 지원하려고 무려 9조 9,000억 원을 빌렸기 때문이다.

우리나라가 2011년 회계 방식을 현금주의에서 발생주의로 바꾼 뒤, 나랏빚이 크게 늘어난 이유이다. 현금주의를 채택했던 2010년까지 LH공사와 수자원공사는 공기업으로 분류해 국가 부채에서 제외했었다. 그러나 정부가 추진한 사업을 대신하면서 떠안은 공기업 부채가 포함되면서 우리나라의 국가 채무가 크게 늘어날 수밖에 없었다. 정부가 2010년까지 현금주의 회계 방식을 고집하다가 2011년에 발생주의 회계 방식으로 바꾼 것은 준정부 기관의 빚을 포함하면 나랏빚이 크게 늘어 국민과 야당의 비판과 정치 공세에 시달릴 것을 염려했기 때문이었다. 특히 투표로 유지되는 정당 특성상 여당에서 선출된 대통령 때 숨어있던 나랏빚이 갑자기 드러나면 많은 비판을 받을 것을 우려했기 때문이다.

2012년 5월 기획재정부가 발표한 2011년 국가 부채는 2010년 현금주의 방식으로 계산해 발표했던 407조 1,000억 원보다 367조 원 늘어난 774조

원으로 2007년 약 249조 원에서 이명박 정권 5년 동안 약 214조 원 86퍼센트 이 늘었고, 286개 공공 기관의 빚은 61조 8,000억 원 15.4퍼센트 에서 2011년 463조 5,000억 원으로 약 750퍼센트 증가했다. 이처럼 2010년부터 공공 기관 부채가 정부 부채보다 더 늘어난 것은 정부의 일자리 만들기 정책과 보금자리 주택 건설 등 경제 위기 관리 정책에 동원되었기 때문이다. 이렇게 생긴 부실로 공공 기관이 망하거나 경제 위기가 발생하면 정부가 스스로 문제를 해결하기 어려울 수도 있다.

특히 2010년부터 시작된 저축은행들의 부실 문제를 해결하려고 예금보험공사는 엄청난 돈을 빌려 부채가 2010년 27조 2,231억 원에서 2011년 40조 4,884억 원으로 약 48.7퍼센트나 늘었다. 한국전력공사도 2011년에만 10조 4,226억 원 14.4퍼센트 이

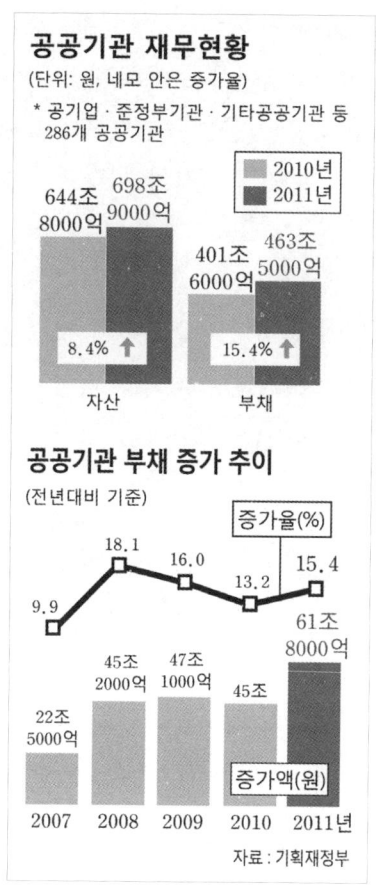

공공기관 재무현황
(단위: 원, 네모 안은 증가율)
* 공기업 · 준정부기관 · 기타공공기관 등 286개 공공기관

2010년
2011년

자산: 644조 8000억 (2010년) → 698조 9000억 (2011년), 8.4% ↑
부채: 401조 6000억 (2010년) → 463조 5000억 (2011년), 15.4% ↑

공공기관 부채 증가 추이
(전년대비 기준)

증가율(%): 9.9 → 18.1 → 16.0 → 13.2 → 15.4

증가액(원):
2007: 22조 5000억
2008: 45조 2000억
2009: 47조 1000억
2010: 45조
2011년: 61조 8000억

자료: 기획재정부

늘어 총부채는 82조 6,639억 원이지만 자산은 8.4퍼센트 늘어나는 데 그쳐 공공 부채의 단면을 그대로 보여주었다. 그런데 문제는 총 부채 130조 5,712억 원으로 공기업 가운데 가장 많은 빚을 진 LH공사의 부채 증가 속도가 자산보다 훨씬 빠르다는 점이다. 이들 공공 기관의 자산은 2011년 8.4퍼센트가 늘어난 반면 부채는 15.4퍼센트나 늘어 재무 구조가 점점 더 나빠지고 있다. 그런데 이들 공공 기관 직원의 평균 임금은 2009년 5,700만 원에서 2010년 5,800만 원으로, 2011년에는 3.2퍼센트나 늘어 평균 6,000만 원을 돌파했다. 기관별로는 공기업 7,100만 원, 준정부 기관 6,100만 원,

기타 공공 기관 5,800만 원으로 평균 급여와 부채가 늘어 무책임하고 방만한 경영의 극단을 보여주었다. 우리나라 공공 기관은 공기업, 준정부 기관, 기타 공공 기관을 포함해 모두 286개 기관이 있는데, 만약 이들이 빚을 갚지 못하면 결국 정부가 세금으로 갚아야 한다. 2012년 5월 공개된 2011년 정부 부채 774조 원, 지방 정부 부채 17조 9천억 원, 공기업 부채 463조 5천억 원을 단순 합산해도 정부가 책임져야 하는 국가 부채는 약 1,255조 4천억 원이다. 한국은행이 잠정 집계한 2011년 우리나라 명목 GDP는 1,237조 1천억 원으로 국가 부채 비율이 이미 GDP 대비 100퍼센트를 넘어서 국가 부도 사태를 겪은 그리스 수준에 근접했다.

● 국가 채무 규모 증감 현황 (단위: 조 원, %)

구분	2010 결산	2011		증감	
	(A)	예산(B)	결산(C)	전년대비(C-A)	예산대비(C-B)
중앙 정부(①)	373.8	417.3	402.8	29	-14.5
GDP 대비	-31.9	-33.6	-32.6	(0.7%p)	(-1.0%p)
국채	367.2	411.2	397.1	29.9	-14.1
차입금	3.5	3	2.5	-1.0	-0.5
국고 채무 부담	3.1	3.1	3.3	0.2	0.2
지방 정부(②)	18.4	18.2	17.8*	-0.6	-0.4
국가 채무(①+②)	392.2	435.5	420.7	28.5	-14.8
GDP 대비	-33.4	-35.1	-34	(0.6%p)	(-1.1%p)

*2011~15년 국가 재정 운용 계획 전망치, 지방 정부는 6월 말 결산(행안부, 교과부)   자료 : 기획재정부

  2011년부터 새로운 국제 회계 기준을 도입했지만 준정부 기관의 부채를 제외해 금융 위기가 발생하면 이전처럼 달러가 빠져나가는 일이 반복될 수 있다. 외국인 투자자가 우리나라 회계 방식에 많은 의문을 갖게 되면 외화 유출 현상이 반복되어 많은 외화를 항상 쌓아 놓아야 하는 불편을 겪을 수 있다. 이러한 불편을 줄이려면 국제 회계 기준에 맞추어 정부 기관

과 공공 기관, 공기업 등의 부채를 투명하게 관리해야만 한다.

② 개인 신용 등급을 매기는 기준

현대는 신용으로 움직이는 사회여서 신용이 돈이라는 말이 생겼다. 하지만 개인이 신용 등급을 관리하려면 많은 어려움이 따른다. 어떤 이는 자신의 신용 정보를 자꾸 조회하면 등급이 내려가고 예금과 보험료를 많이 내면 신용 등급이 높아지는 것으로 잘못 아는 경우가 있다. 개인 신용 등급을 어떤 기준으로 평가하는지 자세하게 알아보자.

개인이 대출을 받으려면 은행은 카드 결제·이자 납부 등 개인 정보를 바탕으로 10등급의 신용을 자체 심사로 분류해 금리를 결정한다. 그러므로 자신의 신용 등급을 잘 관리하려면 신용 정보를 무료로 열람하는 제도를 활용하는 것이 필요하다. 그런데 여기서 잘 알아두어야 할 사항은 재산이 아무리 많아도 은행 대출이나 이자 납부 실적이 없으면 신용 등급에 영향을 주지 않는다는 점이다. 개인 신용 등급에 영향을 주는 것은 대출금 총액, 연체, 자동 이체 등 거래 실적이다.

사람들은 신용 등급을 정부나 공공 기관에서 정하는 것으로 오해하는데, 여신 대출이나 카드 을 담당하는 금융 회사와 금융위원회로부터 허가를 받은 신용 조회 회사 CB · Credit Bureau 인 코리아크레딧뷰로 KCB , 한국신용평가정보, 한국신용정보 등에서 평가한다. 민간 신용 평가 회사에서 등급을 매기는 이유는 금융 회사와 개인 간의 사적인 거래를 자유롭게 보장하면서 국가 권력이 경제 활동에 지나치게 개입하는 것을 막으려는 이유에서다. 준 국가 기관인 금융감독원이 금융 기관들을 관리 감독하는 것도 이러한 이유 때문이다. 그렇다면 시중 은행과 신용 조회 회사가 매기는 신용 등급은 어떻게 다른지 알아보자.

먼저 일반 은행은 개인에게 대출할 때를 대비해 고객 거래 정보를 바탕으로 신용 등급을 평가한다. 이때 평가 기준은 개인이 제출한 직업, 소득 등이 포함된 신청서와 자사 거래 실적과 외부 신용 정보를 활용한다. 그러나 이는 각 금융 회사가 보유한 금융 상품 거래 내역과 이용자의 특성에 맞춘 자체 기준이므로 조금씩 차이가 난다. 그러므로 개인이 일반 은행의 특성에 맞추어 신용 등급을 관리하는 것은 불가능하다. 대출받는 금융 회사가 주거래 은행이라면 좀 더 유리하지만 신용 조회 회사에서 매기는 신용 등급은 모든 금융 회사에서 수집한 거래 정보를 기초로 평가한다. 그러므로 신용 조회 회사에서 매긴 등급이 모든 금융 회사가 공동으로 이용하는 보편적인 신용상태를 나타낸다. 보통 신용 조회 회사가 정한 신용 등급은 금융 거래 정보를 바탕으로 1년 내 90일 이상 부실화할 가능성을 통계로 예측해 1,000점 만점으로 점수를 매긴 뒤 이를 10개 구간으로 분류한다. 이때 중요한

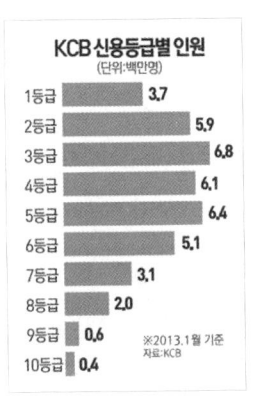

것은 신용 등급이 소득과 재산 같은 상환 능력을 반영하지 않는다는 점이다. 이는 주로 현재 신용 상태나 이전 신용 거래 경험을 적용해 상환 의지를 반영한 평가이기 때문이다. 그러므로 소득 수준이 높지 않아도 카드 결제나 대출 이자 납부 등 건전한 신용을 유지하는 사람은 신용 등급이 높은 반면 소득 수준이 높아도 자주 연체하면 낮을 수 있다. 그렇다고 소득이나 재산이 아예 신용 등급에 영향을 주지 않는 것은 아니다. 상환 능력을 의미하는 소득이나 재산은 주로 대출이나 신용 대출, 현금 서비스 등 한도를 결정할 때 반영하므로 대출금과 비례한다.

신용 등급은 통계 전문가가 과거 신용 거래 실적을 분석한 자료를 근거로 결정하므로 연체·대출·보증·카드 조회 기록 등을 잘 관리해야 한다. 이 가운데 상대적으로 큰 비중을 차지하는 것은 연체 기록과 대출 금액으로 이것만 잘 관리해도 유리한 등급을 받을 수 있다. 신용 등급은 개인 정보가

바뀌거나 시간이 지나 변별력이 떨어져 평가 대상 집단의 안정성에 문제가 생기는 2~3년 주기로 계속 바뀌기 때문에 신용 정보 무료 열람권을 이용하는 것이 개인 신용 정보를 잘 관리하는 방법이다. 신용 정보 회사들은 본인이 직접 신용 정보를 열람할 수 있도록 웹 사이트에서 관련 법령에 따라 연 1회에 한해 무료로 제공한다. 이때 본인의 신용 정보는 나이스신용평가정보, 코리아크레딧뷰로, 은행연합회 등을 통해 열람할 수 있으며 잘만 이용하면 연 최대 4회까지 무료로 조회할 수 있다. 그러나 개인 신용 등급은 은행연합회를 제외한 3곳에서 조회할 수 있지만 회사마다 등급이 달라 회사별로 조회해야만 한다. 만약 인터넷 열람이 어려우면 신분증을 가지고 신용 조회 회사를 방문하면 신용 정보를 직접 확인할 수 있다.

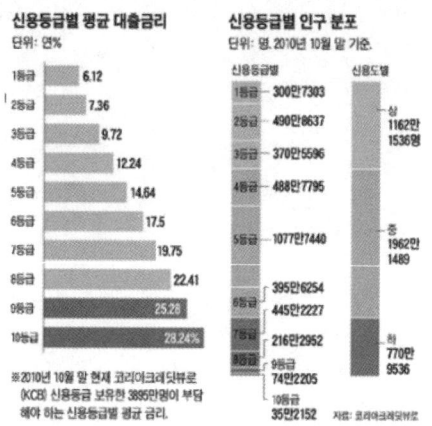

신용등급별 평균 대출금리
단위: 연%

신용등급	
1등급	6.12
2등급	7.36
3등급	9.72
4등급	12.24
5등급	14.64
6등급	17.5
7등급	19.75
8등급	22.41
9등급	25.28
10등급	28.24%

※2010년 10월 말 현재 코리아크레딧뷰로(KCB) 신용등급 보유자 3895만명이 부담해야 하는 신용등급별 평균 금리.

신용등급별 인구 분포
단위: 명. 2010년 10월 말 기준.

신용등급별		신용도별	
1등급	300만7303		
2등급	490만8637	상 1162만1536명	
3등급	370만5596		
4등급	488만7795		
5등급	1077만7440	중 1962만1489	
6등급	395만6254		
	445만2227		
7등급	216만2952	하 770만9536	
8등급	74만2205		
9등급			
10등급	35만2152		

자료: 코리아크레딧뷰로

보통 신용 등급과 관련해 본인 신용 정보를 직접 조회해도 신용 등급에 영향을 줄 것이라고 생각하는 사람도 있으나 이는 잘못된 정보로 인해 생긴 오해이다. 개인이 본인 신용 정보를 직접 조회하는 것은 신용 등급에 영향을 주지 않는다. 신용 정보 회사를 통해 본인의 신용 거래가 정상적으로 등록되어 있는지, 오류 데이터는 없는지, 금융 거래에서 명의가 도용되지 않는 지를 정기적으로 관리하면 등급을 올리는데 유리하다. 반면 대출금을 연체했다가 바로 상환하더라도 신용 등급은 조정되지 않는다. 보통 개인이 대출금을 일정 기간 연체한 뒤 이를 상환하면 연체 기록은 3년 동안 신용 등급에 영향을 미치면서 서서히 조정된다. 만약 대출도 없고 신용 카드 대신 현금만 사용하면 신용 등급은 낮게 평가된다. 대출이나 신용 카드 거래가 전혀 없는 사람은 신용 거래 형태를 파악하기 어려워서 신용 등급을 매기는 자료가 부족하기 때문이다. 예금이나 보험 납부 실적이 많아도 신용 등급은 높지 않다. 개인 신용 등급은 신용 거래가 아닌 예금이나 보험료 같은 일반 금융 거래는 반영하지 않으므로 예금을 아무리 많이 해도 연체 기록이 있다면 낮은 등급을 받는다. 이처럼 신용 평가 회사들이 매기는 기준을 잘 알아두면 신용 등급을 올리는데 유리하다.

현대 사회는 신용이 돈과 직결되므로 신용 등급이 높으면 금융 비용을 절약할 수 있다. 신용이 좋으면 대출을 받아도 신용 등급이 낮은 사람보다 적은 이자를 낼 수 있기 때문이다. 그러나 신용 등급을 높이는 가장 중요한 방법은 자신의 능력에 맞는 소비 생활을 하는 것이다.

③ 세금으로 적자를 해결하는 LH공사

● LH공사 로고

2010년 12월 국회에서는 국가 경제에 엄청난 문제를 가져다줄 수 있는 한국토지주택공사법 LH 공사법 개정안이 통과되었다. 그런데 개정된 LH공사법 11조는 LH공사에 손실이 발생하면 내부 적립금으로 해결하고 그것도 부족하면 이익 준비금으로, 그마저도 모자라면 다음 사업 연도로 이월한다고 정했다. 그러나 정부가 LH공사 부채를 의무적으로 보전하도록 바꾸면서 사업하다 생긴 손실을 전부 세금으로 해결하는 길을 만들었다.

2010년 LH공사 총부채는 125조 원으로 부채 비율이 자기 자본 대비 541퍼센트로 2010년 정부 부채 407조 원의 3분의 1이 넘고 274조 원인 전체 공기업 부채의 절반에 해당한다. LH공사는 2011년 하루 이자만 100억 원으로 200만 가구의 한 달 최저 생계비 4인 가구 기준 136만 3,000원 를 지원할 수 있는 엄청난 액수이다. LH공사법 개정안이 통과되기 전, LH공사는 개정안이 국회에서 통과되지 않으면 진행하는 사업을 모두 중단하겠다고 밝혀 정치권을 긴장시켰다. 국회의원은 자신의 지역구에서 추진하는 개발 사업이 변경되거나 취소되면 주민들이 반발해 정치 생명에 영향을 주기 때문이다.

LH공사는 2010년 토지공사와 주택공사가 통합해 자산 130조 원인 삼성그룹 다음으로 큰 규모로 출범했으나 천문학적인 빚 때문에 몸살을 앓고 있다. 부채 비율과 자산 비율이 비슷한 LH공사를 일반 상장 기업과 비교하면 벌써 부도가 나 망했을 정도로 재무 구조가 취약하다. LH공사의 가장 큰 문제는 회계 관리로 전국 곳곳에 사업을 벌였지만 어떤 사업에 이익과 손해가 얼마나 났는지 전혀 알 수 없을 정도

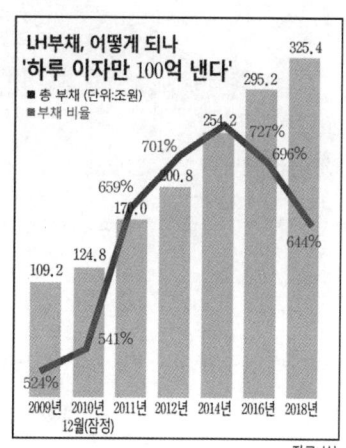

LH부채, 어떻게 되나
'하루 이자만 100억 낸다'
■ 총 부채 (단위:조원)
■ 부채 비율

109.2 524%
124.8 541%
170.0 659%
200.8 701%
254.2 727%
295.2 696%
325.4 644%

2009년 2010년 2011년 2012년 2014년 2016년 2018년
12월(잠정)

자료: LH

부채 증가율은 가파른 상승세를 보이다 2014년 이후 자산 증가로 소폭 떨어진다.

로 허술했다. 그뿐 아니라 세금을 사용하는 법안에 사업비 추계서조차 제출하지 않은 상태에서 통과시켜 많은 비판을 받았다. 당시 전문가들은 LH공사가 손실 보전에 앞서 투명한 회계 관리를 도입하고 구조 조정을 실행해야 한다고 주장했다. 그러나 LH공사와 정부는 부채가 늘어난 원인을 과거 정부 탓으로 돌리면서 책임 소지가 드러날 수 있는 회계 자료 공개를 거부했다. 그뿐 아니라 새로운 회계 방식도 2012년 외부 진단 결과를 바탕으로 2014년부터 구분 회계를 적용할 것이라고 밝혔다.

2012년은 이명박 대통령 임기가 끝난 해로 4대강 사업과 보금자리 주택 정책 등으로 많은 부채를 떠안은 LH공사에 정부가 세금으로 손실을 보전해 주었다. 그러나 이러한 결과를 근거로 부채가 많은 수자원공사나 철도공사 등에서도 적자를 해결해 달라고 요구할 수 있어서 문제이다. 만약 다른 공기업이 LH공사처럼 부채를 정부 정책을 수행하면서 떠안은 것이라고

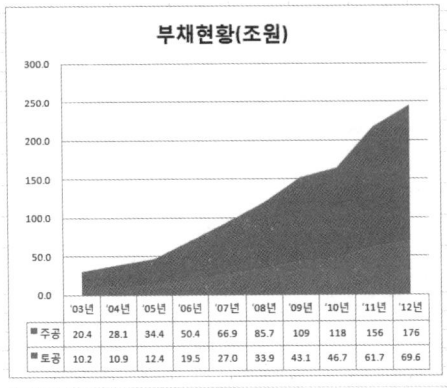

부채현황(조원)

	'03년	'04년	'05년	'06년	'07년	'08년	'09년	'10년	'11년	'12년
주공	20.4	28.1	34.4	50.4	66.9	85.7	109	118	156	176
토공	10.2	10.9	12.4	19.5	27.0	33.9	43.1	46.7	61.7	69.6

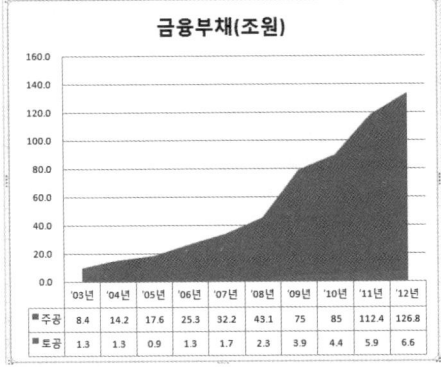

금융부채(조원)

	'03년	'04년	'05년	'06년	'07년	'08년	'09년	'10년	'11년	'12년
주공	8.4	14.2	17.6	25.3	32.2	43.1	75	85	112.4	126.8
토공	1.3	1.3	0.9	1.3	1.7	2.3	3.9	4.4	5.9	6.6

● LH공사의 부채 현황(자료: 오마이 뉴스 인용)

주장하면 세금으로 모두 갚아줘야 하기 때문이다.

2010년 정부가 바꾼 LH공사법 단서 조항에 보금자리 주택 사업, 산업 단지 조성 사업 등 대통령이 정한 공익사업에서 생긴 적자만 제한한다고 못을 박았지만 LH공사는 자신이 수행한 사업이 모두 공익을 위한 국책 사업에 해당하므로 모든 부채를 손실 보전 대상으로 받아들였다. 특히 LH공사법 세부 시행령에는 LH공사가 벌인 공공사업의 손실 보전 대상 지정을 정부와 협의하도록 해 모든 빚을 해결할 수 있도록 했다.

2013년에 우리나라 일 년 예산의 삼십 퍼센트에 해당하는 130조 원으로 부채가 늘어 파산하기 직전이던 LH공사는 정부가 손실 보전 법을 개정해 위기에서 벗어났다. 이전까지 LH공사는 채권을 발행해 적자를 해결했으나 2010년 8월 이후 국민연금·농협 등에서 채권 매입을 거부해 발행이 중단되었다가 LH공사 지원법 개정으로 채권 발행이 가능해져 문제를 해결할 수 있었다.

LH공사가 남긴 선례 때문에 각종 기금 투자도 확대할 수 있게 되었다. 국민연금관리공단은 국민의 노후 생활을 책임지는 곳이어서 총 자본금의 50퍼센트 수준에서 채권을 보유할 수 있었다. 그러나 이명박 정부가 손실 보전 조항을 만들어 80퍼센트까지 투자를 늘릴 수 있도록 했다. 2010년 국민연금공단이 LH공사에 투자한 채권금액은 10조 6,335억 원으로, 노무현

정부의 3조 7,000억 원보다 두 배 이상 늘었다.

LH공사법 개정으로 국민연금이 떠맡아야 할 금액이 더 늘어났다. 직접 지원 방식이 아니더라도 LH공사가 추진하는 각종 개발 지역의 도로 같은 시설비를 세금으로 해결할 수 있게 된 것이다. 만약 LH공사가 계속 적자를 내면 국민연금과 같은 각종 기금이 책임져야 하는 돈도 늘어나는 것이다. 이렇게 되면 2050년이면 고갈될 것으로 예상되는 국민연금이 더 빠른 속도로 줄어들어 세계에서 가장 빠른 속도로 고령화 사회에 진입하는 상황에서 노인 복지 문제에 심각한 영향을 줄 수 있다. 새롭게 바뀐 LH공사 손실 보전 법안은 국민의 세금부담 증가는 물론 빠른 국민연금 고갈로 노후 보장마저 받을 수 없는 엄청난 문제들이 숨어 있다. 이러한 일들이 반복되지 않도록 하려면 국민 모두가 국가 정책에 관심을 갖도록 노력하고 무책임한 공약 남발로 국고를 축내는 정치인들이 발붙이지 못하도록 해야 한다.

2 국가 신용 등급이 매겨지는 기준

　개인 신용 등급을 매기는 방식처럼 기업이나 국가 신용 등급을 매기는 기준도 비슷하다. 그러나 국가 신용 등급은 개인이나 기업보다 훨씬 많은 자료를 통해 평가한다. 국가 신용 등급을 매기는 기준은 크게 다섯 가지로 국가 채무 규모, 재정 상태, 경제 성장률과 물가, 정치와 사회의 안정성 등이다.

　대표적인 국제 신용 평가 회사인 무디스, 피치, S&P는 국가마다 등급을 A, B, C로 분류한다. 우리나라는 IMF 외환 위기 때 신용 등급이 투자 부적합 상태인 Ba1인 투기 등급까지 내려갔다. 국가 신용 등급이 내려가면 이자율이 높아지고 투기 등급이 되면 국제 금융 회사는 투자를 보류하거나 대출을 중단하기도 한다. IMF 외환 위기 때 우리나라가 많은 이자를 주기로 하고 돈을 빌린 것도 이러한 이유에서다. 우리나라가 IMF 외환 위기 때 빌린 돈을 빨리 갚은 것도 국제 사회에서 국가 신용 등급을 높여서 신용을 회복하지 않으면 엄청난 금융비용이 들어가기 때문이다.

　이러한 노력으로 우리나라는 1990년대 이후 외환 위기를 겪은 나라 가운데서 유일하게 국가 신용 등급이 투자하기에 좋은 A등급으로 올라갔다. 국가 신용 등급을 회복해 낮은 금리로 돈을 빌릴 수 있게 되게 되어 외국인 투자자도 다시 돌아왔다. 그리고 국가 이미지가 향상되면서 기업의 수출 환경도 바뀌어 호황을 누렸다.

○생각해 보기

1. 국가 신용 등급을 매기는 조건을 알아본다.
2. 국제 신용 평가 회사를 알아본다.

🔍 들여다 보기

① 국가 신용 등급을 매기는 기관

세계화 시대에는 국가 신용 등급도 국제 경쟁력으로 평가한다. 그러므로 국가 신용 등급은 정치나 경제, 더 나아가 국가 안정의 척도로 삼는다. 국가 신용 등급을 매기는 대표적인 국제 신용 평가 기관은 3개가 있다.

1916년 설립된 피치 Fitch 는 1997년 영국 IBCA 그룹과 미국 피치 인베스터 Fitch Investors 가 합병해 피치IBCA가 되었다. 2000년에는 세계 4위 신용 평가 회사인 DCR Duff & Phelps Credit Rating Co 을 흡수 합병해 지금에 이르렀으며, 현재는 영국의 대표적인 광고 회사인 코디언트커뮤니케이션스 그룹에 속해 있다. 피치는 전 세계 40여 개국 지점이 있고, 직원 1,100명이 75개국 신용 평가 업무를 수행하고 있다. 또한 은행·증권·보험 등 1,600개 금융 기관과 800개 기업, 3,300여 곳에서 구제 금융 감시와 67개 국가 신용 등급을 평가한다. 피치는 우리나라의 한국기업평가주식회사와 제휴 관계를 맺고 있으며 본사는 뉴욕과 런던에 있다.

S&P 스탠더드앤드푸어스, Standard&Poor's 는 1916년 설립된 신용 평가 회사로 기업에 투자 정보를 제공하며 출판·재정·정보·미디어 서비스업체인 맥그로힐에 속해 있다. 이 회사에서 제공하는 S&P500 지수는 다우존스 평균 주가 지수, 나스닥 지수와 함께 미국 증권 시장 3대 주요 지수 가운데 하나로 꼽힌다. 특히 뉴욕 증권 시장 주가 동향을 가장 폭넓게 반영하는 S&P500 지수를 발표한다. 전 세계 18개국에 사무소가 있으며 뉴욕에 본사가 있고 아시아에는 도쿄, 홍콩, 싱가포르에 아시아 지점이 있다.

무디스 Moody's Investors Service 는 투자 정보나 조언을 제공하는 투자 자문 신용 평가 회사로 무디스 코퍼레이션에 속해 있다. 1900년 출판업자인 존 무디가 설립해 1914년 주식회사로 바꾸고 1929년 대공황 때 우량 판정을 내린 기업만 살아남아 세계적인 신용 평가 회사로 성장했다. 현재 전 세계

100개국에 8만 5,000개의 회사채, 6만 8,000여 개의 국공채 國公債 신용 등급을 평가하는 700명의 분석가가 활동한다. 또한 전 세계 1,500개 제휴사와 14개 국가에 현지 법인을 두고 있으며, 1998년 한국 신용 평가 정보와 합작 회사인 한국 신용 평가를 설립했다. 그 외 합작 법인을 인도, 칠레, 중국, 브라질, 아르헨티나에도 두고 있다.

② 빚더미에 서 있는 미국

2011년 미국의 나랏빚은 14조 달러로 국민 1인당 4만 5,300달러 약 5,000만 원를 부담해야 한다. 그런데 2011년 미국 정부는 발행할 수 있는 채권 한도가 거의 차버려 큰 소동이 일어났다. 미국의 국가 부채는 2010년 말 14조 달러를 넘으면서 의회가 정한 한도인 14조 3,000억 달러에 육박했다. 2010년 당시 재무부 장관이었던 티머시 가이트너는 의회에 보낸 편지에서 늦어도 2011년 5월 국채 발행 한도를 의회가 증액해 주지 않으면 미국 정부가 파산할 수 있다고 경고했다. 미국 연방 정부는 의회가 법률로 정해 놓은 국채 발행 한도를 채우면 돈을 더 빌릴 수 없어 정부 기능이 마비되기 때문이다.

국제 금융 시장에서는 오래전부터 파산 위기에 몰렸던 그리스처럼 미국 국채 가격이 떨어져 큰 혼란이 일어날 것이라고 예상했다. 당시 가이트너 재무 장관은 미국 연방 정부가 파산하면 2008년 발생한 세계 금융 위기보다 더 큰 위험에 빠질 것이라고 호소했다. 그런데도 당시 하원을 장악했던 공화당은 국채 한도 증액보다 연방 정부 지출을 먼저 줄여야 한다고 주장하면서 2011년에만 최소한 1,000억 달러 이상 줄일 것을 요구했다. 이에 오바마 대통령이 직접 나서서 의회를 압박했지만 그도 2006년 상원 의원으로 재직할 당시 부시 대통령이 국채 발행 한도를 8조 9,600만 달러로 늘려

● 다국적 기업을 비판하는 시위 모습

달라고 요구했을 때 정부가 쓸데없는 곳에 지출을 늘렸다면서 반대했었다.

이렇게 양측이 국채 발행 한도를 늘리는 문제로 팽팽하게 맞서면서 세계 경제가 큰 혼란에 빠졌다. 1995년 공화당이 정부의 예산안을 반대하면서 의회를 통과하지 못해 정부 기능이 마비되는 일이 벌어졌다. 그러나 당시 로버트 루빈 재무 장관이 연방 연금에서 600억 달러를 빌려서 급한 지출을 해결해 위기를 벗어났다.

이처럼 미국이 국가 부채를 줄이지 못해도 문제이지만 너무 빨리 줄여도 세계 경제는 혼란에 빠질 수 있다. 미국의 나랏빚은 국내 총생산 대비 재정 적자 비율 8퍼센트로 총 예산 대비 부채 비율이 93퍼센트에 달한다. 이는 2010년부터 재정 위기를 겪은 남유럽 국가들보다 훨씬 위험한 상황이다. 특히 재정 적자비율 7.4퍼센트로 2010년 구제 금융을 받은 그리스의 총부채 비율 130퍼센트와 별 차이가 없다. 그런데도 국제 신용 평가 회사들은 그리스엔 투자 부적격 판정을 내리고 미국에는 최고 등급인 AAA를 매겼다. 그리스와 달리 미국은 기축통화인 달러를 무한정 찍어낼 수 있기 때문이다. 국제 신용 평가사들이 꾸준하게 미국에 최고 등급을 매기고 국제 투자자가 계속 미국 국채를 사들이는 것도 이런 믿음이 존재하기 때문이다.

그러나 미국 재정 상황이 갈수록 나빠져 세계 최대 경제 대국이라는 믿음도 무너지고 있다. 국제 신용 평가 회사인 무디스는 2011년 1월 발표한 보고서에서 재정 적자를 해결할 조치를 취하지 않으면 앞으로 2년 이내에 신용 등급이 내려갈 수 있다고 경고했다. 그러나 무디스는 1917년 이후 미국에 가장 높은 신용 등급을 매겼고, 신용 등급이 내려갈 것이라고 경고한 것도 1996년 단 한 차례뿐이었다. 이러한 분위기 속에서 스탠더드앤드푸어스도 미국의 최고 등급은 언제든 내려갈 수 있다고 밝혔다. 이에 미국의 파산을 우려한 세계 최대 채권 펀드 회사인 핌코는 전체 투자 자산에서 미국 국채 비중을 2009년부터 2년 동안 최저 수준으로 낮추고 재정이 튼튼한 캐나다와 멕시코, 브라질 국채에 투자하는 것이 훨씬 안전하다고 주장했다.

● 월가 시위 모습

　미국의 나랏빚이 급격하게 늘어난 것은 2005년 이후부터 6년 사이에 벌어진 일로 조지 W 부시 대통령이 두 번째 임기를 시작했을 때 국가 부채는 이미 7조 6,000억 달러에 달했다. 그러나 부시 정부는 이라크와 아프가니스탄과 잇따라 전쟁을 벌여 빚이 10조 6,000억 달러로 늘었다. 오바마 대통령이 재임 중에 늘어난 4조 달러는 2007년 비우량 주택담보대출 사태로 시작된 2008년 세계 금융 위기를 해결하려고 국가 재정을 쏟아 부은 결과였다. 이처럼 빚더미에서 헤어 나오지 못하는 미국이 계속해서 국채 발행으로 연명하다가는 국가 부도 사태를 맞을 수도 있다.

　그런데 문제는 세계 각국이 미국 경제에 의존하는 수출 정책을 편다는 점이다. 그러므로 미국이 너무 빠르게 긴축 정책을 펴면 세계 경제가 이중 침체에 빠질 수 있다. 2011년 미국은 국채 이자로만 한 해에 약 2,000억 달러를 갚았는데, 2025년이 되면 약 1조 달러를 넘을 것으로 예상하고 있다. 이는 미국 정부가 국민에게서 거둔 세금으로 이자를 치르고 나면 남는 것이 없는 금액이다. 미국 정부가 재정 적자를 줄일 때에는 경제가 안정되도록 속도를 잘 조절한 뒤 경기가 살아나면 과감하게 지출을 줄여야 한다. 만약 속도 조절에 실패하면 경제가 다시 불황에 빠질 수 있다.

　2011년 5월 미국 정부와 공화당이 벌인 채권 발행액 줄다리기는 2011년 8월 한도 금액을 늘리기로 합의해 일단 위험에서 벗어날 수 있었다. 당시 공화당은 끈질기게 세금을 늘리지 않으면 정부 지출도 줄이겠다는 조건을 달았다. 공화당은 부채 발행 한도를 늘려주는 조건으로 정부가 총 2단계에 걸쳐 지출 2조 4,000억 달러를 감축하고 미래 10년 동안 1단계로 9,170억 달러, 2단계로 나머지 1조 5,000억 달러를 줄일 것을 요구했다. 이에 국제 신용 평가사인 S&P는 미국 역사상 처음으로 신용 등급을 AAA에서 AA+로 한 단계 낮추었다. 이에 미국 정부는 국가 부채를 잘못 계산해서 생긴 일이라고 반박했지만 S&P는 나랏빚 계산이 바로 됐어도 신용 등급 강등은 당연하다고 밝혔다. 미국은 신용 등급이 최초로 매겨진 1917년부터 AAA 등급을 100년 가까이 유지했지만 엄청난 국가 부채가 미국 정부에게 우호적이던 신용 평가 기관마저 등을 돌리게 했다. 미국 나랏빚이 신용 등급에 영향을 주면서 세계 경제는 큰 혼란에 빠져 각국 주가가 곤두박질치고 금값이 최고액을 기록하는 등 많은 부작용이 속출했다. 국경이 사라진 현대 경제 세계에서 정부가 건전한 재정 정책을 펴나가는 것이 얼마나 중요한지를 잘 보여주는 사례이다.

③ 국채 통화화란?

국채 통화화란 정부가 발행한 국채를 중앙은행이 직접 사들이는 것을 말한다. 이러한 방법은 정부가 직접 돈을 찍어내는 것과 같은 효과가 있어서 통화 가치가 폭락하거나 인플레이션이 발생할 수 있다. 2010년 남유럽에서 발생한 재정 위기로 전 세계 경제가 혼란에 빠졌었다. 특히 재정 위기 국가 가운데 그리스가 국가 부도 위기를 넘기자 2012년에는 스페인으로 옮겨갔다. 이러한 위기 속에서 모습을 드러낸 정책이 바로 국채 통화화이다. 그런데 문제는 국채 통화화 정책이 경제에 엄청난 부작용을 가져올 수 있다는 점이다.

20세기 최고의 여성 경제학자로 꼽히는 영국 존 앤 로빈슨은 국채 통화화를 '통치의 연금술'이라며 긍정적으로 평가했다. 그러나 20세기 초 미국 투자 은행가인 존 피어폰트 모건 JP모건 설립자 은 국채 통화화를 '악마의 술수'

라고 비판했다. 국채 통화화 정책을 펴면 투자한 통화 가치가 줄어들어 손해를 보기 때문이다. 그래서 국채 통화화는 1950년대 이후 미국을 비롯해 유럽 중앙은행에서 한 번도 사용하지 않아 사라진 통화 정책이었다.

그런데 국채 통화화가 세상에 다시 모습을 드러낸 것은 남유럽 국가들이 국가 재정 위기를 해결할 방법이 없기 때문이다. 2010년 남유럽 국가들의 재정 위기 때 일부 전문가가 국채 통화화를 거론하다가 사라진 뒤 2012년 4월 프랑스 대통령에 당선된 올드랑이 등장하면서 다시 제기했다. 그 뒤 스페인 마리아노 라호이 총리와 이탈리아 마리오 몬티 총리가 정상 회담에서 다시 꺼냈으나 유럽 연합 최대 경제국인 독일이 강력하게 반대해 정책은 실현되지 않았다. 독일이 결사적으로 반대하는 이유는 바로 인플레이션 후유증 때문이다. 독일은 1920년대 제1차 세계 대전에서 패하면서 배상금을 갚으려고 화폐를 마구 발행했다가 엄청난 인플레이션을 겪은 고통스러운 역사를 간직하고 있어 통화 가치에 민감하다. 또한 독일은 부채보다 자산이 많아서 유로화 가치를 떨어뜨리는 국채 통화화를 국민이 좋아하지 않는다. 만약 국채 통화화가 이루어지면 그리스, 스페인, 이탈리아 등에 투자한 국채 가치가 줄어서 엄청난 손해를 볼 수 있기 때문이다.

유럽 재정 위기 국가인 프랑스, 이탈리아, 스페인 등은 만성적인 무역 수지 적자 국가여서 무역 적자가 더 늘어날 수 있다. 이렇듯 재정 위기를 겪는 국가가 긴축 정책을 펴면 소비가 줄어 경제 위기를 해결할 방법이 없기 때문이다. 남유럽 국가의 재정 위기가 2013년을 지나도 가라앉지 않아 유럽 연합 참여국 모두가 국가 부도 사태로 옮겨 갈 정도로 문제가 심각했다. 실제 남유럽 재정 위기는 그리스, 아일랜드, 포르투갈을 넘어 2012년 경제 규모가 훨씬 큰 스페인으로 번졌다. 특히 2012년 7월 이후 국제 채권 시장에서는 스페인 국채를 손해를 무릅쓰고 싼값에 팔아 버리는 덤핑 사태가 벌어졌다. 당시 10년 만기 국채 수익률이 연 7.5퍼센트 선 _{국채 수익률이} _{높을수록 부도 위기가 높음} 을 훌쩍 넘어선 스페인은 혼자 감당하기 어려운 금리까

● 유럽 연합 정상회의

지 올랐다. 국채 수익률이 7퍼센트를 넘어서면서 국가 부도가 날 수 있다고 생각한 국제 금융 투자자들이 국채 거래를 거부한 것이다. 만약 금융 투자자가 계속 불매 운동을 벌였다면 스페인은 국가 부도 사태를 겪은 제2의 그리스로 전락할 수도 있었다. 그런데 문제는 스페인 경제가 전체 유럽 연합의 4위에 해당하는 규모여서 그리스와는 차원이 다를 정도로 파괴력이 크다는 점이다. 스페인의 국가 부채는 9,396억 유로 2011년 기준. 약 1,315조 4,400억 원 로 2009년 위기를 겪은 그리스보다 4배나 많다. 그뿐 아니라 스페인 문제가 해결되지 않으면 유로지역 경제 규모 3위인 이탈리아까지 위기가 옮겨갈 수 있었다. 만약 이탈리아까지 위기가 번지면 유럽 연합이 해체되는 상황이 벌어질 수도 있다.

그런데 더 큰 문제는 유럽 연합을 이끄는 독일, 프랑스, 유럽중앙은행 ECB 이 해결할 정책이 없다는 점이다. 그동안 재정 위기를 겪은 국가들을 지원하려고 유럽 중앙은행이 가지고 있던 자금이 모두 바닥났다. 아직 구제 금융 펀드인 유럽재정안정기금 EFSF 과 유럽안정화기구 ESM 가 있지만 이들이 보유한 자금으로는 스페인을 구제하기에 턱없이 부족했다. 그동안 유럽 중앙은행이 2011년 말부터 2012년 초까지 시장에서 스페인과 이탈리아 국채를 사들여서 여윳돈이 전혀 없었다.

현대 경제사에서 국채 통화화는 모두 세 번 이루어졌다. 첫 번째는 1920년대 독일의 바이마르공화국이 제1차 세계 대전 패배로 영국과 프랑스에 지급해야 하는 전쟁 배상금을 조달하려고 당시 중앙은행이었던 제국은행에 국채를 떠안겼다. 이에 제국은행은 화폐를 마구 찍어내 신문 한 부 값이 수백만 마르크에 이르고 심지어는 땔감 대용으로 화폐를 태우는 등 초인플레이션을 겪었다. 당시 독일은 통화 시스템과 통화 가치가 함께 폭락하면서 사람들이 물물 교환을 하기도 했다.

1927년 미국에서 발생한 대공황 때 대통령에 취임한 루스벨트는 1933년 중앙은행인 연방준비제도이사회 FRB 에 국채를 맡기고 달러를 가져다가 각종 투자 공사를 설립해 뉴딜 정책을 폈다. 당시 미국은 대공황으로 기능을 잃어버린 은행들을 대신해 기업에 자금을 공급한 결과 경제가 눈에 띄게 되살아났다.

또 다른 국채 통화화는 제2차 세계 대전 때 미국 정부가 막대한 전쟁 물자를 영국을 비롯한 연합국에 공급하는 병참기지 역할을 하면서 시행했다. 당시 미국 정부는 부족한 자금을 확보하려고 국채를 발행했지만 투자자를 찾지 못해 결국 연방준비제도이사회에 채권을 맡기고 달러를 가져다 사용했다. 이러한 정책으로 미국은 금리 부담이 대폭 줄었다. 금융 회사들이 제2차 세계 대전을 3퍼센트 전쟁으로 부르는 것이 바로 이러한 이유 때문이다. 당시 미국 재무부 평균 부담 금리는 연 3퍼센트로 제1차 세계 대전 때 연 5퍼센트보다 낮았다.

그러나 2012년 유럽에서 시행하려는 국채 통화화 정책은 두 번 모두 성공한 미국과는 전혀 상황이 다르다. 유럽의 경제 위기를 해결할 방법이 국채 통화화 밖에 없기 때문에 유럽 연합이 고민하는 것이다.

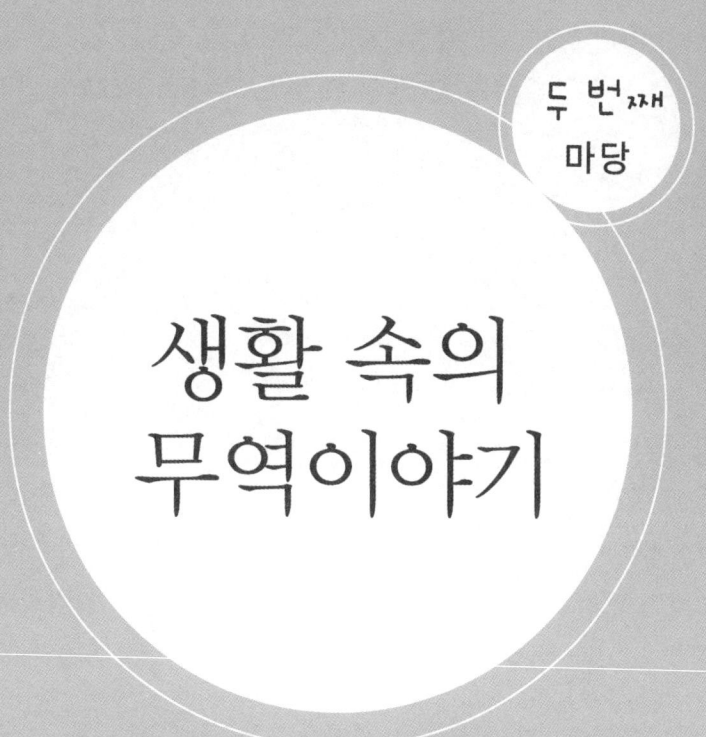

생활 속의
무역이야기

무역은 지방과 지방 사이에 서로 물건을 사고팔거나 교환하는 형태였다. 그러나 우리가 요즘 흔히 말하는 무역은 나라끼리 물건을 사고파는 국제 무역으로, 활발해지기 시작한 것은 산업혁명 이후이다.

경제학에서 무역은 국내, 국가 간의 비교 우위 상품이나 기술, 용역, 투자 등을 교환하거나 매매하는 행위를 말한다. 최초의 무역 기록은 BC 5000년 경 이집트, 바빌로니아, 아시리아, 페니키아 등에서 이루어고 크레타 섬 원주민이 최초로 무역업을 한 민족으로 알려져 있다.

동양에서는 BC 139년 경 실크로드를 통해 시작되었으며 7세기 중엽 당나라 안녹산의 난으로 길이 막히면서 쇠퇴하였다. 우리나라는 삼국시대 중국, 왜나라, 동아시아 국가들과 무역을 전개했는데 통일 신라 이후 장보고가 지금의 완도인 청해에 진을 설치해 동방 무역을 관장하면서 활발해졌다.

국제 무역과 국내 경제의 관계

인류 최초의 무역은 BC 5000년 전 이집트, 바빌로니아, 아시리아, 페니키아 등에서 이루어졌고, 크레타 섬 원주민은 무역업을 한 최초의 민족이다. 동양에서는 BC 139년부터 BC 126년 경 무역이 시작되었다고 기록하고 있다. 특히 7세기 중엽 한족과 북방 유목민, 티베트인이 실크로드를 개척하면서 전성기를 맞았다. 그러나 안녹산의 난으로 중국이 지방 분권화를 이루면서 지방 세력들이 이익을 독차지하려고 실크로드를 막으면서 쇠퇴하기 시작했다. 우리 역사에서 국제 무역은 고대부터 이루어졌을 것으로 보지만 통일신라 후기 장보고가 서남아시아 해상권을 장악하면서 활발하게 전개했다.

그 뒤 영국이 산업 혁명을 이루면서 국제 무역은 더욱 활발해졌다. 1914년 제1차 세계 대전 후유증으로 대공황이 발생해 세계 각국이 보호 무역 정책을 펴기도 했지만 결국 자유 무역으로 전환했다. 특히 세계 2차 대전 이후 유럽 열강이 경제 재건을 성공적으로 마치면서 빠른 기술 개발로 생산량을 늘리면서 대량 소비 시대를 맞았다. 이처럼 무역이 활발해진 것은 국가마다 경제를 국력의 핵심 정책으로 삼았기 때문이다.

1948년 GATT에서 WTO 체제로 바뀌면서 무역은 늘어났으나 많은 문제가 발생했다. 이 때문에 자유 무역을 이루려 국제기구와 경제 연합체를 설립하고 자유 무역 협정이 등장해 현재에까지 이르렀다.

1 나라끼리 상품을 사고파는 국제 무역

상품을 사고파는 것은 돈과 물건을 맞바꾸는 것이다. 이렇게 돈과 물건을 바꾸는 이유는 서로에게 이익이 되기 때문이다. 예를 들어 떡볶이가게 주인은 떡볶이를 소비자의 돈과 바꾼다. 이렇게 번 돈으로 옷이나, 가전제품, 쌀 등 생활에 필요한 물건을 사 경제가 잘 돌아가도록 한다.

이처럼 상품을 교환하는 일은 지방과 지방, 국가 간에도 이루어졌는데 이를 무역이라고 한다. 20세기 이전에는 국내 지방끼리 이루어지는 연안 무역과 국제 무역을 모두 무역이라고 부른 것은 이 때문이다. 유럽 국가들은 대부분 연방 국가여서 지역마다 관세를 매겼다. 하지만 지금의 무역은 국제 무역만을 의미한다.

세계 여러 나라는 제각기 발달한 산업이 있다. 무역이 일찍부터 발달한 미국, 영국, 프랑스 이탈리아, 스페인 등은 금융업이, 자원이 풍부해 동이나 철광석 등 광물자원을 많이 생산하는 칠레, 브라질, 호주 등은 광업이, 미국이나 호주처럼 초원이 많은 나라는 목축업이 발달했다. 또한 원유나 천연가스 등 지하자원이 풍부한 아랍 국가나 러시아 등은 에너지 산업이 발달했다. 그리고 우리나라나 일본처럼 지하자원이 부족한 나라는 제조업이 발달했다.

전 세계 국가는 이처럼 자신들이 가진 장점을 산업과 연계해 상품을 만들어 다른 나라와 교역을 통해 부를 축적한다. 그리고 무역으로 번 돈으로 부족한 상품을 사들여 국민 생활이 안정되도록 한다.

○생각해 보기

1. 각 나라의 대표적인 무역 상품을 알아본다.
2. 우리나라의 대표적인 수출 상품을 알아본다.

① 자유 무역

무역이란 자국에서 생산하기 어렵거나 생산할 수 없는 상품을 외국에서 수입하고 반대로 잘 만드는 것을 외국에 파는 것을 말한다. 무역은 거래 형태에 따라 자유 무역, 보호 무역, 공정 무역으로 나눌 수 있다. 우리가 일반적으로 말하는 무역은 바로 자유 무역이다. 자유 무역은 무역을 자유롭게 할 수 있는 상태를 말한다. 보호 무역은 자국 산업을 보호하려고 외국과의 무역에 높은 관세, 수입 제한과 같은 장벽을 쌓아 쉽게 수입품이 들어오지 못하도록 하는 것이다. 공정 무역은 무역 협상을 할 때 서로 양보해 의견 차이를 줄이는 것을 의미한다. 내가 하나를 손해 보면 상대방에게도 하나를 손해 보도록 해 공평한 무역이 이루어지도록 하는 것이다.

자유 무역은 말 그대로 국가가 개인이나 기업의 무역을 전혀 간섭하지 않는 것으로 국가 관리나 통제가 거의 가해지지 않는 상태를 말한다. 그러나 현실적으로 대부분 국가는 자국 산업을 보호하고 국제 수지를 개선하기 위해 무역을 통제하고 있다. 다만 그 정도의 차이에 따라서 보호 무역과 구별하는 것이다.

● 화물기에 수출품을 싣는 모습

18세기 중반 산업 혁명을 일으켜 세계의 공장으로 군림했던 영국은 19세기까지 경쟁할 나라가 없는 독보적인 존재였다. 당연히 자국 산업을 보호할 필요가 없었고 오히려 국가 통제는 무역을 늘리는 것을 방해해 경제 발전을 가로막는 것으로 생각했다. 이러한 이유로 영국은 자유 무역과 중상주의 상공업을 발전시켜 부국강병을 추구하는 체제 를 추구하면서 경제를 발전시켰다. 산업 혁명이 이루어지는 가운데 자유 무역을 요구하는 주장이 계속 늘어났고 애덤 스미스나 리카도와 같은 고전 경제학자들은 이론으로 이를 뒷받침해 경제학자로서의 자리를 확고히 했다.

　근대 자유 무역이 시작된 것은 1786년 이든 조약이 체결되면서부터이다. 이 조약은 영국과 프랑스 사이에 맺어진 경제 협정으로 낮은 관세를 주요 내용으로 삼았다. 그 뒤 이든 조약은 점차 세계 여러 곳으로 퍼졌고, 영국과 프랑스가 전쟁을 벌이면서 잠시 중단되었다가 19세기 초에 재개했다. 이후 이든 조약은 1820년대 상공업자들이 주장한 자유 무역 정책을 1824년 영국의 W. 허스키슨이 관세 개혁안을 제출하면서 활발해졌다. 이 법안은 수입 금지와 금지적 관세와 수출 장려금, 생산에 필요한 수입 원료에 부과한 세금, 기타 상품의 밀무역 密貿易 을 없애려고 관세율을 53퍼센트에서 30퍼센트로 낮추었다. 그 뒤, 1842년 R.필이 원료 5퍼센트, 반제품 12퍼센트, 완제품 20퍼센트로 수입 관세율을 정한 개혁안을 통과시켰다. 그러나 주류는 상업에서 특혜를 인정하는 호혜 협정을 체결하는 협상 무기로 사용하려고 세율을 그대로 유지하다가 1845년 소득세를 조정하면서 450개 품목과 함께 사라졌다.

　그리고 중상주의의 마지막 잔재로 남아 있던 곡물법도 1844년과 1845년 영국과 아일랜드에 흉년이 들면서 1846년 폐지되었다. 1849년에는 연안 외 무역을 통제한 항해법이, 1854년에는 한 나라 연안에 있는 항구 사이에서 행해지는 연안 무역에서 관세를 완전히 없앴다. 이런 과정을 거치면서 성립된 자유 무역은 전 세계로 퍼져나가 19세기 후반 미국을 제외한 대부분 국가에서 시행했다.

● 중상주의를 주장한 박지원

자유 무역의 이론적 배경은 고전학파와 신고전학파 이론인 비교 생산비설을 통해 자유로운 경쟁이 국제 분업을 유도해 경제 성장을 이끄는 요소라는 주장이 설득력을 얻었기 때문이다. 특히 자유 무역은 기존 생산 효율성을 높이는 요소로 작용해 생산량과 질에도 영향을 주어 수출이 늘어난다고 보았다. 그러므로 각국이 수출 산업을 육성하면 기업은 생산 설비에 더 많은 투자를 해 규모의 경제가 이루어진다는 것이다. 이 때문에 새로운 일자리가 많이 생겨 생산 기술을 여러 곳에 전파해 경제 성장에 대한 확신이 모든 산업에 퍼지면 소비를 늘리는 경제 효과를 가져다준다고 생각했다. 특히 현대 자유 무역은 각국이 수입품에 상대적 경쟁으로 국제 무역을 균형 있게 발전시킬 수 있다고 보는 체제여서 특정 국가가 일방적인 이익을 추구 하던 19세기 자유 무역과는 근본적으로 차이가 있다.

자유 무역 정책 수단	
직접적인 촉진 방법	수출 장려금, 수출 금융, 수출 보험
간접적인 촉진 방법	환세(미리 낸 세금을 돌려주는 것), 면세, 보세

② 보호 무역

보호 무역이란 국가 권력이 자국 산업을 보호하려고 일정한 범위 안에서 무역을 제한하는 것을 말하며, 이러한 제도가 필요하다고 보는 견해나 사상 을 보호 무역주의라고 한다. 보호 무역은 국가 권력을 배제하고 자유롭게 외국과 무역을 하는 자유 무역과 반대 개념으로 자국 산업을 외국과의 경쟁 에서 보호해 일정한 단계까지 육성 발전시키는 것을 중요한 목적으로 삼는 다.

보호 무역주의는 중상주의 말기 기업에 시행한 수출 장려금 제도와 보호 관세 제도로 자본을 축적하려는 의도에서 등장했다. 이는 경쟁에 바탕을 둔 자유 무역을 주창했던 영국과 달리 당시 자본주의 후발주자였던 독일과 미국이 자국 산업을 보호하려는 명분으로 보호 무역주의 이론을 전개하면 서 나타났다. 19세기에 들어와 보호 무역주의를 체계화한 사람은 F. 리스트와 A. H. 바그너로 국가는 자국 유치산업을 보호하고 수출로 고용을 늘리면 국내 경기와 임금 안정시키고 국방과 기간산업을 육성하려면 보호 무역을 펴야 한다고 주장했다.

20세기에 들어서 대부분 국가는 자유 무역을 바탕으로 경제를 운용하지만 한계에 이른 화석 연료와 지하자원, 식량 분야의 영향으로 보호 무역의 개념도 바뀌고 있다. 또한 개발 도상국의 수입품을 막으려는 선진국의 관세나 비관세 정책 등 새로운 형태의 보호 무역주의가 등장했다.

세계 경제사에서 무역 정책 변화의 특징을 살펴보면 시기에 차이는 있지만 어떤 국가든 실업 방지, 유치산업 보호를 목적으로 보호 무역주의가 출현했다. 또한 새로운 국가가 등장하거나 경제 위기, 전쟁, 기근과 같은 환경이 변하면 다시 나타났다. 그러나 19세기 중반 이후 영국과 함께 제2차 세계 대전 승전국이 된 미국처럼 세계 경제를 주도하는 국가들은 자유 무역으로 더 많은 이익을 얻으려 노력했다. 특히 세계 무역 기구가 출범해 뉴라운드 협상이 어려움을 겪었으나 대부분 국가는 보호 무역주의보다 자유 무역을 추구했다.

● 보호 무역 정책의 수단

간접적인 수입 제한 정책	관세 부과, 외국환 관리
직접적인 수입 제한 정책	수입 할당제도(쿼터제), 구상 무역 제도(바터제), 연계 무역 제도(링크제)
비관세 장벽(NTB)	수입 제한적 비관세 장벽 • 수입 할당제 • 수입 예치금제 • 수입 금지 제도
	• 수입 과징금 • 수입 자율 규제 : 수출 장려 비관세 장벽
	• 수출 보조금 • 수출 신용제도 • 수출 신용 보험제도

③ 공정 무역

전 세계 정치·경제 분야에서 초강대국이 된 미국이 무역 정책에서 자주 거론하는 용어 가운데 하나가 바로 공정 무역이다. 그런데 요즘은 공정 무역이 갖는 의미를 나라마다 다르게 해석한다. GATT 체제에서는 무역 장벽을 낮추는 협상을 할 때 서로 같은 규모로 관세를 인하하고 특정 범위에서 상품을 보호하는 상호 평등 원칙을 따르므로 이에 상응하는 양보를 원칙으로 한다. 따라서 공정 무역은 양국 간 교역에서 적자가 발생하면 평등 원칙을 벗어난 것으로 본다는 점에서 기본적으로 공평한 조건을 전제로 한다. 보호 무역을 하는 국가는 경쟁력이 없는 산업에 무역 장벽을 만들기 때문에 자유 무역을 펴는 국가의 생산자는 부당한 피해를 볼 수 있다. 또한 국제 무역에서 국내 산업을 보호하는 동시에 상대국 시장을 개방하도록 유도하는 효과가 있다. 따라서 일방적인 자유 무역보다 공정 무역을 더 추구하려는 이유는 효율성과 공평성을 동시에 달성할 수 있다고 생각하기 때문이다. 그러나 공정 무역이 국민 이익을 희생해 특정 기업 이익을 보장해 주려는 의도를 숨긴 상호주의라는 가면을 쓴 보호 무역 정책에 지나지 않는다고 주장하는 사람도 있다. 이들은 전 세계 무역에서 두 나라 간 무역 수지만 문제를 삼으면 더 큰 사회적 비용을 치를 수 있어서 맞지 않다는 것이다.

최근에는 공정 무역을 공평한 분배를 의미하는 시민운동 용어로 사용하기도 한다. 1988년 네덜란드에서 시작된 공정 무역 운동은 값싼 노동력으로 커피 등 농산물을 생산하는 빈민국의 소규모 생산자를 위해 대기업과 달리 중간 유통을 줄여 합당한 가격으로 판매해 이익을 되돌려주는 사회운동 차원의 소비를 말한다. 공정 무역 제품이라고 표기한 이런 상품은 기존 대기업이 생산한 것보다 더 비싸지만 원료를 생산한 가난한 국가의 생산자에게 합당한 대가를 돌려준다는 점에서 착한 소비 운동으로 불리기도 한다. 커피 같은 농산물은 대부분 가난한 국가에서 생산해 싼 가격에 팔리지만 이를 싸게 사들인 다국적 기업은 가공 판매로 많은 이익을 챙기면서 가난한 생산자에게는 공평하게 이익을 나누어주지 않아 빈곤에서 벗어날 수 없었다. 가난한 생산자에게 정당한 대가를 지급해 가난에서 벗어나도록 하는 올바른 소비 운동이 바로 공정 무역 운동이다. 이러한 영향으로 다국적 기업들도 공정 무역 운동에 적극 참하고 있다.

④ 국제 수지

경제 활동 가운데 대표적인 것은 생산과 소비로 남는 생산물을 다른 사람에게 팔거나 교환하는 행위로 오래전부터 이루어졌다. 이렇게 개인 간 거래를 넘어 국가 간 무역이 이루어진 것은 세상의 어떤 나라도 자급자족을 할 수 없기 때문이다. 자력갱생을 주장하며 주체사상으로 무장한 북한도 외국과 상품을 교역하거나 자본을 도입한다. 그뿐 아니라 세계에서 가장 자원이 풍부한 미국조차도 외국과의 교역으로 경제를 유지한다. 이처럼 국가 간 무역으로 상품과 자본을 수입하고 동시에 수출하는 모든 결과를 국제 수지라고 한다.

국제 수지는 특정 기간에 국가 간 발생한 모든 경제적 거래를 체계적으로 기록한 것을 말한다. 국가 간 거래란 국민 경제 영역에 있는 거주자와 영역 밖에 있는 비거주자 간 거래를 포함하는데 거주 기간은 1년을 기준으로 삼는다. 예를 들어 외국인이라 할지라도 1년 이상 국내에 거주하면 국내 경제 주체로 분류하고 내국인이라도 외국에 1년 이상 거주하면 거주국 경제 주체로 본다. 기업 역시 마찬가지여서 1년 이상 국내에서 경제 활동을 수행하거나 수행할 의도가 있을 때에는 국내 경제 주체로 본다. 그러나 외국에 있는 정부 기관인 대사관이나 군사시설은 치외 법권 지역이므로 그 나라 경제권에 속하지 않는다.

무역을 통한 국제 수지 가운데
가장 중요한 항목은 경상 수지와
자본 수지로 국제 통화 기금은 국
제 거래의 통계를 표준화하려고 표
준 항목 체계를 마련해 각국이 이
에 맞는 국제 수지 통계를 작성하도록 권하고 있다. IMF가 가장 최근에
만든 목록은 1993년 만든 제5판으로 우리나라는 1998년 1월부터 이를 근거
로 작성하고 있다. IMF 국제 수지 규칙은 국제 수지표를 일정 기간 한
국가 거주자와 그 나라를 제외한 나머지 국가 거주자 사이에 발생한 모든
경제 거래를 체계적으로 기록한 통계로 정의한다.

국제 수지 개념에서 일정 기간이란 국제 수지 통계를 작성하는 기간으로
월, 분기, 연 단위를 말한다. 또한 한 국가 거주자 개념에는 개인뿐만 아니라
기업 및 국가도 포함한다. 여기서 개인이란 법률상 국적이나 지리적 영역을
묻는 것이 아닌 경제 활동의 이익 중심지를 기준으로 삼는 것이다. 예를
들면 우리나라 국적을 가진 재미교포가 주로 미국에서 경제 활동을 하면
미국 거주자로 정의하지만 외국대사관에 근무하는 한국인은 대한민국 거주
자로 분류한다. 유학이나 치료를 위해 외국에 1년 이상 체류하는 한국인은
체류국 거주자가 아닌 한국 거주자로 간주하며, 외국 공관이나 국제기구에
파견된 사람도 모두 본국 거주자로 분류한다. 국제 수지에 기록되는 거주자
와 비거주자 간 거래 가운데 가장 중요한 것은 상업적 거래로, 경제적 가치
를 목적으로 경제적 가치를 제공하는 행위를 말한다. 거래 대상물은 경제적
가치를 지닌 상품이나 서비스 소득 같은 실물 자산과 금융 자산도 모두
포함한다. 그 외에 관례상 거래라고 볼 수 없는 특수한 거래인 증여나 기증
등 무상 거래도 국제 수지에 포함해 거래로 간주한다.

국가 간 무역에서 가장 중요한 것은 국제 수지 균형인데 만약 우리나라
가 미국에 상품을 팔기만 하고 사지 않는다면 무역 분쟁이 일어날 수 있다.

그러므로 국제 수지는 각국이 인정할 수 있는 복식 부기를 원칙으로 작성해야 하고 항상 매입과 지출이 일치해야 한다. 따라서 국제 수지표 기록은 모든 외부 거래에서 벌어들인 금액과 지급한 금액이 항상 일치하므로 회계 균형이 이루어져야 한다. 경제학에서 국제 수지 균형은 수입보다 수출이 많으면 흑자, 적으면 적자, 0이면 균형으로 표현한다.

국제 수지는 성장, 물가, 환율 등 국내 경제의 바탕이 되므로 모든 활동에 영향을 끼친다. 그러므로 국제 수지는 기업 활동에 영향을 미치는 시장 경제와 금융 시장을 조성하는 중요한 요인으로 작용한다. 또한 정부의 경제 정책뿐만 아니라 개별 기업이나 일반 투자자들에게 생산 및 투자 결정 자료로도 쓰여 주요 항목별 구성 내용에 관심이 많다. 특히 우리나라처럼 수출 경제 구조가 특정 상품과 지역에 편중되면 지속적인 경제 성장을 이루기 어렵다. 1990년대 이전까지 우리나라는 생산한 상품 대부분을 미국에 수출하면서 미국이 불경기를 겪을 때마다 함께 어려움을 겪었다. 이러한 경제 구조에서는 불경기 때 경상 수지가 적자로 돌아서면 국가 재정이 부족해 대출금을 갚기 어려워진다. 특히 국가 부채를 갚을 능력이 부족하다고 판단되면 국제 금융 시장에서 돈을 빌릴 때 많은 이자를 지급해야 하므로 국내 경제에 나쁜 영향을 준다.

국제 수지는 재화, 서비스, 소득, 국가 간 거래로 크게 경상 수지, 자본 수지, 준비 자산 증감, 오차 및 누락으로 나누는데 가장 중요한 항목은 경상 수지이다. 경상 수지는 한 국내 자본 거래를 제외한 국외 거래를 나타내는 지표로 상품이나 서비스 등 수출입에 따른 수입과 지출 금액을 뺀 것을 말한다. 경상 수지의 세부 항목은 상품 수지, 서비스 수지, 소득 수지, 경상 이전 수지 등으로 분류한다. 상품 수지는 수출액과 수입액 차이로 수출액이 수입액보다 많으면 흑자, 반대이면 적자로 표현한다. 그런데 국제 수지표의 상품 수지와 관세청에서 발표하는 수출입 통계는 항상 일치하지 않는다. 그 이유는 관세청에서 집계하는 수출입 통계는 상품이 관세선을 통과하는 시점을 수출입으로 작성하기 때문이다. 상품 평가 기준에서도 수출은 본선 인도 가격 FOB 을, 수입은 운임과 보험료를 포함한 가격 CIF 으로 작성한다. 그러나 상품 수지는 상품 소유권이 이전되어야만 수출입으로 인정하고 수출과 수입 모두 본선 인도 가격을 기준으로 작성한다.

● 부산항에 도착한 화물선

서비스 수지는 외국과 서비스 거래에서 수입과 지급 차액으로 선박이나 항공기 운항으로 외국에서 번 돈이나 외국인 관광객이 지출한 돈 등은 서비스 수입으로, 반대로 외국 여행비, 특허권 사용료 등은 서비스 지출로 분류한다. 우리나라는 어학 연수나 유학 등 경비 지출이 많아서 서비스 수지가 항상 적자였다. 소득 수지는 외국인 노동자에게 지급하는 임금, 내국인 재외노동자가 받는 임금, 외국에 있는 금융 자산이나 부채와 관련된 배당금, 이자 등 투자 소득의 수입과 지급 차액으로 임금 수지와 투자 소득 수지로 나뉜다. 임금 수지는 외국에 일 년 이내 거주하면서 우리나라 국민이 벌어들이는 돈과 반대로 국내에 1년 이내 거주한 외국인이 국내에서 번 소득의 차액을 의미하며, 투자 소득 수지는 거주자와 비거주자가 국내외에 투자해 얻은 배당금과 이자의 차액을 말한다.

경상 이전 수지는 거주자와 비거주자가 아무런 대가 없이 주고받는 거래로 외국에서 일하는 가장이 국내로 돈을 송금하거나 자선 단체가 국내로 들여온 기부금, 정부 간 무상 원조 등이 여기에 포함된다. 그런데 선진국이나 우리나라의 경상 이전 수지가 적자인 것은 자선 단체 기부금이나 외국에 원조 자금이 일방적으로 빠져나가기 때문이다. 특히 외국에 유학 중인 자녀나 가족에게 송금하는 사람이 많다.

자본 수지는 정부, 금융 기관, 기업 간에 발생하는 자본 거래 수입과 지출 차액으로 투자 수지와 기타 자본 수지로 이루어진다. 투자 수지는 직접 투자, 증권 투자, 기타 투자로 나뉘는데, 직접 투자는 외국인들이 우리나라 기업 경영에 참여해 이익을 얻는 투자를 말한다.

증권 투자는 외국과 주식, 채권, 파생 상품을 거래하는 것을 의미하며 직접 투자와 증권 투자를 제외한 외국과의 모든 금융 거래를 기타 투자라고 한다. 주식 투자에서 외국인이 주식 취득으로 경영에 참여해 지속적인 이익을 얻으려는 목적일 때에는 직접 투자, 매매 차익만을 목적으로 한 투자는 증권 투자로 분류하므로 그 의미가 중복되기도 한다. 준비 자산 증감은 외화 보유액 가운데 거래에만 사용한 것으로 이렇게 분류하는 것은 정부가 외화를 사들이면 이자 소득 외에 환율 변화에도 영향을 주기 때문이다. 외화 보유액은 달러로 표시하므로 아무런 거래가 일어나지 않더라도 환율 변화로 그 값이 변한다.

국제 수지표는 특정 기관뿐만 아니라 다양한 목적을 가진 여러 기관에서 작성한 통계를 기초로 만들어지므로 기초 통계 자체 오류나 통계를 작성할 때 내용이 빠지는 일이 종종 발생한다. 오차 및 누락이란 국제 수지표를 작성하면서 오차와 내용이 실수로 빠진 것을 의미한다. 이러한 오차, 누락 문제는 전 세계 국가에서 공통으로 벌어지는 현상이므로 작성에 따른 수정을 하도록 하기 위함이다.

세계 어느 나라나 경상 수지 흑자를 목표로 한다. 경상 수지 흑자를 기록하면 국내에서 생산한 상품과 서비스 수요가 늘어 생산량과 일자리, 소득이 함께 증가한다. 또한 외화 보유액을 늘릴 수 있어 환율 차익을 얻으려는 외환 투기꾼도 쉽게 방어할 수 있다. 그런데 경상 수지 흑자가 계속되면 통상 마찰뿐만 아니라 국내 경제에 다양한 문제가 생기기도 한다. 경상 수지 흑자가 지속되면 국내에 외화가 계속 유입되어 통화량이 증가해서 인플레이션과 교역 상대국과 무역 갈등을 겪을 수도 있다. 또한 외국 투자자가 투자를 늘리면 국내 경제를 살리기에는 유리하지만 주식 시장이나 채권 시장에 거품이 생길 수 있다. 이럴 때 예상 못한 불경기로 거품이 꺼지면 투자 자금이 한꺼번에 빠져나가면서 환율이 빠르게 올라 경제가 혼란에 빠질 수 있다. 1997년 아시아에 불어 닥친 외환 위기와 2008년부터 2009년 사이 빠르게 환율이 오른 것도 이런 원인이 작용한 것이다.

2011년 우리나라는 수출입 규모 1조 달러와 무역 수지 흑자 276억 달러를 기록했다. 그러나 이는 2010년 412억 달러보다 79억 달러나 줄어든 금액으로 국제 수지 282억 달러와 많은 차이가 났다. 이는 언론에서 국제 수지란 용어 대신 경상 수지나 무역 수지라는 용어를 같은 의미로 사용했기 때문이다. 수지 收支는 가정에서 작성하는 가계부나 기업에서 수입과 비용을 작성하는 회계 장부로 수입과 지출을 의미한다. 국가도 무역으로 발생하는 모든 수입과 지출을 기록 정리하는데 이것이 바로 경상 수지와 무역 수지보다는 더 넓은 개념인 국제 수지이다.

앞에서 설명한 것처럼 경상 수지는 무역 수지, 서비스 수지인 무역 외 수지, 소득 수지, 경상 이전 수지로 구분한다. 무역 수지는 무역을 통해서만 얻은 수지로 무역 외 수지, 소득 수지, 경상 이전 수지는 제외한다. 우리나라는 1998년대부터 경상 수지 흑자를 기록해 경제가 꾸준히 성장하고 있다. 그러나 이러한 흑자 형태가 대기업에 집중하고 중소기업으로 확대되지 않으면 지속적인 성장을 가로막는 원인이 될 수 있다.

선인도 가격(FOB)_ 수출항 본선 인도 가격이라고도 하며 수출 상품을 항구에서 매수자에게 인도할 때의 가격.

본선 인도 조건_무역에서 가격을 결정하는 조건인 인도 조건의 하나로 수출 화물을 본선에 적재할 때까지 모든 비용(포장비, 도로 운송료, 창고료 등)과 위험을 수출업자가 부담하고 일단 본선에 화물을 선적한 뒤에는 수입업자가 책임을 지는 조건을 말한다. 선박은 반드시 수입업자가 찾아야 하고 만약 만선 등의 이유로 지정 선박에 화물을 싣지 못해도 수출업자는 책임을 지지 않는 것을 말한다.

운임 보험료 포함 가격(CIF)_ 상품, 가격, 운임, 보험료 등 물품이 출발해서 수입국 항구에 도착할 때까지 발생하는 모든 비용을 포함하는 것을 말한다.

⑤ 환율 변화와 국제 수지의 관계

미국 달러화가 오르면 교환할 때 원화를 더 많이 지급해야 한다. 만약 1달러에 1,000원의 교환 가치가 있었다면 그 이상을 지급해야 한다. 이처럼 환율이 오르게 되면 기업의 생산 비용이 줄이는 효과가 나타나 가격 경쟁력에 도움을 주므로 수출이 증가해 무역 수지를 개선하는 효과가 있다. 그뿐 아니라 더 많은 외국인 관광객이 우리나라를 찾아오지만 외국 여행이나 유학, 외국 출장, 수입품 소비는 줄어든다. 수입품은 환율의 영향으로 생산 원가를 높이는 역할을 해 국내 물가가 오르게 한다. 이는 다시 임금을 인상하는 요인으로 작용해 다시 물가가 오르는 상승효과가 나타난다. 특히 외국에서 원자재를 수입해 상품을 생산하는 석유 화학, 목재, 펄프, 정밀 기기 등은 가격이 오르고 은행에서 달러화로 돈을 빌렸을 때에도 원금 부담이 늘어난다.

우리나라 외화 표시 채권 대부분은 중앙은행 등의 금융 기관이 가지고 있다. 그러나 외화 표시 채무는 대부분 기업이 보유해서 환율이 상승하면 채무 상환 부담액이 늘어나 이익도 줄어든다. 이때 수출 기업은 환율 차익으로 이익을 얻지만 수입 기업은 손해를 보게 된다. 이처럼 환율로 생기는 손해를 줄이려고 기업들은 수출 대금을 받는 시기를 미루거나 수입 대금

● 미국의 500달러 지폐

지급을 앞당기므로 환율이 상승하기도 한다. 이때 환차손을 우려한 외국인 투자 자금이 빠져나가면 주식 시장이 폭락할 수도 있다. 그러므로 기업이 원화 경쟁력에만 의존해 품질 개선과 기술 개발 등 구조 조정을 미루면 장기적으로 체질을 약화시켜 외국 기업에게 뒤처질 수 있다.

만약 미국이 기준 금리를 올리면 달러화 가치도 함께 올라 금융 시장에서 적용하는 기본 이자율도 함께 상승한다. 결국 미국이 금리를 인상한

효과는 미국에 투자를 유도하는 효과가 생긴다. 그러므로 우리나라도 금리를 함께 올리지 않으면 국내에 투자한 자금이 모두 빠져나가 자본 수지를 악화시킨다.

미국이 금리를 인상하는 데에는 여러 가지 원인이 있지만 대부분 과열된 경기를 막기 위해서다. 그러므로 미국에 수출하는 양이 줄어 자본 수지와 경상 수지 흑자가 감소하므로 환율이 오르게 된다. 그러나 달러화 가치가 오르면 원화 가치가 내려가므로 우리나라 기업들이 수출 경쟁력을 회복하는 효과도 있다. 따라서 달러화가 오르면 자본 유출과 미국 내 수요 감소로 수출이 줄어드는 반면 원화 가치가 내려가는 효과가 생긴다.

2 국제 무역과 수출 상품

우리나라는 지하자원이 부족해서 원자재를 들여와 물건을 만들어 파는 제조업이 발달했다. 특히 스마트 TV, 에어컨, 냉장고와 같은 전자 제품과 첨단 과학 기술이 필요한 휴대 전화, 반도체 그리고 조선, 철강, 자동차 등의 제조업이 발달했다. 이렇게 만들어진 상품이나 서비스를 외국에 파는 것을 수출이라고 한다.

1980년대까지 우리나라는 가방이나 의류, 신발 등을 주로 수출했지만 경제가 발전하면서 첨단 과학 기술이 필요한 반도체나 휴대 전화기를 비롯해 유조선, 가스 운반선, 자동차와 같은 기술 집약적인 제품을 만들어 수출하고 있다. 이러한 제품은 세계 어디서나 품질을 인정받아 2011년에는 5,000억 달러가 넘는 수출을 했다.

그러나 지하자원이 풍부한 나라는 자원을 수출해 돈을 벌기도 한다. 중동 국가들은 원유를, 산림 자원이 풍부한 동남아 국가는 펄프와 고무를, 초원이 많은 호주는 양모나 낙농 제품을, 콜롬비아나 이디오피아 등은 커피를 수출해 국가 경제를 유지한다.

무역은 상품이나 지하자원을 골고루 나누는 역할을 한다. 그래서 자원이 거의 없는 우리나라는 이런 원자재를 수입해 상품을 만든다. 만약 원자재를 수입하지 못하면 상품을 만들지 못해 경제가 어려워질 수 있다. 수출을 할 수 없게 되면 가계와 나라 살림도 함께 어려워진다.

○생각해 보기

1. 우리나라가 수출에 의존하는 이유를 알아본다.
2. 국제 시장 점유율 1위인 상품을 알아본다.

🔍 들여다 보기

① 세계 각국이 자유 무역 협정을 체결하는 이유

2011년 말 우리나라 국회는 한미 자유 무역 협정 비준 문제로 큰 홍역을 치렀다. 당시 여당인 한나라당은 무조건 통과시킬 것을 주장했고, 야당이었던 민주당은 노무현대통령 때 체결했던 내용을 이명박 정부가 너무 많이 양보해 재협상을 벌여야 한다고 맞섰다. 특히 우리나라가 취약한 농업과 축산업 협상에서 미국에 유리하도록 많은 양보를 했다고 축산 농가와 농민이 시위를 벌였지만 한나라당은 이를 무시하고 비준 안을 단독으로 통과시켜 발효까지 많은 진통을 겪었다.

세계 각국은 자유 무역 협정을 체결하려고 노력한다. 자유 무역 협정의 줄임말인 FTA Free Trade Agreement 의 사전적 의미는 국가 간 무역 장벽인 관세를 없애거나 완화해 무역 자유화를 이루는 지역 경제 통합을 말한다. WTO가 다자간 협상으로 전 세계 국가가 자유 무역을 할 수 있도록 협상을 진행했으나 미국이 반대해 진척되지 못했다. 자유 무역을 주창했던 미국이 반대한 것은 세계 경제 주도권을 WTO가 가지고 협상을 진행해 기득권을 뺏길 것을 우려했기 때문이다.

이에 미국은 세계 무역 기구 회원국이 모여 각자 의견을 조율해 맺는 다자간 협상이 아닌 지역과 지역, 국가 대 국가가 개별 협상을 벌여 협정을 맺는 자유 무역 협정을 추진하게 되었다. 미국은 첫 단계로 북미 지역인 캐나다, 멕시코와 북미 자유 무역 협정 NAFTA 을 체결했다. 북미 자유 무역 협정을 맺은 국가들은 자국 내에서처럼 자유롭게 상품이나, 노동, 금융, 서비스 등을 사고팔 수 있게 되었다. 이에 자극받은 유럽은 유럽 경제 공동체 EU 를 출범시켜 미국에 대항했다. 이에 우리나라는 2004년 칠레와 싱가포르, 2007년에는 미국, 2009년에는 유럽 연합, 인도 등과 협정을 맺었다. 또한 2010년 유럽 경제 공동체와 협정을 맺고 2011년 7월 발효시켰지만 미국과

FTA체결국 교역현황

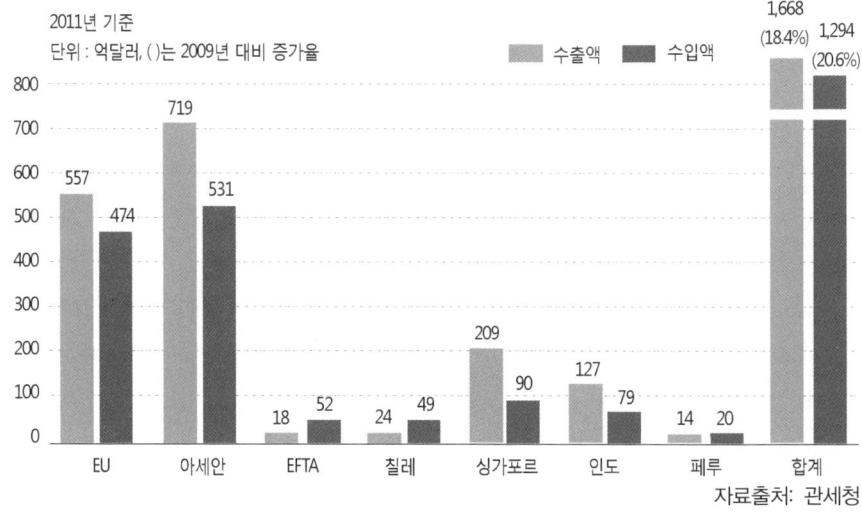

2011년 기준
단위 : 억달러, ( )는 2009년 대비 증가율

수출액 ■ 수입액

1,668
(18.4%) 1,294
(20.6%)

EU 557 / 474
아세안 719 / 531
EFTA 18 / 52
칠레 24 / 49
싱가포르 209 / 90
인도 127 / 79
페루 14 / 20
합계 1,668 / 1,294

자료출처: 관세청

는 2006년 협상을 끝내고도 2007년 한미 양국 국회가 반대해 비준을 통과시키는데 실패했다. 그 뒤 이명박 정부가 재협상을 벌여 자동차 관세 부과와 개방 시점, 규격 완화, 농축산물 분야에서 미국 주장을 받아들여 이를 수정했다. 이 때문에 미국에 굴복했다는 국민의 거센 비난을 받으며 재협상을 벌일 것을 주장했지만 2012년 2월 한나라당은 단독으로 날치기 통과시켰다.

2004년 이전까지만 해도 우리나라는 캄보디아와 함께 자유 무역 협정을 한 건도 맺지 않아 경쟁에서 뒤졌었다. 그리고 1990년대 자유 무역 협정을 맺은 국가는 50여 개에 불과했으나 2004년부터 전 세계 44개국이 체결해 2008년에는 무려 227개국으로 늘어났다. 이처럼 세계 각국이 다투어 자유 무역 협정을 맺는 것은 체결 당사국이 수입품에 관세를 매기지 않거나, 적게 매겨 활발한 무역을 이룰 수 있기 때문이다. 이를 통해 경제가 성장하면 일자리를 쉽게 만들 수 있다.

보통 FTA 체결국 간에는 무역이 늘어나는 창출 효과가 나타난다. 2004년 우리나라는 칠레와 자유 무역 협정을 체결하면서 무역량이 19억 달러에서 72억 달러로 4배나 늘었다. 자유 무역 협정 체결은 무역 창출 효과뿐만 아니라 미체결 국가가 확보했던 시장을 차지하는 전환 효과도 있다. 무역 전환 효과란 자유 무역 협정을 체결하기 전에는 특정 상품을 A 국에서 수입하다가 B 국이 자유 무역 협정을 체결하면 수입을 전환해 A 국이 시장을 잃는 현상을 말한다. 이처럼 수입국이 바뀌는 이유는 관세 때문이다. 국제 무역에서 보통 수입품에는 높은 관세를 부과하지만 자유 무역 협정을 맺은 해당국은 관세를 없애거나 최소한으로 낮춘다. 예를 들어 우리나라에 수입되는 독일, 일본 자동차에는 8퍼센트의 관세가 붙어 소비자 가격이 올라간다. 이때 우리나라와 유럽 연합이 자유 무역 협정을 체결하면 유럽산 자동차에는 관세를 매기지 않거나, 최소한 약정 관세만 부과해 일본 자동차보다 싼 값에 공급할 수 있다. 결국 우리나라와 자유 무역 협정을 체결하지 않은 일본 자동차 가격은 그대로인 반면 유럽 자동차 가격은 내려가 판매량이 늘어나는 무역 전환 효과가 나타난다. 이런 불이익을 피하려고 세계 각국은 자유 무역 협정을 체결하는 것이다.

일본은 멕시코와 자유 무역 협정을 체결해 자동차 수출이 늘어난 반면 우리나라의 자동차 수출은 크게 줄었다. 이는 멕시코가 수입 자동차 대상국을 일본으로 바꾼 무역 전환 효과가 생겼기 때문이다. 그래서 우리나라도 멕시코와 자유 무역 협정을 준비하고 있다. 이와는 반대로 칠레와 자유 무역 협정을 맺은 우리나라는 일본 자동차회사가 장악했던 시장을 차지해 점유율 1위가 되었다. 일본은 이를 만회하려고 칠레와 자유 무역 협정을 체결했지만 한 번 떨어진 점유율을 쉽게 회복하지 못했다. 이처럼 자유 무역 협정으로 나타나는 전환 효과는 협정을 맺지 않은 국가에 불이익을 주므로 비난을 받기도 한다.

그러나 자유 무역 협정 체결이 모든 기업에 유리한 것은 아니다. 우리나라는 수출 중심으로 경제를 발전시켜서 자유 무역 협정국 의존도가 높을 수밖에 없다. 그런데 세계 경제가 불황에 빠져 수입국들이 보호 무역 정책을 추진하면 어려움을 겪게 된다. 그뿐 아니라 농축산업과 같은 가격 경쟁력이 떨어지는 산업은 생산과 일자리가 줄어든다. 그러므로 정부는 자유 무역 협정을 맺으면서 취약한 산업을 되살릴 구조 조정과 적절한 보상책을 마련해야 한다. 만약 대책을 마련하지 않아 쌀 같은 농산물을 상대국이 무기화하면 그 피해는 고스란히 국민에게 돌아온다. 하지만 제조업을 중심으로 경제를 발전시키는 우리나라 상황을 고려하면 자유 무역 협정은 많은 것을 가져다주는 제도임에 틀림없다.

● 우리나라의 FTA 체결국과의 수출 비중

FTA 체결국가 및 지역	FTA 체결연도	교역액 (2010년 기준)	진행상황
칠레	2004년	71억 달러	2004년 4월 발효
EFTA(노르웨이, 스위스, 아이슬란드, 리히텐슈타인 등 4개국)	2006년	92억 달러	2006년 9월 발효
ASEAN	2008년	973억 달러	2009년 9월 발효
인도	2010년	254억 달러	2010년 1월 발효
페루	2011년	19억 달러	2011년 3월 발효
EU	2011년	1,843억 달러	2011년 7월 발효
미국	2010년	902억 달러	2012년 3월 발효
호주	-	271억 달러	협상 중
남미공동 시장(MERCOSUR)	-	145억 달러	추진 협의 중
캐나다	-	85억 달러	협상 중
중국	-	1,884억 달러	공동연구 완료
일본	-	925억 달러	실무 협의 중
걸프협력회의(GCC)	-	789억 달러	협상 중
러시아	-	177억 달러	공동 연구 단계

자료 출처: 무역협회, IMF

② 자유 무역 협정의 선점 효과

2000년대에 들어오면서 세계 각국은 자유 무역 협정을 맺어 무역을 활발하게 전개하고 있다. 특히 우리나라와 중국, 일본은 자유 무역 협정을 맺어 외국 시장을 확보하려고 치열한 경쟁을 벌이고 있다. 우리나라는 칠레와 가장 먼저 자유 무역 협정을 체결하면서 시장을 장악하고 있던 일본 자동차를 점유율에서 국산 자동차가 앞질러 무역 선점 효과를 톡톡히 보았다. 이러한 FTA 선점 효과 때문에 우리나라와 중국, 일본은 갈수록 치열하게 경쟁을 펼치고 있다.

대표적인 곳은 칠레로 2004년 우리나라가 자유 무역 협정을 맺어 시장을 선점하자 중국과 일본이 늦게 뛰어들어 치열하게 경쟁하고 있다. 당시 우리나라는 칠레와 최초로 자유 무역 협정을 맺으면서 2003년 5억 2,000만 달러이던 수출을 2009년 22억 3,000만 달러로 4.3배 늘렸다. 같은 기간 칠레산 수입은 10억 6,000만 달러에서 31억 달러로 3배가 늘어 가장 성공적인 자유 무역 협정으로 평가받았다. 자유 무역 협정 이후 한국이 점유한 칠레 시장은 발효 전인 2003년 2.9퍼센트에서 2007년 7.2퍼센트까지 상승했다가 2008년부터 조금씩 떨어져 2009년에는 5.6퍼센트까지 줄었다. 이는 2006년 중국, 2007년 일본이 각각 칠레와 자유 무역 협정을 체결해 우리나라가 차지했던 시장을 되찾았기 때문이다. 칠레에서 중국 상품의 점유율은 협정 발효 전인 2005년 8.5퍼센트였으나 이듬해부터 크게 늘어 2009년에는 무려 13.3퍼센트까지 늘려 인접 국가인 아르헨티나와 브라질을 제치고 미국에 이어 남아메리카 시장 점유율 2위로 올라섰다. 하지만 일본은 칠레와 자유 무역 협정을 체결한 뒤 점유율이 약간 오르는 데 그쳤다. 이러한 원인은 칠레에 수출하는 상품이 우리나라와 비슷하지만 일본이 늦게 자유 무역 협정을 체결하면서 시장을 빼앗긴 것이다. 이처럼 치열한 경제 세계에서 시장을 빼앗기면 다시 되찾기가 어렵다.

우리나라가 칠레에 수출하는 자동차 · 전자 기기 · 가전제품은 일본 · 중국과 치열하게 경쟁하는 분야이다. 특히 대표적인 경쟁 상품인 자동차는 2003년 점유율 16퍼센트로, 29.5퍼센트인 일본에 이어 2위였다. 그러나 우리나라가 자유 무역 협정을 체결해 무서운 속도로 시장을 넓힌 2009년에는 37퍼센트로 일본을 11퍼센트나 앞섰다. 이에 일본도 뒤늦게 칠레와 자유 무역 협정을 체결했지만 이미 시장을 차지한 우리나라 상품을 따라잡을 수 없었다.

칠레 못지않게 세 나라가 치열하게 경쟁하는 시장은 바로 싱가포르와 동아시아 국가 연합 지역이다. 2002년 일본이 제일 먼저 싱가포르와 자유 무역 협정을 맺자 우리나라와 중국이 서둘러 체결했다. 또한 2003년 중국이 동아시아 국가 연합과 먼저 협정을 맺자 우리나라와 일본이 재빠르게 가세했다. 이처럼 중국이나 일본이 자유 무역 협정을 체결한 국가는 우리나라가 체결했거나 협상 중이어서 서로 겹친다. 세 나라 가운데 어느 한 나라가 자유 무역 협정을 체결하면 나머지 두 나라는 가격 경쟁력에서 뒤지기 때문이다.

● 한·중·일 FTA 체결 비교

대상국가	한국	중국	일본
미국	체결 발효	미체결	미체결
EU	체결 발효	미체결	미체결
칠레	체결 발효	체결 발효	체결 발효
아세안	체결 발효	체결 발효	체결 발효
스위스	체결 발효	미체결	체결 발효
페루	체결	체결 발효	협상 중
멕시코	협상 중	미체결	체결 발효
뉴질랜드	협상 중	체결 발효	협상 중
캐나다	협상 중	미체결	미체결
FTA비율(퍼센트)	36	21	16

*FTA 비율: 무역 총액 대비 FTA 체결 상대국과의 무역액 비율(2011년 기준)

특히 아시아에서 경쟁이 가장 치열한 곳은 인구 12억의 거대한 시장을 가진 인도로, 우리나라가 2010년 초 자유 무역 협정의 일종인 포괄적 경제 동반자 협정 CEFA 을 맺자 일본도 2010년 10월 협상을 마쳤다. 인도에 먼저 진출해 경쟁력에서 우위를 보였던 중국은 우리나라가 포괄적 경제 동반자 협정을 맺으면서 10퍼센트 대인 관세가 사라져 치열하게 경쟁하고 있다. 이처럼 FTA 선점 효과는 짧은 시간에 시장 점유율을 높일 수 있다. 특히 우리나라처럼 수출을 중심으로 경제를 유지해야 하는 국가는 적극적으로 자유 무역 협정을 맺어 선점 효과를 활용할 필요가 있다.

③ 자유 무역 협정의 부작용, 스파게티 접시 효과

우리나라가 미국, 유럽 연합 등과 체결한 자유 무역 협정은 국간 간 무역 장벽을 완화해 무역 자유화를 이루는 지역 경제 통합을 의미한다. 이는 특정 국가끼리 배타적인 무역 특혜를 부여하는 느슨한 지역 경제 통합으로 자유 무역과 관세 폐지, 인하 등을 핵심으로 삼는다. 그러나 1995년 세계 무역 기구가 설립되면서 적용 범위와 대상이 점차

넓어져 관세 철폐 외에 서비스와 자유로운 투자까지 포함시켰다. 특히 지적 재산권이나 정부 조달 경쟁 정책, 무역 구제 제도 등 국가 정책까지 협정 대상에 포함해 적용 범위가 점점 늘어나고 있다. 이는 다자간 협상으로 관세를 낮추면 다른 분야로 쉽게 협력을 늘릴 수 있어서 범위를 확대하는 것이다.

자유 무역 협정 효과로 창출 효과와 전환 효과를 들 수 있다. 창출 효과는 자유 무역 협정을 체결해 관세가 철폐되면 체결국끼리 비교 우위 특화 상품이나 자원을 보다 효율적으로 사용할 수 있어 이전보다 교역량을 크게 늘릴수 있다. 따라서 협정 체결국 경제를 활성화시켜 국민 복지 등의 혜택이늘어나도록 하는 긍정적인 효과가 있다. 반면 무역 전환 효과는 협정국간에 관세를 철폐해 역외국에서 수입하던 상품을 역내국으로 바꾸는 효과가 있다.

이처럼 모두에게 이익이 될 것 같은 자유 무역 협정에는 부정적인 문제도 나타난다. 대표적인 문제로는 스파게티 접시 효과 Spaghetti-bowl effect, 또는 누들 볼 효과(Noodle Bowl Effect)로도 불림 를 들 수 있다. 스파게티 접시 효과는 경제학자 자그디시 바그와티와 파나가리아가 주장한 것으로 한 국가가 동시에여러 나라와 자유 무역 협정을 체결해 생기는 비효율성을 설명하는 용어이다. 이는 한 국가가 여러 나라와 한꺼번에 맺은 협정이 마치 스파게티 접시

● 컨테이너 하역 모습

에 얽힌 국수가닥처럼 복잡한 상황을 설명하는 말이다. 한꺼번에여러 나라와 자유 무역 협정을맺으면서 서로 다른 원산지 규정이나 통관 절차 등을 확인하는데 시간과 비용이 늘어나 관세 철폐로 생긴 비용 절감 효과를 줄어들게한다는 이론이다.

실제로 자유 무역 협정이 발효된 뒤 기업이 수출품에 특혜 관세 혜택을받으려면 증명해야 할 서류가 늘어나 많은 문제가 생긴다. 그러므로 한꺼번에 많은 자유 무역 협정을 체결한 우리나라는 스파게티 접시 효과가 나타날수 있다. 이와 관련한 대표적인 사례로 1994년 북미 자유 무역 협정이 발효된 뒤 원산지 증명 서류를 제대로 갖추지 못해 세금 감면 대신 오히려 벌금을 낸 기업이 많았다.

자유 무역 협정 목표는 관세 없는 자유 무역으로 경제 효과를 최대한늘리는 것이다. 따라서 자유 무역 협정국 사이에는 무관세 또는 저율 관세를

적용하므로 무역을 최대한 늘릴 수 있다. 자유 무역 협정국 기업은 역내국으로 인정받아 관세 특혜가 주어지지만 비협정국은 혜택이 없어 다른 나라를 우회해서라도 특혜를 받으려 한다. 이처럼 우회 수출입 특혜를 배제하려는 수단으로 자유 무역 협정국 수출입 거래에는 협정국 수출업자가 발행한 원산지 증명서를 요구한다. 자유 무역 협정의 특혜인

● 울산항에서 선적을 기다리는 자동차

원산지 규정은 일반 무역법이 정한 원산지 규정보다 엄격하게 적용된다. 일반 무역 원산지 규정은 특별한 때를 제외한 수출입 상품에 원산지를 표시하지만 자유 무역 협정에서는 역내국 외에서 제조된 상품이 역내국을 거쳐 관세 특혜를 얻는 것을 방지하려고 반드시 원산지를 확인하는 증빙 서류를 갖추도록 한다.

일반적인 자유 무역 협정에서 원산지 결정 기준은 두 가지로 구분한다. 한 국가에서 원재료 생산부터 완제품까지 가공해 원산지를 부여하는 완전 생산과 2개국 이상에서 생산된 반제품을 가공해 생산한 완제품을 실제 최종 국가 원산지로 인정하는 실질적 변형이 있다. 실질적 변형은 원자재를 수입해 제조한 것이므로 완제품 제조 공정은 반드시 수출국에서 이루어져야만 원산지로 인정받을 수 있다. 자유 무역 협정 원산지 규정은 수출국에서 최종 공정이 이루어져야 하고, 서류는 협정국 수출업자가 작성하고 서명해 직접 보낼 때에만 인정을 받을 수 있기 때문에 까다롭다. 자유 무역 협정 원산지 규정은 국가 간 협정에 비슷하게 적용되지만 세부 내용은 협상에 따라 달라질 수 있다.

원산지 증명 방식은 국가와 기업 등 증명 주체에 따라 기관 발급제와 자율 발급제가 있다. 기관 발급제는 수출국 관세 당국이나 발급 권한이 있는 기관이 수출업자로부터 신청을 받아 원산지 규정에 맞는지를 평가한

뒤 원산지 증명서를 발급해 주는 방식이다. 자율 발급제는 수출업자나 생산업자의 자율로 상품이 원산지 규정을 갖추었는지를 확인해 수입국 수입업자에게 제출하는 방식이다. 우리나라는 미국·칠레·유럽 자유 무역 연합 EFTA 과는 자율 증명제를, 싱가포르·아세안국가연합·인도와는 기관 증명제를, EU와는 수출업자나 생산업자 가운데 원산지 관리 능력이 있다고 관세 당국이 인증하는 원산지 인증 수출업자 제도를 채택하고 있다.

한편 자유 무역 협정을 체결한 국가 세관이 원산지를 검증하는 방식도 각각 다르다. 미국·칠레·싱가포르와의 자유 무역 협정에서는 수입국 관세 당국이 수입업자, 수출업자, 생산자를 대상으로 원산지를 증명하는 직접 검증 방식을 채택하고 있다. 그리고 아세안·인도와 체결한 자유 무역 협정에서는 수출국 관세 당국에 검증을 위탁하는 간접 증명 방식을, EU와 EFTA의 자유 무역 협정에서는 직접 검증과 간접 증명 방식을 절충한 제한적 간접 증명 방식을 채택하고 있다.

만약 원산지 규정을 위반하면 수입국 세관이 엄격한 세무 조사로 이전 5년 간 수출액을 특혜 관세율 적용 대상에서 제외하고 관세도 매긴다. 2011년 스위스에서 주름살 제거제를 우리나라로 수출하던 기업은 관세청이 의뢰한 세무 조사로 3억 원을, 포드 자동차는 원산지를 입증하지 못해 멕시코로부터 벌금 4천 100만 달러를 추징당했다. 이처럼 자유 무역 협정에는 관세 철폐와 인하라는 혜택이 있지만 복잡한 원산지 증명이라는 문제가 숨어 있어서 제대로 대응하지 못하면 벌금을 내게 된다.

그래서 경제학자 바그와티는 각국이 자유 무역 협정을 한꺼번에 너무 많이 체결하는 것보다 지역 내 국가들이 힘을 합쳐 EU, ASEAN 등 지역 협력체를 만드는 것이 더 효율적이라고 했다. 그러므로 우리나라가 맺고 있는 자유 무역 협정도 처음 목적과는 다르게 부정적인 효과가 나타날 수 있다. 이러한 사실은 2011년 관세청이 발표한 통계에서도 그대로 나타났다. 2007년 우리나라가 자유 무역 협정을 맺은 아세안 10개국과의 교역에서

2010년 우리 기업이 특혜 관세를 적용받아 수입한 규모 금액 기준 는 49퍼센트, 수출은 21퍼센트에 불과했다. 또한 2009년 발효된 한국과 인도의 자유 무역 협정에서도 수입 7퍼센트, 수출 15퍼센트만이 특혜 관세를 적용받았다. 2011년까지 우리나라가 맺은 자유 무역 협정 가운데 칠레·싱가포르·유럽 연합을 제외하고 특혜 관세를 적용한 교역 비율은 대부분 50퍼센트에도 미치지 못했다. 유럽 연합과는 58.9퍼센트를 기록했으나 동아시아 국가 연합과는 2009년 24퍼센트였으나 2010년에는 오히려 줄어들었다. 아시아개발 은행이 2006년부터 2009년까지 조사한 아시아 주요 5개국 특혜 관세 활용률에서도 우리나라는 평균 20.8퍼센트로 일본 29.0퍼센트, 타이 24.9퍼센트보다도 낮았으며, 활용률 64퍼센트인 북미 자유 무역 협정의 절반에도 미치지 못했다. 이것은 우리나라 수출 기업이 자유 무역 협정의 최대 이점인 관세 인하와 철폐 효과를 누리지 못하기 때문이다. 우리나라가 맺은 자유 무역 협정은 제각각인 원산지 규정과 통관 절차 때문에 비용이 늘어나면서 원산지 규정을 제대로 맞추지 못하거나 아예 특혜 관세를 포기하는 현상도 나타났다. 우리나라가 2011년까지 체결한 7개 자유 무역 협정 원산지 규정은 형식과 세부 기준이 모두 다르다. 또한 2012년 비준 안이 통과된 한미 자유 무역 협정은 전체 양허 품목 5,224개의 76퍼센트에 해당하는 3,961개 품목이 이전과는 다른 원산지 기준을 적용해 인력과 정보가 부족한 중소기업이 관세 효과를 누리지 못하고 있다. 이처럼 한꺼번에 많은 자유 무역 협정을 맺으면서 서로 다른 규정을 적용해 수출을 늘리기보다 오히려 우리나라 시장을 외국 기업들에게 내줄 수도 있으므로 올바른 대안을 만들어야 한다.

원산지 표시제도_ 원산지 표시는 소비자에게는 정확한 정보 제공을 위해 도입한 제도로 제조업 상품이나 농산물 생산, 채취된 국가, 지역 등을 말한다. 국가 간 무역에서 원산지는 일반적으로 그 물품이 생산된 정치적 실체를 지닌 국가의 국내 지역 또는 지방에서 생산된 상품을 의미한다. 원산지는 단순히 거래된 경유국이나 단순 조립 생산국, 수출국과는 전혀 다른 개념으로 반드시 가공·생산 공정 또는 재배 등을 거쳐야만 한다. 우리나라 수출입품은 1991년 7월부터 도입했고 국내 유통 농수산물과 가공식품은 1993년 6월부터 적용하고 있다. 적용 법규는 국내 유통 농산물·가공식품은 농산물품질관리법, 수산물 가공품은 수산물품질관리법, 수출입품은 대외 무역법에 따른다. 원산지 표시제도는 국제 무역 규범에서 허용하는 제도로 미국, EU, 일본 등 선진국에서 대부분 시행한다.

④ 자유 무역 협정(FTA)의 비밀

제2차 세계 대전이 끝나갈 무렵 승전을 확신한 연합국은 미국 주도로 종전 후 자유 무역 체제를 바탕으로 한 경제 개편을 논의하기 시작했다. 그래서 자유 무역을 위한 관세 인하와 무역 제한을 철폐하는 관세 무역 일반 협정 GATT 체제 을 맺었다. 하지만 라운드로 불리는 GATT 체제는 여러 협상을 통해 관세 인하에는 성공했으나 선진국이 기본 원칙을 무시하고 자율 규제와 같은 비관세 정책을 펴도 제재를 가할 수가 없었다. 그래서 이러한 문제를 해결하고 새로운 국제 무역 질서를 확립하려고 1995년 1월 GATT 체제를 끝내고 세계 무역 기구 WTO 를 출범시켰다.

GATT/WTO 체제의 특징은 GATT 제1조에서 정한 최혜국 대우와 무차별 다자주의 원칙이다. 따라서 GATT/WTO 체제에 가입한 국가는 다른 가입국에 부여한 관세 혜택을 동등하게 적용해야 한다. 이러한 원칙은 관세 부담이 줄어든 선진국은 교역량을 크게 늘릴 수 있어서 엄청난 이익을 얻었다. 이처럼 교역량 증가로 얻는 이익이 일부 선진국에 집중되는 부작용이 나타나자 개발 도상국은 이런 체제가 경제 현실을 제대로 반영하지 못하는 불평등 조약이라며 강력하게 반발했다. 이 때문에 2001년 11월 카타르 수도 도하 회의에서 미국과 유럽 연합을 포함한 선진 공업국은 개발 도상국과 무역 불평등 문제를 해결하기 위한 새로운 개발 협상을 시작하기로 합의했다. 이 협상은 농산물, 공산품, 서비스 등 모든 시장을 개방하는 것을 목표로 삼았다.

당시 협상에서 개발 도상국은 미국과 유럽 연합에 농업 보조금 철폐를 선언하고 시행하라고 요구했다. 그러나 이들 국가는 자국 농업에 보조금을 계속 지급해 개발 도상국의 반발을 샀다. 미국과 유럽 연합이 지급하는 보조금의 수혜자는 주로 다국적 기업으로 농산물 보조금 정책 때문에 국제 농산물 가격이 하락해 개발 도상국은 아무런 이익을 얻을 수 없었다. 미국과 유럽의 다국적 기업농은 보조금으로 높은 소득을 올리지만 수천만 명의 개발 도상국 농민은 여전히 낮은 소득 수준에 머물러 빈곤에서 벗어날 수 없었다. 선진국은 자국 내에서 영향을 발휘하는 특정 산업의 이익을 대변해야 해 도하 개발 협상에서 제기된 농업 보조금 지급 중단은 WTO 체제에서도 해결할 수 없었다.

개발 도상국 국민은 빈곤뿐 아니라 질병 치료에서도 소외되었다. 새로운 약을 개발한 다국적 제약 회사는 후천성 면역 결핍증 AIDS, 백혈병, 골수암 등 난치병이나 말라리아 같은 전염병을 치료하는 약을 비싼 값에 팔아 소득이 낮은 개도국 국민은 약값을 감당할 수 없었다. 도하 협상이 개발 협상이라는 명칭이 무색하게 개발 도상국이 원하는 방향과는 전혀 다르게 진행되었다. 특히 자국 기업 이익을 대변하려는 선진 공업국 입장에서는 농업 보조금 철폐나 생명을 구하는 의약품 가격을 낮추는 일에 앞장설 수 없었기 때문이다. 그 뒤 2003년 9월 개발 협상 진행 과정을 평가하고 앞으로 대책을 수립하려고 각국 통상 장관이 멕시코 칸쿤에서 회의를 열었으나 또다시 합의에 실패했다. 당시 개발 도상국은 자국에 불리한 합의보다는 차라리 협상이 결렬되는 것이 훨씬 유리하다고 생각했기 때문이다.

GATT/WTO가 다자주의를 바탕으로 추진한 자유 무역 협상이 결렬되면서 미국은 자국 이익을 관철하려는 대안으로 WTO 틀 밖에서 각국과

● 한미 FTA 비준 날치기 통과에
항의하는 촛불 집회 장면

일대일로 자유 무역 협정을 직접 체결할 계획을 추진했다. 미국이 자신보다 경제력이 약한 국가를 상대로 자유 무역 지대인 지역 경제 협력체를 만들어 영향력을 높이려는 의도였다. 미국이 타국과 자유 무역 지대를 만들면 자신이 가진 정치, 경제, 군사 대국의 이점을 활용할 수 있어 다자간 협상보다 쉽게 목표를 이룰 수 있기 때문이다. 결국 자유 무역 협정은 GATT/WTO 체제에서 진행해 온 다자주의를 피하면서 미국 이익을 추구할 수 있는 가장 좋은 방식이었다.

⑤ 자유 무역 협정에 나타나는 문제

자유 무역 협정은 GATT/WTO 체제인 다자주의에서 벗어날 수 있는 지역 무역 협정 가운데 하나이다. 일반적으로 지역 경제 통합은 크게 자유 무역 지대, 관세 동맹, 공동 시장, 경제 연합 형태로 이루어진다.

자유 무역 지대는 회원국끼리 관세를 철폐해 자유 무역을 추구하는 것이고, 관세 동맹은 회원국끼리 관세 철폐뿐 아니라 비회원국에 회원국이 공동으로 관세를 부과하는 것이다. 그리고 공동 시장과 경제 연합은 상품에 대한 관세 철폐를 넘어 자본과 노동력이 자유롭게 이동하도록 허용하는 더 높은 단계의 지역 경제 통합을 의미한다. 따라서 자유 무역 협정이나 관세 동맹 등 지역 경제 통합체는 회원국끼리 적용하는 관세 인하를 비회원국에는 적용하지 않아 무차별 원칙을 표방하는 GATT/WTO 체제에는 어긋난다. 그러나 GATT/WTO는 이들이 비록 제한적인 자유 무역으로 무차별 원칙을 위반해도 궁극적으로는 자유 무역에 이바지할 것이라는 명분을 내세워 예외로 인정했다.

자유 무역 협정 체결로 양국 모두가 이득을 얻을 수 있다는 이론적 근거는 앞에서 설명한 무역 창출 효과이다. 그러나 현실 경제에서는 이론에는 나타나지 않는 여러 문제가 발생한다. 대표적인 예가 바로 미국과 모로코의 자유 무역 협정이다. 미국과 모로코가 맺은 자유 무역 협정 내용을 살펴보면 미국 제약 회사가 모로코 국민 생명을 담보로 많은 이익을 얻었음을 알 수 있다.

　　가난한 개발 도상국 국민은 경제력에 맞는 약값이 책정되어야만 건강을 유지할 수 있다. 하지만 많은 연구 개발비를 투자해 신약을 개발한 다국적 제약 회사는 높은 약값을 책정해 시장에 공급한다. 이러한 신약은 특허권이 인정되는 기간이 지나면 다른 제약 회사에서 성분과 효능은 같지만 특정한 상표를 달지 않은 복제약 제네릭, generic drug 을 제조해 낮은 가격으로 공급하도록 허용한다. 이는 더 많은 생명을 구하려는 인도적 차원에서 취한 경제 행위이다. 그런데 대형 제약 회사들은 모로코와 맺은 자유 무역 협정에 복제약을 들여오지 못하게 막

● 모로코의 사피지역 전경

는 문안을 넣는데 성공했다. 이 문안 때문에 모로코 국민은 미국과 맺은 자유 무역 협정으로 얻을 수 있는 관세 인하 혜택과 질 좋은 상품을 싸게 살 수 기회를 잃어버렸다. 결국 모로코는 특허 기간이 지난 복제약을 비싼 값에 사거나 다른 나라에서 수입해야만 하는 처지가 되었다. 자유 무역 협정을 맺으면서 잘못 넣은 한 줄의 문구가 국민의 생명까지 위험하게 만든 것이다. 이처럼 잘못된 조항 하나가 국가와 국민에게 많은 불이익을 가져다줄 수 있어서 자유 무역 협정의 핵심 쟁점을 투명하게 공개해야만 국민의 지지를 얻을 수 있다.

　　2008년 우리나라가 미국과 맺은 자유 무역 협정의 일부 내용을 수정해 재협상을 벌인 것에 국민이 강하게 반발해 촛불시위를 벌인 것과 국회에

상정한 협정 내용이 많은 번역 오류로 비판을 받은 것도 모로코 예처럼 잘못된 조항이 국민을 볼모로 삼을 수 있기 때문이다.

자유 무역 협정이 국민에게 더 나은 삶을 가져다줄 수 있지만 잘못된 문구 하나가 국민을 고통 속에 몰아넣고 국가 경제를 위험에 빠뜨릴 수 있으므로 모두가 관심을 갖고 지켜보아야 한다.

● 경제 통합 형태

	자유 무역 협정	관세 동맹	공동 시장	경제 연합
회원국끼리 관세철폐	●	●	●	●
비회원국에 회원국이 공동 관세 부과		●	●	●
회원국끼리 모든 생산 요소 교류			●	●
모든 경제 정책 공조화				●
경제 통합 예시	NAFTA(1994년)	MERCOSUR(1991년)	EU(1992년)	EU

⑥ 한미 FTA에서 쟁점이 된 국가 간 소송 제도(ISD)

2011년 우리나라는 미국과 맺은 자유 무역 협정 비준을 놓고 많은 갈등을 겪었다. 당시 민주당을 비롯한 야당은 국가 간 소송 제도가 우리에게 불리한 조항으로 미국이 이를 적극 활용하면 정부가 많은 배상금을 지급해야 한다고 주장했다. 반면 당시 여당이었던 한나라당은 국가 간 소송 제도는 자유 무역 협정을 체결할 때 모든 국가가 넣는 조항이라고 맞섰다. 결국 한미 자유 무역 협정 비준 안을 여당이었던 한나라당이 단독으로 날치기 통과시켜 많은 비난을 받았다. 국가 간 소송 제도가 어떤 영향을 미치기에 이런 갈등이 벌어졌는지 알아보자.

자유 무역 협정을 체결할 때 대부분 채택하는 국가 간 소송 제도 ISD: Investor-State-Disment 는 협정 체결 해당국 기업이 상대 국가 정책 때문에 이익을 침해당하면 이를 세계은행 산하 국제투자분쟁중재센터 ICSID 나 유엔 국제 상거래법위원회 등 중재 기관에 제소할 수 있는 제도를 말한다. 국가 간 소송 제도는 피해를 본 협정국 기업이 상대 국가에 소송을 통해 배상받도록 해 부당한 차별 대우를 받는 것을 막으려 만들었다. 이 제도는 자유 무역 협정국의 개인과 기업을 보호하는 것이어서 협정을 체결할 때 대부분 포함시킨다.

● 국가 간 소송 제도(ISD) 주요 적용 사례

원고(미국 기업)	피고(상대국 정부)	내용	결과
카길 등 3곳	멕시코	탄산음료에 소비세 20퍼센트 부과	1억 9,180만 달러 배상
아주리	아르헨티나	수도 운영권 종결	1억 6,500만 달러 배상
메탈글래드	멕시코	쓰레기 매립지 설립 불허	1,660만 달러 배상
메틸	캐나다	휘발유 첨가제(MMT) 수입 금지	1,300만 달러 합의

그런데 이 제도를 가장 많이 이용한 나라가 미국이라는 점이다. 2010년 말까지 국가 간 소송 제도 국제 중재 사건 390여 건 가운데 미국이 108건을 제소해 이 제도를 악용하고 있다고 의심받고 있다. 국가 간 소송 제도가 가장 많이 발생한 곳은 북미와 남미 자유 무역 협정 국가들이다. 멕시코는 사탕수수로 만든 설탕이 아닌 다른 감미료를 사용한 미국 탄산음료에 소비세 20퍼센트를 부과했다가 미국 액상과당 생산업체 3곳으로부터 제소당해 1억 9,180만 달러를 배상했다. 그뿐 아니라 캐나다 정부는 담배 포장지에

순한 맛 표기를 금지하는 제도를 도입하려다가 미국 담배회사 필립모리스가 소송을 걸어 철회하기도 했다. 아르헨티나에서는 수돗물 공급을 제대로 하지 않아 박테리아 발견 등 여러 문제를 일으킨 부에노스아이레스 수돗물 공급업체인 미국 아주리의 운영 계약을 해지하려다가 제소당해 1억 6,500만 달러를 배상했다. 우리나라도 이명박 정부에서 4대강 사업을 추진하면서 공급을 초과한 굴착기의 신규 등록을 제한하는 건설 기계 조절 정책을 시행하려다가 한미 자유 무역 협정 조항 때문에 포기했다.

우리나라 국회에서 국가 간 소송 제도 때문에 많은 갈등을 겪은 것은 이러한 예가 있었기 때문이다. 국가 간 소송 제도는 부정적인 면뿐만 아니라 긍정적인 면도 분명히 존재한다. 그런데 이 제도를 미국 기업들이 이용해 어마어마한 배상금을 받아내 다국적 기업을 보호하는 수단으로 이용하려고 하기 때문에 문제가 되었던 것이다.

3 수입품이 경제에 미치는 영향

　국제 무역은 서로에게 필요한 상품을 사고파는 것을 의미한다. 우리가 외국에 상품이나 서비스를 팔기도 하지만 반대로 필요한 상품이나 서비스를 사오기도 한다. 지하자원이 부족한 우리나라는 상품을 만들기 위해 수입한 석유나 목재, 원유 같은 원자재를 재가공해 수출하는 제조업이 대부분을 차지한다.

　그러므로 우리 기업이 만든 상품보다 훨씬 잘 만들었거나, 값싼 외국 제품이 너무 많이 수입되면 경제가 어려워진다. 우리나라 기업이 만든 상품이 경쟁력에서 뒤지면 판매가 감소해 일자리도 줄기 때문이다. 그래서 기업들은 수입품과 경쟁하려고 끊임없이 노력하고 정부는 국내 산업을 보호하려고 수입품에 관세를 매기는 것이다. 이때 관세를 매기면 수입품 값이 오르는 효과가 생겨 국산품에 유리하게 작용한다.

　이처럼 관세는 외국에서 수입하는 상품 가격을 올려 우리나라 기업의 피해를 막고 수입을 줄이는 효과가 있다. 그래서 세계 각국은 관세를 자국 산업을 보호하는 보호 무역의 한 방법으로 자주 사용한다. 그러나 너무 무리하게 수입을 규제하면 국가 간 갈등을 일으켜 무역 분쟁이 일어날 수 있다. 그렇다고 수입품 피해로 국내 기업이 어려움에 빠져 일자리가 줄어들면 또 다른 문제가 발생해 복잡해질 수 있다. 그러므로 적절한 정책을 시행해 무역 마찰을 줄여야 한다.

○ 생각해 보기

1. 우리나라 주요 수입품을 알아본다.
2. 수입품이 기업에 미치는 영향을 알아본다.

① 관세를 부과하는 목적

관세란 상품이 국경을 통과할 때 매기는 세금으로 흔히 수입품에 부과하는 수입 관세를 의미한다. 그러나 수출품에 부과하는 수출 관세도 흔하지는 않지만 존재한다. 예를 들어 브라질이 많이 수출하는 커피나 가나의 코코아, 석유 수출국 기구 OPEC 회원국은 수출하는 원유에 수출 관세를 부과해 왔다. 수출 관세를 부과하는 이유는 과도한 수출로 국제 시장에서 가격이 내려가는 것을 막아 더 많은 이익을 얻으려는 목적이다.

● 미국 남부의 농업지역 모습

그러나 미국은 수출 관세를 금지하도록 헌법에 넣었다. 미국이 헌법을 제정할 당시에는 남부지역 대부분 주에서 면화를 생산하고 북부지역에서는 면화를 가공했다. 그래서 남부지역 생산업자들은 북부 지역에 수출하는 면화에 정부가 관세를 부과하면 공급이 줄어들 것을 우려해 어느 주를 막론하고 모든 수출품에 세금이나 관세를 부과하지 못하도록 했다. 이러한 영향으로 전 세계 대부분의 국가는 수출 관세를 부과하지 않고 있다.

우리가 일반적으로 얘기하는 관세는 수입 관세로, 주로 국내 산업을 보호하고 국가 재정을 늘리려는 목적이다. 그러나 관세 부과는 국내 산업 보호와 재정 수입 가운데 하나만 달성할 수도 한다. 예를 들어 석유를 전혀 생산하지 못하는 국가는 수입 원유에 관세를 부과해도 보호할 산업이 없고, 수입 관세를 너무 많은 매기면 수입량이 줄어서 관세 수입이 전혀 발생하지 않을 수도 있기 때문이다.

일반적으로 저개발 국가는 관세가 재정 수입에서 많은 비중을 차지한다. 산업 발전기였던 1900년대 초 미국의 재정 수입에서 관세가 차지한 비율은 41퍼센트였다. 2004년 세계 무역 기구 통계를 보면 저개발 국가의 재정에서 관세가 높은 비중을 차지하는 나라는 바하마 51.2퍼센트, 기니 47.9퍼센트, 에티오피아 33.5퍼센트였다. 그러나 경제가 발전해 국민 소득이 높아지면 국가 재정에서 관세 수입이 차지하는 비중은 급격하게 줄어든다. 2004년 관

● 고급 수입품 전시장 모습

세 수입이 국가 재정에서 차지하는 비율은 미국 1퍼센트, 일본, 영국, 캐나다, 스위스 등 선진국은 1~1.2퍼센트였다. 선진 공업국들은 관세를 재정을 늘리려는 목적보다 수입품과 경쟁하는 국내 산업을 보호하려는 수단으로 사용하고 있음을 알 수 있다.

관세에는 크게 정액 관세, 종가 관세, 복합 관세가 있다. 정액 관세는 수입품마다 일정한 금액을 부과하는 관세로 수입하는 특정 상품이 얼마이든 관계없이 개당 일정한 금액을 부과한다. 반면 수입품 가격을 기준으로 일정한 비율을 부과하는 종가 관세는 같은 관세율이 적용되는 수입 자동차도 가격에 따라 관세 부담액이 달라진다. 또한 정액 관세를 부과한 뒤 다시 종가 관세를 추가로 부과하는 복합 관세는 관세를 이중으로 부과하는 것이 특징이다.

이러한 관세는 재정과 국내 산업 보호에는 긍정적이지만 부정적인 면도 있다. 수입품에 관세를 부과하면 가격이 올라 국내 기업에는 긍정적이지만 소비자에게 작용하는 부담을 고려해야 한다. 일반적으로 관세를 부과하면 국내 산업을 보호할 수 있지만 소비자 부담이 늘어나는 사회적 비용이 발생하기 때문이다. 결국 너무 많은 관세를 부과한 영향으로 가격이 오르면 일부 소비자는 구매를 포기하는 사회적 손실이 발생한다. 그러므로 정부가 관세 부과금을 결정할 때에는 관세 편익과 비용을 고려해 국가 경제에 유리한 방향으로 접근하는 것이 중요하다. 이때 사회적 비용 산출에서 중요하게 고려해야 할 사항은 관세로 얻는 직접 비용뿐 아니라 간접 발생하는 비용도 고려해야 한다.

1929년 미국은 뉴욕 증권시장 대폭락으로 시작된 불황을 이겨내고 자국 기업을 보호할 목적으로 1930년 스무드-홀리 관세법을 제정했다. 그러나 미국에 수출하던 외국 기업들이 어려워지면서 소득이 줄어든 사람들이 미국산 소비를 줄여 오히려 대공황을 지속시키는 결과를 가져왔다. 이처럼 현실에서 관세 부과는 엄격한 경제적 기준보다 경제 외적 요인으로 결정되

● 대공황 당시 미국 월가의 모습

는 때가 많다. 정부는 소비자가 비싼 가격으로 물건을 구매하더라도 정치적 영향력이 큰 국내 산업에서 생산하는 상품과 경쟁하는 것에만 관세를 부과해 보호하는 것이 일반적이다. 이는 선거로 선출된 국회의원과 대통령 등 선출직 공무원이 주요 산업계의 주장과 요구 사항을 무시하기 어

렵기 때문이다. 이러한 영향력을 높이려고 기업들은 전국경제인연합회나 대한상공회의소, 중소기업중앙회, 한국무역협회 등 경제 단체에 참여해 자신들의 의견을 내세운다. 반면 관세 부과로 가격이 오른 수입품을 사야하는 일반 소비자는 조직적으로 반대하기가 어렵다. 만약 일반 소비자가 수입품의 가격을 낮추려면 소비를 줄이거나 정부에 조직적으로 청원해야만 가능하다. 관세 부과는 국가 정책에 따라 시행하는 사안이므로 일반 소비자가 영향력을 발휘하기가 쉽지 않다.

GATT 이후 WTO 체제가 출범하면서 국제 무역에서 대부분 국가는 관세를 철폐하고 있다. 이를 대신해 자발적 수출 규제나 복잡한 통관 절차, 수입 쿼터를 이용한 수량 제한, 국산품 위주의 조달 정책과 보조금 지급, 위생, 안전, 공업 기준을 엄격하게 적용하는 비관세 중심의 보호주의를 시행한다. 관세를 이용해 재정 확보나 자국 산업을 보호하지 않는 것은 세계 각국이 자유 무역을 바탕으로 경제를 발전시키려는 의식이 널리 퍼졌기 때문이다. 또한 관세를 이용한 정책이 보호주의라는 비판을 받을 수 있어

개발 도상국에서도 점차 폐지하는 추세이다.

스무트-홀리 관세법(Smoot-Hawley Tariff Act)_ 미국이 불황을 타개하려고 1930
년 제정한 관세법이다. 그러나 미국은 이 관세법을 제정한 뒤 경기 침체가 더 심해졌
다. 1929년 10월 24일 뉴욕 증시 대폭락으로 시작된 불황으로 세계 각국은 실업자가
늘어나 소비가 줄고 생산량도 감소했다. 내수를 기반으로 하는 국내 경제가 붕괴하자
미국과 유럽 기업은 수입품 규제에 눈을 돌렸다. 이에 각국 업계와 의회는 수입을
제한하려고 높은 관세를 매기도록 정부에 압력을 가했다. 그 첫 조치로 1930년 미국이
스무드와 홀리 의원이 주도한 스무드-홀리 관세법을 제정해 통과시키면서 관세율이
100년 내 최고치인 59퍼센트까지 올랐다. 미국 조치에 자극받은 영국과 프랑스 등
유럽 국가도 잇달아 수입 관세를 올리는 보호 무역을 강화해 1929부터 1932년 사이
국제 무역은 63퍼센트나 감소했다.

② 유럽 연합이 만들어지기까지

유럽 연합 EU: European Union 은 1993년 11월 1일 유럽 정치·경제 통합을
실현하기 위해 유럽 12개국이 마스트리히트 조약 유럽 통합 조약 을 바탕으로
출범시킨 유럽 연합 기구이다. 유럽 연합이 출범할 수 있었던 것은 두 번의
세계 대전 때문이었다. 제2차 세계 대전이 끝나고 당시 영국 총리였던 처칠
은 유럽이 단일 국가 체제를 유지해야만 전쟁을 없앨 수 있다면서 '새로운
유럽 가족'을 제안했다. 그의 이러한 생각은 많은 단체와 정치인들로부터
지지를 받았으나 종전과 함께 시작된 냉전 체제로 잦아들었다. 당시 서유럽
은 미국이 동유럽은 소련 영향력이 미치면서 유럽 공동체 구상은 서유럽으
로 축소되었다. 특히 미국은 유럽에서 주도권을 잡으려고 마셜 플랜을 구상
해 전쟁으로 망가진 유럽 복구 사업에 막대한 돈을 지원했다. 유럽 연합은
참혹한 전쟁으로 폐허가 된 상황을 딛고 일어선 유럽인들이 정치와 경제
통합으로 전쟁을 방지하고 평화를 이루는 동시에 미국과 소련의 영향에서

벗어나려는 의도였다.

1947년 네덜란드와 벨기에, 룩셈부르크가 수출입 상품의 관세를 철폐하는 관세 동맹을 구상하자 독일과 프랑스, 이탈리아가 참여해 유럽 석탄 철강 공동체 ESEC 를 결성한 뒤, 유럽 경제 공동체 EG 에서 유럽 연합 EU 으로 발전하는 단초를 마련했다. 그러나 유럽 통합이 본격화한 것은 1950년 프랑스 로제르 슈만과 독일 콘라트 아데나워가 유럽 석탄 철강 공동체를 구상해 발표한 뒤부터이다. 당시 이 구상은 세계 대전을 일으켰던 독일에 군사력을 억제하려는 프랑스와 전쟁으로 잃어버린 영향력을 높이려는 독일, 유럽을 공동 시장으로 만들어 경제 효과를 높이려는 이탈리아와 베네룩스 3국의 이해가 맞아떨어져 1951년 파리 조약을 맺고 유럽 경제 공동체 EEC 와 유럽 석탄 철강 공동체를 만들었다. 1957년에는 로마 조약을 맺어 유럽 원자력 공동체를 만들어 집행 위원회와 이사회를 따로 운영했으나 1965년 이를 통합하는 합병 조약 Merger Treaty 을 체결하면서 구체적인 모습을 갖추었다.

유럽 연합 초기 유럽 경제 공동체 EEC 회원국은 벨기에, 프랑스, 서독, 이탈리아, 룩셈부르크, 네덜란드 6개국으로 출발했다. 그 뒤 1973년 덴마크, 아일랜드, 영국이 1981년 그리스, 1986년 포르투갈, 스페인이 1995년 스웨덴, 오스트리아, 핀란드가 가입해 회원국이 15개국으로 늘어났다. 2004년에는 폴란드, 헝가리, 체코, 슬로바키아, 리투아니아, 라트비아, 에스토니아, 키프로스, 몰타 등 10개국이, 2007년에는 불가리아와 루마니아가 새로 가입해 총 27개 회원국으로 모습을 갖추었다.

유럽 연합 발전 과정을 살펴보면 유럽 석탄 철강 공동체 ESEC 탄생부터 룩셈부르크 타협으로 회원국 거부권을 인정한 1966년까지를 태동기로 볼 수 있다. 1966년부터 1985년까지 케인스주의인 제도주의 모델을 바탕으로 복지 국가 건설을 추진하면서 대부분 유럽 국가가 새로운 위상을 보여주었다. 당시 유럽 국가들은 각기 발전 전략을 추진해서 통합 작업이 진전되지 못했다. 그러나 1968년 회원국끼리 관세를 철폐하고 공동 관세 정책을 마련해 관세 동맹을 창설하고 1969년 대외 정책을 수행하는 EPC 유럽 정치 협력체를 설치했다. 1970년에는 회원국들의 부가가치세 일부를 공동체의 수입으로 할당하기로 했고, 1971년 베르너 보고서를 기초로 단일 통화를 사용하는 통화 동맹도 추진했다. 이를 토대로 1975년 공동체 예산 결정 과정에서

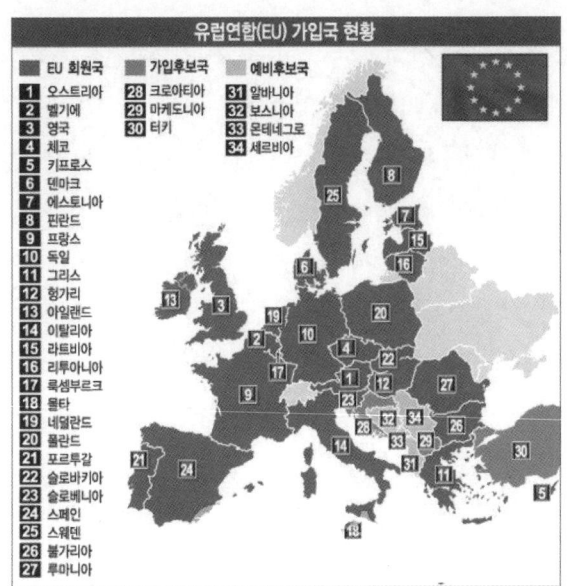

유럽의회 권한을 강화하는 조정 절차 도입과 정책 결정 과정에 힘을 실어주기 위해 정상 회담을 정기적으로 개최했고, 1978년 유럽 통화 제도 EMS 와 환율 조정 장치 ERM 를 출범시켜 통화 정책을 협의하기 시작했다. 그 뒤 1985년부터 단일 통화를 추진하면서 EC 유럽 공동체, 유럽 경제 공동체 로 체제를 바꾼 뒤

1991년 마스트리흐트 조약을 맺으면서 유럽 연합 EU 으로 명칭을 변경했다. 그러나 유럽 연합 EU 은 유럽 공동체 EC 와 달리 법률적 실체가 아닌 유럽 통합을 추진하는 추상적 개념이다.

2011년 유로화 사용국은 그리스, 네덜란드, 독일 룩셈부르크, 몰타, 벨기에, 스페인, 슬로바키아, 슬로베니아, 아일랜드, 에스토니아, 오스트리아, 이탈리아, 키프로스, 포르투갈, 프랑스, 핀란드 등 총 17개국이다. 반면 유로화를 사용하지 않는 국가는 영국, 스웨덴, 덴마크, 라트비아, 리투아니아, 폴란드, 체코, 헝가리, 불가리아, 루마니아 등 10개국이다.

유럽 연합은 평화 유지와 경제 발전을 지향하면서 발전했으나 2010년

남유럽 국가에서 발생한 재정 위기로 새로운 시험대에 올랐다.

③ 유럽 중상주의 역사

　중상주의는 유럽 절대 왕정 시대에 상업과 무역을 중요하게 여기던 정치·경제 사상을 말한다. 중상주의 이전에는 지방을 영주들이 나누어 통치하는 지방 분권 봉건주의 체제였다. 봉건주의는 왕이 각 지역 영주에게 토지를 하사하면 영주는 이를 다시 소작농에게 임대해 유지하는 형태이다. 영주는 국왕에게 충성을 맹세해 지위를 유지하는 대신 군사력 제공과 세금을 바쳤다. 그리고 영주 아래 소속된 소작농 농노 은 안전을 보장받는 대신 영주가 직접 경영하는 경작지에 노동력을 제공하고 세금을 냈다. 중세 봉건 제도는 국왕, 영주, 소작농으로 이어진 계약 관계를 통해 오랫동안 유지되었다.

　중상주의는 봉건주의 체제가 무너지면서 국왕이 모든 권한을 가지고 직접 통치하면서 나타나기 시작했다. 이때부터 유럽은 지금의 민족 국가 형태로 서서히 바뀌기 시작했고 국가 개념의 국경도 생겼다. 당시 국왕은 국가 내 모든 권력을 독점했기 때문에 권력을 유지하려면 군사력과 경제력은 반드시 갖추어야 할 요건이었다. 그러나 지금 같은 상비군 군대가 유지되는 체제 제도가 없었기 때문에 전쟁이 일어나면 돈을 주고 용병을 불러 모아야

● 향신료 무역으로 번영을 누렸던 베네치아

해 왕실 재정은 통치력과 비례했다. 이러한 배경 때문에 국왕은 상비군을 유지하려고 많은 재정이 필요했다.

　당시에도 화폐는 광범위하게 유통되었으나 달러와 같은 기축통화는 존재하지 않았다. 또한 국가마다 화폐 단위나 가치가 달라서 국가 간

무역이 지금같이 활발하지 않았다. 그 대신 가치를 인정받은 금, 은 등은 녹여서 다시 자국 화폐로 만들어 사용했다. 이러한 정치 경제적 상황이 국왕의 부국강병 의지와 만나면서 나타난 것이 바로 중상주의다.

　중상주의는 금을 벌어들이기 위해서 펼친 모든 경제 정책으로 무역을 통해 이익을 늘릴 수 있는 상품을 수출해 최대한 많은 금을 모으려고 수입은 철저하게 제한했다. 이러한 보호 무역과 함께 등장한 것이 바로 금이나 금광을 찾아 나서는 신대륙 탐험이었다. 대항해 시대로 불리는 당시의 탐험가들은 금을 찾는 것이 가장 큰 목적이었다. 그래서 유럽 왕실은 금을 찾아 나서는 탐험가에게 엄청난 지원을 해 항해술이 빠르게 발전했다. 물론 이러한 사상이 유럽에만 국한된 것은 아니었다. 아시아 국가들도 중상주의를 주장했으나 국내에서만 수용하려는 태도를 보여서 유럽과는 차이가 있었다.

　이와 같은 중상주의 정책이 근대적 의미를 갖춘 것은 국가와 국민 경제 개념이 등장한 뒤부터이다. 19세기 이후 국가 간 경계가 명확해지고 국가마다 중앙 집권적 통치 구조가 갖추어지면서 국가 중심의 모든 체제도 명확해졌다. 국왕을 중심으로 한 중앙 집권적 정치 체제가 확고해지면서 국가 간 외교 관계도 정립되었다. 국경을 경계로 한 경제 활동이 지리적으로 제한을 받았으나 국가 간 무역은 빠르게 발전했다. 이러한 정치 사회 변화 속에서 상공업

● 1492년 바하마 제도에 도착해 아메리카를 발견한 콜럼버스

이 주목을 받으면서 주요 수출 품목이던 가공품 생산을 위해 많은 기술자와 단순 노동자가 필요해졌다. 이에 따라 토지를 경작하던 농민들이 도시로 이주해 일하면서 근대 자본주의가 시작되었다. 특히 공업이 발달한 자유 도시가 생겨나면서 유랑민이나 농지에서 탈출한 농노가 노동자로서의 삶을 시작했다.

　십자군 전쟁의 영향으로 12~13세기 이후 중세 유럽에 나타나기 시작한

자유 도시는 지방 영주나 지방 주권에 소속되지 않고 국왕이나 황제 등 중앙 주권에 속해 있던 도시여서 자유로운 경제 활동을 할 수 있었다. 베니스, 밀라노 등으로 대표되는 자유 도시는 상공업이 빠르게 발전하면서 기금의 노동조합과 같은 조직이 만들어지는 등 사회 문화가 빠르게 통합해 민족국가를 형성하면서 정부의 힘도 강력해졌다. 이에 따라 중앙 정부는 세금을 잘 거두어 재정을 튼튼히 하려는 목적으로 국민과 관련된 인구 통계, 가계 재산과 경제력을 조사하기 시작하면서 국가 공동체라는 의식과 국민이라는 개념도 점차 명확해졌다.

● 1665년 루이14세가 재정총감에 임명한 콜베르

근대 초기 유럽의 중상주의 정책은 국내 시장을 확보하고 국외 시장을 개척하는 것이 목적이었기 때문에 완제품 수입을 철저하게 금지하거나 제한했다. 그 대신 외국산 원료를 수입해 만든 상품 수출을 장려하고 국내 원료 수출을 금지해 부를 축적했다. 그 당시 대부분 국가는 흑자는 부와 권력을 가져오고 적자는 경제가 종속되어 국력을 약화시킨다는 믿음이 강해 수출을 장려하고 수입을 제한

하는 보호주의 정책을 폈다. 특히 루이 14세 때 프랑스 재정총감이었던 콜베르는 강력한 교역만이 프랑스를 부국강병으로 이끈다면서 네덜란드에서 조선 기술자를 초청해서 배와 도로, 항만을 건설하고 외국과의 무역을 장려하면서 비단, 융단, 유리 제품 등에는 세금 감면과 보조금을 지급하면서 수입품에는 많은 관세를 부과했다. 당시 중상주의의 특징은 수출 증진과 수입 제한을 통해 축적한 국부로 군사력의 기반이 되는 군수 산업을 육성했다는 점에서 지금과 크게 다르지 않다.

따라서 당시 중상주의자들은 무역 수지를 국가 안보와 같은 개념으로

생각했다. 그래서 다양한 보호 무역과 통화 정책으로 경제와 군사력을 증대시키는 한편 원료와 시장을 개척하는 식민지를 확보하려고 전쟁을 주요한 도구로 활용했다. 이러한 중상주의를 현대 국가들이 무분별하게 받아들이면서 무역 전쟁 같은 갈등을 일으키기도 했다. 중상주의는 초기의 순수한 의미에 비해 근대 이후 대량 생산과 과소비로 발전해 자원 고갈과 환경 파괴, 전쟁 등 많은 부작용으로 나타났다.

④ 무역을 관장하는 국제기구

애덤 스미스는 자신이 쓴 책 『국부론』에서 자유방임주의가 가장 좋은 경제 방식이라고 주장했다. 그러나 이러한 자유주의 경제 체제는 독과점과 빈부 격차 같은 폐해를 낳았다. 국부론에서 주장하는 핵심은 국가를 부강하게 만드는 방법으로, 상품을 만들어 수출해 외국에서 가능한 한 많은 부를 획득하는 것이다. 실제로 무역은 필요한 상품을 수입하고 잘 만든 상품을 수출해야만 경제를 발전시킬 수 있다.

그러나 세계 여러 나라가 무역으로 자국 경제를 발전시키려는 노력은 쉽게 이루어지지 않았다. 자신이 만든 상품은 되도록 많이 팔려 하면서 수입을 줄이려고 관세나 쿼터제 등 여러 가지 보호 무역 제도를 만들었기 때문이다. 결국 선진 각국이 무분별한 수입 규제를 하면서 국가 간에 많은 갈등이 생겼다. 특히 자유 무역을 위해 출범한 GATT 체제가 수출 장려금 지급과 함께 비관세 정책을 통해 보호 무역을 강화한 선진국의 탐욕으로 좌절되면서 새로운 무역 질서를 확립하려고 1995년 세계 무역 기구 WTO 를 설립했다.

세계 무역 기구는 세계 모든 나라가 자유롭게 무역을 할 수 있도록 돕고 무역 분쟁을 원만하게 해결하려 노력한다. 그러나 무역 경쟁이 갈수록 치열해지면서 여러 가지 문제로 대립했다. 이처럼 복잡해진 갈등을 해결하려면 국제기구뿐 아니라 모든 국가가 양보하는 미덕을 보여야 한다.

○생각해 보기

1. 무역을 관장하는 국제기구의 필요성을 알아본다.
2. 세계 무역 기구가 하는 역할을 알아본다.

① 바이 아메리카에 담긴 중상주의

바이 아메리카란 미국 산업 현장에서 자국 제품만을 사용하도록 하는 보호 무역 정책을 말한다. 2007년 비우량 주택담보대출 사태로 시작된 세계 경제 위기로 각국 정부는 경기를 되살리려고 많은 노력을 기울였다. 이에 미국 정부는 2009년 의회 승인을 받아 8,000억 달러에 달하는 자금으로 어려움을 겪는 기업을 도우려고 고속도로, 교량, 학교, 병원 등 기반 시설을 건설하는 데 사용했다. 당시 이 자금을 받은 기업은 미국 시민권자만 채용하고, 기반 시설을 건설할 때 미국산 철강만 사용하도록 하는 경기 부양 법안 부칙으로 바이 아메리카라는 보호 무역 조항을 만들었다. 이에 세계 각국은 미국이 자국 경제를 보호하려는 일종의 보호 무역 조치라며 강력하게 반발했다.

세계 경제가 거미줄처럼 얽혀 있는 상황에서 미국처럼 거대한 시장을 가진 국가가 보호 무역을 펴면 다른 나라에 많은 영향을 준다. 특히 보호 무역이 전 세계로 퍼지면 수출과 수입에 의존하는 국가는 어려움에 빠진다. 만약 모든 국가가 보호 무역 정책을 펴면 위험에 빠진 경제를 되살리기는커녕 더욱 깊은 수렁에 빠질 수 있다.

선진국들은 경제가 위기에 빠

● 미국 의회 회의 모습

질 때마다 필요에 따라 국가 이익을 이유로 보호 무역 조치를 했다. 1929년 미국에서 시작된 대공황이 더 오래 이어진 것도 사실은 스무드-홀리 법이라는 보호 무역법 때문이었다. 이 법은 리드 스무드 상원 의원과 윌시 홀리 하원 의원이 어려움에 처한 제조업체를 살리려는 취지로 1930년 발의해 등장했다. 당시 이들은 폭락한 주식 시장을 되살리고 미국으로 쏟아져 들어오는 외국산 제품 때문에 줄어든 수출을 수입 관세를 올려서 막아보려는 애국심에서 시작했다. 그러나 이 법은 의도와는 정반대로 대공황을 더 지속시키는 결과를 낳았다.

1930년	1930~1960	1970~1990년	1990년대 후반~현재
높은 관세를 통한 보호 무역주의 실현	자유 무역 확립	신보호 무역주의 대두	자유주의 무역 기조 속에 국익을 위한 정책 혼합
· 스무드-홀리법	· 1932년 상호 통상 협정법 제정 · 1947년 GATT 출범	· 무역 수지 적자로 돌아섬 · 달러 위기 · 슈퍼 301조	· WTO 출범 · NAFTA 체결 · 2007년 노동, 환경을 중시한 새로운 통상 정책 확립

● 무역 구제 제도 유형

제도 유형	관세 부과 요건	구제 방법
반덤핑 관세	외국 물품이 정상 가격 이하로 덤핑 수입되면 국내 산업에 실질적 피해 예상	덤핑 차액 만큼 관세 부과
상관 관세	외국 정부나 공공 기관이 보조금 지급하면 국내 산업에 실질적인 피해 예상	보조금 범위 내 관세 부과
세이프가드	외국 물품 수입이 급격히 늘면 국내 산업 실질적 피해 예상	수입 수량 제한, 관세 인상

　이 법안이 발효되면서 미국은 2만여 개 수입품에 48퍼센트의 관세를 부과할 수 있게 되었다. 이러한 미국에 맞서 유럽과 캐나다 등도 반격에 나섰다. 캐나다는 미국산 16개 품목에 30퍼센트의 관세를 새로 부과했고 독일은 미국에서 수입하는 물량을 66퍼센트나 줄여 버렸다. 세계 경제사에서 그 예를 찾아볼 수 없는 스무드-홀리 법 때문에 관세 전쟁이 발생해 1929년 13억 3,400만 달러에 달했던 유럽산 수입액은 1932년 3억 9,000만 달러로 줄어들었고 같은 기간 유럽으로의 수출은 23억 4,100만 달러에서 7억 8400만 달러로 줄어 막대한 손해를 입었다. 남이야 죽든 살든 나만

살고 보자는 식의 정책이 세계 경제를 더 깊은 대공황 속에 가둘 수 있다는 값비싼 교훈을 얻었다. 2009년 미국에서 만든 바이 아메리카 조항 같은 보호 무역 정책보다는 자국이 잘 만드는 제품에 더 많이 투자해 경제를 살리는 것이 모두에게 유익한 길임을 알려 주었다.

② 미국의 대표적인 보호 무역 법안 슈퍼 301조

20세기 초 미국의 주요 수출품은 군수품, 첨단 전자 제품, 금융과 서비스, 농산물 등이었다. 그러나 제2차 세계 대전 이후 군수품 수요가 줄어들면서 무역 적자와 재정 적자가 늘어나자 금융, 지적 재산권, 서비스, 농산물 수출에 많은 노력을 기울였다. 미국은 건국에서부터 1930년대까지 보호 무역을 표방했지만

● 불공정 무역 보복 결의안을 만든 미국 국회

1934년에 이르러 호혜 통상 협정 법안을 만들어 세계 경제 블록화에 대응하려고 보호 무역을 완화했다.

제2차 세계 대전 이전까지만 해도 세계 경제는 당사자가 서로 대등한 의무를 지는 쌍무 협정을 통해 관세를 인하하는 자유 무역을 추구했다. 하지만 제2차 세계 대전 뒤 세계 경제는 미국 주도로 태어난 GATT - IMF 국제 통화 기금 체제인 다자주의 자유 무역으로 높은 경제 성장을 이루었다. 1960년대까지 미국의 통상 정책은 동서 냉전 이데올로기 속에서 서유럽을 하나로 모아 기득권을 유지하려는 외교 정책의 일부였다. 따라서 당시 미국의 경제 정책은 경제적 이익보다는 국제 정치와 안전 보장 차원에서 이루어졌다. 그러나 1970년대 들어서 유럽과 일본이 빠른 경제 발전으로 미국의 경제적 지위가 상대적으로 줄어들었다. 특히 1970년대 석유 파동으로 경제

위기를 겪은 미국 내에서는 새로운 보호 무역을 주장하는 의견들이 서서히 나오기 시작했다. 그뿐 아니라 값싼 개도국 상품이 밀려들면서 1980년대에도 무역과 재정 적자가 계속 늘어 이를 견제할 장치가 필요해지면서 외국의 불공정 무역 행위 규제를 강화하고 수출 시장을 넓혀 경쟁력을 강화할 목적으로 통상법 제301조를 만들었다. 이 법안에는 교역 상대국 정부가 미국에

● 미국 백악관 전경

불공정 행위를 하거나 불합리한 경제 정책을 적용한 법률을 채택하면 능동적으로 대처하도록 했다. 특히 대통령에게 기존 무역 협정 정지 및 파기, 무역 협상 추진,

관세율 인상, 수입 제한 등 여러 가지 교역상 보복 조치를 취할 수 있도록 재량권을 부여해 대표적인 불공정 무역 조항이 되었다. 이 조항의 정식 명칭은 미국 통상법 제301조로 1974년 개정된 통상 관세법 제3편 제1장에 교역 대상국과 거래에서 미국이 피해를 보았다고 판단되면 일방적으로 보복 조치를 할 수 있고, 보복 대상도 제한하지 않는다고 규정했다. 이 법의 특징은 미국이 국제 무역에서 공정함을 전제로 상대국의 불공정 행위를 규정한다는 점이다. 미국이 내세우는 공정 무역의 개념은 GATT나 미국 통상법에도 없는 것으로, 보통 국제 무역에서는 모든 국가가 합의한 규범을 따르는 데 반해 통상법 제301조는 일방적으로 불공정 행위를 정했다는 점에서 비판을 받는다. 또한 이 법은 미국의 시장 개방 정도와 동등한 수준으로 개방을 요구하고 문제 해결을 위한 협상에서 상호주의 원칙인 다자간 교섭보다는 국가 대 국가가 마주하는 쌍무적 무역 협상을 고집해 GATT 정신에도 어긋난다. 따라서 미국보다 협상력이 떨어지는 개발 도상국이나 우리나라는 문제 해결 방식을 다자주의로 바꿀 것을 주장했지만 미국은 쌍무주의만을 주장해 많은 갈등을 빚었다. 특히 개정된 통상법 슈퍼 301조는 미국이 불공정 무역 관행을 없애려는 국가와 제재 내용을 담은 조항을 근거로 우선

협상국으로 지정해 무역 관행을 시정하도록 요구하는 우선 협상 관행으로 정의했다.

슈퍼 301조는 기존의 법률을 강화시킨 별칭으로 1988년 8월 개정된 종합 무역 및 경쟁력 강화법이어서 1988 종합 무역법으로도 불린다. 슈퍼 301조는 교역 상대국의 담배, 쇠고기, 포도주 등 특정 품목이나 보험, 통신, 지적 재산권 등 분야별 불공정 무역 관행을 없애려고 통상 협상을 추진하도록 정한 기존 제301조와 달리 특정 국가에 불공정 무역 관행을 없애려는 포괄적인 우선 협상 대상국을 지정해 통상 협상을 추진하도록 규정한 점이 특징이다. 슈퍼 301조는 기존 301조와는 달리 불공정 무역 관행이나 시장 개방 등 통상 갈등이 발생하면 미국 기업이 피해 청원 조정 과정에서 객관적으로 충분히 검토하지 않고 일방적으로 받아들여 보복 조치를 취할 수 있도록 했다. 따라서 미국 기업이 작은 손해를 입으면 어떤 나라, 어떤 품목이든 항상 자국 정부에 통상 압력이나 보복 조치를 할 수 있다.

원래 슈퍼 301조는 미국 경제가 어려워진 1989년부터 1990년까지만 한시적으로 적용하도록 했으나 경제 사정이 나아진 현재까지도 유지하고 있다. 특히 슈퍼 301조는 미국 종합 무역법 제337조인 지적 재산권 관련 규정과 함께 1990년대 이후 계속된 새로운 보호 무역주의 정책을 법률로 관철한 대표적인 예이다. 이 법은 지적 재산권과 관련한 시장 접근 문제를 따로 정해 강력한 정책 의지를 보였다. 이 법안은 원래 게파트 하원 의원이 미국 수출국에 한해 수입 과징금을 부과하자는 법안을 발의하는 과정에서 만들어졌다. 이후 최초 발의한 게파트 법안보다 보호주의 색채가 많이 완화되었지만 교역 상대국 무역 관행에 대한 일방 규정과 미국의 우월한 협상력을 이용해 쌍무적 해결을 추구한다는 점에서 일방적인 법률로 보는 것이다. 핵심 내용에는 미국 무역 대표부가 의회에 대미

● 미국 국회 모습

불공정 무역국 관행이 미국 통상에 미치는 영향에 관한 보고서를 제출하면 30일 이내에 우선 관심 관행 국가를 선정해 21일 이내에 조사를 개시하도록 규정했다. 미국의 통상법 슈퍼 301조는 일방통행식의 무역 제재 조치여서 수출국들이 강력하게 비판하는 것이다. 이러한 미국의 모습은 경제 세계에서는 동반자가 아닌 치열한 경쟁만이 존재한다는 것을 일깨워주었다.

호혜 통상 협정법_ 상대국이 미국에 관세를 양보했을 때 미국도 그 나라로부터 수입하는 특정 품목에 대해 최고 50퍼센트까지 관세율을 인하하는 권한을 대통령에게 부여한 법

③ 불공정 무역 피해를 줄이는 무역 구제 제도

우리나라는 1980년대부터 국내 산업을 보호하려고 무역 구제 제도를 시행하고 있다. 이러한 근거는 1967년에 개정된 '관세법'과 반덤핑 관세제도와 상계 관세제도 도입에 관한 법, 1986년 제정된 '대외 무역법', 세이프가드 조치 제도 도입에 관한 법률, 그리고 2001년 제정된 '불공정 무역 행위 조사 및 산업 피해 구제에 관한 법률'을 토대로 만들었다. 우리나라에 무역 구제 제도가 생긴 것은 변화하는 국내외 경제 상황에 유연하게 대처하기 위해서였다. 1960년대 초 수출 지향적인 성장 전략을 수립해 1980년대 경제 개방을 본격 추진한 결과 시장 개방의 척도인 수입 자유화 비율이 1986년 91.5퍼센트에서 1991년에는 97.2퍼센트로 높아져 모든 상품이 자유롭게 국내에 들어올 수 있게 되었다. 이처럼 우리나라는 경제 개방을 확대하면서 시장 개방 보완 장치로 무역 구제 제도를 도입했다.

제2차 세계 대전 이후 세계 각국을 자유 무역으로 이끈 GATT 체제는 강력한 무역 구제 제도를 만들었다. 우리나라는 경제 성장을 본격적으로 추진하던 1980년대 초까지 국제 수지 적자로 GATT 규정 적용에서 개발

도상국 대우를 받아 수입을 제한하는 수량 제한 조치 등을 취할 수 있었다. 그러나 1989년 10월 GATT 국제 수지위원회가 우리나라를 개발 도상국에서 제외해 GATT 제19조 기준에 맞는 무역 구제 제도를 시행하게 되었다.

무역 구제 제도는 특정 상품의 덤핑 수출, 정부로부터 보조금이나 장려금을 받은 특정 상품의 수입이 늘어 피해를 보거나 볼 우려가 있을 때 기업이나 단체가 신청하면 조사한다. 이때 수입품 때문에 입은 국내 산업의 피해를 조사해 수입 관세와는 별도로 덤핑 방지 관세나 상계 관세를 부과하거나 수입량을 제한해 공정 무역이 이루어지도록 한다. 이는 국가 간 자유 무역을 지향하는 WTO 체제에서 예외적으로 인정하는 국내 산업 보호 제도로 세계 각국이 공정한 자유 무역을 시행하도록 유도해 자국 산업을 보호한다. 우리나라는 무역 구제 제도로 반덤핑 관세 제도 AD , 상계 관세 제도 CVD , 세이프가드 제도 SG 를 실행하고 있다.

반덤핑 관세 제도 anti-dumping duties 는 수출국 기업이 수입국 시장에서 점유율을 높이려고 가격을 부당하게 낮춰 수출해 수입국 산업이 피해를 보았을 때 수입국 정부가 정상 가격과 부당한 가격의 차액에 대해 부과하는 관세로 덤핑 방지세, 부당 염매 관세, 덤핑 관세라고도 한다. 반덤핌 관세는 일반 관세 이외에 수입국 산업이 피해를 본 정상 가격과 부당 가격의 차액에 별도로 관세를 부과한다. 국가마다 조금씩 차이가 있지만 우리나라는 수입품이 정상 가격 이하로 수입되어 국내 산업이 피해를 보거나, 볼 우려가 인정될 때 지식경제부 법령으로 부과하도록 정하고 있다.

상계 관세 제도 CVD 는 외국 기업이 공급국 정부로부터 보조금이나 장려금을 지원받아 수출 경쟁력을 높인 상품이 수입되어 국내 기업이 피해를 보거나 볼 우려가 있을 때 법이 정한 절차에 따라 추가로 보조금 범위 내에서 상계 관세를 부과해 산업을 보호하는 제도이다.

세이프가드 제도 SG 는 수출국에서 공정한 절차로 수입된 상품이지만 특정 수입품이 급격하게 늘어 수입국 관련 산업이 심각한 피해를 보거나 볼 우려가 있을 때 법이 정한 절차에 따라 조사해 수입량을 제한하거나 관세율을 인상하는 등 구제 조치를 취해 보호하는 제도이다. 이러한 제도는 특정 수입품으로 생긴 국내 산업의 피해를 조사해 수입량을 제한하거나 수입 관세 이외의 관세를 부과해 적절한 구제 조치를 취하는 것이다. 그러나 무역 구제 제도는 국제법과 국내법에 따라 적용 범위가 달라진다.

불공정 무역 행위 조사 제도는 국제 무역에서 대한민국 법령 또는 대한민국이 조약을 맺어 보호하는 지적 재산권 침해나 원산지 표시 위반 행위 및 수출입 질서를 해치는 행위를 할 때 이를 조사해 시정을 요구하거나 과징금을 부과하는 제도이다. 우리나라에서 시행하는 불공정 무역에 관한 제재 조치는 수출국의 무역에 관한 법령, 제도, 관행 등이 불공정할 때 이에 대해 관세 조치와 비관세 조치 등 무역 구제를 위한 법령이 허용하는 모든 보복을 취할 수 있다. 이 조치는 무역 구제를 목적으로 하는 것은 아니지만 교역국이 WTO에서 규정한 반덤핑 관세, 상계 관세 제도, 세이프가드 제도 등으로 규제할 수 없는 불공정 무역으로 피해를 당했을 때 사용하는 수단이다.

먼저 협의의 무역 구제 제도란 국가 간 보호 무역 장벽을 철폐해 자유 무역을 지향하는 WTO 체제에서 국제 규범으로 인정하는 국내 산업 보호 제도로 미국 통상법 301조처럼 국내법이 정한 일방적 조치와는 차이가 있다. 광의의 무역 구제 제도는 협의의 무역 구제 제도처럼 WTO가 규정하지는 않았지만 각국이 국내법을 만들어 운영하는 것으로 불공정 무역 행위 조사 제도를 추가해 시행한다. 이외에 미국 슈퍼 301조 등 불공정 무역 제재 조치를 추가하는 최광의의 무역 구제 제도도 채택하고 있다. 불공정 무역 제재 조치는 불공정 무역 행위 조사 제도와 마찬가지로 WTO 규범에는 없고 각국이 만든 법령으로 운영한다.

우리나라에서 반덤핑 조사가 이루어진 것은 1986년 4월 중국산 알긴산소다 등 3개 품목에 대해 조사가 이루어졌으며, 1991년에는 미국과 일본산 폴리아세탈수지에 대해 최초로 덤핑 방지 관세가 부과되었다. 우리나라에서 무역 구제 제도를 활용한 조사는 1986년 반덤핑, 1987년 세이프가드 조사 의뢰가 처음 접수된 뒤 2003년까지

● 수입 자동차 하역 모습

각각 33건과 80건이었으나 상계 관세 조치는 아직 한 건도 신청된 적이 없다. 우리나라는 불공정 무역 시행 초기에 덤핑 조사 신청이 세이프가드 조사 신청보다 훨씬 많았다.

● 무역 규제 제도 비교

구분	반덤핑 관세 제도	상계 관세 제도	세이프가드 제도
성격	불공정 무역 외국 수출 기업 규제	불공정 무역 외국 정부 행위 규제	공정 무역 수입국 산업 구조 조정 촉진
요건	덤핑 수입 사실	보조금 지급 사실	수입 수량 증가
	국내 동종 물품 생산업에 실질 피해	좌동	동종 또는 직접 경쟁 물품에 심각한 피해
	덤핑 수입과 실제 피해 인과 관계	좌동	수입 증가와 심각한 피해 인과 관계
조 치	반덤핑 관세 부과	상계 관세 부과	수입 수량 제한, 관세율 인상 등
	보상 없음	보상 없음	보상(또는 보복) 있음

그러나 WTO 체제가 출범한 1995년 이전에는 세이프가드 조사 신청이 늘다가 이후에는 주로 덤핑 조사 신청이 대부분이다. 특히 1996년 이후 덤핑 조사 신청이 급증한 것은 WTO 출범에 따른 무역 자유화로 덤핑 수입이 늘어난 결과이다. 우리나라에서 불공정 무역 조치는 덤핑 조사 신청의 반덤핑 조치 비율 61.3퍼센트로 세이프가드 조사 신청 조치 비율과 비슷하

다. 덤핑 조사 신청 건수 가운데 피해 부정 판정 비율이 12.5퍼센트로 세이프가드보다 두 배 높았다. 그러나 우리나라 정부가 판정한 반덤핑, 세이프가드 조치 비율이 61.3퍼센트, 66.7퍼센트로 외국보다 상당히 높아서 무역 구제 제도로 관련 산업을 보호한다는 오해를 받기도 했다. 하지만 우리나라는 많은 원자재를 수입 가공하는 경제 구조여서 수출국들이 짬짜미 _{담합} 로 국내 시장을 혼란에 빠뜨릴 가능성이 높다.

재미있는 환율이야기

환율은 각국 통화를 교환하는 비율로 흔히 외국환 시세·외환 시세라고
도 부른다. 일반적으로 통화 가치는 그 통화가 가진 구매력으로 외국에서
외화와 교환하는 비율로 통화의 대외 가치를 나타내므로 중요하게 생각한
다. 우리나라의 원화를 달러나 유로화와 같은 외화와 교환할 때의 비율을
환율이라고 한다.

오늘날 국제 무역에서 결제는 외국환이나 외국환 어음, 기타 외화 채권
을 매매하는 형태로 이루어지므로 환율은 외국환 은행이 이러한 외화 채권
을 매매할 때 가격 역할을 한다. 환율은 일반 상품의 가격처럼 외화에 대한
수요와 공급에 따라 변한다. 그러므로 환율이 너무 많이 오르내리면 무역과
같은 국제 거래에 많은 영향을 미친다. 그래서 국제 통화 기금 IMF 이 설립된
초기에는 금과 교환할 수 있는 달러 비율을 자국 통화와 평가해 환율이
일정 범위 내 변동 폭을 상하 1퍼센트로, 그 후 2.25퍼센트까지 확대 에서만 이루어지도록
했었다.

그러나 1970년대 초 미국이 일정한 비율의 달러를 금과 교환할 수 있는
금 태환을 포기한 뒤 1978년 4월 출범한 킹스턴 체제에서 IMF가 각국에
환율제를 자유롭게 선택할 수 있도록 재량권을 부여해 대부분의 국가가
변동 환율제로 바꾸었다. 우리나라는 1970년대 말까지 고정 환율제를 채택
해 운용했으나 1980년 2월부터 환경 변화로 변동 환율제로 전환해 현재에
이르렀다.

1 원화 가치와 환율

"원·달러 환율이 내려 수출업체들이 많은 어려움을 겪고 있습니다."

"환율이 올라 수출 기업들이 즐거운 비명을 지르고 있습니다."

뉴스에서 자주 듣는 환율은 우리가 사용하는 원화를 달러와 교환할 수 있는 비율로 외국 통화와 원화 가치를 비교 표시한 것을 말다. 국제 무역에서는 달러 외에도 유로화나 엔화, 위안화 많이 사용하므로 환율을 매긴다. 국제 무역에서 많이 사용하는 달러, 유로화, 엔화, 위안화는 수출 경제에 영향을 주므로 많은 관심을 갖는다.

1980년대 이전까지 우리나라는 경제 규모가 작고 국민 소득이 낮아 고정 환율제를 채택해 영향이 적었다. 그러나 1980년대 이후 경제 발전을 이루면서 외국인이 많이 찾아와 원화 사용이 늘어났다. 환율은 달러가 늘어나면 원화 가치가 오르고, 달러가 줄어들면 원화 가치가 내려가는 수요와 공급의 영향을 받는다.

우리나라는 1997년 이전까지 1달러에 800원대에 거래되다가 1998년 외환 위기를 겪으면서 1달러에 1,900원까지 올랐었다. 그러나 외환 위기를 슬기롭게 극복하고 IMF에서 빌린 돈을 모두 갚아 1,100원대에서 환율이 형성되었다. 달러와 교환할 수 있는 원화 가치인 환율은 원화의 국제적 가치를 의미한다. 환율을 계산할 때 미국 달러화를 기준으로 삼는 것은 국제 무역에서 달러가 기축통화 역할을 하기 때문이다.

○생각해 보기

1. 환율의 의미에 대해 알아본다.
2. 원화 가치가 오르면 좋은 점을 알아본다.

① 환율 결정 과정

환율은 외환 시장에서 달러의 수요와 공급으로 결정된다. 달러화에 대한 수요가 공급보다 많으면 환율이 올라 원화 가치는 내려간다. 반대로 공급이 늘어나면 환율은 떨어진다. 외화 자금 시장은 원화와 함께 달러화 등 외국 통화가 거래되는 환전시장이다. 외화 자금 시장에서는 달러화 가격인 환율을 바탕으로 달러화 매매 거래가 이루어진다. 외화 자금 시장은 달러의 주인이 바뀌는 시장이지만 그렇다고 아무나 사고팔 수 있는 것은 아니다. 개인이나 기업은 직접 외화 자금 시장에 참가할 수 없고 은행을 통해서만 환전할 수 있어서 간접 참여하는 효과만 있다. 외화 자금 시장에서 거래할 수 있는 곳은 외국환 딜러인 국내 은행과 외국 은행 지점뿐이다. 외화 자금 시장은 달러 등 외화 거래가 이루어지는 시장이므로 수요자는 자금을 직접 조달하게 된다. 직접 달러를 거래하는 외화 자금 시장에서 달러 등 공급자는 주로 외국 은행 국내 지점이고 수요자는 국내 은행들이다. 그러나 외화 자금 시장은 국제 금융 시장과도 연결되어 있어서 정부나 은행이 직접 달러를 빌리기도 한다. 따라서 외화 자금 시장에서는 원화 가치에 직접 영향을 미치지는 않는다. 환율에 영향을 주려면 달러와 원화를 교환하는 거래가 있어야만 하는데 외화 자금 시장에서는 달러만을 거래하기 때문에 원화와는 아무런 관계가 없다. 달러를 사고파는 시장에서는 거래 대상물인 달러 가격을 바탕으로 거래가 이루어지므로 달러 매도자에서 매입자로 소유자가 바뀐다. 대차시장에서는 거래 대상물인 외화를 빌리는 대가인 금리, 임대율, 위험 요율 빌려주는 값의 비율 등을 기준으로 거래가 이루어지므로 소유권에는 변함이 없다. 그러므로 대차시장에서 달러를 빌린 사람은 계약 기간이 끝나면 반드시 갚아야 한다.

외화 자금 시장에서 외부로부터 부족한 자금을 빌린 뒤, 이를 대여해 주는 형태인 대여 차입 거래로 달러를 빌리면 차입 금리를 기준으로 거래가 이루어 진다. 이때 자금을 빌린 채무자는 이자와 원금을 함께 상환해야 한다. 일반적 으로 외화 자금 시장에서 달러를 빌리는 주체는 중앙 정부, 지방 자치 단체와 금융 회사이고, 대출을 해 주는 곳은 국제 금융 회사이다. 정부가 달러를 빌릴 때 적용하는 금리는 외국환 평형기금 채권 가산 금리로, 미국 국채 금리 에 추가로 중간 이윤이 붙어 결정된다. 이는 달러화를 발행한 주체가 미국 재무부이므로 미국 국채 금리를 기준 금리로 삼 는 것이다.

● 워싱턴의 세계은행과 IMF 건물

2009년 이후 외화 자금 시장에 달러 공급이 늘어난 것은 2008년 금융 위기로 미국 정부가 많은 달러를 시장에 풀었기 때문이다. 또한 우 리나라 국가 신용 등급이 올라가면서 달러를 빌려주겠다는 금융 기관이 늘어나 금리가 계속 내려갔다. 이러한 영향으로 우리나라는 이전보다 훨씬 낮은 금리로 쉽게 외화 자금 시장에서 달러를 조달할 수 있게 되었다. 그뿐 아니라 국내 외환 시장에 외국인 투자자나 수출로 받은 달러를 원화로 바꾸려는 기업이 늘면서 원화 가치가 상승하기 도 했다.

그러나 우리나라에 달러가 많이 있어도 경제 위기가 발생하면 영향을 받는다. 2008년 세계 금융 위기가 발생하자 우리나라에 있던 달러가 한꺼번 에 빠져나가 큰 어려움을 겪었다. 당시 우리나라는 부족한 달러를 빌리려고 외화 자금 시장을 찾았으나 아무도 빌려주려고 하지 않아 차입 금리가 빠르 게 올라갔다. 그래서 우리나라는 미국, 중국, 일본과 통화 스와프 계약을 맺어 외환 시장을 안정시켰다. 만약 이러한 상황에서 달러를 빌리지 못하면 국가 부도로 이어진다. 그러므로 국가 부도와 직접 연관성을 맺는 곳은 외환 시장이 아니라 바로 외화 자금 시장이다. 외화 자금 시장에서 달러를 빌린 뒤 갚지 못하면 바로 국가 부도로 이어지기 때문이다.

만약 외화 자금 시장에서 빌린 돈을 갚지 못하면 대출 금리도 상승하고 금융 시장에 달러가 돌지 않아 외화 유동성 부족으로 국가 부도에 직면하게 된다. 그러므로 우리나라가 1997년 겪은 IMF 외환 위기는 엄밀하게 말하면 외화 유동성 위기이다. 당시 환율이 급격하게 오른 것은 외국인 투자자가 국내 자본시장에 들여왔던 달러를 한꺼번에 회수해가면서 유동성이 부족해서 생긴 일이다. 2008년부터 2009년 초까지 우리나라가 외환 위기를 겪은 것은 여러 가지 원인이 있지만 근본적으로 외화 유동성이 부족했기 때문이다. 환율을 정하는 외화 시장은 매우 복잡한 구조여서 정부는 수요와 공급을 잘 조절할 수 있도록 세밀한 분석이 필요하다.

> **통화 스와프 계약**(Bilateral Currency Swap Agreement)_ 국가 간에 외화가 부족하면 자국 통화를 교환해 이를 외화와 교환해 사용하는 방식으로 단기간 자금을 빌리는 계약을 말한다. 통화 스와프는 자국 통화를 기초 자산으로 교환하는 방식이므로 통화 스와프 협정을 맺어 달러가 필요할 때 두 나라가 자국 통화를 교환해 이를 해결한다.

② 환율의 종류

우리가 알고 있는 환율은 원화를 달러나 유로화, 위안화, 엔화 등과 단순 비율로 교환하는 것으로만 생각할 수 있다. 그러나 환율은 분류 방식에 따라 여러 가지로 나뉜다.

일반적으로 가장 많이 사용하는 환율은 기준 환율과 재정 환율裁定換率이다. 기준 환율은 미국 달러화 매매 기준율을 의미하는 것으로 금융 결제원 산하 서울외국환중계주식회사가 매일 영업 개시 30분 전까지 기획재정부, 한국은행, 각 외국환 은행장에게 통보하는 환율을 말한다. 이는 원화와 달러를 기초로 한 각국 통화 가운데 기본이 되는 환율이다.

재정 환율은 미국 달러화 외에 유로화, 엔화, 위안화 등 주요 통화에

적용되는 환율로서 기준 환율을 바탕으로 달러화 이외의 외국 통화를 간접 계산한 것이다. 이때 달러화와 그 외의 통화를 간접 비교해서 크로스레이트 cross rate 라고도 부르는데, 원화와 달러화 환율을 기준으로 유로화, 엔화, 위안화 등의 실제 시세가 정해진다. 기준 환율과 재정 환율을 분류하는 것은 우리나라 환율시장에서 달러 이외의 통화가 국제 결재에 많이 쓰이기 때문이다.

또한 환율 변동이 인정되는 정도에 따라 분류한 고정 환율과 굴신 屈伸 환율, 변동 환율이 있다. 고정 환율은 외화 수요나 공급과 관계없이 정부가 환율을 인위적으로 고정한 것을 말한다. 그러나 굴신 환율은 국가 간 협약으로 환율 상한선과 하한선내에서만 신축성 있게 변하도록 한 것이다. 변동 환율은 외환 거래에서 환율을 고정하지 않고 수요와 공급의 법칙에 따라 외환 시장의 시세로 정해진다.

환율에는 거래 대상을 은행과 일반 고객으로 나누어 분류한 방식으로 은행 간 환율 시장 환율 과 대고객 환율이 있다. 은행 간 환율은 은행과 은행이 거래에 사용하는 환율이고 대고객 환율은 은행과 개인 간 거래에서 적용하는 환율을 말한다. 일반적인 금융 거래에서 기준 금리와 대출 금리로 나뉜 것과 비슷한 개념이다.

은행 입장에서 매출과 매입을 분류해 나눈 방식으로 매출 환율과 매입 환율이 있다. 매출 환율은 은행이 외화를 판매할 때 적용하는 환율이고 매입 환율은 은행이 개인에게서 외화를 사들일 때 적용하는 환율이다. 매출 환율과 매입 환율에 차이가 나는 것은 은행이 외화를 사고팔 때 중간 이윤을 붙이기 때문이다. 우리가 은행에서 볼 수 있는 시세표에 외화를 사고 팔 때 가격이 각각 다르게 고시되는 것도 이 때문이다.

그리고 은행이 고객과 거래하는 외화 표시 어음이나 유가 증권 등 외국환을 분류한 방식으로 전신환 電信換 환율과 일람 출급 一覽出給 어음 환율, 기한부 어음 환율이 있다. 전신환 환율은 외화로 표시된 우편환의 일종으로 현금 대신 전신으로 외화를 보내면 이를 근거로 전신환 증서를 가진 사람에게 지급할 때 적용하는 환율을 말한다. 일람 출급 어음 환율은 외화 표시 어음을 만기에 제시하면 그 금액을 지급할 때 적용하는 환율이고, 기한부 어음 환율은 지급 기간을 정해 놓은 어음에 적용하는 환율을 말한다. 이렇게 환율을 세밀하게 구분하는 이유는 외화 유통비와 깊은 관련이 있기 때문이다.

그 외에 외국환을 돈이나 물품을 받고 넘겨주는 현물 환율과 선물 환율이 있다. 또한 환율 표시 방법에서 어떤 통화를 기준으로 분류하느냐에 따라 외화 표시 환율 수취 계정 환율 과 내화 표시 환율 지급 계정 환율 이 있다. 이처럼 환율의 종류가 다양한 것은 외화의 지급 방식이 현금이나 유가 증권 등으로 매우 다양하기 때문이다.

2 달러 양이 환율에 미치는 영향

우리나라 통화인 원화 가치가 오르내리는 이유는 아주 많다. 그러나 통화 가치는 가격과 마찬가지로 수요와 공급으로 결정된다. 통화 가치에 영향을 주는 것은 많지만 보통 국제 무역에서 사용하는 달러 양에 따라 좌우된다. 환율은 수출을 많이 할 때 내려간다. 기업이 수출 대금으로 받은 화폐가 주로 달러이기 때문이다.

국내 기업들이 수출 대금으로 벌어들인 달러를 국내에서 원화로 환전하게 되므로 달러가 들어온 양 만큼 원화 수요가 늘면서 자연스럽게 원화 가치가 오른다.

기준 금리도 환율에 많은 영향을 미친다. 만약 한국은행이 미국보다 기준 금리를 낮추면 국제 투자자는 달러로 바꾸어 미국에 투자하는 것이 유리하다 그러므로 달러를 찾는 사람이 늘어나면서 원화 가치는 내려가게 된다.

국가 신용 등급도 환율에 많은 영향을 준다. 일반적으로 정치·경제가 불안정하면 국가 신용 등급이 떨어진다. 신용 등급이 하락하면 금융 투자자들은 원화보다 안전한 달러에 투자하므로 환율이 변한다.

그러나 경기가 좋아지면 환율은 자연스럽게 안정을 되찾는다. 경기가 좋아지면 달러를 찾는 사람이 줄어들어 원화 가치가 오르기 때문이다. 환율은 정치상황이나 경제 변화에 따라 끊임없이 변한다. 그러므로 환율의 변화를 잘 관찰하면 경제 흐름을 정확하게 판단할 수 있다.

○생각해 보기

1. 환율과 금리 관계를 알아본다.
2. 국가 신용 등급과 환율의 관계를 알아본다.

① 다양한 환율의 영향

국제 무역에서 결제 수단을 무엇으로 할 것인지는 무척 중요하다. 세계 경제사에서 금을 중심으로 한 금본위제에서 달러를 기축통화로 정착시키는 동안 많은 위기가 있었다. 산업 혁명을 바탕으로 기축통화 역할을 했던 영국 파운드화가 1차 세계 대전 뒤 금본위제를 포기하면서 세계 경제는 혼란에 빠졌었다. 국제 무역에서 기축통화를 금으로 정하기에는 생산량과 유통에 많은 어려움이 있었기 때문이다.

그러나 미국은 제1차 세계 대전 때 군수 산업을 발전시켜 전 세계 금을 끌어 모아서 달러를 기축통화로 사용하기 시작했다. 하지만 1970년대 미국이 베트남 전쟁에 필요한 달러를 마구 발행해 금 태환을 포기하면서 변동 환율제가 시행되었다. 변동 환율제로 환율 제도가 바뀌면서 세계 각국은 환율 변화에 민감하게 반응하기 시작했다. 자국 통화 가치가 너무 떨어지면 달러를 방출해 환율을 안정시키고, 반대일 때에는 달러를 사들여 적당한 선에서 환율이 유지되도록 했다.

우리나라는 2008년 이명박 정부가 출범하면서 고환율 외환 정책을 시행해 수출 중심으로 재편하려 했다. 그러나 원화 가치를 인위적으로 떨어뜨려 수출가를 낮추면 수출에는 도움이 되지만 인플레이션 같은 부작용이 나타난다. 원화 가치가 내려가면 수출가를 낮추는 역할을 해 수출 기업에는 유리한 반면 수입 원자재 가격이 올라 생산 비용이 늘어나면서 물가에 영향을 미친다.

우리나라는 1998년 외환 위기를 겪으면서 IMF에 경제 주권을 내주고 자유 변동 환율제를 시행하면서 2001년을 제외하고 꾸준하게 환율이 하락했다. 당시 외환 위기를 벗어나려고 부실기업과 은행을 정리해 경제가 되살아나고 수출이 늘어나면서 달러가 많이 들어와 환율이 안정되었다. 그러나

2007년 9월 미국 비우량 주택담보대출 사태로 이듬해 세계 금융 위기가 발생하면서 1,500원대를 넘나드는 고환율 시대를 맞았다. 이에 미국, 중국, 일본 등과 통화 스와프 계약을 맺고 세계 각국이 공동으로 대처하면서 점차 안정을 되찾았다. 2009년 각국이 양적완화 정책을 펴면서 경기가 안정되어 환율이 내려갔다가 2010년 피그스 PIGS 로 불리는 남유럽 국가에서 발생한 재정 위기로 환율이 높은 오름세를 지속했다. 이처럼 세계 각국 경제는 환율에 많은 영향을 받는다. 만약 환율 변동이 심해지면 오랫동안 이익을 내던 기업도 단 며칠 만에 엄청난 손해를 보게 된다. 이런 피해를 줄이려고 기업들은 환 헤지 換 Hedge, 환율 변동 위험성을 줄이려고 현재 환율로 미래의 거래 금액을 고정하는 계약 계약을 맺는다. 그러나 오히려 기업의 환 헤지가 경제 불안을 조장하는 요인이 되기도 했다. 2010년 우리나라를 떠들썩하게 했던 키코 KIKO 사태가 바로 환 헤지 상품 때문에 일어났다.

넓은 의미에서 환율 변동은 경제 성장과 물가, 경상 수지에 많은 영향을 준다. 보통 환율이 상승하면 가격이 내려가 수요와 수출이 늘어나는 반면 수입량은 줄어든다. 또한 환율 변동은 투자에 많은 영향을 주어 환율이 오르면 수출이 늘어나므로 이익도 늘어난다. 그러나 원자재와 임금 등 제조 원가를 높이는 역할을 해 이익을 악화시킨다. 수출 의존도가 높은 우리나라 기업들은 수출이 늘면 원자재와 부품 수입도 늘려 환율은 수출입에 영향을 끼친다.

이렇듯 수출로 생기는 환율 변동은 수출가를 변화시켜 수출량을 조정하는 효과가 나타나지만 예전보다 영향력이 많이 줄어들었다. 환율이 올라도 예전처럼 수출가가 내려가지 않거나, 가격이 내려가도 판매가 늘지 않는 때도 많기 때문이다. 우리나라 수입품 대부분은 원자재와 부품이어서 가격이 올라도 수입할 수밖에 없어 고환율로 수출을 늘려도 경상 수지를 개선하는 효과는 떨어진다. 경제가 발전하는데 수출만큼 중요한 것이 바로 시설 투자이다. 요즘은 자본재 수입량이 예전보다 훨씬 많아 환율이 올라도 쉽게

투자가 늘지 않는다. 환율이 오르면 수출 경쟁력이 조금은 개선되지만 생산
비용도 늘어나므로 많은 이익을 얻을 수 없
기 때문이다. 물론 환율이 올라 이익을 보는
기업도 있지만 손해를 보는 기업도 있어 환
율 변동이 주는 영향을 판단하기가 쉽지 않
다. 갑작스러운 환율 변동이 경제 전체에 나
쁜 영향을 미치는 것은 틀림없다. 그러므로
기업들은 환율 효과에 따른 경쟁력보다는 품

● 컨테이너를 가득 실은 화물선

질 개선에 힘쓰는 것이 환율 변동 위험을 줄이는 방법이다.

② 미국과 중국의 환율전쟁

2000년대 들어오면서 미국과 중국은 환율 때문에 끊임없이 갈등을 겪고
있다. 미국과 중국이 환율전쟁을 벌이는 이유는 중국이 위안화 가치를 인위
적으로 조작한다고 생각하기 때문이다. 미국이 중국 정부에게 환율을 통제
하지 말고 환율을 시장에 맡기는 변동 환율제로 바꾸라고 끊임없이 압력을
가하는 것은 위안화 가치가 오르면 자국 산업을 보호할 수 있기 때문이다.
이러한 미국의 요구에 중국은 국내 문제라고 반박하면서 거부해 왔다. 이처
럼 양국이 끊임없이 갈등을 일으키는 것은 환율이 자국의 경제 성장과 깊은
관련이 있기 때문이다.

자유 시장 경제에서는 경제가 성장할수록 환율이 내려가는 것이 일반적
이다. 경제가 발전하면 수출이 늘어서 벌어들인 외화의 수요와 공급 균형이
시장에서 이뤄지기 때문이다. 기술 발전으로 시설 자동화를 이루어 공급이
늘면 가격도 내려가 투자한 만큼 시장에서 거둬들이는 평균 이익률도 줄어
든다. 결국 이익이 줄어든 기업은 높은 이자를 주고 돈을 빌려야 하므로

● 중국의 원자바오 전 총리와 미국의 오바마 대통령

자연스럽게 시설 투자를 줄여 금리도 내려간다. 선진국과 개발 도상국 간 금리 차이가 발생하는 것도 바로 이런 이유 때문이다. 그런데 금리가 높으면 수익률도 높아지므로 국제 자본은 저금리 시장에서 고금리 시장으로 수익률을 쫓아 이동한다. 그 결과 고금리 시장인 신흥 공업국에 국제 자본이 몰려오면 외화가 갑자기 늘어나 환율이 하락한다.

그런데 중국은 많은 국제 자본이 몰려들어도 환율이 거의 변하지 않았다. 그 이유는 중국이 2005년까지 페그제인 고정 환율제를 채택하다가 유로화, 엔화, 홍콩 달러화, 원화 등 11개국 통화를 하나로 묶어 환율에 반영하는 관리 변동 환율제를 채택했기 때문이다. 중국은 미국과의 환율전쟁으로 2008년 위안화를 20퍼센트 높였다고 밝혔지만 2010년 이후 남유럽 국가들이 재정 위기를 겪자 환율을 고정시켰다. 만약 중국 정부의 발표대로 위안화 가치가 올랐다면 수출이 줄어들어야 하지만 오히려 늘어났다. 이런 이유를 들어 미국은 끊임없이 중국에게 환율 조작을 중단하라고 주장하는 것이다.

2000년 이후 저금리 정책을 시행하던 미국과 일본 등이 경기를 되살리려고 늘린 통화가 상대적으로 높은 환율을 유지하던 신흥 공업국에 흘러들어가면서 많은 문제가 발생했다. 이 가운데 대부분의 수출을 지하자원에 의존하는 브라질은 최대 수입국인 중국의 불경기로 수출이 감소했으나 10퍼센트가 넘는 높은 금리를 유지했다. 이에 저금리의 국제 투자 자본이 들어와 환율이 하락한 브라질 정부는 경제 성장률과 수출 경쟁력이 더 떨어질 것을 우려해 기준 금리를 10퍼센트 아래로 낮추기도 했다. 이처럼 각국의 금리 차이가 크면 국제 자본은 더 높은 수익률을 쫓아 이동하므로 환율전쟁이 일어난다.

당시 높은 금리를 기록하던 중국에 많은 국제 자본이 들어갔는데도 환율이 내려가지 않은 것은 정부가 일정한 범위에서 고정시켰을 가능성이 높다. 이런 이유로 미국은 경제가 어려워질 때마다 중국에 환율을 시장에 맡기라고 끊임없이 요구하는 것이다. 중국 위안화 가치가 오르면 미국은 가격 경쟁력을 통해 수출을 늘려 무역 수지를 개선하고 세금을 더 거두는 일거양득의 효과가 있기 때문이다.

2008년 이후 미국은 경제를 살리려고 기준 금리를 제로에 가깝게 낮추고 채권을 사들이는 등 온갖 수단을 동원했으나 경제 살리기에 실패했다. 반면 중국은 국제 투자 자본이 몰려들었지만 환율 변동이 적어 해마다 7퍼센트 이상의 경제 성장률을 기록하면서 엄청난 무역 흑자를 기록했다. 결국 미국은 모든 경제 살리기 정책을 펴고도 무역 적자를 해결할 수 없게 되면서 중국과 끊임없이 환율전쟁을 벌인 것이다.

③ 기업이 환율 피해를 줄이는 방법

사람은 태어나서 살아가는 동안 여러 가지 일을 겪게 된다. 언제 무슨 일이 닥칠지 모르는 불확실한 미래 때문에 사람들은 저축과 보험 같은 안전 장치를 만든다. 보험은 사고, 질병, 상해, 사망 등 예상하지 못한 일을 대비해 미리 돈을 맡기는 대표적인 금융 상품이다. 이처럼 기업들도 환율 변동으로 발생하는 손해를 줄이려고 노력하는데 대표적인 안전장치가 바로 통화 파생상품인 선물환이다. 선물 先物 future 은 미래의 특정 일 만기일 에 상품을 거래할 수 있도록 금액을 정해 계약을 한 뒤 이를 사고파는 금융 상품을 말한다. 이는 불확실한 미래 때문에 언제, 어떻게 변할지 모르는 환율 가치를 현재 가격에 묶어놓는 방법이다. 선물환은 선물 가운데 외화만을 거래하는 금융 채권으로 주로 원화와 달러화 환율을 대상으로 한다.

예를 들어 H 기업이 자동차를 수출해서 번 돈 1,000달러를 은행에 5개월 만기 선물환으로 계약했다고 가정해 보자. H 기업은 5개월 뒤에 약속한 1,000달러를 주기로 하고 계약 시점의 환율로 계산해 은행으로부터 원화를 받는다. H 기업은 5개월 뒤 약속한 1,000달러를 은행에 갚으면 모든 계약은 끝난다. 따라서 선물환 계약으로 H 기업은 환율 변동으로 나타날 수 있는 손해와 위험을 줄일 수 있다. 이러한 선물환 가격을 결정하는 데는 계약 시점의 은행 이자율이 영향을 주므로 조금 복잡하다.

　현재 환율이 1달러에 1,000원이고, 원화 이자율 기준 금리 이 3퍼센트, 달러 이자율이 2퍼센트라고 가정하고 계산하면 현재 1달러는 1,000원과 즉시 교환이 가능한 가치를 가지고 있지만 은행에 1,000원을 맡기고 1년 뒤에 찾으면 연 이자율이 3퍼센트이므로 받을 수 있는 원금과 이자 합계는 1,030원 원금 1,000원+이자 30원 이 된다. 그런데 1,000원을 1달러로 바꿔 맡기면 달러화 연 이자율이 2퍼센트이므로 원금과 이자 합계는 1.02달러 원금 1달러+이자 0.02달러 가 된다. 그러므로 현재 1년 만기 선물환의 가격은 1,030원÷1.02달러=1,010원/달러가 된다. 바로 이 가격이 현재 환율과 이자율을 고려한 선물환 균형

가격이다. 다시 말해 현재 선물환 가격이 1,010원/달러라면 다른 조건이 변하지 않는 이상 달러나 원화를 보유해도 1년 뒤 가치는 같다. 하지만 시장에서 선물환 가격이 항상 균형 가격과 일치하는 것은 아니다. 만약 선물환 가격이 균형 가격보다 높아지면 사람들은 현재 시점에서 원화와 달러 가운데 달러를 더 선호할 것이다. 현재 환율이 1달러에 1,000원이고, 선물환 균형 가격이 1,010원/달러일 때 선물환 가격이 이보다 높은 1,030원/달러라고 가정해 계산하면 다른 결과가 나온다. 선물환 균형 가격이 1,010원/달러라는 의미는 현재 기준으로 1달러를 1년간 보유했을 때 1달러 가치가 1,010원임을 뜻한다. 따라서 선물환 가격이 현재 1,030원/달러이면 1년 뒤에 1달러를 주기로 하고 대신 현재 시점에서 1,030원을 원화로 받을 수

있다. 그러나 1년 뒤 1달러가 얼마가 될지는 아무도 알 수가 없다. 따라서 현재 시점에서 예상할 수 있는 것은 선물환 균형 가격이 1,010원/달러이므로 1년 뒤에 1달러가 1,010원이라는 것이다. 사람들이 현재 외환 시장에서 1,000원을 주고 1달러를 산 뒤 1년 뒤에 1달러를 갚겠다고 약속하는 것이다. 그러나 현재 선물환 가격이 1,030원이므로 균형 가격보다 높아 달러 수요가 늘어나면서 환율은 올라간다. 결국 선물환은 사고팔 가격을 미리 고정시키므로 만기에 한쪽은 이익을, 한쪽은 손실을 보기 때문에 양측의 손해와 이익의 합은 항상 0이 된다. 만약 선물환 만기 시점에 환율이 계약 가격보다 오르면 달러를 사기로 계약을 맺는 쪽이 이익을 얻고, 반대로 계약 가격보다 내려가면 달러를 팔기로 한쪽이 유리하다. 이러한 문제를 보완하는 것이 바로 현금 결제 선물환 NDF 이다.

예를 들어 현재 달러당 1.000원, 선물환 가격이 1,300원/달러인데, 만기 시점 현물 시세가 달러당 900원이면 매수자는 달러 당 400원 손실을, 매도자는 달러 당 400원 이익을 보게 된다. 이때 현물 계약액 100만 달러를 주고받도록 계약을 체결했다면 계약 완료 시점에 손실이 난 매수자가 이익을 얻은 매도자에게 100만 달러 10억 원 를 지급하면 계약은 끝난다. 이처럼 계약 가격과 만기 시점에 현물 시세 차이를 돈으로 결제하고 끝내는 선물환 계약을 현금 결제 선물환이라고 한다. 만약 이때 100만 달러 10억 원, 달러당 1,000원 기준 를 갚아야 하는 매도 계약자는 선물환 시장에서 달러당 900원에 팔아 9억 원을, 매수 계약자에게서 1억 원을 받아 결국은 10억 원이 된다. 반대로 매수 계약자는 100만 달러를 상대방에게서 받는 대신 현물환 시장에서 시세대로 9억 원에 사들인다. 하지만 현금 결제 선물환 계약에서는 1억 원 손실을 지급하면 100만 달러를 확보하는데 10억 원이 든 셈이어서 결론은 일반 선물환 거래와 다르지 않지만 만기에 선물환과 현금 결제 선물환 계약을 병행하므로 일반 선물환 계약과 같은 효과가 있다.

이는 배추를 밭떼기로 거래하기로 계약한 때에도 비슷하게 적용된다.

만약 배추 포기당 1,000원에 계약했을 때 가격이 폭락해 600원이어도 농부는 업자에게서 1,000원을 받고 600원에 파는 것과 같다. 그러나 반대로 포기당 3,000원이라면 농부는 시장에 포기당 3,000원에 내다 팔고 도매업자에게 포기당 2,000원을 내면 1,000원에 판 효과를 달성한다. 이처럼 기초자산을 직접 다루기보다 시장에서 각자 알아서 처리하고 차액만을 돈으로 계산하는 현금 결제 선물환 계약은 이러한 장점 때문에 일반 선물환 계약보다 유용하다. 또한 외국에서 외국인들끼리 원·달러 현금 결제 선물환 계약을 맺는 역외 선물환도 있다. 이처럼 기업이 선물환 거래를 하는 이유는 불확실한 환율 변화 때문에 손해를 보더라도 예상 가능한 손해, 다시 말하면 예측이 가능한 미래를 확보하기 위해서이다.

③ 환율과 가격의 관계

원화 가치가 높아진다는 것은 좋은 일이다. 그러나 가치가 지나치게 높거나, 낮아지면 기업 활동에 나쁜 영향을 줄 수 있다. 특히 수출을 많이 하는 기업은 갑자기 화폐 가치가 올라가면 손해를 볼 수 있다. 원화 가치가 오르면 수출가가 낮아지는 역할을 하기 때문이다.

우리나라는 IMF 외환 위기 때 1달러에 1,800원까지 환율이 올랐다. 이때 어떤 기업이 1,000달러짜리 컴퓨터를 수출했다면 한 대당 180만 원을 받을 수 있다. 그러나 환율이 내려가 1달러에 1,300원이 되면 컴퓨터 가격은 130만 원으로 줄어든다. 이때 기업이 손해를 보지 않으려면 컴퓨터 가격을 올려야만 한다. 그러나 가격이 오르면 소비자는 다른 제품을 구매할 수도 있어 쉽게 가격을 인상할 수 없다. 원화 가치는 계속 오르는데 가격을 인상할 수 없으면 값싼 원자재나 임금으로 생산 원가를 낮추어야 하므로 기업은 저개발국으로 공장을 옮기는 것이다.

반면 원화 가치가 올라가서 이익이 늘어나는 기업도 있다. 예를 들어 한국전력 같은 곳은 원화 가치가 오르면 전기를 생산하는 데 필요한 석유를 싸게 살 수 있고, 외국에서 부품을 수입해 상품을 만드는 기업은 싼값에 원자재를 구매할 수 있다. 그러나 이런 기업들은 원화 가치가 내려가면 수입하는 재료비가 늘어나므로 상품 가격을 올려야 한다.

○생각해 보기

1. 환율이 물가에 미치는 영향을 알아본다.
2. 원화 가치가 기업에 미치는 영향을 알아본다.

⌕ 들여다 보기

① 중소기업이 키코(KIKO) 사태로 피해를 본 이유

일반적으로 수출 기업은 환율에 많은 영향을 받는다. 따라서 기업들은 가능하면 환율 변화로 생기는 손실을 줄이려고 노력한다. 2007년 미국에서 발생한 서브프라임 모기지 사태가 벌어지기 전 우리나라 환율은 수출 증가로 1달러 당 1,000원 이하에 거래되었다. 환율이 안정된 상황에서 기업이 수출로 번 돈을 환율 변동으로 손실을 입는 것은 수출가가 내려간 것과 같다. 기업은 외국에 수출을 하면서 일정한 환율을 기준으로 수출가를 정한다. 이때 경제 사정이 나빠져 환율이 오르면 이익을 얻지만 내려가면 그만큼 손해를 본다. 이러한 환율 상황을 대비해 대기업은 환율 전담 직원을 고용해 대비하지만 중소기업은 쉽지가 않다. 키코 사태가 벌어졌을 때 유독 중소기업들만 손해를 입은 것도 키코라는 선물 옵션 상품인 파생상품의 이해가 부족해서 생긴 것이다. 물론 상품을 판매한 은행도 계약을 체결하면서 문제가 될 수 있는 내용을 알려주지 않아 불완전 판매 논란으로 소송까지 벌어졌다. 이처럼 우리 사회를 큰 충격을 빠뜨린 키코 사태가 무슨 이유로 벌어졌는지 알아보자.

키코는 통화 파생상품의 일종으로 콜옵션과 풋옵션이 합성된 복합 상품이다. 명칭이 키코인 것은 '노크하다'라는 뜻을 가진 knock-in과 '나가기 위해 두드린다'는 의미를 가진 knock-out의 머리글자를 따 KIKO라고 부르는 것이다. 따라서 knock-in을 요청하면 새로운 옵션 계약 효력이 발생하고 knock-out을 요청하면 옵션 계약의 효력이 사라지는 것이다. 키코 상품이 등장한 배경에는 경제 환경과 판매자인 은행과 수요자인 기업의 내부 요인이 복합적으로 작용했다.

우리나라는 1998년 외환 위기 이후 경제가 되살아나면서 1,800원까지 올랐던 환율이 2007년 말에는 달러당 950원까지 내려갔다가 그 이후에는

1000~1100원 선에서 안정세를 유지해 왔다. 키코라는 상품이 판매되기 시작한 것은 2000년대 초이지만 2007년 하반기에 집중적으로 판매된 것은 환율이 하향 안정세를 유지한다고 판단했기 때문이다. 특히 2007년에 집중 판매된 것은 이전 거래에서 환율 위험을 회피해 이익을 실현한 사례가 많았기 때문이다.

그런데 2007년 하반기 미국에서 서브프라임 모기지 사태가 벌어졌다. 2000년대 초부터 미국의 연방준비제도이사회의 금리 인하 정책으로 금융 회사들은 낮은 금리를 바탕으로 대출을 통해 내수 경제를 이끌었다. 특히 신용이 낮은 사람들에게 주택을 담보로 대출해 주고 은행은 주택담보채권을 담보로 파생상품을 만들어 팔아 부족한 자금을 조달했다. 그러나 경기 침체로 빚을 갚지 못하는 사람들이 늘어나면서 파생상품에 투자한 투자 은행들이 연쇄적으로 어려움에 빠졌다. 그러나 당시 키코 계약을 했던 우리나라 기업들은 미국 정부가 문제를 잘 해결할 것이라 생각했다. 미국의 영향에도 불구하고 우리나라 환율은 크게 변하지 않았기 때문이다. 그러나 2008년 미국 금융 회사 리먼브라더스가 파산하고 모기지 상품을 주로 판매하는 프레디맥과 증권과 파생상품에 투자하는 금융 회사들이 파산하면서 우리나라 환율은 빠르게 오르기 시작해 950원에서 1,500원을 넘어서 걷잡을 수 없는 상황으로 발전했다.

키코 상품은 콜옵션과 풋옵션이 가능한 통화 파생상품의 일종이다. 여기서 옵션이란 어떤 상품이나 유가 증권 등을 미리 정한 가격으로 일정 시점에 사거나 팔 수 있는 권리를 말한다. 물론 사지 않거나 팔지 않을 권리도 포함되어 있다. 옵션에는 콜옵션과 풋옵션이 있는데 먼저 콜 옵션에 대해 알아보자. 콜옵션은 특정 대상물을 만기일이나 만기일 이전에 미리 정한 가격으로 매도자로부터 살 수 있는 권리를 매매하는 계약이다.

예를 들어 100원짜리 사과는 수요와 공급에 따라 항상 변하므로 50원이 될 수도 있고, 150원이 될 수도 있다. 이때 콜옵션 매수 계약을 맺어 100원에 살 권리를 10원을 더 붙여 주기로 하고 계약을 맺었다. 그런데 1달 후에 이 사과가 150원이 되었다면 50원 더 올랐지만 100원에 살 수 있는 권리로 계약했기 때문에 150원짜리를 100원에 살 수 있지만 100원에 10원을 더 주기로 콜옵션 매수 계약을 체결한 사람은 40원의 이득을 얻게 된다. 반대로 사과가 50원으로 떨어지면 50원만 손해를 봐야 하지만 이익은 무한대로 늘어나고 손해는 프리미엄 가격 10원만 책임지면 된다.

이처럼 콜옵션을 산 사람은 시장에서 해당 상품이 사전에 정한 가격보다 높은 가격에서 거래될 때 그 권리를 행사해 싼 값에 상품을 구입할 수 있다. 하지만 해당 상품이 사전에 정한 가격보다 낮아지면 그 권리를 행사하지 않을 권리도 있다. 따라서 풋옵션은 콜옵션의 반대 상황에서 거래 당사자들이 미리 정한 가격을 장래의 계약 만료 시점이나 그 전에 팔 수 있는 권리를 사는 것이다.

예를 들어 위에서 설명한 100원짜리 사과를 110원에 풋옵션을 체결했는데 사과가 200원으로 올랐다면 100원에 사과를 팔 권리를 가진 사람은 200원으로 올랐으므로 팔 필요가 없다. 이때 프리미엄 10원만 손해를 보고 팔 권리를 포기하면 된다. 반대로 사과가 50원으로 떨어졌을 때에는 팔 권리를 행사하면 이익을 얻을 수 있다. 그러나 콜옵션과 풋옵션 조건이 모두 포함되어 있다면 매수자 이익과 매도자 손실은 무한대가 아닌 10원의 손해를 보게 된다. 이러한 방식을 적용해 만들어진 상품이 바로 키코다.

2007년 말 우리나라 환율은 950원대였다. 이때 키코 상품을 계약한 기업은 기준 환율을 950원으로 정하고 상한선인 녹아웃을 1,000원, 녹인을 900원으로 설정해 계약한 뒤 환율이 이 범위 내에서 변하면 이익을 얻는다. 반면 상품을 판매한 은행은 녹인과 녹아웃 범위를 벗어났을 때에만 이익을 얻는 구조였다. 그런데 2008년 세계 금융 위기로 8월 환율이 1,500원까지 치솟았다. 은행은 약정한 환율이 녹아웃인 1,000을 넘었기 때문에 계약 해지를 요청할 수 있다. 계약을 해지하면 은행은 환전 당일 환율과 계약 환율 차액의 2배를 공제한 뒤 환전해 주게 된다. 만약 수출업체가 수출 대금을 환전하지 않고 달러를 보유할 수도 있지만 직원 임금과 운영비가 필요하므로 환전을 할 수밖에 없다.

예를 들어 100만 달러를 위의 내용으로 계산하면 (1,500원 × 100만 달러) - {(1500원 - 950원) × 100만 달러 × 2배} = 15억 - 11억 원 = 4억 원이 된다. 정상적인 상황이라면 15억 원의 이득을 보아야 하지만 환율 예측을 잘못해 4억 원만 얻은 것이다. 위의 계산으로만 보면 손해를 본 것이 아니라고 생각할 수 있지만 수출 기업이 수출을 하려고 원자재와 유통 비용를 모두 지급한 것을 고려하면 엄청난 손해를 입은 것이다. 2008년 11월 중소기업들이 키코 상품 계약으로 입은 피해는 약 4조 5천억 원으로 추산된다. 이러한 이유로 많은 기업이 흑자 부도를 내는 위기에 빠졌다.

② 고정 환율과 변동 환율

외국인들이 많이 찾는 서울 이태원이나 명동에는 이따금 달러나 엔화로 물건을 사는 사람들이 있다. 우리나라는 원화를 사용하지만 국제 무역이나 국제 금융거래에서는 대부분 달러로 거래한다. 만약 두 나라가 무역이나 투자를 하려면 화폐 교환 비율인 환율이 정해져야 한다. 둘 이상의 화폐에 환율을 정하려면 국제 거래에 필요한 국제 통화 공급 방식인 국제 통화 체제가 정한 원리에 따라야 한다. 국제 통화 체제에서 환율을 결정하는 방식은 크게 고정 환율제와 변동 환율제, 바스켓 제도가 있다. 고정 환율제는 두 통화 사이의 환율을 항상 일정한 수준으로 고정하는 것이고, 변동 환율제는 두 화폐에 대한 수요와 공급에 따라 환율이 수시로 변하는 것이다. 반면 바스켓 제도는 복수 통화제로 고정 환율제에서 시장 평균 변동 환율제로 옮겨가는 중간 단계이다. 고정 환율제는 금본위제를 시행하던 때에 금과 화폐를 교환하는 가치로 정해져서 오래 전부터 사용했다.

그러나 달러를 중심으로 한 고정 환율제는 1944년 새로운 국제 통화 질서 확립을 목적으로 개최된 브레턴우즈 체제가 시발점이다. 당시 브레턴우즈에서 44개국 대표들이 합의해 만든 것이 바로 국제 통화 기금 IMF 이다. 브레턴우즈 체제는 영국 파운드화 중심이었던 금환본위제가 미국 달러화 중심으로 바뀌는 전환점이 되었다. 당시 브레턴우즈 체제는 미국 달러화만 금과 일정 교환 비율을 유지하고 그 외 국가의 통화는 기축통화 달러 와 기준 환율을 정하는 고정 환율제였다. 그러나 이러한 고정 환율제는 1960년 이후 베트남 전쟁으로 사라지게 되었다. 당시 미국은 베트남 전쟁에 많은

전비를 쏟아 부으면서 재정이 부족해지자 엄청난 달러를 발행했다. 이 때문에 국제 금융 시장에 달러가 넘치면서 가치가 폭락해 금과 일정한 비율로 교환하는 금환본위제를 지탱할 수 없게 되었다. 달러 가치가 폭락하면서 금 교환 비율이 높아져 미국이 가진 금으로는 해결할 수 없었다. 이에 닉슨 대통령은 금 태환 중지를 선언하고 세계 각국은 고정 환율제를 포기하고 변동 환율제로 전환했다.

1944년 브레턴우즈 체제로 시행된 고정 환율제는 결국 1976년 킹스턴 체제로 전환하면서 대부분 국가에서 변동 환율제로 전환하는 계기가 되었다. 그러나 모든 나라가 변동 환율제를 사용하는 것은 아니다. 중국은 페그제인 고정 환율제를 시행하다가 관리 변동 환율제로 바꾸었다가 2010년부터는 다시 고정 환율제를 유지하고 있다. 우리나라도 2007년까지 페그제를 시행하다가 IMF 외환 위기를 맞으면서 변동 환율제로 전환했다.

페그제 Pegged exchang rate 는 고정 환율제의 한 형태로 완전한 고정 환율제와 정해진 환율 변동 폭을 벗어나면 정부가 개입해 원래대로 돌아가도록 조정하는데 중국과 홍콩이 시행하고 있다. 이와 비슷한 것에는 바스켓 제도가

있다. 바스켓 제도는 복수통화제로 고정 환율제에서 시장 평균 변동 환율제로 옮겨가는 중간 단계를 말한다. 이는 주요 교역국 또는 외환 시장에서 자주 거래되는 통화에 가중 평균치를 매겨 자국 물가 상승률을 고려해 정하는데 바스켓 Basket 은 주요 교역국 통화 또는 외환 시장에서 자주 거래되는 통화를 의미한다. 대표적인 것으로 국제 통화 기금에서 사용하는 통화인 특별 인출권 SDR 으로 G5 국가 통화를 가중 평균해 나타낸 환율이다. 1997년 IMF 외환 위기 이전까지 태국이 시행했고 현재 미얀마가 사용하고 있다. 바스켓 제도의 단점은 자국 경제 지표와는 상관없이 환율이 평가 절상되거나, 평가 절하한다는 점이다.(주로 평가 절상이 많이 된다) 다시 말하면 선진국 통화 거래량을 가중 평균해 자국 물가 상승률과 연동한 환율이므로 자국 물가 상승률이 낮은 것과 상관없이 통화 거래량이 많으면 환율은 평가 절상된다. 따라서 자국 경제 지표와 무관하게 환율이 움직이므로 정부가 환율을 조절할 수 있는 폭이 작다.

킹스턴 체제_ 전 세계 선진국이 변동 환율제를 시행하기로 합의한 회의를 말한다. 1972년 8월 미국 닉슨 대통령이 성명을 통해 금과 달러의 교환을 중단하면서 달러 중심인 국제 통화 제도와 국제 통화 기금(IMF)이 평가해 상하 1퍼센트 범위에서 유지하도록 한 고정 환율제를 폐지하고 이를 대신해 변동 환율제를 1978년 4월 1일 출범시킨 것이 바로 킹스턴 체제다. 이에 따라 고정 환율제나 변동 환율제를 자유롭게 시행할 수 있게 되었다. 그러나 고정 환율제를 시행해서 한꺼번에 많은 외화가 유입되어 정부가 공개 시장 조작으로 해결하지 못하면 고정 환율제를 중지하고 시장 자율에 맡기는 변동 환율제로 전환할 수밖에 없다. 그러나 변동 환율제로 전환해도 환율 변동을 시장에만 맡길 수는 없다. 변동이라고는 하지만 전적으로 시장에만 맡기지 않고 필요에 따라 통화 당국이 시장에 개입하므로 자율 변동 환율제는 존재하지 않는다. 킹스턴 체제는 국제 통화 기금 가입국이 채택한 환율 제도를 보고하도록 하며, 세계 경제가 안정되어 회원국 85퍼센트가 찬성하면 고정 환율제로 복귀하도록 규정했다.

4 환율 변화에 정부가 민감한 이유

세계 여러 나라는 자국 화폐 가치를 안정시키려 많은 노력을 한다. 우리나라는 1998년 달러 부족으로 외환 위기를 겪었다. 당시 환율이 너무 오르자 한국은행은 보유하고 있던 달러를 시중에 풀어 원화 가치를 안정시키려고 했다. 그러나 외국 투자자들이 계속 투자 자금을 회수하면서 달러가 부족해졌다.

일반적으로 세계 각국 중앙은행은 자국 화폐 가치가 오르면 보유하고 있던 달러를 방출하고, 환율이 내려가면 달러를 다시 사들여 안정시킨다. 우리나라도 예외는 아니어서 원화 가치가 높을 땐 달러 통화량을 늘리고 반대로 원화 가치가 떨어지면 달러를 사들여서 통화량을 조절한다. 이렇게 되면 환율은 정부가 안전하다고 생각하는 수치에서 자리를 잡는다.

그러나 이런 방식으로 해결할 수 없는 때도 있다. 이렇게 한 국가가 해결할 수 없으면 이웃 나라와 함께 힘을 합쳐 해결하기도 한다. 1995년 일본에서는 1달러에 130엔이던 엔화가 갑자기 80엔까지 내려간 일이 있었다. 이에 일본을 비롯한 미국과 유럽 선진국들은 가지고 있던 엔화를 팔고 달러를 사들여서 엔고 현상을 안정시켰다. 이처럼 선진국들이 개입하는 이유는 일본 경제가 어려워지면 자국 경제도 함께 어려워지기 때문이다. 세계 경제는 보이지 않는 끈으로 연결되어 있어서 어려울 때 서로 돕지 않으면 모두 어려움에 빠질 수 있다. 그래서 경제 위기가 발생하면 전 세계가 함께 고민하는 것이다.

○생각해 보기

1. 정부가 환율 방어에 적극적인 이유를 알아본다.
2. 환율이 경제에 미치는 원인을 알아본다.

들여다 보기

① 미국이 약 달러 정책을 펴는 이유

현재 대부분의 국가들은 자유 변동 환율제를 시행하고 있다. 그러나 환율이 경제에 미치는 효과가 강력해서 정부나 중앙은행은 직간접적인 방법으로 환율이 일정한 수준에서 유지되도록 외환 시장에 개입한다. 그러나 미국은 오랫동안 무역 적자에 시달려서 달러 가치가 떨어지도록 놔두는데 이를 약 달러 정책이라고 한다.

달러 가치가 떨어지면 미국 내 제품 생산 비용이 줄어들고 수입품 가격이 오르는 효과가 생긴다. 미국으로서는 달러 가치가 내려가면 경쟁국 환율이 오르는

● 미국 의회 모습

효과가 나타나 생산비가 증가해 수출가도 오르게 된다. 이렇게 되면 미국은 수입 감소와 수출 증가로 이어져 무역 수지를 개선하는 효과가 생긴다. 그런데 이때 발생하는 수입 감소와 수출 증대는 대부분 미국 정부가 통화를 시장에 늘려서 생긴 통화 물량 효과라는 점이다. 미국 소비자 입장에서 보면 자국 제품 가격이 상대적으로 내려가면 더 많이 사게 되는 반면 수입품은 가격이 비싸져서 소비를 줄이게 된다. 우리나라 소비자도 국산품 가격보다 상대적으로 가격이 싼 미국 제품을 더 많이 구매하게 된다. 그러나 미국이 통화량을 늘려서 생기는 물량 효과는 달러 가치가 내려가면서 생기는 가격 효과보다 많은 시간이 걸린다. 그 이유는 중앙은행이 시장에 통화량을 늘리더라도 시장이 이를 흡수하는데 많은 시간이 필요하기 때문이다. 또한 시장에 달러가 늘어난 만큼 이를 수입품을 들여오는데 지급할 수도 있어서 무역 수지가 악화될 수 있다. 미국처럼 통화 가치 평가 절하로 경상 수지를 개선하려면 환율에 대한 수입, 수출 효과 탄력성이 일정 수준을 충족해야

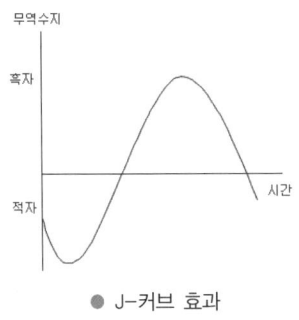
● J-커브 효과

하는데 이를 마셜-러너 조건이라고 한다. 마셜-러너 조건이란 자국 화폐 가치를 떨어뜨려 무역 수지를 개선하려면 외국과 자국이 가진 수입 수요 가격 탄력성의 합이 1보다 커야 한다는 조건을 말한다. 미국이 약 달러 정책을 시행해 무역 수지를 개선하려면 수출입 구조가 환율 변동에 민감해야 한다. 미국처럼 수출입 구조가 비탄력적인 상태에서 약 달러 정책을 펴면 오히려 무역 적자가 늘어나는 J-커브 효과가 나타나기 때문이다. J-커브 효과 S-커브 효과로도 불림 란 환율의 변동과 무역 수지의 관계를 나타내는 용어로 무역 수지를 개선하려고 외국에 환율 상승을 유도하더라도 초기에는 무역 수지가 오히려 오랫동안 악화되다가 많은 시간이 지난 뒤에 서서히 개선되는 현상을 말한다. 이는 미국이 약 달러 정책을 편 초기에는 상대국 산업에 환율이 영향을 많이 미치지 않지만 시간이 지나면 수출 가격을 올리는 역할을 해 무역 수지가 개선된다. J-커브 효과란 용어는 과거 영국의 파운드화가 절하될 때 무역 수지 변동 형태가 J자형 곡선과 비슷해서 붙여졌다.

미국이 약 달러 정책을 시행하는 것은 경제 사정이 그만큼 어렵기 때문이다. 미국이 화폐 가치를 낮춰 무역 수지를 개선하고 국내 생산을 늘리는 것은 경제 불황을 외국에 일부 전가하는 효과가 있다. 그러나 미국처럼 세계 각국이 자국 통화 가치를 서로 낮추면 환율전쟁이 일어날 수 있다. 2010년부터 전 세계에서 벌어지는 환율전쟁의 원인도 자국 화폐 가치를 조작하고 있다고 의심을 받는 중국과 관련이 깊다. 중국이 값싼 노동력을 바탕으로 엄청난 무역 흑자를 내면서 한편으로는 화폐 가치를 조작해 이익을 얻는다고 생각한다. 그러므로 중국이 높게 고정한 환율을 시장의 수요와 공급 원리에 맡기면 문제를 어느 정도 해결할 수 있다.

② 환율전쟁의 역사

2010년대 들어 중국은 새로운 경제 성장 목표를 부강한 국가에서 국민이 잘사는 국가로 바꾸었다. 그뿐 아니라 경제 발전 목표도 성장에서 분배로 바꾸면서 싸구려 상품을 제조하는 것에서 벗어나 첨단 산업으로 전환하겠다고 선언했다. 특히 신교토 의정서 시대를 맞으면서 에너지도 저탄소 경제로 목표를 수정했다. 중국이 바꾼 새로운 성장 노선은 그동안 앞뒤 안 가리고 성장에만 초점을 맞춘 경제 규모를 키우기보다 국민 생활이 안정되도록 내실을 다지는 체제로 바꾸겠다는 것이다. 그동안 중국은 해마다 10퍼센트가 넘는 높은 경제 성장을 이루면서도 사회주의 국가라는 말이 무색할 정도로 빈부 격차가 심각해 사회 문제가 되었다. 수출 중심으로 경제 규모를 늘리면서 생긴 빈부 격차 문제를 해결하겠다는 것이다. 1990년대 이후 중국의 이미지는 값싼 노동력을 이용한 대량 생산과 싸구려 상품, 환경 오염과 빈부 격차였다. 이런 모습을 가진 중국이 고부가 가치 제품, 저탄소 녹색 성장, 분배 정책으로 국내 시장을 활성화해 수입품을 더 사주겠다고 선언한 것이다. 이러한 변화에는 그동안 엄청난 무역 흑자를 기록하면서 선진국과 끊임없이 겪었던 환율 갈등을 없애려는 의지가 담겨 있다.

● 중국의 100위안 지폐

● 미국의 100달러 지폐

현대 경제사에 많은 환율전쟁이 벌어졌다. 제1차 환율전쟁은 1960년대에 시작되었다. 미국은 극심한 쌍둥이 적자에 시달릴 때마다 환율전쟁을 일으켰다. 1960년대 말 베트남 전쟁으로 늘어나기 시작한 쌍둥이 적자로 1971년 8월 리처드 닉슨 대통령이 달러와 금 태환 정지를 일방적으로 선언하자 12월 달러 가치가 7.89퍼센트나 떨어져 브레턴우즈 체제의 종말을 고했다. 당시 미국과의 무역에서 엄청난 흑자를 내던 독일은 미국의 압박에 굴복해 1969년 10월 마르크화 가치를 4년여 동안 약 66퍼센트를 절상해 엄청난 후유증에 시달렸다. 그 뒤 1970년대 말 터진 중동 전쟁 여파로 시작된 석유 파동 후유증으로 쌍둥이 적자에 시달린 레이건 행정부는 일본 도요타자동차와 소니의 전자 제품에 밀려 기업이 망하고 실업자가 발생했다고 판단해 무역 보복 조치를 시행했다. 이러한 미국의 의지가 반영되어 1985년 9월 22일 뉴욕 플라자 호텔에 모인 G5 재무 장관들은 일본과 독일 통화 가치를 절상시키는 데 합의해 제2차 환율전쟁을 마무리했다. 플라자 합의로 통화 가치가 올라가 어려움을 겪게 된 일본은 이후 제로금리에 가까운 내수 부양책을 쓰다가 잃어버린 10년을 맞았다.

2010년 시작된 제3차 환율전쟁은 미국과 일본, 중국으로 주체가 바뀌었다. 당시 독일은 남유럽 국가에서 재정 위기가 발생해 경제가 어려워지면서 빗겨갈 수 있었다. 미국이 먼저 공격한 곳은 일본이었다. 당시 미국은 일본 도요타자동차의 안전 문제를 집중 거론해 약 900만대에 달하는 리콜 사태를 일으켰다. 이 때문에 2009년 처음으로 세계 생산량 1위에 올랐던 도요타자동차는 미국 내에서 판매 부진을 겪으면서 주저앉았다. 제3차 환율전쟁에서 일본은 도요타자동차 리콜 사태로 자존심에 큰 상처를 입었다. 당시 출범했던 하토야마 내각이 후텐마 기지 문제로 미국과 대립하면서 엔화는 주요 통화보다 훨씬 절상되었다. 그 뒤 미국은 중국을 환율 조작국으로 지정할 것이라고 밝히면서 2010년 10월 하원에서 보복 관세를 부과하는 법안을 통과시켰다. 그러자 중국은 위안화 가

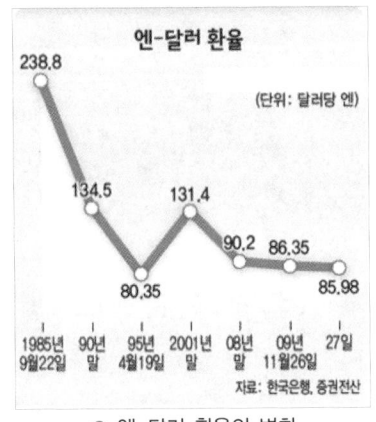

● 엔-달러 환율의 변화

치를 높이고 국내 시장을 더욱 확대하겠다는 새로운 경제 정책을 내놓았다. 이처럼 중국이 갑자기 금리를 인상해 미국을 배려하는 모습을 보이자 미국은 중국의 환율 조작국 지정을 미루었다. 그 뒤 중국이 G20 재무 장관 회의에서 자율 변동 환율제로 바꾸겠다는 약속을 해 3차 환율전쟁을 끝냈다. 미국은 보답으로 2012년 선진국이 가진 IMF 투표권 6퍼센트를 중국과 개발도상국에 이전하겠다고 선언해 IMF에서의 위상을 보여 주었다. 이러한 결과로 IMF 회원국의 투표권은 미국 17.41퍼센트, 일본 6.46퍼센트, 중국 6.39퍼센트, 독일 5.59퍼센트, 영국 4.23퍼센트, 프랑스 4.23퍼센트, 이탈리아 3.16퍼센트 순으로 바뀌었다.

세계 환율전쟁의 특징은 미국이 심각한 경제난을 겪을 때마다 주요 수출국을 공격했다는 점이다. 환율전쟁을 벌였던 국가들은 미국의 최대 수출국이며, 미국 국채를 가장 많이 보유한 채권국이라는 점이다. 미국은 심각한 쌍둥이 재정과 무역 적자에 시달릴 때마다 무역 불균형을 해결한다는 명목으로 환율전쟁을 일으켰다. 제3차 환율전쟁 이전에는 독일과 일본이 미국에 굴복했지만 2010년 중국은 세계 2위 경제 대국으로 성장해 미국 국채를 가장 많이 보유한 최대 채권국이어서 유연하게 대처할 수 있었다.

IMF 투표권 순위(2010년 개혁안)		
1	미국	17.41%
2	일본	6.46%
3	중국	6.39%
4	독일	5.59%
5	영국	4.23%
6	프랑스	4.23%
7	이탈리아	3.16%
8	인도	2.75%
9	러시아	2.71%
10	브라질	2.32%
11	캐나다	2.31%
12	사우디아라비아	2.10%
13	스페인	2.00%
14	멕시코	1.87%
15	네덜란드	1.83%
16	대한민국	1.80%
17	호주	1.38%
18	벨기에	1.35%
19	스위스	1.21%
20	터키	0.98%

후텐마 기지 이전 문제_ 오키나와 현 기노완 시에 있는 미합중국 해병대 소속인 후텐마 비행장 폐지와 이전을 둘러싼 일로, 1995년 주일 미군이 소학교 여학생을 납치해 집단 성폭행한 사건이 발생해 오키나와 지역에서 후텐마 비행장 반환을 요구하는 시위가 2012년까지 발생했다. 2004년에는 훈련을 하던 주일 미군소속 헬리콥터가 오키나와 국립대학에 추락해 후텐마 비행장 반환운동과 미군기지 반대 운동이 다시 거세지면서 갈등을 겪었다.

③ 엔화 가치와 우리나라 경제의 관계

우리나라 경제는 환율의 영향을 많이 받는다. 환율이 오르내림에 따라 가격 경쟁력이 변하기 때문이다. 우리나라 수출품은 중국과 다르기 때문에 위안화 가치 변화에 영향을 받지 않는 반면 첨단 기술을 바탕으로 상품을 제조해 수출하는 일본과는 시장이 비슷해 외국에서 치열한 경쟁을 한다. 그러므로 우리나라와 일본은 환율 변화의 영향이 서로 다르게 작용할 때가 많다.

일본은 1990년대부터 시작된 거품 경제 붕괴로 어려움을 겪으면서 많은 기업이 적절한 시기에 투자를 하지 못해 우리나라 기업들에게 품질과 가격 경쟁력에서 뒤지는 현상이 나타났다. 2013년 일본 총리로 취임한 아베 신조 는 심각한 재정 적자에도 많은 엔화를 시장에 공급해 가치를 떨어뜨렸다. 이러한 양적완화 정책은 2013년 5월 달러당 80엔대였던 환율이 100엔을 넘어서는 '엔저 현상'으로 나타났다. 달러화 대비 엔화 가치가 내려가 수출 경쟁력을 높일 수 있었다. 아베노믹스로 이름 붙여진 일본의 경제 정책은 결국 우리 기업들의 가격 경쟁력을 떨어뜨려 수출량이 감소시키는 결과로 나

● 양적완화 정책을 통해 경제 회복을 추진한 아베 일본 총리

타났다.

보통 환율은 시장에서 수요와 공급으로 결정되지만 일본은 경제를 살리려고 엔화를 공급해 가치를 인위적으로 낮추었다. 엔화 가치가 하락하면 국제 시장에서 경쟁 상품의 가격이 오르는 효과가 생겨 시장이 비슷한 기업들은 어려움을 겪는다.

수출을 많이 하려면 품질도 좋아야 하지만 가격도 매우 중요하다. 품질이 비슷한 경쟁 상품보다 가격이 싸면 경쟁력을 높일 수 있기 때문이다. 그런데 환율은 가격 경쟁력에 큰 영향을 미친다. 환율이 오를수록 통화

가치가 내려가므로 그 만큼 기업은 가격을 낮출 수 있다. 예를 들어 미국에 1달러짜리 상품을 수출하는 기업이 1달러에 1,000원이던 환율이 1,500원으로 오르면 500원을 더 벌수 있다. 이때 환율 차익으로 늘어난 500원으로 할인 판매를 하면 경쟁 상품보다 경쟁력을 높일 수 있다. 따라서 일본 기업은 엔저 현상으로 우리 기업보다 가격 경쟁력에서 앞서게 된다. 일본 기업이 가격 경쟁력을 높이면서 국제 시장에서 경쟁하는 자동차, 전자 제품 등 우리나라 주요 품목의 판매가 줄어들었다. 우리나라와 일본의 수출품 가운데 약 40퍼센트가 경쟁 상품에 해당하기 때문이다. 엔화 가치 1퍼센트 내려가면 우리나라 자동차 수출량 1만 대, 총 수출 약 0.92퍼센트가 줄어드는 것으로 알려져 있다. 그러므로 엔저 현상으로 가장 먼저 어려움을 겪는 곳은 주력 상품인 자동차 산업

● 일본과 경쟁하는 현대자동차의 선적 모습

인데, 많은 양을 국내에서 수출하므로 환율의 영향을 그대로 반영할 수밖에 없다. 반면 엔화 가치가 하락해 경쟁력을 갖춘 일본 기업들은 가격을 인하하거나 할인을 하므로 수출이 증가한다.

하지만 엔저 현상이 우리 기업에 긍정적인 영향을 주는 예도 있다. 일본 제품을 수입하는 기업은 더 싸게 구매할 수 있어서 무역 적자를 줄이는 효과가 있다. 또한 엔화로 대출받은 개인이나 기업은 환율 차익으로 이익을 얻을 수 있고, 엔화 가치가 떨어질수록 원화로 환산한 부채가 줄어든다. 환율 위험을 피하는 방법으로 기업들은 선물환 거래와 내추럴 헤징 Natural Hedging, 자연적 위험 회피 기법을 이용한다. 내추럴 헤징은 수출 대금으로 벌어들인 통화를 수입 대금으로 지급하는 방식이다. 우리 기업 가운데 삼성과 LG전자가 처음 적용한 방식으로, 전 세계 100여 곳에 자회사가 진출해 있어 달러, 유로, 엔, 위안 등 모든 주요 통화를 이용해 환율 위험을 줄인다.

이런 방식으로 기업들은 특정 통화 가치가 변해 발생하는 손실을 줄일 수 있다. 그러나 이러한 환율 변동 위험을 피하는 것보다 품질과 서비스 경쟁력을 높이고 다양한 상품을 만들어 경쟁이 덜한 시장을 개척하는 것이 중요하다. 또한 한발 앞선 기술로 생산성을 높여 기업의 체질을 개선하면 이러한 위험을 슬기롭게 헤쳐 나갈 수 있다.

경제 문제를 해결하는
국제기구의 역할

국제기구는 주권을 가진 2개국 이상이 합의해 만든 협력체로 국제법에 따라 설립된 독자적인 지위를 갖는다.

현대 사회에서 다른 나라와 관계를 맺지 않고 유지하는 것은 거의 불가능에 가깝다. 특히 교통과 통신의 발달로 국제 무역이 꾸준히 늘어나면서 그에 따른 문제도 다양하게 나타났다. 그러므로 지구촌 모든 국가는 무역 경쟁으로 생기는 문제를 서로 협력해서 해결해야만 한다.

현대 국가들은 경제 발전을 통해 국력을 키우려 하므로 경제를 핵심 정책으로 삼는다. 국제 협력을 이끄는 국제기구가 중요한 것은 세계 각국이 경제 교류를 하면서 발생하는 문제를 해결해야 하기 때문이다. 만약 이러한 갈등을 제때에 해결하지 않으면 전쟁과 같은 극한 대립이 발생한다. 제2차 세계 대전도 따져 보면 국내 경제 문제를 해결할 수 없었던 일본을 비롯한 동맹국들이 전쟁을 통해 문제를 해결하려한 결과물이었다.

1944년 7월 미국 브레턴우즈에서 국제 통화 금융과 경제 개발 협정을 기초로 한 브레턴우즈 회의로 국제 통화 기금 IMF 과 국제 부흥 개발 은행 IBRD 을 설립해 경제 협력 기구를 만든 것도 이러한 상황을 반영한 것이다. 그 뒤 국제 무역을 관장하려고 1947년과 1948년 설립된 관세 및 무역에 관한 일반 협정 GATT 및 국제 무역 기구 ITU 를 만들었으나 자국 경제 영향을 고려한 미국이 반대로 1995년 WTO로 출범했다.

① 국가 간 문제를 해결하는 국제기관

　　현대 사회에서 홀로 살아갈 수 없는 것처럼 국경이 사라진 경제 세계에서 외국과 교류하지 않으면 많은 어려움을 겪을 수 있다. 근대 이후 세계 각국은 과학 혁명을 발판으로 활발한 국제 무역을 전개했다. 경제로 연결된 이러한 끈은 정치를 비롯해 다양한 문화를 교류하는 바탕이 되었다. 세계 각국이 이처럼 긴밀하게 연결된 것을 국제 관계라고 한다.

　　세상의 모든 사람이 평화롭게 살려면 평등한 가치와 서로 존중하는 마음이 필요하다. 경제 교류를 통해 한정된 자원을 배분하면서 좋은 관계를 유지하는 것이 중요해졌다. 이러한 관계는 학교, 직장을 비롯한 사회 구성원과 좋은 관계를 맺으려 노력하는 개인과 같다.

　　근대 이전 대부분 국가는 자국의 생산물을 자체 소비하는 독립된 경제 체제를 유지했다. 그러나 19세기 이후부터 활발한 무역을 통해 자국에서 생산한 상품을 수출하고, 필요한 자원을 수입해 풍요로운 삶을 누릴 수 있었다. 자유 무역이 활발해지면서 기업들은 외국에 공장을 세워 상품을 생산해 일자리 창출과 경제 발전에 이바지했다. 그러나 세계 각국이 무역을 하면서 숨겨진 문제들이 조금씩 나타났다. 수출을 늘리려고 보조금을 지급하거나, 자국 산업을 보호하려고 수입품을 규제하는 보호 무역이 등장했기 때문이다. 이처럼 치열한 무역 경쟁으로 생긴 문제를 해결하려고 국제기관을 만들었다.

○생각해 보기

1. 경제 관련 국제기구의 역할을 알아본다.
2. 올바른 국제 관계를 생각해 본다.

① 온실 효과와 기후 변화 협약

온실 효과란 태양으로부터 유입된
복사열이 대기 가운데 존재하는 수증기
나 이산화탄소 때문에 빠져나가지 못해
지구 기온이 높아지는 현상을 말한다.
이들 수증기나 이산화탄소가 마치 유리

● 기후변화 협약 회의 모습

온실처럼 열을 가두는 역할을 해 붙여졌다. 자연 상태에서 온실 효과는
평균 기온을 일정하게 유지하는 중요한 역할을 한다. 이런 온실 효과가
없다면 온도는 현재보다 약 30도 정도 낮아져서 생물 대부분이 살아가는데
어려운 환경이 된다. 그러나 대기 오염으로 온실 효과가 심해지면 지구
곳곳에 열이 골고루 퍼져 평균 기온이 상승하게 된다. 그렇게 되면 내륙
지방은 더욱 건조해지고 해안 지역에는 더 많은 비가 내리며 겨울은 짧아지
고 여름은 길어진다. 또한 남극이나 북극의 빙산이 녹아 해수면이 높아져
일부 섬나라는 바다에 잠기는 등 지구 생태계가 큰 혼란에 빠지게 된다.

온실 효과를 일으키는 온실가스로는 이산화탄소, 메탄가스, 아산화질소,
수소불화탄소, 과불화탄소, 육불화유황 등이 있다. 이 가운데 온실 효과에
가장 많은 영향을 미치는 것은 바로 이산화탄소로 전체 온실가스 가운데
약 80퍼센트를 차지한다. 이처럼 심각한 문제가 된 온실가스 배출량을 줄이
는 목적으로 맺은 것이 기후 변화 협약이다.

1992년 6월 브라질에서 개최된 유엔 환경 개발 회의에서 160여개 국가
가 서명하고 51개국이 가입해 협약 조건을 갖추면서 1994년 3월 21일 공식
발효되었다. 기후 변화 협약의 정식 명칭은 기후 변화에 관한 유엔 기본
협약으로 192개 회원국이 참여하고 있으며 우리나라는 1993년 12월 세계에
서 47번째로 가입했다. 특히 기후 변화 협약 전문에는 기후 변화와 이에
따른 피해가 인류 공동 관심사임을 명시해 전 세계인이 해결해야 하는 문제

로 삼았다.

● 국가별 온실 기체 배출량

국가명	1990년 배출량	2005년 배출량	1990~2005년 증가율(퍼센트)
호주	418,275	525,408	25.6
오스트리아	79,053	93,280	18.0
벨기에	145,766	143,848	-1.3
캐나다	595,954	746,889	25.3
크로아티아	31,552	30,481	-3.4
덴마크	70,442	65,486	-7.0
유럽 연합	4,257,837	4,192,634	-1.5
핀란드	71,000	69,241	-2.5
프랑스	567,303	558,392	-1.6
독일	1,227,860	1,001,476	-18.4
그리스	108,742	137,633	26.6
헝가리	98,108	80,219	-18.2
아이슬란드	3,352	3,705	10.5
아일랜드	55,374	69,945	26.3
이탈리아	516,851	579,548	12.1
일본	1,272,043	1,359,914	6.9
라트비아	26,442	10,880	-58.9
북아일랜드	212,963	212,134	-0.4
뉴질랜드	61,900	77,159	24.7
노르웨이	49,751	54,153	8.8
폴란드	485,407	398,952	-17.8
포르투갈	59,921	85,540	42.8
루마니아	248,734	153,654	-38.2
러시아	2,989,833	2,132,518	-28.7
스페인	287,366	440,649	53.3
스웨덴	72,191	66,955	-7.3
스위스	52,749	53,636	1.7
터키	170,059	296,602	74.4
우크라이나	923,844	418,923	-54.7
영국	771,415	657,396	-14.8
미국	6,229,041	7,241,482	16.3

출처: UNFCCC (단위: 100만 CO_2)

세계는 지금 대기 중의 온실가스 농도가 증가하면서 발생한 온실 효과가 끼칠 영향을 걱정하고 있다. 지구 표면 및 대기의 평균 기온이 높아지면 생태계와 인간에게 나쁜 영향을 미친다고 지적하면서 산업 혁명 이후 온실가스 대부분을 선진국에서 배출했다고 명시했다. 개발 도상국 또한 경제 발전을 이루려면 온실가스 배출량이 늘어날 것이므로 각국이 차별화된 책임과 공동의 노력으로 문제를 해결해야 한다. 세계 각국은 정치 능력과 경제 사회 여건에 맞게 온실가스를 줄이려고 노력해야 하고, 자원 이용에 관한 각국 주권을 보장하면서 타국에 대한 환경 피해 방지책임을 요구한다. 그러므로 기후 변화와 관련된 모든 사항은 국가 주권의 권리와 원칙을 따르도록 했다.

기후 변화 협약에서 가장 중요한 전제 조건은 세계 각국의 지속 가능한 경제 발전 권리를 인정해 경제 개발을 최우선 목표로 인식하고 있다. 특히 선진 공업국의 경제 개발과 발전 상황을 비추어 볼 때 개발 도상국도 많은 에너지를 사용하므로 온실가스 배출량이 늘어날 것으로 예상했다. 따라서 기후 변화에 대응하는 정책을 이유로 국제 무역에서 일방적인 규제나 차별 또는 위장된 제약 등을 행사하지 못하도록 규정했다. 이는 일반적인 규제는 가능하지만 그 외 모든 문제는 합의를 통해서만 가능하다고 선언해 개발 도상국이 우려하는 차별 문제를 반영했다. 따라서 기후 변화 협약은 선진국과 개발 도상국 간의 경제적 이해와 각국이 처한 다양한 경제 발전 단계, 생활양식, 문화적 차이를 극복하고 세계 각국이 모두 합의했다는 점에서 의미가 있다.

② 기후 변화 협약과 교토 의정서 체제

지구 온난화 문제는 지구촌의 가장 중요한 문제가 되었다. 아마존 정글

● 지구 온난화로 사라지는 빙하

훼손이나 오존층 파괴와 같은 문제는 근본적으로 물질문명의 발달과 과소비로 이산화탄소를 너무 많이 배출해서 벌어진 일이다. 이러한 지구 환경 문제는 전 세계 모든 국가가 화석 연료로 에너지를 얻기 때문에 어느 한 국가만 고민한다고 해결되지 않는다.

환경 문제가 선진국에서 중요한 이슈된 것은 1997년 일본 교토에서 의정서를 채택하면서부터 이다. 교토 의정서는 주요 선진국이 온실가스 배출량을 의무적으로 줄이도록 맺은 협정으로 2008년부터 2012년까지 온실가스 배출량을 1990년과 비교해 EU 8퍼센트, 미국 7퍼센트, 일본 6퍼센트로 줄인다는 내용으로 담고 있다. 그러나 교토 의정서 체제가 실제로 온실가스 배출량을 줄이는 데 얼마나 도움이 됐는지는 알 수 없다. 그 이유는 기후 변화 협약 내용을 선진국과 개발 도상국이 서로 다르게 해석하기 때문이다. 2006년 유엔에서 만든 보고서를 보면 38개 온실가스 감축 의무 대상국 가운데 영국, 프랑스, 러시아 등 16개국만 감축 목표를 조기에 달성했고, 독일, 일본, 캐나다 등 22개국은 목표 달성이 어렵다고 밝혔다. 그리고 미국 같은 강대국은 경제적인 이유를 내세워 아예 의정서 비준조차 하지 않았다. 그런데 문제는 협정 내용을 지키지 않아도 제재할 수단이 없다는 점이다.

2012년 교토 의정서 체제가 끝나면서 국제 사회가 기후 변화에 어떻게 대응할 것인지를 새로 규정한 것이 바로 신교토 의정서이다. 포스트 2012 체제 또는 포스트 교토 체제로도 불리는 신교토 의정서는 이미 2005년부터 국제 사회에서 논의한 내용을 기본으로 삼고 있다. 2009년 말 덴마크 코펜하겐에서 열린 제15차 기후 변화 협약 총회에서 신교토 의정서 기본 틀에 참가국이 합의하는 것을 목표로 삼았으나 선진국과 개발 도상국이 내용을 문제 삼아서 성과 없이 끝나고 말았다. 선진국과 개발 도상국의 갈등은 "저녁 식사가 끝난 자리에 초대해 놓고 커피 한 잔 마셨다고 식비를 계산하라는 것과 같다"는 마하티르 전 말레이시아 총리의 주장처럼 선진국이 경제 개발로 파괴한 지구 환경을 개발 도상국에게 책임을 전가하는 것으로 비쳐졌기 때문이다. 결국 신교토 의정서 합의 내용을 실천하는 핵심 쟁점은 개발 도상국들을 교토 의정서 체제에 참여시키는 것이다. 이는 선진국만 온실가스를 줄이는 것으로는 기후 변화를 막을 수 없기 때문이다. 그러나 개발 도상국들은 선진국이 더 많은 재정과 기술 지원을 해야 한다고 주장한다. 결국 온실가스 감축으로 늘어나는 재정 부담을 줄이려는 선진국과 더 많은 지원을 바라는 개발 도상국이 줄다리기를 벌이고 있는 것이다. 따라서 협상 내용을 실천하려면 선진국과 개발 도상국의 주장을 잘 수렴해 공평한 합의안을 만들어야 한다.

신교토 의정서 체제에서 해결해야 할 문제는 크게 네 가지로 요약할 수 있다. 제일 먼저 온실가스를 언제까지, 얼마나 감축할 것인지 목표 달성을 위해 각국이 어떻게 이바지할 것인가이다. 선진국들은 개발 도상국도 감축에 적극 참여해야 한다고 주장하지만 개발 도상국은 신교토 의정서 체제가 법적 구속력이 없으므로 자발적인 노력만으로도 충분하다고 생각한다.

또한 개발 도상국처럼 상대적으로 기상 이변에 제대로 대응할 수 없는 국가를 국제 사회에서 어떻게 지원할 것인가이다. 전 세계 모든 국가는 기후 변화의 피해에서 벗어날 수 없으므로 기상 이변 등에 적응할 수 있는 능력을 키우는 것은 무척 중요하다. 그런데 선진국은 이 문제에 대해 전혀 관심이 없는 반면 개발 도상국은 생사가 걸린 문제여서 목소리를 높이는 것이다.

또 다른 쟁점은 개발 도상국이 온실가스 감축과 기후 변화에 적응하는데 필요한 자금을 국제 사회가 어떻게 배분하고 조달할 것인가이다. 선진국들은 기존 지원 체계를 조금만 개선하면 문제가 없다고 보는 반면 개발 도상국은 선진국이 추가로 자금을 지원해야 한다고 주장한다.

여기에 선진국이 온실가스 감축과 기후 변화 적응에 필요한 기술을 개발 도상국에 어떤 방법으로 이전할 것인가도 중요하게 부각되었다. 이 문제는 지적 재산권이라는 경제적 이유뿐만 아니라 선진국이 경제 성장 동력으로 삼으려는 산업 기술과 관련된 문제여서 풀기가 쉽지 않다. 선진국은 기후 변화와 관계가 있는 환경 관련 기술이 지적 재산권으로 인정받아야 한다고 생각한다. 반면 개발 도상국은 자신들에게 아무런 조건 없이 제공해야 한다고 주장한다. 이러한 갈등 속에서 우리나라는 애매한 처지에 놓여 있다. 교토 의정서 체제에서 우리나라는 개발 도상국 지위를 인정받았으나 경제력이나 온실가스 배출량은 세계 15위에 해당하기 때문이다. 또한 선진국 클럽으로 불리는 경제 협력 개발 기구 OECD 회원국이어서 신교토 의정서 체제에서도 기존 지위를 인정받을 지 알 수 없기 때문이다.

우리나라는 주로 원료를 수입 가공, 생산하는 임가공 형태여서 온실가스 누적 배출량이 많지 않아 선진국과 같은 조건으로 줄이는 것은 공평하지 않다. 그러나 우리나라가 개발 도상국 지위를 유지하더라도 온실가스 배출량은 신교토 의정서에서 합의한 규모로 줄여야 한다. 만약 온실가스를 줄이지 않으면 국제 사회에서 따돌림을 당해 경제 발전에 나쁜 영향이 미칠 수도 있다. 현재 우리나라가 성장 동력으로 내세운 저탄소 녹색 전략도 신교토 의정서 체제와 관련이 깊다. 세계 각국이 온실가스 감축에 적극 참여하면 온실가스 감축과 관련한 기술이나 시장이 커져 새로운 시장을 선점할 기회가 생기기 때문이다.

③ 보호 무역의 수단이 된 덤핑

일반적으로 덤핑이란 원가보다 싼 가격에 상품을 파는 것을 의미한다. 그러나 국제 무역에서 덤핑은 자국에서 파는 가격보다 싸게 수출하므로 수입국 관련 산업에 많은 영향을 줄 수 있다. 그런데 국제 무역에서 덤핑을 판단하려면 복잡한 과정을 거쳐야만 확인할 수 있다. 우선 수출 가격과 자국 내 가격이 차이가 나는지, 난다면 얼마나 나는지를 꼼꼼하게 계산해야 한다. 그러나 자국 내 가격이 판매점마다 달라 어느 곳을 기준으로 삼아야 할지 결정하기 쉽지 않다. 그뿐 아니라 시시각각으로 변하는 가격 때문에 어떤 가격을 평균으로 삼아 비교할 지도 어렵기 때문에 국가 간 덤핑에 대한 논란이 끊이지 않는다. 경제적인 측면에서 덤핑이 정말 나쁜 것인지에 대한 의견도 엇갈린다. 소비자 입장에서는 싼 값에 질 좋은 상품을 살 수 있어 좋은 일이기 때문이다.

국제 무역에서 상대국 때문에 덤핑 피해를 보았다고 판단한 국가는 세계 무역 기구에 제소할 수 있다. 만약 세계 무역 기구가 조사한 결과 수출국이 덤핑으로 수입국에 피해를 주었다고 판정하면 수입국은 반덤핑 조치를 할 수 있다. 수입국은 덤핑 상대국에게 불공정 무역 행위에 대한 보복 조치로 관세나 벌금을 부과한다. 그러나 덤핑에 대한 객관적인 판단이 어렵고 경제 적 의미도 분명하지 않아 반덤핑 조치 대부분이 자국 산업을 보호하려는 행동으로 볼 때가 많다.

2 세계 무역 기구와 국제 통화 기금의 역할

세계 여러 나라가 교역을 늘리면서 국제기구 역할도 매우 중요하다. 수출을 많이 하는 나라는 더 많은 수출로 이익을 얻으려 하고, 반대로 수입을 많이 하는 나라는 수입품 때문에 생기는 피해를 최대한 줄이려 하기 때문이다. 이처럼 무역이 빠르게 증가하면서 분쟁도 계속해서 늘고 있어 국가 간 교역에서 생기는 문제를 중재하는 국제기구가 생겨났다. 대표적인 곳은 무역재판소로 불리는 세계 무역 기구 WTO 이다. 세계 무역 기구에서는 전 세계 모든 국가가 공평하게 무역을 할 수 있도록 규칙을 만들고 분쟁을 해결한다.

우리나라는 쌀 개방과 쇠고기 수입 문제로 세계 무역 기구의 중재를 받은 적이 있다. 2005년 이전까지 우리나라는 가공식품에 사용하는 쌀은 수입할 수 있었지만 밥을 해먹는 쌀은 수입을 금지했다. 농민을 보호하려는 정부의 정책에 미국 등 선진국은 농산물 개방을 앞세워 쌀 시장도 개방하라며 제소했다. 이에 세계 무역 기구는 무역 규칙을 내세워 쌀 수입을 개방하도록 결정해 매년 수입량이 늘고 있다.

국제 통화 기금 IMF 도 이러한 국제기구 가운데 하나다. IMF는 세계 모든 나라의 통화가 안정되도록 돕는다. 특히 특정 국가가 어려움에 빠지면 세계 경제에 나쁜 영향을 끼친다고 판단해 정책을 조언하고 부족한 돈을 빌려주기도 한다.

○ 생각해 보기

1. 우리나라가 쌀 개방을 거부한 이유를 알아본다.
2. 국제기구가 없으면 생기는 일을 알아본다.

들여다 보기

① G7과 G20의 역사

2000년대 들어 뉴스에 자주 등장하는 G7, G20 등의 용어는 선진 7개국, 선진 20개국이라고도 불러 정확한 의미를 알기가 쉽지 않다. 우리가 뉴스에서 자주 접하는 G7, G20의 G는 영어 그룹 Group 머리글자로 세계 근현대 경제를 이끌어 온 주요국 협의체를 뜻한다. G의 역사는 비공식 기구로 1963년 9월 IMF와 단기 유동성 대기성 차관 지원에 관한 일반 차입 협정 GAB 을 체결한 10개국을 G10으로 부르기 시작하면서부터이다. 1944년 출범한 IMF가 자리 잡을 무렵 금융 시장을 안정시키려고 선진국 재무 장관과 중앙은행장들이 비공식 모임을 열면서 만든 것이 바로 G10이다. G10은 정식 협의체는 아니지만 IMF가 1968년 제3의 통화로 불리는 특별 인출권 SDR 을 만들어 1969년 10월 마르크화 가치가 8.5퍼센트 오르는 등 4년 동안 총 66퍼센트나 올라 위기에 빠진 독일 산업을 되살리는 데 중요한 역할을 했다.

G10에 참여한 국가는 미국, 영국, 프랑스, 독일, 이탈리아, 일본, 캐나다 등 G8에서 러시아를 제외한 7개국과 스웨덴, 네덜란드, 벨기에였다. 1984년에는 스위스가 참관 국가로 참여해 11개국이 IMF 공식 행사를 전후해 국제 금융 시장에서 발생하는 문제를 논의했다. 이 모임은 비정기적인 모임이지만 국제 금융 시장에 중대한 문제가 생기면 어김없이 모여 논의하기 시작했다. 그러나 2000년 5월에 마지막으로 모인 뒤 지금까지 공식적인 활동을 하지 않고 있다.

G10이 국제 금융 시장에서 해결사 역할을 했던 1960년대 후반은 세계경제가 큰 위기에 빠졌을 때다. 미국이 달러를 언제든지 금으로 바꿀 수 있도록 보장한 브레턴우즈 체제에서 달러 가치가 폭락했기 때문이다. 당시 미국은 늘어난 사회 보장 지출과 베트남 전쟁에 필요한 자금을 해결하려고 달러를 마구 발행했다. 결국 한꺼번에 너무 많은 달러가 국제 금융 시장에

풀리자 가치가 내려가는 것을 우려한 선진국들은 달러를 팔고 금을 사들였다. 당시에는 달러와 금 교환 비율을 근거로 한 고정 환율제를 채택하고 있었다. 그런데 미국 정부가 너무 많은 달러를 방출하자 선진국은 달러와 금을 교환할 수 있는 금 태환을 의심해 순식간에 가치가 폭락했다.

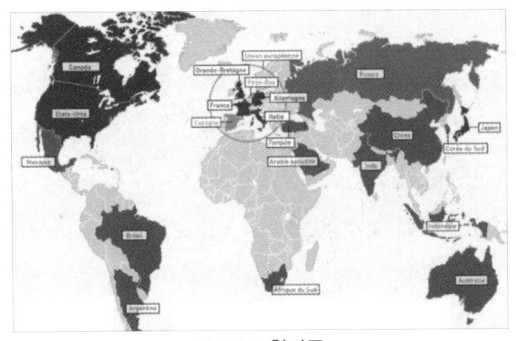

● G20 참가국

국제 금융 시장이 혼란에 빠지자 당시 미국 대통령이었던 닉슨은 1971년 8월 15일 달러화를 금으로 바꿀 수 있던 금 태환을 중지한다고 선언했다. 이 선언으로 달러화를 금과 교환할 수 없게 되면서 기축통화가 사라질 위기에 몰려 국제 경제가 혼란에 빠졌다. 이에 1971년 12월 G10 재무 장관과 중앙은행장이 워싱턴에 있는 스미스소니언 박물관에 모여 대책을 논의했다. 그 결과 현실적으로 새로운 통화를 국제 결제 수단으로 정하는 것이 불가능하다고 판단해 금을 바탕으로 달러를 교환하는 고정 환율제를 수정해 금 1온스 당 35달러에서 교환하던 것을 달러 가치를 7.9퍼센트 낮추어 38달러로 하는 스미소니언 합의를 이끌어냈다. 당시 합의를 이끌어내는 과정에서 조지 슐츠 미국 재무 장관을 비롯해 프랑스, 영국, 독일, 일본 등 세계 경제를 움직이는 5개국 재무 장관이 백악관 도서실에서 비공개로 만난 것을 계기로 1975년 G5가 결성되었다. 당시 G5 국가는 전 세계 경제에서 GDP비율 40퍼센트 이상을 차지했기 때문에 엄청난 영향력을 발휘했다.

G5 회의를 통해 해결 방안을 내놓았지만 경제 위기는 쉽게 가라앉지 않았다. 1973년 이집트와 시리아가 이스라엘을 공격하자 유럽 선진국이 이스라엘을 지원했다. 그러자 전쟁에서 패한 중동 석유 수출국들이 이스라엘을 지원한 선진국에 항의하는 뜻으로 원유 가격을 갑자기 3.5배나 올려

석유 파동이 발생했다. 결국 모든 산업을 원유에 의지했던 선진국이 긴 경기 침체를 겪게 되면서 G5는 해결책을 찾으려고 다시 모였다. 그 뒤부터 G5는 IMF와 세계은행 이사회가 열릴 때마다 세계 경제 문제를 함께 고민하기 시작했다.

선진 5개국 재무 장관 회의인 G5가 G6, G7 등으로 회원국을 늘린 것은 1972년부터 1974년까지 G5 회원으로 활동하다 프랑스 대통령이 된 발레리 지스카르 데스탱과 헬무트 슈미트 독일 총리에 의해서이다. 당시 비슷한 시기에 대통령과 총리가 된 두 사람은 자연스럽게 G5를 정상 회담으로 승격시키려고 미국 포드 대통령과 합의한 뒤 일본과 유럽 각료 이사회 ECM 의장국이었던 이탈리아까지 끌어들여 1975년 프랑스 랑부예에서 G6 정상 회의를 열었다. 당시 캐나다는 G6 회의에 처음부터 참여하고 싶어 했다. 그러나 경제 규모가 프랑스 절반에 불과하다는 이유로 초대받지 못하다가 인접국이면서 우방인 미국이 1976년 6월 푸에르토리코에서 열린 2차 G6 정상 회의에 초청해 정식 회원국이 되면서 G7이 되었다. 당시만 해도 G7은 결속력이 강한 모임은 아니었지만 1978년 일어난 제2차 석유 파동이 1980년대까지 계속되면서 1981년 정상 회의부터는 이전과 달리 차기 의장국을 정하는 규칙을 만들었다. 이에 따라 각국 언론도 G7이 선진국 사교 모임이 아닌 실질적인 협의체로 평가하기 시작했다. 그 뒤 1989년 독일이 통일을 이루면서 러시아가 참가해 G8로 커졌다. 1991년 소련이 무너지면서 냉전 시대가 끝나자 고르바초프 러시아 대통령은 런던에서 열린 G7 정상 회담에 처음으로 참가했다. 이는 러시아가 세계 경제 운영에 참여하겠다는 의지와 함께 뒤처진 러시아 경제를 살리려고 선진국에 경제 원조를 요청하려는 목적도 숨어 있었다. 당시 러시아는 미국과 전략 무기 감축에 합의하면서 G7이 경제 문제뿐 아니라 정치 문제까지 회담 내용을 확대하는 계기가 되었다.

그러나 러시아가 정식 초청국 지위를 얻은 것은 1992년 독일 뮌헨에서 열린 G7 정상 회담부터이다. 당시 미국 대통령이었던 조지 부시가 러시아를 포함해서 G8로 모임을 늘릴 것을 제안해 1993년 초청국에서 회원국으로 바뀌었다. 당시 미국을 제외한 회원국들은 경제력에서 많은 차이가 나는 러시아를 못마땅해 했으나 미국보다 더 많은 핵무기를 보유한 군사 대국을 무시할 수는 없었다. 또한 당시 소련 연방이 해체되면서 러시아 경제가 무너지면 핵무기를 통제할 능력을 잃어버릴 것을 우려해 반대할 수 없었다. G7이 러시아를 끌어들여 G8로 회원국을 늘린 것은 결국 냉전 체제가 무너지면서 러시아 핵무기 통제 능력을 믿을 수 없었기 때문이다.

G7 회의까지 민감한 정치 문제에만 발언권을 가졌던 러시아가 정식 회원국으로 참여해 G8이 된 것은 1998년부터이다. G7 회원국 가운데에는 여전히 러시아 참가를 반대하는 국가가 있었지만 서유럽 집단 안전 보장 기구인 북대서양조약기구 NATO 확대를 묵인하기로 러시아와 합의하면서 정식 가입을 승인했다. G8은 1975년 프랑스 대통령이 초청하는 형식으로 정상 회의를 연 뒤부터 매년 한 차례씩 열기 시작했다. 회의 개최국 순서는 미국, 영국, 독일, 프랑스, 일본, 이탈리아, 캐나다가 돌아가면서 의장국을 맡아 진행했다. G8은 2009년 7월 이탈리아 라퀼라에서, 2010년에는 영국에서 열렸다.

G8 정상 회의는 처음 만들어질 때부터 비회원국에는 철저하게 배타적이어서 G6 시절부터 참여하기를 원했던 벨기에, 네덜란드, 호주 등은 참가할 수가 없었다. 이런 흐름에 변화가 생긴 것은 1989년 프랑스 G7 정상 회의부터이다. 당시 프랑스는 개최국 지위를 이용해 멕시코, 브라질, 인도 등 15개 개발 도상국을 처음으로 초청했다. G8 정상 회의까지는 비회원국이 참가해도 구경꾼에 불과했다. 그러나 2000년대 들어서면서 개발 도상국들은 회의에 참가해 자신의 입장을 적극적으로 밝히기 시작했다. 이러한 변화는 개발 도상국의 경제 규모가 엄청나게 커진 반면 G8이 차지하는 세계 GDP 비중은 계속 줄어들었기 때문이다. 1995년 G8 회원국이 세계에서 차지하는

GDP 비중이 67.6퍼센트에서 2007년 58.7퍼센트로 계속 줄어들었다. 이러한 변화 때문에 2001년 G8회담에는 남아프리카공화국, 나이지리아, 알제리, 세네갈 등 4개국을, 2005년 이후에는 신흥시장 5개국인 중국, 인도, 브라질, 멕시코, 남아프리카공화국 등이 고정 초청국으로 참가하기 시작했다.

우리나라는 2008년 일본 도야마 회의와 2009년 7월 이탈리아 라퀼라에서 열린 G8 정상 회의에 초청되어 기후 변화와 청정에너지, 지속 가능한 개발 등을 다룬 회의인 다이얼로그에 스페인, 호주, 인도네시아, 나이지리아, 폴란드 등과 참가했다.

● 주요 국제 협의체 비교

G10	G8	G20
1963년 설립	1998년 설립(G5 1975년 →G6 1975년→G7 1976년)	1999년 설립
G7(미국, 프랑스, 영국, 독일, 일본, 이탈리아, 캐나다)+스웨덴, 네덜란드, 벨기에+스위스 (1984년 참여) 등 총 11개국	G5(미국, 프랑스, 영국, 독일, 일본)+이탈리아(G6)+캐나다(G7)+러시아(G8) 등 총 8개국	G7+12개 신흥 개발 도상국(한국, 중국, 인도, 인도네시아, 아르헨티나, 브라질, 멕시코, 러시아, 호주, 남아프리카공화국, 사우디아라비아, 터키, EU 의장국 등 총 20개국)
- IMF와 일차 차입 협정 체결한 10개국이 결성 - 특별 인출권(SDR) 창설 등 성과 - 2000년 5월 이후 모임 없었음	- 동서 냉전 붕괴 이후, 1998년 러시아 공식 참여 - 러시아 참여 정치적 이슈도 논의 대상에 포함 - 매년 한 차례 정상 회의, 2010년 6월 캐나다에서 개최	- 아시아 외환 위기 이후 대두 - 2008년 미국에서 발생한 세계 금융 위기로 2009년 11월 정상 회의로 격상 -세계 GDP의 85퍼센트 차지

G8 정상 회의를 G20으로 규모를 늘린 근본적인 이유는 바로 1997년 동남아시아에서 발생한 외환 위기를 겪은 뒤부터이다. 동남아시아 국가들이 외환 위기를 겪으면서 국제 금융 시장이 안정되려면 새로운 협의체가 필요하다는 의견이 제기되었다. 이러한 제안으로 1999년 9월 IMF 연차 총

회 때 열린 G7 재무 장관 회의에서 G7 회원국과 주요 신흥 공업국이 참여하는 G20 창설에 합의했다. 참가국은 G7 외에 아시아에서는 한국, 중국, 인도, 인도네시아 등 4개국과 중남미에서 아르헨티나, 브라질, 멕시코 등 3개국, 유럽에서 러시아, 터키, 호주, EU 의장국, 중동에서 사우디아라비아가, 아프리카에서 남아프리카공화국 등이 참가해 현재에 이르렀다.

G20 회의에서 다루는 기본 주제는 금융 위기 예방과 해결 방안, 인구 문제, 금융 제도 구축 등 주로 중장기적인 경제 문제이다. 그러나 2008년 9월 미국 투자 은행 가운데 하나였던 리먼브라더스가 파산하면서 금융 위기가 발생해 재무 장관과 중앙은행장이 아닌 각국 정상으로 참가자가 바뀌었다. 이는 배타적인 G8 정상 회의만으로는 세계 금융 위기를 막는 데 한계가 있다고 생각했기 때문이다. 세계 금융 위기와 같은 중요한 문제를 극복하려면 선진국과 주요 신흥 공업국이 긴밀하게 정책 분담을 해야 한다는 공감대가 형성된 것이다.

G20에 참가하는 국가는 세계 인구의 3분의 2와 세계 GDP의 85퍼센트를 차지해 전 세계 경제를 대표하는 모임으로 자리 잡았다. 2008년 11월 워싱턴에서 처음 열린 G20 정상 회의에서 우리나라를 2011년 11월 G20 의장국으로 선출해 회의를 개최했다.

② 도하 개발 아젠다(DDA)

세계 무역 기구 각료 회의가 열릴 때마다 뉴스에 단골로 등장하는 단어가 있다. 바로 DDA로 불리는 도하 개발 아젠다인데, 우리말로 번역하면 도하 개발 의제이다. 2001년 11월 카타르 수도 도하에서 열린 세계 무역 기구 제4차 회의에서 2004년 12월까지 타결을 목표로 새로운 다자간 자유 무역 협상을 시작하기로 하면서 이름을 도하 개발 아젠다 DDA: Doha Development

Agenda로 붙였다. DDA에 개발이라는 단어가 포함된 것은 다자간 자유 무역 협상이 개발 도상국 개발에 중점을 두어야 한다는 주장이 받아들여진 결과였다. 이전까지 다자간 자유 무역 협상은 선진국들의 의견을 반영해 우루과이 라운드나 도쿄 라운드와 같이 라운드라는 단어를 사용했다. DDA에 개발이란 용어가 들어간 것은 개발 도상국들의 영향력이 그 만큼 커졌기 때문이다.

도하 개발 의제는 153개 세계 무역 기구 회원국 모두에게 똑같이 적용되는 다자 여러 국가 가 벌이는 시장 개방 협상으로 주로 두 국가가 협정을 맺는 자유 무역 협정 FTA 과는 성격이 다르다. 도하 개발 의제는 상품뿐 아니라 서비스나 지적 재산권에 이르는 광범위한 분야에서 시장 개방은 물론 관련 국제 무역에서 모든 국가에 공평한 규칙을 적용하는 협상을 말한다.

예를 들어 특정 품목의 관세는 얼마나 인하할 것인지, 공정 무역에 나쁜 영향을 미치는 보조금은 어디까지 인정하고, 언제 중단할 것인지 등 세부적인 사항을 함께 다룬다. 또한 어떤 서비스 상품을 자유롭게 교역하고, 지적 재산권 보호는 어떻게 할 것인지도 협상 과제로 포함시켰다. 그뿐 아니라 2009년부터 각국이 주목해온 화석 연료 고갈이나 환경 문제, 개발 도상국 개발도 협상 내용에 넣었다. 도하 개발 의제에는 농업, 비농산물, 서비스, 무역 규범, 자유 무역, 무역 환경, 무역 개발 등 모두 아홉 개 분야에서 문제를 다루어 국가 간 무역으로 나타날 수 있는 모든 품목과 제도를 대상으로 협상을 벌인다.

그렇다면 도하 개발 의제가 왜 필요하며 타결되어야 하는지 살펴보자. 도하 개발 의제에서 가장 중요한 것은 일괄 타결을 협상의 원칙으로 정했다는 점이다. 이는 모든 분야가 합의되어야만 타결되는 방식으로 한 가지 문제라도 합의가 이루어지지 않으면 이루어질 때까지 협상을 계속한다. 도하 개발 의제가 타결되면 전 세계 무역 장벽이 낮아져 모든 국가가 자유 무역을 할 수 있다. 한미 FTA는 체결국 사이에서만 이루어지는 무역 협정이어서 우리나라처럼 외국과의 무역이 경제 활동에서 차지하는 비중이 높은 나라는 전 세계를 대상으로 하는 자유 무역이 훨씬 유리하다. 그뿐 아니라 자유 무역은 경제 성장을 이룩해 국민 소득을 늘리고 소비자에게 다양한 상품을 선택할 기회를 제공하고 기업에는 경쟁력 있는 상품을 생산하도록 해 생산 효율성을 높이는 장점이 있다.

도하 개발 의제가 타결되면 2000년대 들어서 계속 겪는 경제 위기를 벗어나는데 힘을 불어넣을 수 있다. 하지만 반도체, 자동차, 조선, 전자, 석유 화학, 철강 같은 제조업 수출은 늘어나는 반면 경쟁력이 약한 농업이나 금융 서비스업에서는 피해가 발생할 수도 있다. 우리나라가 도하 개발 의제 협상에 참여하지 않으면 경쟁력이 떨어지는 시장을 보호할 수 있지만 새로운 국제 시장을 확보할 수 없어서 경제가 어려워질 수 있다.

2011년 우리나라는 수출입 1조 달러를 달성해 세계 10대 무역국으로 성장한 배경도 기업들의 끊임없는 기술 개발로 새로운 상품을 수출했기 때문이다. 그러므로 국가 간 협의로 맺는 자유 무역 협정보다는 도하 개발 의제 협상에 적극 참여하는 것이 훨씬 유리하다.

③ 시장 중심 경제와 국가 중심 경제

시장 중심의 자유 경제 체제는 자유로운 경제 활동으로 개인의 이익을 극대화하려는 것을 목적으로 한다. 그러므로 기본 원칙도 사유 재산 보장과 자유로운 영리 추구에 있다. 시장 중심 경제에서는 경쟁을 통해 이익을 추구하므로 자원을 효율적으로 배분해 생산을 늘릴 수 있어서 모두가 풍요로운 생활을 누릴 수 있다. 반면 시장이 보장한 자유를 이용해 공공 이익을 해치는 독과점이 발생하고 환경 오염과 공공시설 부족, 불량품이나 과대 과장 광고로 피해를 보는 사회 문제가 발생해 정부가 시장에 개입하게 되었다.

초기 자본주의는 개인의 자유로운 경제 활동을 보장해 정부 역할을 최대한 제한했다. 따라서 정부는 사회 환경 정비, 국방, 치안, 교육, 공공 토목 사업 등 공익사업에만 관여했다. 그러나 19세기 후반 이후 빈부 격차, 독과점, 환경 오염, 사회 기반 시설 부족 등 여러 가지 사회 문제가 발생하자 정부가 개입해 해결했다. 고물가와 실직, 경기 침체가 동시에 나타나는 스태그플레이션 같은 부작용이 1970년대까지 계속 나타나 국가 중심 경제의 대안으로 '작은 정부' 이론이 등장했다.

1970년대 말 정치·행정 결정에 관한 정치·경제학을 연구한 공공 선택론은 정부를 공공재의 생산자로, 국민을 공공재의 소비자로 규정하고 공공부문을 민영화해 시장에 대응하는 능력을 높여야 한다고 주장했다. 1980년대 선진국들은 신자유주의적 이념을 바탕으로 정부 규모를 줄여 효율성을 높이는 정책을 시행했다. 이러한 이론이 등장한 것은 과거 정부가 지나치게 경제에 개입해서 개인의 자율성을 위축시켜 민주화·국제화·지방화·정보화 사회에 적응하려면 불필요한 규제를 완화하고 자원을 효율적으로 배분해야 한다고 주장했다. 정부는 권력을 가지고 법을 집행하는 기관이 아니라 사회 문제를 해결하고 서비스를 제공하는 것으로 규정하고 공공 기관을 민영화하고 경제 규제를 완화해야 한다는 것이다. 신자유주의자들은 정부가 지나치게 시장에 개입해 효율성을 떨어트린다고 보았다. 특히 불완전한 지식과 정보 공유, 정치적 제약, 근시안적인 각종 규제, 동기 부여 부족, 관료 집단의 이기주의, 부정부패를 주요 문제로 꼽으면서 정부가 개입한 경제 정책이 실패했다고 주장했다. 따라서 경제 정책에 나타난 문제를 해결하려면 큰 정부보다는 현실에 맞추어 조화롭게 경제를 운영할 수 있는 작은 정부가 필요하다고 역설했다. 현대 사회에서 정부 역할은 실업 문제 해결과 공공 서비스 제공, 근로 조건 개선 등에만 집중해야 한다고 강조하면서 노동자 의식이 높아지고 노령 인구가 증가하므로 산업 구조와 정부 역할도 바뀌어야 한다는 것이다. 급격한 산업화로 도시에 인구가 집중하면서 각종 범죄와 공공 서비스 부족, 환경 오염 같은 도시문제가 늘어났다. 그러므로 정부는 환경 정책을 주요 과제로 삼고, 여성이 경제 활동에 적극 참여하도록 활동 영역을 넓혀야 한다고 주장했다.

신자유주의는 1980년대부터 미국과 영국을 중심으로 진행되어 경제에 활기를 불어넣었으나 얼마 지나지 않아 많은 부작용이 나타났다. 레이거노믹스와 대처주의로 불리는 신자유주의는 시장 경제를 최대한 자율에 맡기면서 기간산업인 철도, 항만, 공항, 전력, 발전 등을 민영화하고 소매 금융과 투자 금융으로 나뉘었던 금융업의 경계마저도 허물었다. 그러나 얼마 지나지 않아 기업들은 이익을 극대화 하려고 가격을 인상하거나 무리한 투자를 해 세계 경제를 위험에 빠뜨렸다. 자유를 최대한 보장했던 신자유주의가 만든 문제를 국민과 국가가 떠안아야 하는 모순이 발생했다. 2007년 미국에서 발생한 비우량 주택담보대출 사태로 시작된 세계 금융 위기는 100년 역사를 가진 금융 회사인 리먼브라더스를 순식간에 파산시켰다. 이는 단순한 금융 기업의 문제가 아니라 과도한 신자유주의자들이 끊임없이 부르짖은 탐욕의 결과였다. 이 때문에 전 세계 주요 금융 회사는 순식간에 위기에 빠졌고 국제 경제는 파탄 직전까지 몰렸다. 결국 세계 각국은 천문학적인 구제 금융을 투입해 겨우 위기에서 벗어날 수 있었다. 또한 기간산업인 철도나 전력 회사를 개인이 소유하면서 효율성을 이유로 터무니없이 요금을 인상해 송전을 중단하는 일도 벌어졌다.

2010년에는 그리스에서 시작한 남유럽 재정 위기가 포르투갈, 스페인, 이탈리아로 번지고 2012년에는 키프로스마저 국가 부도 사태로 이어지면서 시장 중심 경제와 국가 중심 경제가 풍요로운 삶을 보장할 수 없음을 보여주었다.

네 번째 이야기 ●

세계 속의 대한민국 경제

2011년 12월 우리나라는 무역 규모 1조 달러를 달성했다. 당시 지식경제부는 수출입 연간 누적 실적을 집계한 결과 수출 5,153억 달러, 수입 4,855억 달러로 1조 8억 달러를 기록했다고 발표했다. 1948년 정부 수립 이후 1962년 경제 개발 5개년 계획을 추진해 한국 경제를 수출 주도형으로 이끈 50년 만의 성과였다. 우리나라는 미국, 독일, 중국, 일본, 프랑스, 영국, 네덜란드, 이탈리아에 이어 세계 9번째로 무역량 1조 달러를 달성했다. 전 세계 200여 국가 가운데 1조 달러를 돌파한 국가는 모두 9개국인 무역 1조 달러는 대한민국이라는 국가 이미지를 높이는데 큰 역할을 했다. 1960년대 초까지 외국 원조에 의존하던 나라에서 원조하는 나라로 바뀐 것이다. 이러한 예는 세계 역사에서 그 유래를 찾을 수 없는 것으로 모든 국민이 피땀을 흘린 결과였다.

그러나 국민 한 사람 당 평균 부채가 5천 206만 원으로 총 가계 부채 1,000조 원을 돌파했다. 이처럼 가계 부채가 위험 수위까지 올라가면서 요람에서 무덤까지 빚으로 살아가야 하는 어두운 면도 보여주었다. 우리나라가 경제 대국이 되려면 국민 모두가 자신의 능력에 맞는 소비로 안정된 삶을 영위해야만 한다. 만약 절제된 소비문화를 갖추지 않으면 아르헨티나처럼 과소비와 방만한 경제 운용으로 한순간에 몰락할 수 있다. 이렇게 되면 경제를 되살리기 어려워지고 해결할 방법을 찾기가 쉽지 않다.

① 발전하는 대한민국 경제

2000년대 들어오면서 식당이나 가게 어디에서나 수입품을 많이 만나게 되었다. 특히 식당에서 먹는 반찬 가운데 생선이나 고추, 마늘, 콩, 고사리에 이르기까지 수입품의 종류는 다양하다. 우리가 무심코 먹는 음식 중에는 중국이나 북한, 동남아시아, 일본, 러시아, 미국, 호주에서 온 것도 있다. 겨울에 많이 먹는 명태는 러시아나 일본에서 많이 수입하고 파인애플이나 오렌지 같은 열대 과일은 필리핀이나 인도네시아, 미국에서 들여온다. 그 가운데 중국에서 들여오는 상품이 가장 많은데 생선, 고추나 마늘 같은 농산물에서 나무젓가락이나 생필품까지 그 수는 헤아릴 수 없다.

경제가 성장하면서 소비도 끊임없이 늘어나 지하자원과 어족자원이 많이 줄어들었다. 또한 임금도 중국을 비롯한 동남아 국가들과 비교해 많이 올랐지만 우리가 매일 음식을 골고루 먹을 수 있는 것은 모두 자유 무역 덕분이다. 무역은 자원을 배분하고 우리나라에 없는 상품을 공급하는 역할을 한다. 만약 자원이 부족해 생산하기 힘든 상품을 수입하지 않으면 지금 밥상에 오르는 반찬 가운데 많은 것이 사라질 것이다.

자원이 적은 우리나라는 생활에 필요한 상품을 모두 국내에서 만들 수 없다. 그러므로 많은 상품을 만들어 외국에 수출하고 부족한 것들을 수입해야만 풍요로운 생활을 누릴 수 있다. 이처럼 무역은 자원을 골고루 분배하는 역할을 한다.

○생각해 보기

1. 수출 중심 경제의 특징을 알아본다.
2. 우리나라 주요 교역국을 알아본다.

① 세계 최고를 자랑하는 조선업

우리나라 조선업은 불굴의 신념으로 현대중
공업을 세운 정주영 회장의 노력으로 시작됐다.
1970년대 초 아무것도 없는 황무지인 미포 만에
서 조선소가 첫 삽을 뜬 것이다. 현대그룹 정주
영 회장은 조선소를 세울 돈을 빌리러 오만분의
일 지도 한 장을 들고 영국으로 갔다. 하지만

● 석유탐사선 건조 모습

당시 코리아라는 이름조차 생소한 가난한 나라의 사업가에게 조선소를 지
을 만큼 큰돈을 빌려 줄 은행은 없었다. 돈을 빌리려면 영국 정부가 보증하
는 보증서가 필요해 그는 무작정 수출 신용 보증국 ECGD 을 찾아갔다. 그러
나 이름도 모르는 한국 기업인에게 보증서를 떼어준다는 것은 있을 수 없는
일이었다. 이때 정주영 회장은 지갑에서 오백 원짜리 지폐를 꺼내 담당
직원에게 거북선을 보여주었다. 그는 한국이 조선업을 할 충분한 능력과
역사가 있음을 보여주고 싶었던 것이다. 은행 담당자에게 거북선을 보여주
면서 우리나라는 16세기에 벌써 철갑선을 만든 나라라고 설득해 보증서를
얻는 데 성공했다. 이렇게 빌린 돈으로 1971년 어렵게 첫발을 내디딘 조선업
은 2000년대를 넘어서면서 세계 시장을 휩쓸기 시작했다. 세계 1위 조선
기업인 현대중공업을 비롯해 삼성중공업, 대우조선해양, STX조선해양, 현
대 미포조선, 현대 삼호중공업 등이 뒤를 이었다.

조선업은 주문으로 상품을 생산하는 수주 산업이라는 특성이 있다. 선박
운용회사가 필요한 선박을 주문하면 계약을 맺고 만들어주는 방식이다. 그
렇다고 아무 업체에나 선박 건조를 맡기지 않고 입찰을 통해 기술력과 납품
기일을 지킬 수 있는 업체를 선정한다. 우리나라 조선업은 2003년 이후
수주량, 건조량, 수주 잔량 모두 세계 1위를 유지해 왔다. 특히 중국과 달리

● 정주영 회장이 보여준 500원짜리 지폐

자국 내 수주량을 제외한 세계 10대 조선 기업 가운데 7개가 우리나라 기업일 정도로 조선 강국의 자리를 굳게 지키고 있다. 2007년 세계 시장 점유율 _{수주 잔량 기준}을 보면 우리나라 36.1퍼센트, 중국 29.4퍼센트, 일본 17퍼센트였다. 2008년 우리나라 선박 수출액은 431억 달러로 수출에서 차지하는 비율이 10.2퍼센트로 자동차와 반도체를 제치고 처음으로 1위를 차지하기도 했다. 이처럼 우리나라 조선업이 경쟁력을 갖추게 된 원인은 끊임없는 도전정신과 정부 지원, 제작 기술 혁신으로 선박 설계와 시공을 통합해 효율성을 높였기 때문이다. 그리고 기획, 설계, 건조 등 생산 과정을 연계해 첨단 건조 공법을 개발한 것이 경쟁국을 앞서는 힘이 되었다. 특히 정부는 1972부터 1976년까지 제3차 경제 개발 5개년 계획을 추진하면서 조선업을 국가 전략 산업으로 지정해 지원을 아끼지 않았다. 1973년 장기 진흥 계획을 수립하고 1980년 조선업이 수출을 늘릴 수 있도록 중형 조선소를 통합해 건조 능력을 확보해 경쟁력을 키우는 데 온 힘을 기울였다. 그 결과 우리나라는 다른 나라와는 비교할 수 없는 풍부한 기술과 기능 인력을 보유하게 되었고 설계 분야에서도 우수한 기술 인력을 확보할 수 있었다. 이러한 정부와 기업의 끊임없는 노력은 육지에서 선박을 나누어 제작한 메가 블록을 크레인으로 옮겨 바다 위에 설치된 부유식 독에서 제작, 진수하는 플로팅 독 같은 신공법을 탄생시켰다.

하지만 2008년부터 중국이 값싼 노동력을 무기로 낮은 가격에 수주하면서 2010년 잠시 세계 1위 자리를 내주기도 했으나 2011년부터 그동안 확보한 기술력을 바탕으로 전 세계 고부가 가치 선박을 싹쓸이해 세계 1위 자리를 되찾았다.

② 우리나라에서 만드는 선박의 종류

우리나라 조선 산업은 세계 최고를 자랑한다. 2008년 미국에서 발생한 국제 금융 위기로 세계적인 경기 침체와 싼 가격을 앞세운 중국이 추격해 어려움을 겪기도 했지만 2011년부터 부가 가치가 큰 첨단 선박을 수주해 세계 조선업 1위를 되찾았다. 2010년 말 기준으로 세계 10대 조선소 가운데 7개가 우리나라 기업이며, 1,688개 조선 관련 기업에서 약 13만여 명에 달하는 노동자가 일하고 있다.

● 우리나라 조선업체들이 만든 대형 유조선의 모습

우리나라 조선 기업들은 주로 부가 가치가 높은 선박을 건조하는데, 대표적인 것으로 유조선이 있다. 유조선은 원유를 운반하는 선박으로 원유를 운송하는 원유 운반선과 정제한 석유 제품을 실어 나르는 정유 운반선, 그리고 화학 제품을 옮길 수 있도록 특수 설계한 화학 제품 운반선, 해상 원전에서 원유를 건네받아 육지로 운반하는 셔틀 유조선이 있다. 유조선 건조에서 가장 중요한 것은 기름을 실어 나르는 배이므로 기름 유출을 방지하는 기술이다. 1993년부터 국제해사기구 IMO 조약으로 건조되는 모든 유조선은 의무적으로 선체를 두 겹으로 제작하도록 했다. 그리고 원유가 유출되더라도 피해를 최소화하려고 화물 탱크를 5~6개의 독립된 공간으로 나누어 배치한다. 일반적으로 20~30만 톤급 초대형 유조선은 VLCC Very Large Crude 로 부르며, 30만 톤급 이상은 ULCC Ultra Large Crude Oil Carrier 로 분류한다.

선박 가운데 가장 많은 부분을 차지하는 것은 화물선이다. 보통 벌크선 Bulk Carrier 으로 불리는 이 배는 많은 짐을 실을 수 있는 상업용 화물선으로 가장 흔하게 볼 수 있는 선박이다. 벌크선은 별도 포장하지 않는 각종 원자재나 곡물 같은 화물을 운반하며, 화물 종류에 따라 광물 운반선·석탄 운반선·곡물 운반선 등으로 구분한다. 벌크선은 국제 경기에 민감하게 반응하는 선박이어서 경기가 호황일 때는 물동량이 늘어나 수요도 함께 늘어나지

● 우리나라에서 건조한
드릴십

만 불황일 때에는 급격하게 줄어드는 특징이 있다. 국제 무역이 급격하게 늘기 시작한 제2차 세계 대전 뒤에는 국제 해운 물량이 증가해 선박 크기와 적재량도 계속 늘어났다. 1990년대까지 대부분 7만 5,000톤 이하인 파나막스 급이었지만 그 뒤로는 10만 톤급 대형 운반선 건조가 늘었다. 세계에서 가장 큰 화물선은 철광석과 석탄을 운반하는 선박으로 2011년 대우조선해양이 건조한 '발레 브라질'이다. 폭 65m인 이 배는 길이가 에펠탑보다도 긴 362m이고 높이가 22층 건물과 비슷한 56m로 대형 트럭 1만 1,150대에 해당하는 40만 톤의 철광석을 실을 수 있는 차이나막스 급이다. 그러나 벌크선은 건조 기술이 까다롭지 않아 주로 중국 기업이 전 세계 시장을 장악하고 있다.

드릴십으로 불리는 원유 시추 탐사선은 해저에 있는 석유와 가스를 시추하는 장비를 갖춘 선박으로 플랫폼 설치가 불가능한 깊은 바다나 파도가 심한 곳에서 시추 작업이 가능하도록 만든 선박을 말한다. 해상에서 최대 12㎞ 밑까지 시추할 수 있는 이 선박은 배 한가운데에 커다란 시추 탑이 설치되어 있다. 대표적인 고부가 가치 선박으로 한 척 가격이 무려 원화로 6,300억 원으로 6억 달러가 넘는다. 그러나 원유 시추 탐사선은 고도의 선박 건조 기술과 해저 시추 기술이 동시에 필요해 일반 조선소에서는 수주 자체가 불가능해 뛰어난 건조 기술을 지닌 우리나라 조선업체들이 전 세계 시장을 독점하고 있다. 특히 2010년 이후 국제 유가가 빠르게 오르면서 해상 유전 개발로 수요가 계속 늘어나고 있다.

컨테이너 운반선은 선박 화물 운송에 이용하는 컨테이너를 실어 나르는 선박으로 1957년에 처음 등장했다. 컨테이너선은 낱개로 화물을 운반하던 재래식 화물선보다 하역시간을 크게 줄여서 해상 운송에 큰 변화를 가져왔다. 컨테이너 운반선은 선체가 클수록 컨테이너 당 운송비도 줄어들어 주요 해상 운송 회사들은 1만 TEU급 이상 초대형 컨테이너선을 주문하고 있다.

1TEU Twenty-Feet-Equivalent Units 는 길이가 약 6m인 컨테이너를 1만 개까지 실을 수 있다.

우리나라가 자동차 수출국이 되면서 늘어난 것이 바로 로로 RORO 선이다. 로로선은 승용차·트럭만 전문적으로 실어 나르는 선박으로 자동차가 오르내린다고 해서 로로 RORO, Roll on Roll Off 선이라고 부른다. 롤온롤오프선은 자동차만 전문적으로 운반하는 트레일러 선으로 싣고 내리는 시간을 줄일 수 있고 파손이나 붕괴 위험도 없다. 보통 자동차 운반선은 화물을 실을 때 부두와 연결되는 다리를 이용해 선적할 자동차를 배 안으로 몰고 들어가 정해진 장소에 주차하듯이 적재한다. 대부분 자동차 운반선은 선체 뒷부분이나 중간에 다리가 설치

● 컨테이너 운반선

● 자동차 운반선

● LNG선

되어 있다. 그러나 자동차는 주차 공간을 많이 차지하므로 컨테이너선보다 화물 적재량이 적다는 단점이 있다. 자동차 운반선은 크게 승용차 전용선인 PCC Pure Car Carrier 와 승용차·트럭 전용선인 PCTC Pure Car and Truck Carrier 로 구분한다.

특수 구조 탱크가 핵심 기술인 LNG선은 액화 천연가스 LNG 를 운반하는 선박으로 대표적인 고부가 가치 선박이다. LNG선은 영하 163도로 액화된 천연가스를 안전하게 운송해야 하는 특성 때문에 초고압·초저온을 견딜 수 있는 특수 구조 탱크를 만드는 것이 핵심이다. 항상 초고압·초저온 상태를 유지해야 하므로 냉동 장치와 보온 설비를 장착한다. LNG선은 탱크가 설치된 형태에 따라 갑판 위에 둥근 화물 탱크를 설치한 모스 형 구형 과 선박 내부를 오각형으로 만든 멤브레인 형 박막형 으로 나눈다. 환경 오염

을 방지하려는 국제 협약으로 이산화탄소 배출을 규제하고 고유가가 이어지면서 2000년대 이후 대체 에너지인 LNG선 수요가 급격하게 늘었다. 액화 석유 가스를 운반하는 LPG선은 주로 석유를 정제할 때 생기는 액화 부탄이나 프로판 가스를 실어 나른다.

바다 위에 떠 있는 정유 공장으로 불리는 부유식 원유 생산 저장 하역 설비 FPSO 는 깊은 바다에서 유전을 개발하는데 이용한다. 일반적으로 길이 300m, 폭 60m, 높이 30m 이상 규모로 축구장 3개를 합친 크기에 하루 25만 배럴 이상 원유를 생산할 수 있고, 200만 배럴 이상을 저장하는 FPSO 와 LNG-FPSO로 구분한다. LNG-FPSO는 액화 천연가스 생산 설비, 액화 설비, 저장 설비 기능을 모두 갖추어서 바다 위에서 생산해 저장했다가 LNG선에 액화 상태로 옮겨 싣는다.

사람을 태워 나르는 배는 크게 여객선 페리, Ferry 과 유람선 크루즈, Cruise 으로 나뉜다. 일반적으로 정해진 항구와 항구 사이를 오가는 연안 여객선인 페리와 승객을 1,000명 이상 태우고 여러 곳을 항해해 바다 위의 호텔로 불리는 크루즈선이 있다. 유람선을 건조하려면 고도의 방음·방진 그리고 최고급 실내 장식 기술이 필요하다. 유람선은 바다 위에서 승객들이 하룻밤 이상 생활하기 때문에 호텔 수준의 거주·유흥·운동·오락·식사 등 서비스를 제공하는 시설을 갖추어야 한다. 우리나라 STX조선해양의 자회사인 STX 유럽이 2009년 건조한 유람선 '오아시스 오브 더 시스 Oasis of the Seas 호'는 축구장 3개 반 정도를 합친 크기에 16층 건물 높이로 3D 영화관은 물론

● 세계에서 가장 큰 유람선 '오아시스 오브 더 시스' 호

아이스링크와 공원까지 갖추어서 한 척당 1조 원이나 되는 고부가 가치 선박이다.

우리나라 해군이 보유한 이지스 Aegis 함은 전투 체계를 완벽하게 갖춘 전투함을 의미하는 말로, 그리스 신화에 등장하는 제우스의 방패에서 유래

했다. 제우스가 그의 딸 아테나에게 선물한 방패인 이지스가 방어 능력이 뛰어나다고 해서 붙여졌다. 이지스함의 핵심은 다기능 위상 배열 레이더 등으로 3차원 정보를 수집해 원거리 대공 방어와 대함전·대잠수함전·탄도탄 등에서 목표를 한꺼번에 요격할 수 있는 통합 전투 체계를 갖추고 있다. 우리나라 최초의 이지스함은 세종대왕함 7,600t급 과 율곡 이이함 7,600t급 으로 실전에 배치되어 작전을 수행하고 있다. 2011년 3월에

● 대한민국 해군이 보유한 이지스함

는 세 번째 이지스함인 서애 류성룡함 7,600t급 이 진수식을 갖고 해군에 인도되어 운항 중이다.

● 선박의 종류와 가격

선박 종류	선박 평균 가격(원화, 2011년 기준)
유조선	1억 달러(1,050억 원)
벌크선	5,500만 달러(580억 원)
드릴십	5~6억 달러(5,200~6,300억 원)
컨테이너선	1억 달러(1,050억 원)
자동차 운반선	6,000만 달러(633억 원)
LNG선	2억 달러(2,100억 원)
레내	5억~20억 달러(5,200억~2조 2,200억 원)
크루즈선	17억 달러(1조 8,000억 원)
이지스함	약 9억 달러(9,500억 원 추정)

2 경제 협력을 해야 하는 이유

　우리나라 주요 수출국은 1990년대 이전까지 미국과 일본이었으나, 1990년대 이후 아시아 국가들과 교류를 늘리면서 중국이 수출 1위 국가가 되었다. 중국은 인건비가 싸서 우리 기업들이 많이 진출해 있다. 그뿐 아니라 인도네시아, 말레이시아, 베트남 등 동남아시아 국가에서 생산한 상품을 많이 수입하고 있다. 또한 미국을 비롯해 인도, 터키, 슬로바키아, 브라질 등 전 세계 곳곳에 많은 기업이 진출해 상품을 생산하고 있다. 이처럼 국내에만 머물지 않고 외국에 진출해 현지 생산을 하거나 직접 판매하는 기업을 다국적 기업이라고 한다.

　1980년대 이전까지 우리나라에 많은 외국 기업이 들어와 구로, 부평, 마산, 창원 등에 공장을 세워 이들 기업에서 일하는 사람들이 늘어났다. 외국 기업이 공장을 세운 것은 이익을 얻기 위한 것이지만 한편으로는 우리나라에 일자리를 제공하므로 서로에게 도움이 된다.

　그러나 이제는 반대로 우리 기업이 외국에 진출해 일자리를 늘리고 있다. 이들 기업은 외국에서 생산한 제품을 국내에 들여와 판매해 모두가 이익을 얻는 관계로 발전했다. 특히 일부 국가에서는 자기네 나라에 공장을 지어달라면서 대통령이 방문해 공짜로 공장 부지를 빌려주거나 세금을 깎아 주겠다고 한다. 우리나라가 무역 규모 세계 10위권의 경제국이 되면서 세계 각국에 좋은 영향을 미치고 있는 것이다.

○생각해 보기

1. 경제 발전에 필요한 것들을 알아본다.
2. 우리 기업들이 진출한 국가들을 알아본다.

① 우리 기업이 만든 일류 상품

2011년 12월 5일 우리나라는 수출 5천 150억 달러, 수입 4천 850억 달러를 기록해 역사상 처음으로 무역 규모 1조 달러 시대를 열었다. 무역 규모 1조 달러를 달성한 국가는 지금까지 9개국 밖에 없다. 특히 원조를 받던 나라에서 원조를 하는 나라로 발전한 국가도 전 세계를 통틀어 우리나라가 유일하다. 이처럼 우리나라가 빠르게 성장할 수 있었던 원동력은 밤낮을 가리지 않고 일한 국민의 끊임없는 노력 덕분이다. 이러한 경제 성장과 더불어 세계 시장에서 인기를 끄는 상품도 늘어나고 있다.

D램 반도체는 1998년 이후 세계 1위를 기록하고 있는 대표적인 수출품이다. 우리 기업들이 기록한 D램 시장 세계 점유율은 1993년 23.9퍼센트에서 2000년 38퍼센트로 상승했고 2010년대에는 무려 60퍼센트를 기록했다. 1998년 처음으로 일본을 제치고 세계 1위에 오른 뒤 지금까지 맨 앞자리를 차지하고 있다. 특히 1990년대 초까지만 해도 세계 시장 점유율 60퍼센트 대를 기록했던 일본은 2000년 23퍼센트까지 줄어들었다. D램 반도체 성공에 힘입은 우리나라는 2000년 세계 반도체 시장 점유율 7.7퍼센트였으나 2008년 말에는 삼성전자와 하이닉스가 40퍼센트를 점유했다. 특히 1992년 이후 세계 1위 점유율을 지키고 있는 삼성전자를 이어서 하이닉스가 마이크론 등 외국 업체를 앞서고 있다.

우리 기업이 D램 반도체 시장을 석권하는 이유는 경쟁 기업보다 앞선 기술을 가졌기 때문이다. 1992년 처음으로 64M-D램을 개발해 미국과 일본 등 반도체 선진국을 추월한 뒤 한발 앞서 차세대 제품을 내놓아 기술과 품질 경쟁에서 앞설 수 있었다. 특히 삼성전자는 0.1㎛ 이하 초미세 공정을 개발하려고 일본 아스카-미라이 프로젝트에 참가해 국내 여건에 맞는 메모리 제품을 전략적으로 선택, 과감하게 투자해 세계 1위 D램 반도체 회사가 되었다. 이는 후발국도 기술만 확보하면 선진국과 경쟁할 수 있다는 예측이 맞아떨어진 것이다. 당시 첨단 반도체 가운데 일본이 유일하게 미국을 앞선 제품이 D램 반도체였다. D램 반도체는 원천 기술 못지않게 응용 기술과 숙련된 인력이 성공을 좌우하기 때문에 대량 생산을 하려면 엄청난 투자비가 들어간다. 반면 제품 주기가 빨라 투자 자금을 짧은 기간에 회수해야 해 매우 위험하지만 제품 판매에 성공하면 많은 이익을 낼 수 있다.

우리 기업들은 후발 업체여서 이익을 극대화하려고 경쟁 기업이 생각하지 못한 과감하고 적절한 투자로 선두에 설 수 있었다. 특히 미국과 일본에서 선진 기술을 도입해 개발 기간을 줄이면서 일본이 반덤핑 규제로 미국 수출이 어려워진 1987년 반도체 원천 기술을 보유한 실리콘밸리에서 한국인 고급 인력을 데려와 적절하게 활용했다. 1987년부터 1990년 사이에는 D램 반도체 판매가 줄어들자 대규모 투자로 흑자를 이루어 경쟁 기업을 앞서나가기 시작했다. 특히 삼성전자는 미래가 불확실한 상황에서도 장기적인 관점에서 과감한 투자로 생산 시설을 늘렸다. 하지만 일본 기업들은 삼성전자와 달리 당시 상황을 낙관해 투자할 시기를 놓쳐 반도체 시장 1위 자리를 우리 기업들에 내주고 말았다.

TFT-LCD는 휴대 전화, 휴대용 컴퓨터, 디지털 텔레비전 화면으로 사용하는 초박막 액정 장치로 우리나라는 1990년대 후반부터 제품을 생산해 디스플레이 강국이 되었다. 특히 삼성과 LG전자는 1995년 TFT-LCD 양산을 시작한 뒤 삼성은 1998년 이후 시장 점유율 1위, LG는 1999년부터 2위를 차지했다. 우리나라 기업의 세계 시장 점유율은 1996년 9퍼센트에서 2000년 36퍼센트로 급성장했고, 차세대 디스플레이로 불리던 PDP에

● 스마트 텔레비전

서도 일본 기업을 추월했다. 이는 2001년 LG전자와 삼성SDI가 잇따라 양산 라인을 가동해 생산 규모를 늘리고 삼성SDI가 세계 최초로 63인치 PDP패널 개발에 성공하면서 이루어졌다. 이들 기업은 반도체 산업이 호황을 누리던 1994년부터 1995년 TFT-LCD를 전략 상품으로 선택해 여유자원을 투입하는 한편 자신들이 보유한 반도체 기술 공정을 접목해 원가 절감과 품질 향상에도 성공했다. 특히 일본 기업이 12.1인치를 주력 상품으로 생산할 때 13.3인치 이상인 대화면 제품을 만들어 초기부터 세계 일류 기업을 거래처로 확보했다. 그러나 2010년 이후 국제 시장에 공급이 늘어나면서 생산 기업들이 많은 어려움을 겪었다.

CDMA 코드 분할 다중 접속 단말기는 현재 우리나라에서 사용하는 휴대 전화 접속 방식으로 세계 시장 절반 이상을 점유하고 있다. 1996년 우리나라는 미국 퀄컴사가 보유한 CDMA 기술을 들여와 처음으로 상용화해 종주국 지위를 확보했다. 2000년 말까지 전 세계 47개국 130개 사업자가 이용하면서 GSM 시분할 다중 접속 과 함께 이동 통신 표준 기술이 되면서 우리나라는 세계 CDMA 단말기 생산량 가운데 53.7퍼센트를 차지했다. 우리나라에서 국산 휴대 전화가 차지한 비율은 1990년대 중반까지 40퍼센트 이하였으나 정부와 기업이 힘을 모아 시장을 개척한 2000년 말에는 95퍼센트에 달했다.

CDMA는 1990년대 초만 해도 검증되지 않은 기술로 원천 기술을 보유한 퀄컴은 직원 5명으로 시작한 벤처 기업이었다. 그러나 정부 연구소와 기업들이 함께 CDMA 단말기 개발에 성공하면서 세계적인 기술로 발전시켰다. 우리나라가 CDMA 기술을 상용화한 2000년에는 단말기와 시스템 시장이 총 290억 달러로 늘면서 퀄컴은 단말기용 모뎀 칩 생산과 기술 사용료 수입이 늘어 세계적인 기술 기업으로 성장했다. CDMA 단말기 신화는 국책 연구소인 한국전자통신연구원과 기업 연구소가 공동으로 연구·개발해 만들어낸 작품이다. 당시 CDMA 기술 개발은 쉽게 성공을 확신할 수 없는 엄청난 모험이었지만 결국 CDMA 방식을 적용한 휴대 전화를 개발해 시장에서 치열한 경쟁을 하면서 관련 기술을 빠르게 발전시켰다. 그러나 CDMA 원천 기술과 핵심 부품을 외국 기업에게 의존해 단말기 가격의 약 5퍼센트를 원천 기술을 보유한 퀄컴사에 3조 원이 넘는 기술료를 지급했다. 그러므로 수입에 의존하는 모뎀 칩, 전력 모듈 등 핵심 부품을 국산화해야만 온전한 CDMA 단말기 강국이 될 수 있다.

방송 수신기 STB; Set Top Box 는 일반적으로 대화형 텔레비전, 주문형 비디오 VOD , 영상 홈쇼핑, 네트워크 게임 등 차세대 쌍방향 멀티미디어 통신서비스를 이용하는데 필요한 가정용 통신 단말기로 가입자 신호 변환 장치를 말한다. 방송 수신기를 설치하면 텔레비전으로도 인터넷 통신이 가능해 다양한 서비스를 받을 수 있다. 이러한 장점 때문에 수많은 기업이 치열한 경쟁을 벌여 대화형 텔레비전수신기 시장에서 높은 성장세를 보이고 있다. 1996년 처음 방송 수신기 개발에 성공한 휴맥스는 4년 만에 세계 디지털 방송 수신기 시장에서 11퍼센트를 차지했다. 특히 끊임없는 연구 개발로 신제품을 만들어 필립스, 노키아 등 선발 기업들을 제치고 50퍼센트가 넘는 점유율을 기록해 세계 1위를 차지했다.

개방형 수신기 시장은 소비자가 직접 수신기를 구매하는 시장으로, CATV 업체가 가입자에게 기기를 임대하는 폐쇄형 수신기 시장과 다르다. 현재 우리나라 기업은 수신 제한 장치가 장착된 10여 종의 위성 방송 수신기로 유럽 시장을 넓혀나가고 있다. 이러한 성과는 정확한 시장 예측과 신기술을 미리 확보했기 때문에 가능했던 것이다. 특히 우리 기업은 디지털 방송으로 디지털 수신기 시장이 계속 늘어날 것으로 판단해 해당 지역 방송 표준에 맞는 DVB Digital Video Broadcasting, TV, 오디오 및 데이터를 디지털 방송에 채택한 세계 표준 방식 방식을 적용한 제품을 아시아 최초로 개발했다. 특히 휴맥스는 1980년대부터 구축한 아날로그 위성 방송용 수신기 기술을 바탕으로 TV 내장형 디지털 위성 방송 수신 모듈을 가장 먼저 개발해 선두 기업이 됐다. 휴맥스는 중소기업이지만 자체 상표로 유럽과 중동에 수출해 코스닥 기업 가운데 처음으로 2000년 단일 품목 수출 1억 달러를 달성하기도 했다. 그러나 세계 위성 수신기 시장의 절반을 차지하는 미국에서는 표준 규격에 맞는 수신기 개발이 늦어져 판매가 부진하다.

1998년 7월 처음으로 초고속 인터넷 서비스 ADSL 를 도입한 우리나라는 1년 만에 이용자 수 2,000만 명을 넘어서는 놀라운 성장을 이루었다. 우리나라 초고속 인터넷 서비스 보급률이 높은 이유는 빠른 컴퓨터 보급과 초고속 인터넷 장비를 빠른 시간에 개발했기 때문이다. 이러한 성장을 발판으로 하드웨어 업체들은 초고속 인터넷 관련 장비와 기술을 미국, 일본, 중국 등에 수출하고 있다. 특히 KT 등 정보 통신 기업은 중국, 일본, 베트남, 인도네시아 통신업체와 전략적 제휴를 맺고 현지 시장을 넓히고 있다. 이처럼 초고속 인터넷 서비스가 빠르게 성장한 것은 1990년대 말부터 정부가 추진한 정보 통신 산업 지원과 기업의 기술 개발 경쟁, 그리고 인터넷 관련 산업이 관심을 끌면서 초고속 인터넷 서비스가 생활 속에 뿌리내렸기 때문이다. 1998년 시작된 인터넷이 인기를 끌면서 데이터 통신 수요가 빠르게 늘고, 느린 데이터 전송 속도를 초고속 인터넷이 대체한 결과였다. 특히 지금도 인기를 끄는 PC방이나 아파트나 다세대 주택처럼 한 곳에 많은 사람이 모여 사는 주거 형태가 많아 적은 비용으로 가입자망을 구축할 수 있었던 것도 성공 요인이다. 특히 초고속 인터넷 서비스 가운데 많은 부분을 차지하는 LAN 방식은 아파트 문화를 가진 우리나라에서만 나타나는 독특한 현상이다.

세계 최고의 선박 제조 기술을 가진 우리나라는 LNG선 건조 시장에서도 가장 앞서고 있다. 세계 1위 선박 제조 회사인 현대중공업을 선두로 대우조선해양, 삼성중공업, STX조선해양, 현대미포조선, 현대삼호중공업 등은 뛰어난 기술력을 인정받아 세계 선박 제조업을 이끌고 있다. 특히 후발업체들이 쉽게

● LNG 운반선

진입할 수 없는 LNG선 시장에서 전 세계 총 발주량의 60퍼센트 이상을 점유할 정도로 최고 기술을 자랑한다. LNG선은 액화 천연가스를 수송하는 수송선으로 일반 선박보다 건조과정이 매우 까다롭다. 2011년 기준으로 전 세계에서 발주한 LNG선 가운데 84퍼센트인 38척을 수주했다. 또한 전 세계 발주 선박 가운데 6억 8,000만 달러인 부유식 원유 생산 저장 하역 설비인 FPSO 1척과 액화 천연가스 부유식 원유 생산 저장 하역 설비인 LNG-FPSO 1척을 24억 1,000만 달러, 부유식 액화 천연가스 저장·재기화 설비인 LNG-FSRU 4척을 10억 6,000만 달러에 전량 수주했다. 이는 전 세계 발주량의 77퍼센트로 총 142억 2,000만 달러인 시추선 26척과 84퍼센트를 차지한 LNG선 38척을 77억 2,000만 달러, 74퍼센트를 차지한 8,000TEU 이상 대형 컨테이너선 80척을 107억 6,000만 달러에 수주해 고부가 가치 선박과 해양 플랜트 분야에서 세계 최고임을 증명했다. 이러한 원동력은 일본, 중국 등 경쟁국보다 고품질의 기자재를 싼값에 공급받고 높은 생산성으로 인건비를 낮추어 경쟁력을 갖추었기 때문이다.

1990년대부터 우리나라는 LNG를 주요 에너지원으로 정하면서 해운 회사들이 국내 조선업체에 LNG선 건조를 의뢰해 경험을 쌓을 기회를 주었다. 1992년 현대중공업이 처음으로 현대상선에서 LNG선을 수주한 뒤, 1996년 삼성중공업이, 1997년 대우조선해양이 각각 SK해운으로부터 처음으로 수주해 건조했다. 1999년에는 국내 최초로 현대중공업이 외국에서 LNG선 수주에 성공해 세계 최대 선박 제조사로 성장하는 계기가 되었다. 우리나라 조선 기업들이 LNG선 사업에서 시장을 넓힐 수 있었던 것은 과감한 투자와 한발 앞선 기술, 그리고 우수한 기능 인력을 확보했기 때문이다. 또한 2010년에는 원유 시추선과 해빙선 등 높은 기술력을 요구하는 분야로 옮겨가 값싼 노동력으로 추격해 온 중국을 따돌렸다. 2012년 중국 업체들이 자국에서 발주한 물량을 바탕으로 건조량 1위에 올랐지만 우리 기업이 그 외 전 세계에서 발주한 고부가 가치 선박을 모두 수주해서 조선업의 위상을 한층 높였다.

철강 제조 능력과 가격 경쟁력에서 세계 최고 수준을 자랑하는 우리나라의 철강 산업은 2000년 생산량 627만 톤 가운데 23.7 퍼센트인 18억 달러를 수출해 세계 5위를 차지했다. 1999년 전 세계에서 우리나라가

● 제철소의 작업 모습

차지한 비중은 8.2퍼센트로 미국 19.8퍼센트, 중국 13.1퍼센트, 일본 10.4퍼센트에 이어 4위였다. 특히 국내에서 만든 냉연강판이 국제 시장에서 인기를 끄는 것은 높은 기술력을 바탕으로 경쟁국인 미국, 일본, EU보다 생산원가를 낮추었기 때문이다. 특히 IMF 외환 위기 이후 지속적인 생산 능력을 키우고 설비를 합리화하면서 생산 원가를 낮출 수 있었다. 그러나 2010년 남유럽 국가들이 재정 위기를 겪으면서 세계 경제가 어려움에 빠져 수요가 줄었다. 하지만 2011년 총 교역량 5,222만 톤으로 수출액 390억 달러어치인 2,910만 톤, 수입 351억 달러어치인 2,312만 톤으로 39억 달러의 흑자를 기록했다. 철강 산업에서 무역 수지 흑자를 기록한 것은 2001년 이후 10년 만이다. 세계 5위를 기록한 2011년 수출량은 2010년 대비 17퍼센트, 수출액은 35.2퍼센트 늘었고, 수입량은 7.8퍼센트가 줄어 수입액은 21.5퍼센트를 차지했다.

폴리에스터 섬유는 1990년대까지 우리나라의 수출을 이끈 품목이었으나 1990년대 후반 양적인 성장에만 치중했다. 그 결과 국제 시장에 공급이 넘치면서 가격이 하락해 큰 어려움을 겪었다. 특히 2000년대 이후에는 값싼 노동력을 무기로 한 중국 제품에 밀려 계속 점유율이 줄어들던 섬유류 수출은 2005년 이후부터 폴리에스터를 중심으로 다시 증가하기 시작했다. 국내 폴리에스터 생산 규모는 중국, 대만에 이어 세계 3위로 의류, 직물, 혼방사 등 섬유류는 석유 화학 제품을 원료로 한 화학 섬유 등 연관 산업에 큰 영향을 주었다. 특히 세계 최대 폴리에스터 생산국인 중국 내 수요가 늘어나

면서 수출이 증가했다. 중국은 세계 최대 폴리에스터 생산국이지만 자국 수요가 워낙 많아 우리 제품이 다시 진출할 수 있게 되었다. 이러한 환경변화로 화학 섬유 수출이 활기를 띠면서 시장 점유율을 높이고 있다.

● 세계 최고의 품질을 인정받는 고려 인삼

천 년 역사를 가진 우리나라 인삼은 재배·가공 기술, 약리 효능 연구 등에서 세계 최고 수준이어서 국제 사회에서 종주국으로 인정받는다. 이처럼 뛰어난 명성에 비해 수출 규모는 연간 1억 달러로 크지 않지만 2000년대 이후 건강에 관한 관심이 높아지면서 시장이 점점 커지고 있다. 특히 건강식품으로 효능을 인정받아 세계인의 관심이 높아졌다. 그 가운데 우리나라를 많이 찾는 중국 사이에서 큰 인기를 끌면서 수요가 늘어나고 있다.

2000년대부터 불기 시작한 한류 열풍은 드라마, 음식, K-팝에 이르기까지 다양하다. 특히 대장금 같은 드라마 열기에 힘입어 일본, 대만, 중국 등 동아시아를 넘어 서아시아, 남미, 아프리카와 유럽에 이르기까지 전 세계 지역에서 인기를 얻어 한국 문화를 넓히고 있다. 이와 더불어 김치와 불고기로 이름을 알린 음식 문화도 빠르게 퍼지면서 많은 인기를 얻고 있다. 특히 김치는 다이어트 건강식으로 알려지면서 비만으로 사회 문제가 된 선진국을 중심으로 널리 퍼졌다.

2011년 일본, 미국, 파리, 런던 등에서 인기를 끈 K-팝은 새로움을 지향하는 세계 젊은이들에게 알려지면서 돌풍을 일으켰다. 초기 유튜브 등 인터넷으로 조금씩 알려진 K-팝은 아시아를 넘어 유럽과 남미, 아프리카로 그 영역을 넓히면서 대중문화의 대표적인 영역이 되었다. 특히 2012년 유-튜브 검색 세계 1위를 기록한 가수 싸이의 강남 스타일은 전 세계 어디서나 들을 수 있는 음악이 되었다. 그의 익살스러운 외모와 열정이 넘치는 춤은 어디서나 쉽게 볼 수 있는 사회 현상으로 자리를 잡았다. 이러한 대중문화의 확산은 이제 제조업을 넘어서 문화 산업으로 영역을 넓혀 우리나라의 역사와 문화를 알리는데 큰 역할을 하고 있다.

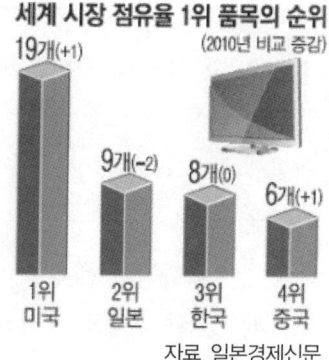

세계 시장 점유율 1위 품목의 순위

(2010년 비교 증감)

19개(+1)

9개(-2)

8개(0)

6개(+1)

1위 미국

2위 일본

3위 한국

4위 중국

자료 일본경제신문

그러나 세계 점유율 1위 상품은 치열한 경쟁으로 해마다 순위가 바뀌고 있다. 2012년 일본 경제신문이 발표한 우리나라 1등 제품은 모두 8종으로 미국 19개, 일본 9개에 이어 세계 3위였다. 당시 발표에서 주요 상품·서비스 시장 점유율 조사 결과 우리나라는 2010년과 마찬가지로 스마트폰, 평면 TV, 플라스마 디스플레이 패널 PDP, D램 등 8개 품목에서 1위를 기록했는데 7개 품목이 반도체·전자·정보 통신 제품이었다.

2011년 기준으로 삼성전자는 세계 스마트폰 시장에서 19.1퍼센트의 점유율로 18.8퍼센트를 차지한 애플을 0.3퍼센트 차이로 1위에 올랐고, PDP 분야에서도 삼성SDI가 35.4퍼센트를 차지해 33.8퍼센트인 파나소닉과 25.2퍼센트인 LG전자를 앞섰다. D램 분야에서는 삼성전자 42.2퍼센트, SK하이닉스 23.0퍼센트로 1, 2위를 차지했다. 그리고 평면 TV에서는 삼성전자 23.8퍼센트, LG전자 13.7퍼센트를 점유해 외국 업체들을 앞섰다. 그러나 리튬 이온 전지 분야에서는 23.2퍼센트인 삼성SDI가 23.4퍼센트인 일본 파나소닉에 0.2퍼센트 차이로 뒤져 2위를 했다. 이처럼 우리 기업들이 메모리 반도체 등 첨단 제품 시장에서 앞선 것은 빠른 의사 결정과 대규모 투자 때문이다.

미국은 컴퓨터와 다기능 휴대용 단말기 등 정보 기술 관련 분야에서 2010년보다 1개 늘어난 19개로 세계 시장 점유율 1위를 차지했다. 일본은 2010년보다 2개 줄어든 9개 품목으로 로봇 분야나 카메라 시장 점유율은 높아졌지만 자동차는 동일본 대지진과 엔고 영향으로 점유율이 크게 낮아졌다. 특히 세계의 공장으로 불리는 중국은 조선, 가정용 에어컨, 냉장고, 세탁기, 담배, 태양전지 등 6개 품목에서 1위를 차지해 2010년보다 1개가 더 늘어났다. 그러나 13억 명이라는 거대 시장을 바탕으로 이룬 것이어서 우리나라와 차이가 있다. 특히 조선 분야에서는 자국에서 발주한 대규모 수주로 1위에 올랐지만 그 외 전 세계에서 발주한 고부가 가치 선박을 모두 수주한 우리나라와 세부 내용에서 차이가 있다. 따라서 중국 경기가 나빠지면 1위 품목이 훨씬 줄어들 가능성이 매우 높다.

CDMA_ 코드 분할 다중 접속(Code Division Multiple Access, CDMA)은 이동 통신에서 코드를 이용한 다중 접속 기술의 하나로 1996년 우리나라에서 최초로 상용화했다.

GSM(Global System for Mobile communications)_ 유럽 전기 통신 표준 협회(ETSI)에서 제정한 디지털 셀룰러 이동 통신 시스템의 표준 규격을 말한다. 유럽에서는 NMT, TACS, RMTS, Radiocomm 등 호환성이 없는 아날로그 셀룰러 시스템을 사용해 1982년 유럽 우편 전기 통신 주관청 회의(CEPT) 산하에 이동 통신 전문 위원회인 GSM를 설치해 단일 방식 디지털 셀룰러 시스템을 개발해 호환성을 유지해 전송 품질을 높이고 유럽 내 로밍이 가능하도록 했다. 또한 시스템 용량을 늘려 가입자에게 음성, 데이터 통신을 제공하도록 했다. 그 뒤, EU에 의해 1988년 설립된 ETSI가 GSM의 업무를 이어받아 GSM 표준 규격을 제정해 1992년 독일 등에서 상용화하기 시작했다. GSM은 시분할 다중 접속(TDMA) 방식을 개량한 것으로 TDMA, CDMA와 함께 가장 널리 사용하는 디지털 무선 전화 기술이다. 종합 정보 통신망(ISDN)과 직접 연결하면 모뎀을 사용하지 않고도 휴대 전화와 팩시밀리, 랩톱 컴퓨터, 텔리텍스트 터미널 등에 직접 접속해 이동 데이터 서비스를 받을 수 있지만 기존 아날로그 방식과는 호환이 되지 않는다. GSM은 유럽 무선 전화 시스템의 표준 규격으로 전 세계 120개국의 약 1억 2,000만 명의 사용자가 가입했다.

② 우리나라가 참여하고 있는 국제기구

우리나라는 세계 무역 기구WTO , 경제 협력 개발 기구OECD , 국제 통화 기금 IMF , 국제 부흥 개발 은행 IBRD , 유엔 무역 개발 회의 UNCTAD , 국제 연합 UN , 아시아 태평양 경제 협력체 APEC 등 국제기구에 활발하게 참여하고 있다. 1944년 45개 연합국이 미국 뉴햄프셔 주 브레턴우즈에 모여 자유 무역과 새로운 금융 질서를 확립하려고 관세 무역 일반 협정 GATT 과 국제 통화 기금 IMF 을 출범시켰다. 브레턴우즈 협정으로 출범한 GATT와 IMF 체제는 회원국 간에 많은 의견 차이가 있었지만 국경을 초월해 무역과 투자를 늘리는데 크게 이바지했다. 특히 세계 무역 구조를 재편성한 1950년대 자유 무역과 국제 통화를 안정시키는 데 큰 역할을 했다. 1950년대 중반 선진국을 중심으로 자유 무역이 활발해진 가운데 1955년 8월 우리나라는 IMF와 국제 부흥 개발 은행에 가입해 무역과 외환 거래에 획기적인 전기를 마련했다. 당시 우리나라는 6·25 전쟁 복구 사업과 경제 상황을 국제 사회에 알려 무역과 외화 거래에서 신뢰를 얻으려는 목적이었다.

우리나라가 국제기구에 참여하기 시작한 때는 1955년 이후이다. 1955년 IMF, IBRD, 1961년 IBRD 자매 기구인 국제 개발 협회, 1964년 국제 금융 공사에 가입했다. 특히 1974년 세계은행 산하 국제 금융 공사와 한국 개발 금융이 한국 투자 금융을 만드는데 주주로 참여하면서 우리나라 금융 시장 개발에 많은 역할을 했다. 그러나 1965년 당시 국제 무역을 관장하는 GATT 등의 국제 기구가 선진국을 중심으로 운영되어 많은 불만

● 반기문 유엔 사무총장

이 나타났다. 이에 우리나라는 개발 도상국 산업을 발전시키고 국제 무역을 지원하려고 1964년 설립한 국제 연합 무역개발회의와 1966년 아시아 개발 은행에 가입해 활발한 활동을 벌였다.

1960년대 제1차 경제 개발 5개년 계획을 성공적으로 추진해 대외 신용도를 높인 우리나라는 경제 체제를 개방하는 한편 외국자본 유치를 위한 제도 보완에도 힘썼다. 당시 선진국이 경제 확산 정책을 펴 많은 자본을 전 세계

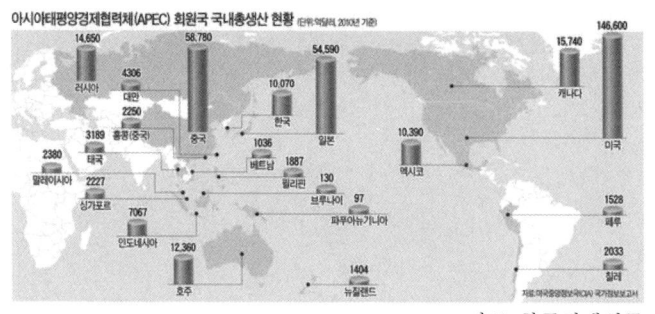

아시아태평양경제협력체(APEC) 회원국 국내총생산 현황 (단위:억달러, 2010년 기준)

자료 한국경제신문

곳곳에 투자하면서 무역도 급격하게 늘어났다. 이러한 변화에 맞게 우리나라도 보호주의 체제를 벗고 시장을 개방하면서 무한 경쟁 시대를 맞이했다.

　1967년 GATT와 국제 상사 분쟁 조정 기구인 제네바 조약 등 3개 국제 조약에 가입할 당시 GATT 14조 국이었던 우리나라는 1990년 1월 수입량 할당을 폐지하고 관세와 비관세 장벽을 완화하는 자유 무역을 추구하면서 8조 국으로 자격이 바뀌었다. 한편 1989년에는 12개 회원국이 창설한 아시아 태평양 경제 협력체인 APEC에도 참여했다. APEC은 우리나라가 참가한 회의 가운데 가장 큰 규모인 지역 경제 협력체로 21개 회원국이 참여해 우리나라 총 교역량의 75%, 외국인 투자액의 2/3를 차지해 시장을 개척하는데 크게 이바지했다. 그 뒤 1991년에는 제3차 APEC 각료 회의를 개최했고, 1995년에는 제1차 APEC 정보 통신 장관 회의를, 1996년에는 제2차 APEC 과학 기술 장관 회의, 2002년 제1차 APEC 해양 장관 회의, 2005년 제13차 APEC 정상 회의 등을 개최했다. 그리고 1991년 9월 제46차 UN총회에서 북한과 함께 회원국으로 가입했다. UN은 제2차 세계 대전 직후 전쟁 방지와 평화 유지를 위해 설립된 기구로 우리나라는 1949년 1월 처음으로 가입 신청한 뒤 42년 만에 가입했고, 1995년에는 WTO, 1996년 OECD에 참여해 경제 규모에 맞는 역할을 하기 시작했다. 1995년에 가입한 세계 무역 기구는 우루과이 라운드를 끝내고 이전보다 더 강력한 다자간 무역 기구로 출범했다. WTO는 모든 국가에 똑 같이 적용하는 단일 원칙을 적용해 상품과 서비스, 생산이 자유로운 무역을 지향하고 있다. 이전까지 단순한 국제 협정에 불과했던 GATT와 달리 의사 결정이나 분쟁 해결에서 훨씬 구속력을 갖는 국제기구로 바뀌면서 국제 통상 질서를 확립하는 계기가 되었다. 한편 우리나라는 1993년부터 자본과 외환 시장을 모두 개방해 1996년 선진국 모임인 OECD에 29번째 회원국으로 가입했다. OECD 가입으로 우리나라는 자본과 외환 시장을 자유화해 선진국 대열에 들어설 수 있었다. 그뿐 아니라 2007년에는 반기문 외무부 장관이 제8대 유엔 사무총장으로 취임해 5년 임기를 마치고 연임에 성공해 대한민국의 위상을 한층 높였다.

● 세계 주요 경제 블록 (2012 기준 자료: 기획 재정부, IMF)

경제 블록 명칭	참여국 수	인구 (단위: 억 명)	GDP (단위: 조 달러)
유럽 연합(EU)	26	5.0	16.2
독립국가연합 FTA(CIS)	8	2.3	1.8
걸프협력회의(GCCI)	26	0.4	1.1
아프리카 자유무역지대 (AFTZ)	26	5.8	1.0
남아시아 FTA(SAFTA)	7	15.8	2.0
동남아국가연합(ASEAN)	10	6	1.9
북미자유무역협정(NAFTA)	3	4.5	17.1
남미국가연합(USAN)	12	3.9	3.5
환태평양 경제동반자협정(TPP: 추진 중, 추정)	12	11.7	26.1
한중일(추진 중, 추정)	3	15.2	12.4

IMF 14조 국_ IMF의 가맹국은 14조 국과 8조 국으로 나뉘는데, 14조 국은 국외 거래가 자유롭지 않은 개발 도상국을 의미한다. 반면 8조 국은 무역, 서비스 등의 제한 조치를 대부분 철폐, 경상 수지 적자 등을 이유로 무역을 제한할 수 없는 국가를 말한다.

③ 경제 교류와 국력

　1960년대 본격적인 경제 개발을 시작한 우리나라는 광물이나, 농수산물 수출이 대부분이었다. 그러나 1970년대에 들어서면서 원자재를 들여와 옷이나 신발, 부품을 조립한 전자 제품 등 주로 경공업 제품을 수출했다. 그러나 1980년대 이후 높은 경제 발전을 이루면서 수직 분업에서부터 수평 분업으로 역할이 바뀌었다.

　서로 다른 분야의 상품을 수출하는 것을 수직 분업 또는 산업 간 무역 이라고 한다. 기술이 발달한 선진국은 공업 제품을 수출하고 개발 도상국은 원자재를 수출하는 방식이다. 그리고 공업 제품처럼 같은 분야의 상품을 서로 수출하는 것을 수평 분업 또는 산업 내 무역 이라고 한다. 1980년대까지 대부분 아시아 국가는 수직 분업 중심이었지만 우리나라는 눈부신 경제 발전을 이루면서 많은 기업이 외국에 진출해 수평 분업을 하고 있다.

　한편에서는 상품을 조립·생산하는 단순 제조업에서 벗어나 새로운 아이디어나 기술을 바탕으로 한 수직 분업은 전자 제품이나 자동차를 만드는 회사가 자본과 아이디어, 기술을 외국에 제공해 상품을 생산하는 방식이다. 한정된 자원과 노동을 바탕으로 하는 전통 방식을 벗어난 새로운 생산 방식을 통해 단순한 수직 분업이나 수평 분업을 벗어나 외국 기업에 첨단 기술과 자본 등 정보를 제공해 상품을 생산하는 방식을 도입해 다양한 형태의 경제 교류를 하고 있다.

○생각해 보기

　1. 수직 분업에 대해 알아본다.
　2. 수평 분업에 대해 알아본다.

○들여다 보기

① FTA와 CEPA의 차이

2009년 6월 우리나라는 인도와 포괄적 경제 동반자 관계 협정 CEPA: comprehensive economic partnership agreement 을 맺었다. 우리나라가 2008년 미국, 2010년 유럽 연합과 맺은 FTA와 CEPA는 같은 개념의 협정이다.

FTA 자유 무역 협정 는 관세를 중심으로 무역 장벽 철폐를 핵심으로 삼는 대표적인 무역 협정으로 1990년대부터 급격하게 이루어졌다. 하지만 인도와 맺은 CEPA는 기술 교류, 상대국에 대한 투자, 관세 철폐 등 구체적인 내용을 정해 서로 협력을 약속하므로 자유 무역 협정보다는 더 포괄적인 내용을 담고 있다. FTA와 비슷한데 굳이 CEPA로 이름 붙인 것은 국민이 자유 무역 협정에 예민하게 반응했기 때문이다. 2004년 인도는 태국과 자유 무역 협정을 체결해 수입은 많이 늘었지만 수출이 늘어나지 않아 많은 비판을 받았다. 우리나라가 유럽 연합과 자유 무역 협정을 맺었을 때보다 미국과 협정을 체결할 때 더 많은 비판을 받은 것과 비슷하다. 이처럼 국민의 반대가 심한 FTA 대신 CEPA라는 이름을 붙여 자유 무역을 추진하므로 내용 차이만 조금 있을 뿐 근본적인 목적은 같다.

자유 무역 협정의 장단점은 분명하다. 예를 들어 우리나라에서 포도주나 열대과일을 생산하는 비용이 열대 기후인 동남아시아나 남미 국가들보다 훨씬 많이 든다. 반면 제조업이 발달한 우리나라는 반도체나 자동차, 휴대 전화기 등을 만드는 것이 훨씬 유리하다. 따라서 이렇게 만든 상품을 수출하고 필요한 상품을 수입하는 것이 훨씬 경제적이다. 그러나 자유 무역 협정으로 미국이나 유럽 연합의 값싼 농산물과 고급 섬유가 마구 수입되면 축산농가나 섬유를 생산하는 기업이 어려움을 겪을 수 있다. 인도와 맺은 CEPA로 우수한 정보 통신 기술자가 들어오면 국내 IT 산업의 일자리가 줄어들 수도 있다. 또한 인도는 영어를 공용어로 사용하므로 영어강사 자리가 줄어들 수 있다.

인도와 CEPA를 체결해 교역량 33억 달러, GDP 약 1조 3,000억 원 이상, 신규 일자리 약 5만 개 정도를 늘리는 것을 목표로 한다. 특히 중국, 브라질, 러시아와 함께 브릭스 BRICs 로 불리는 인도는 매년 10퍼센트에 가까운 높은 경제 성장률을 기록해 중국에 버금가는 시장으로 발전할 가능성이 높다. 우리나라의 인도 수출액은 중국의 10분의 1에 불과하지만 수출 속도가 중국보다 훨씬 빨라 CEPA가 미치는 효과가 계속 늘어날 것으로 보인다.

> 브릭스(BRICs)_ 브라질, 러시아, 인도, 중국의 영문 첫 글자를 따서 만든 조어로, 풍부한 자원과 인력을 바탕으로 세계 경제에서 신흥국으로 부상할 것이라는 전망에서 생긴 용어이다.

② 우리나라 통계의 문제점

정부에서 발표하는 통계는 경제 활동에 중요한 역할을 한다. 기업들은 정부에서 발표한 다양한 통계를 바탕으로 투자를 늘리거나 시설을 정비한다. 그리고 국민도 통계를 바탕으로 살림을 적절하게 관리해 합리적인 소비 생활을 한다. 그런데 만약 정부에서 발표한 통계가 신뢰를 잃으면 모든 경제 활동에 나쁜 영향을 줄 수 있다.

우리나라는 매월 초 무역 수지를 발표한다. 일반적으로 무역 수지는 오차를 줄이려고 일정한 기간이 지난 뒤에 발표하는 것이 관례이다. 경제 뉴스에 관심이 많은 사람이라면 느낄 수 있는 것 가운데 하나가 바로 무역 수지 오차이다. 무역 수지는 수출·수입의 차액으로, 무역 통계는 관세청이 통관 기준을 바탕으로 작성한다. 수출은 본선 인도 가격 FOB 을, 수입은 운임과 보험료가 포함된 가격 CIF 을 기준으로 삼는다. 우리나라는 월별, 분기별 무역 수지를 세계에서 가장 빨리 발표한다. 무역 수지 통계는 월별 무역 수지와 1년을 3개월 단위로 묶은 분기별 무역 수지, 상, 하반기로 나눈 반 연간 무역 수지, 연간 무역 수지로 나눈다. 이 가운데 월별 무역 수지 통계는 관세청 자료를 바탕으로 지식경제부가 매월 1일 속보로 발표한다. 그런데 무역 수지를 너무 빨리 발표해 공정성과 정확성이 생명인 국가 통계가 수정 되는 일이 잦아 공신력을 잃었다. 2011년에는 월 최대 25억 달러나 오차가 나는 일도 있었다. 통계청은 전월 실적을 근거로 속보로 발표하지만 기업은 수출 신고를 하루 만에 취소하는 일도 잦기 때문이다. 정부가 무역 수지를 급하게 발표하는 이유는 정치적인 목적과 정확한 통계의 중요성을 잊었기 때문이다.

우리나라에는 주식이나 부동산 투자로 자산을 불리려는 사람과 경제 실적을 정치적으로 이용하려는 사람들은 수출액이나 무역 수지에 많은 관 심을 둔다. 그뿐 아니라 정부는 무역 수지를 정권의 치적으로 포장하려고 정확하지 않은 통계를 속보로 발표한다. 그런데 신뢰성과 정확함이 생명인 정부 통계가 며칠 만에 쉽게 바뀌면서 국민에게 끊임없이 불신감을 심어주 고 있다.

2011년 7월 1일 발표한 우리나라 월별 최고인 무역 수지 흑자는 2011년 6월의 68억 달러였다. 그런데 한 달 뒤 지식경제부는 흑자가 사상 최대인 72억 달러라고 발표했다가 보름 뒤 발표한 관세청 통계에서는 63억 달러로 수정했다. 그 뒤 또다시 몇 차례 수정을 거쳐서 결국 47억 달러로 줄었다. 이 수치는 첫 번째 발표보다 무려 25억 달러 약 2조 8,000억 원 나 줄어들었다. 그 뒤 2011년 12월 발표에서는 사상 최대 월간 수출이라는 문구도 슬그머 니 사라져버렸다. 그뿐 아니라 2011년 8월 발표한 7월 수출액에서도 497억 달러에서 477억 달러로 바뀌었고 무역 흑자도 40억 달러에서 23억 달러로 줄어들었다. 당시 관세청은 12월 무역 수지를 수정한 것은 한 업체가 10억 원인 수출액을 10억 달러로 잘못 신고해 뒤늦게 정정했다고 설명했다. 그 러나 정부가 발표한 수출입 통계가 바뀐 것은 이것만이 아니다. 첫 번째

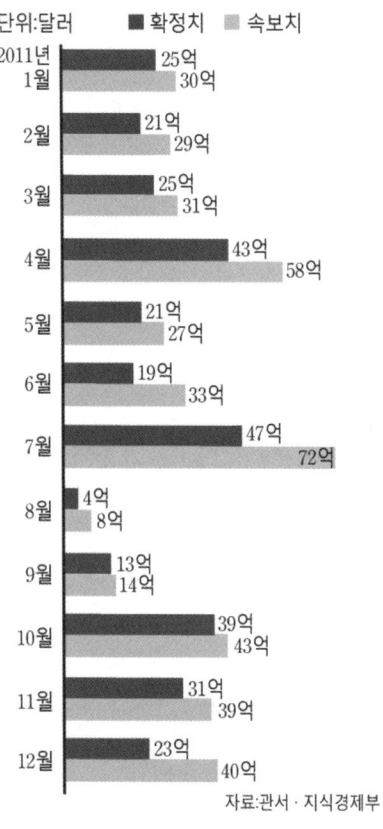

무역수지, 확정치와 속보치 간 차이

단위:달러　■ 확정치　■ 속보치

2011년 1월　25억 / 30억
2월　21억 / 29억
3월　25억 / 31억
4월　43억 / 58억
5월　21억 / 27억
6월　19억 / 33억
7월　47억 / 72억
8월　4억 / 8억
9월　13억 / 14억
10월　39억 / 43억
11월　31억 / 39억
12월　23억 / 40억

자료:관서 · 지식경제부

발표에서 10억 달러 이상 줄어든 달은 7월, 12월, 4월 15억 달러, 6월 14억 달러 등인데, 이렇게 발표한 통계 오차가 단순한 실수가 아닌 문제임을 알 수 있다.

일반적으로 세계 각국 정부는 통계를 발표할 때 기존 자료를 1차 정리하고 수출 취소 등 오차가 생길 것을 고려해 일정한 시간이 지나면 집계해 발표한다. 그런데 우리나라 정부는 일단 수출입 통계를 발표했다가 마음대로 수정하고 있다. 이것은 국민을 무시하는 행위로 무역 수지 통계로 인기를 얻으려는 정권의 의도가 숨어 있다는 점에서 비난받아 마땅하다. 2008년 집권한 이명박 정부에서 이런 현상이 늘어난 것은 무역 수지 통계를 정치적 목적으로 활용하려는 의도가 있었음을 엿볼 수 있다.

우리나라 수출입 통계는 매달 1일 지식경제부가 관세청 자료를 받아 속보로 발표하면 15일 뒤 관세청이 확정 발표한다. 공정하고 정확하게 확인해서 발표해야 하는 통계를 속보로 발표하면 언론도 따라서 발표한다. 그런데 더 큰 문제는 무역 수지를 확정 발표하는 과정에서 오류가 발생해도 바로 정정하지 않는다는 점이다. 일반적으로 기업은 수출액을 신고한 뒤 30일 이내에만 선적하면 된다. 이때 수출이 취소되거나 일정이 연기되면 수치가 또 바뀌면서 통계도 오류가 생기므로 정정하거나 조정해야 한다.

그러나 수출입 통계를 조사하는 관세청은 수출을 촉진하려고 신고 절차를 줄여서 오차가 발생한다고 설명한다. 정부가 지역별 수출액을 속보로 발표해야 해 말일이 아닌 20일까지 집계한 것만 발표한다. 그러나 수출 대부분이 월말에 이루어져 전혀 다른 결과가 나타나는 것이다. 2012년 1월 지식경제부가 발표한 미국 수출액은 전년 1월보다 23.3퍼센트 늘었다고 발표했지만 나중에 확정 발표된 통계에서는 오히려 0.3퍼센트 줄어든 것으로 밝혀져 신뢰를 잃었다.

전 세계에서 전달 수출입 실적을 매월 1일에 발표하는 나라는 우리나라가 유일하다. 유럽은 무역 수지를 2개월 뒤 발표하고, 비교적 빨리 발표한다는 일본도 20일 후에 발표한다. 우리나라가 매달 1일 전월 무역 수지를 발표하는 관행이 생긴 것은 1960년대 수출대국을 표방한 박정희 군사정권이 직접 통계를 챙기면서 시작되었다. 당시 이들은 쿠데타를 정당화하려고 오류투성이인 통계를 신속하게 발표하는 잘못된 전통을 만들었다. 기업이나 개인은 정부 통계를 근거로 경기를 판단하므로 정확성을 최고의 가치로 삼는다. 특히 무역 수지는 국내외에서 많은 관심을 갖는 지표이므로 빠른 발표보다는 정확한 통계가 집계되도록 관심을 기울여야 한다.

4 국제 사회에서의 우리나라 역할

세계 각국은 무역을 통해서 치열하게 경쟁하지만 경제라는 끈으로 연결되어 있다. 그래서 국경 없는 경제 전쟁에서 힘을 모으려고 유럽의 25개국이 참여해 유럽 연합 EU, 2011년 기준 34개국 을 만들었다. 유럽 연합은 관세를 없애고 화폐를 유로화로 통일해 노동, 상품, 자본 등이 자유롭게 오갈 수 있게 해 경제 활동이 전보다 더욱 활발해졌다. 이처럼 활발한 경제 활동을 위해 다양한 국가 모임이 생겨나고 있다.

아시아 경제 모임으로는 신흥 공업국 모임인 니스 NIES , 동남아시아 국가 연합 모임인 아셈 ASEAN , 선진국과 개발 도상국이 경제 협력을 위해 만든 아시아 태평양 경제 협력 기구인 에이펙 APEC 등이 있다. 2005년에는 아시아 태평양 지역 경제를 통합할 목적으로 뉴질랜드, 싱가포르, 칠레, 브루나이 등 4개국이 모여 다자간 자유 무역 협정인 환태평양 경제 동반자 협정 TPP: Trans-Pacific Partnerships 을 체결했다. 태평양 연안국 경제 모임으로 불리는 TPP는 2011년 미국을 비롯한 페루, 칠레, 일본, 호주, 뉴질랜드, 말레이시아, 싱가포르, 베트남, 브루나이, 태평양 연안국이 추가로 참여 의사를 밝혀 참여국은 계속 늘어날 것으로 보인다.

이처럼 세계 각국은 경제 지형을 넓히려고 끊임없이 노력한다. 그러므로 우리나라도 이들과 활발한 교류를 통해서 경제 발전을 이룰 수 있도록 노력해야 있다.

○생각해 보기

1. 국제 사회에서 우리나라 역할을 알아본다.
2. 우리나라가 참여하는 경제 협력체를 알아본다.

들여다 보기

① 환태평양 경제 동반자 협정(TPP)

환태평양 경제 동반자 협정 TPP: Trans-Pacific Partnership 은 아시아 태평양 지역 국가의 지역 자유 무역 협정을 말한다. FTA는 두 나라 사이에 체결하는 협정이지만 TPP는 태평양 연안 국가들이 함께 참여한다는 점에서

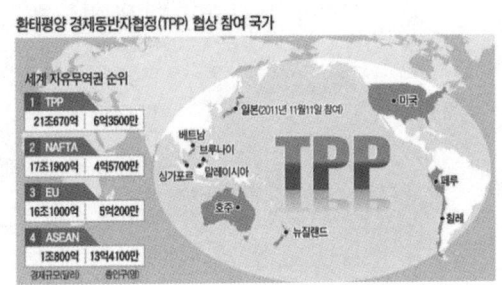

자료 한국경제신문

차이가 있다. 지역 자유 무역 협정은 여러 나라가 한꺼번에 참여하므로 두 나라 사이에 맺는 FTA처럼 세밀한 부분까지 협상하지는 못하지만 경제 규모가 훨씬 커서 파급 효과도 엄청나다. TPP는 2005년 아시아·태평양 지역 경제를 통합할 목적으로 뉴질랜드, 싱가포르, 칠레, 브루나이 등 4개국으로 시작했다. 그러나 경제 규모가 작아서 크게 주목받지 못하다가 2011년 미국이 세계 2위의 경제 대국으로 성장한 중국을 견제하려고 참가를 결정하면서 시장 규모가 커졌다. 2011년 이후 미국을 비롯해 페루, 칠레, 오스트레일리아, 뉴질랜드, 말레이시아, 싱가포르, 브루나이, 베트남, 일본 등 10개국이 지역 자유 무역 협정을 논의 중이며, 캐나다와 멕시코도 가입하기로 결정했다. 만약 TPP가 체결되면 무역 규제, 원산지 규정, 지적 재산권 등에서 장벽이 사라져 거대한 하나의 자유 무역 지대가 된다.

그동안 일본은 자유 무역 협정에 적극 대처하지 못해 경제가 어려워졌다. 특히 우리나라와 중국이 여러 나라와 자유 무역 협정을 맺어 경제 성장을 이루면서 아시아에서 영향력이 줄어들 것을 걱정했다. 그래서 TPP에 가입해 자동차를 중심으로 성장 동력을 되살리려 하고 있다. 하지만 계속된 불황으로 경기가 나빠져 2010년 이후 세계 2위 경제국 자리마저 중국에게

내주고 말았다. 그동안 국제 무역을 이끌던 자동차와 전자 제품이 우리나라와 독일, 미국 기업들에 밀려 내수는 물론 수출까지 줄어 위기감이 확산되었다. 특히 일본 경제를 상징하던 자동차 수출이 미국 시장에서 한국 자동차와의 가격 경쟁력에서 뒤지고 대량 리콜 사태로 품질마저 비슷해져서 점유율이 많이 줄어들었다. 그뿐 아니라 2011년 후쿠시마 대지진으로 산업 시설이 파괴되고 TV, 반도체, 휴대 전화 등 전자 산업마저 한국산에 뒤지면서 엄청난 적자를 낸 위기감이 확산되었다. 이런 배경 때문에 일본은 FTA와 비슷한 효과가 있는 TPP로 북미 시장에 진출해 경쟁력을 확보하려는 것이다.

미국 또한 2000년대 이후 계속된 경기 침체로 무역과 재정에서 늘어난 적자로 2012년에는 국가 신용 등급 강등이라는 치욕을 TPP 체결로 만회하려 했다. 아시아·태평양 지역은 유럽, 대서양 지역과 달리 시장이 급격하게 커지는 곳이어서 시장을 선점하면 많은 경제 유발 효과를 얻을 수 있다. 특히 미국은 일본을 비롯한 아시아태평양 지역 국가에 쇠고기, 우정 사업, 자동차 산업 규제 완화 등을 요구할 가능성이 높아 협정 타결에 많은 어려움이 예상된다. 일본은 TPP가 체결되면 국내 총생산이 최대 0.65퍼센트 한화 기준 약 39조 원 가량 생산 증대 효과가 생길 것으로 예상했다.

미국이 TPP를 적극 추진하는 또 다른 이유는 바로 중국 때문이다. 중국은 우리나라와 일본을 포함한 아시아 경제 공동체를 추진하고 있지만 미국의 견제로 TPP에 참여하지 못하고 있다. 미국은 급성장하는 중국에 맞서 먼저 주변 시장을 장악해 영향력을 확대하려는 목적으로 중국을 초청하지 않았다. 미국의 견제로 중국이 갈등을 겪은 것은 2011년 11월 우리나라에서 열린 APEC 정상 회의에서도 나타났다. 당시 미국 대통령은 아시아 국가 정상들과의 회담에서 무역 확대 등에 대한 내용을 주로 다룬 반면 중국과는 환율 인하와 같은 일반적인 내용만 의제로 정해 회담을 했다. 이에 중국이 TPP에서 제외한 불만을 드러내자 미국은 국영 기업을 보호하는 폐쇄적인 경제 구조부터 바꾸어야 한다고 비판해 신경전을 벌였다.

이처럼 경제 영토를 넓히려는 세계 각국의 노력이 치열하게 전개되고 있다. 경제 영토를 넓히면 안정된 경제 성장을 이룰 수 있기 때문이다. 2011년 말까지 우리나라는 TPP에 참가 의사를 밝히지 않았으나 여건이 만들어지면 언제든 참여할 가능성이 높다. 태평양 연안국을 중심으로 한 경제 협력체가 결성되면 우리나라 경제에도 긍정적인 영향을 미칠 것이기 때문이다.

● 세계 주요 자유 무역 규모

규모 순위	자유 무역 지역과 국가 수	경제 규모	총인구	참여국 수 2011년 기준
1	TPP	21조 670억 달러	6억 3,500만 명	미국 외 9개국
2	NAFTA	17조 1,900억 달러	4억 5,700만 명	미국 외 2개국
3	EU	16조 1,000억 달러	5억 200만 명	독일 외 27개국
4	ASEAN	1조 800억 달러	13억 4,100만 명	베트남 외 9개국

리콜(recall)제도_ 제품 결함으로 소비자에게 피해를 줄 우려가 있는 제품을 제조업자가 소비자에게 통지하고 관련 제품을 수리, 교환하는 조치를 하도록 하는 것으로 소비자 피해를 사전에 방지하고 재발을 막으려는 제도이다. 특히 자동차처럼 인명 사고와 직결되는 제품은 리콜을 법으로 정하고 있다. 우리나라의 자동차 관련 리콜제도는 자동차 관리법에서 안전 기준에 적합한지, 운행에 지장을 주는 결함은 없는지, 배출 가스 허용 기준에 적합한 지 등을 점검해 1992년부터 시행하고 있다. 그밖에 인체에 해로운 식품이나 첨가물, 용기 등 식품 관련 리콜제도는 1996년부터 시행하고 있다. 리콜제도는 제조업체가 자발적으로 실시하는 자발적 리콜과 정부가 강제로 시행하는 강제적 리콜이 있다.

② 자원으로서의 물

2009년 강원도 동해안 지역에 80년 만에 처음이라는 극심한 겨울 가뭄을 겪었다. 겨우내 급수 차량 앞에 길게 늘어선 사람들을 텔레비전을 통해 방영해 전국 각지 도서지역에서 겪는 심각한 물 부족 문제가 외국만의 일이 아니라는 것을 보여주었다. 이러한 물 부족 문제는 전 세계적인 현상으로 지역과 지역, 국가 간의 분쟁을 일으키는 원인이 되기도 한다. 여러 국가나 지역에서 함께 취수원을 사용하는 곳에서 많이 나타난다. 티그리스 강을 함께 사용하는 이집트와 에티오피아, 유프라테스 강을 끼고 있는 터키, 이라크, 시리아가 벌인 갈등이 대표적이다.

지구에 존재하는 물은 약 13억 8,600만㎦로 추정되지만 이 가운데 바닷물이 13억 5,100만㎦로 전체에서 97.5퍼센트를 차지한다. 염분이 많아 사용할 수 없는 바닷물을 제외하고, 사람이 사용할 수 있는 물은 만년설 형태로 존재하는 물과 지하수를 제외한 하천이나, 호수 물 약 0.0086퍼센트를 60억 인구가 사용한다.

19세기까지만 해도 물은 무한대로 쓸 수 있는 자원으로 여겨졌다. 물 쓰듯 한다거나, 물로 본다는 말에서 알 수 있듯이 너무 흔해서 경제적 가치가 없는 것으로 생각했다. 그러나 20세기 초, 경제가 발전하면서 수요가 빠르게 늘어 언젠가는 물 부족 시대가 올 것이라는 수자원 개념이 생기면서 물도 자원으로 인식하게 되었다. 특히 급격한 산업화로 많은 공장이 세워져 공업용수와 인구 증가로 물 수요가 빠르게 늘어났다. 이와 함께 식량 생산에 필요한 농업용수와 하천의 수질을 보전하고 개선하는데 필요한 유지용수도 증가했다.

이처럼 사회 환경 변화로 물 부족이 심각해지자 1992년 11월 제47차 유엔 총회에서 3월 22일을 세계 물의 날로 제정하고 물 부족과 수질 오염을 방지하는 세계 물 포럼 등 다양한 행사를 열었다. 유엔은 2003년 세계 물의 해 사업을 끝내면서 2015년까지 생명을 위한 물 행동 10개년 계획을 선포했다. 중국 베이징에서 개최된 세계 물 회의에서 월리 온도 유엔 인간 거주 위원회 사무총장은 지구촌 80개국과 전 세계 인구 40퍼센트가 물 부족으로 고통을 겪을 것이라면서 국제 사회가 모두 힘을 합쳐 물 위기를 극복할 수 있는 조치를 하라고 촉구했다. 2008년 7월 유엔은 7억 명이던 세계 물 부족 인구가 2025년에는 약 30억 명으로 늘어날 것으로 예상했다. 이처럼 환경 파괴와 경제 개발로 물 부족을 겪는 사람이 늘어나면서 물에 대한 소중함이 더욱 절실해지고 있다.

③ 우리나라도 물 부족 국가가 될 수 있다

유엔에서 물 부족 국가를 분류하는 이유는 물을 효율적으로 활용하기 위해서 이다. 현재 일부 지역을 제외하면 강수량보다는 활용률이 훨씬 낮아서 물 부

● 무분별한 지하수 개발로 사막화가 진행되는 중국

족 현상이 발생할 것으로 보고 있다. 학자들은 물 사용량은 계속 늘어나고 각종 개발로 담수 능력이 급격하게 줄어드는 반면 무분별한 소비가 물 부족의 원인이라고 판단한다. 우리나라만 해도 한 해에만 약 320억 톤을 하수로 흘려보내 약 30조 원이 사라지는 것으로 조사되었다.

국제 인구 행동 연구소는 한 국가의 연간 사용 가능한 양이 1,000㎦ 미만이면 물 기근 국가로, 1,000~1,700㎦는 물 부족 국가로, 1,700㎦ 이상이면 물 풍요 국가로 분류한다. 이 기준을 우리나라에 적용하면 1993년 1인당 물 사용량 1,470㎦, 2000년 1,488㎦로 물 부족 국가에 해당한다. 특히 2025년 물 사용량이 최대 1,327㎦에서 최소 1,199㎦에 이를 것으로 예상해 갈수록 물 사정이 어려워질 것으로 예상된다. 그러나 일부 학자는 대도시에서 물 부족을 겪지 않으므로 수요와 공급만 조절하면 문제를 해결할 수 있기 때문에 잘못된 판단이라고 주장한다.

우리나라의 연간 강수량은 세계 평균보다 많지만 높은 인구 밀도로 1인당 강수량은 매우 적은 편이다. 우리나라 연평균 강수량은 1,245mm로 세계 평균 880mm보다 1.4배 높지만 인구 밀도가 높아 1인당 연 강수량이 2,591㎥여서 세계 1인당 강수량의 8분의 1에 불과하다. 그뿐 아니라 계절별, 연도별, 지역별 강수량 편차가 심하고 전 국토의 65퍼센트가 산악 지형으로 하천 경사가 급한 지리적 특성으로 비가 내리면 육지에 머물지 않고 한꺼번에 바다로 빠져나간다. 이 때문에 비가 적게 내리는 겨울에는 물 부족 현상

● 점점 사라지는 북극의 빙하

이 자주 나타나고 지형 특성으로 홍수와 가뭄이 반복될 뿐 아니라, 강수량도 불규칙하다. 또한 계절에 따른 강수량과 지역별 차이가 너무 커서 다른 나라보다 유량 변동도 심한 편이다. 이처럼 우리나라는 수자원 이용에서 여러 가지 불리한 자연조건을 안고 있어 체계적인 관리가 필요하다.

④ 물 부족 해결 방안

물 부족 피해를 최대한 줄이려면 소비와 재활용 등에서 효율적인 관리가 필요하다. 이스라엘을 비롯한 몇몇 국가는 도시민이 사용한 하수를 정화해 관개용수로 사용한다. 이처럼 수자원을 재활용하면 막대한 양의 물을 절약할 수 있다. 전통적인 물 관리 방법으로는 다목적 댐을 건설해 장마철에 하천으로 흘려보낸 물을 다시 사용하는 방법이 있다. 또한 일부 선진국은 대형 건물을 지을 때 수조를 설치하게 한 뒤 받은 빗물을 화장실용으로 사용하기도 한다. 따라서 정부 차원에서 수자원을 지속해서 확보하려면 지표수나 지하수, 대체 수자원을 통합 관리하는 연구 개발이 함께 이루어져야

한다. 그리고 지역 간 물 분쟁이 일어나지 않도록 중앙 정부 차원에서 합리적으로 물을 사용하도록 관리 제도를 개선해야 한다. 또한 전 국민이 합리적인 물 소비를 생활화 하도록 다양한 교육도 실시해야 한다. 낡은 상수도 시설 때문에 산골과 도서 지역에 피해가 집중하므로 사용 중인 낡은 상수도를 국가 상수도망과 연결해 물 낭비를 막고, 지하수 개발을 엄격하게 제한하도록 법을 개정해 효율적으로 관리해야 한다. 특히 기후 변화로 늘어나는 물 부족 문제를 해결하려면 세계 각국이 공동으로 대처하는 것도 필요하다. 이와 함께 물 가치를 과소평가하는 인식을 바꾸어서 깨끗한 물의 소중함을 일깨워 주어야 한다.

5 경제 기적을 이룬 위대한 대한민국

　일제 강점기 우리나라는 일본 경제에 예속되어 제대로 발전할 수 없었고, 광복 후에는 좌우 분열과 분단으로 오랫동안 혼란스러운 사회가 이어졌다. 특히 지하자원과 산업 시설이 집중된 북한과 달리 남한은 농업과 경공업 중심이어서 경제 발전 속도가 더딜 수밖에 없었다. 이를 극복하기 위해서 정부는 농·공업 균형 발전과 소작제 철폐, 자유로운 기업 활동, 사회 보장 제도 시행, 인플레이션 등에 총력을 기울였다. 특히 농지개혁법을 제정하고 미국과 경제 원조 협정을 체결해 경제적 안정을 꾀했으나 6·25전쟁으로 다시 위기를 맞았다. 특히 전국 생산 시설 42퍼센트로 경인 지역에 밀집해 있던 섬유 산업과 인쇄업 대부분이 파괴되면서 실업자가 넘쳐났다. 그뿐 아니라 전쟁 비용을 조달하려고 많은 화폐를 발행하면서 물가가 폭등하고

● 인천상륙작전으로 파괴된 인천 모습

물자마저 부족해 국민은 이중고를 겪게 되었다.

　하지만 6·25전쟁이 끝나고 외국 원조로 복구 사업을 시작하면서 생산 활동도 재개했다. 1950년대 후반 제분·제당과 섬유 산업

이 성장하면서 시멘트와 비료 생산은 늘었지만 기계 공업 등 생산재 산업 발전은 더디게 진행되었다. 더군다나 생산재와 원료에 이르기까지 수입에 의존하고 농업 시설이 제대로 복구되지 않은 상태에서 식량난까지 겹쳐 큰 혼란이 일어났다. 이승만 정부는 어려움에 처한 경제를 되살리려고 경제 개발 7개년 계획을 세웠으나 부정투표로 물러나면서 물거품이 되었다. 그

뒤 등장한 장면 내각은 경제 개발 5개년 계획으로 수정했지만 5·16 군사 쿠데타로 정권을 잡은 박정희 정권은 이를 재수정 했다. 당시 자본, 원료, 기술 등 모든 것이 부족했던 우리나라는 월남전에 참가한 군인들의 월급과 서독에 파견한 광부와 간호사를 번 돈으로 부족한 자본을 해결해 경제를 안정시켰다. 1960년대 추진한 경제 개발 5개년 계획으로 경공업과 기간산업을 육성해 조금씩 발전했다. 그리고 1970년대에 추진한 3·4차 경제 개발 5개년 계획을 통해 중화학 공업 육성으로 광·공업과 경공업 중심에서 벗어나 체질을 바꾸었다. 또한 농어촌 개발을 위한 새마을운동을 전개해 국토 개발을 추진하는 한편 식량 증산에도 힘을 쏟았다. 특히 산업을 뒷받침할 사회 간접 자본을 확보하려고 경부 고속도로를 비롯한 도로망을 건설해 전국을 일일생활권으로 바꾸어 농촌 문화를 개선했다.

● 독일로 떠나는 간호사와 광부들의 모습

　정부가 추진한 경제 개발 계획이 성공을 거두면서 우리나라는 세계에서 주목받는 신흥 공업국이 되었다. 경제 규모도 몰라볼 정도로 커져 2000년대 들어서는 국민 총생산과 무역 규모가 세계 10위권에 진입했다. 1962년 87달러이던 국민 총생산은 1995년 1만 달러를 돌파했고, 5,500만 달러였던 수출은 5,000억 달러를 넘어서는 등 산업 구조가 선진국 형으로 전환해 1차 산업은 줄어들고 제조업과 서비스업 비중이 늘어났다. 기업들은 전자, 자동차 등 다양한 제품을 앞세워 미국과 유럽, 남미 등에 진출했다. 특히 동남아시아를 비롯한 중동, 아프리카에는 많은 중소기업과 건설 회사가 진출해 눈부신 활약을 펼치고 있다. 그리고 아시아·태평양 경제 협력체인 APEC과 같은 국제기구에 적극 참여해 경제 협력을 이룩하는 데 주도적인 역할을 하고 있다.

　1998년 이전 우리나라 경제는 정부 주도형 정책에 의존해 성장했다.

정부 주도형 정책은 전략 산업을 빨리 키우는 장점이 있지만 지금처럼 세계 무역 기구 체제에서는 보조금 지원이 불가능하다. 당시에는 특정 산업을 육성하려고 사회 간접 자본을 정부가 주도해 기업은 큰 비용이나 노력 없이 이용할 수 있었으나 지금은 경제에만 재정을 투입할 수 없어 쉽지가 않다.

국가에서 주도하는 개발 방식은 특정 산업에만 자본을 투자하기 때문에 모든 산업을 골고루 발전시킬 수 없었다.

● 전국을 일일 생활권으로 만든 경부고속도로

현재 우리나라 국민 총생산에서 차지하는 1차 산업 비중이 10퍼센트 이하로 경제 개발을 추진할 때보다 훨씬 낮다. 또한 국가가 직접 유치산업을 육성하면 정책에 따라 간섭을 받을 수 있기 때문에 자유 무역이 이루어졌을 때 경쟁력이 뒤질 수 있다. 우리나라가 IMF 외환 위기를 극복하고 세계 10위권의 경제국으로 성장한 배경에는 부실기업을 청산하고, 자유롭게 경쟁할 수 있도록 체질을 바꾼 것이 주효했다.

○생각해 보기

1. 급격한 경제 발전으로 생긴 문제를 알아본다.
2. 경제 발전의 부작용을 해결하는 방법을 알아본다.

① 무역 규모 1조 달러 시대를 연 대한민국

2011년 12월 5일 우리나라는 영국, 프랑스, 일본 등 선진국보다 7년 빨리 무역 규모 1조 달러를 달성했다. 이러한 저력은 2000년대 후반 세계 2위의 경제국으로 성장한 중국보다 높은 수출 증가율 27.9퍼센트, 세계 1위 로 증명했다. 특히 막강한 경쟁력을 앞세운 제조업을 바탕으로 세계 점유율 1위인 조선업과 휴대 전화, 평판TV, 반도체 등 첨단 산업과 자동차, 철강, 섬유 등이 수출을 이끌었다. 이 가운데 2000년대 이전까지만 해도 국제 시장에서 명함도 못 내밀었던 휴대 전화는 2000년대 중반 이후 매년 1억 대 이상 수출해 판매량 세계 1위에 다가섰고 세계 1위의 기술로 평가받는 조선을 비롯해 정유 산업과 화학·섬유부품 소재 산업의 눈부신 성장은 우리나라 수출에 일등 공신이 되었다.

● 현대자동차가 최초로 개발한 포니 자동차

특히 1976년 에콰도르에 처음 수출했을 때 깡통을 펴서 만든 자동차라는 손가락질을 받았다. 또한 1986년 미국에 수출했을 때에는 일회용이라는 비아냥거림을 들었던 현대·기아자동차는 품질 향상에 힘을 쏟은 결과 2010년 5월 미국에서 처음으로 GM, 포드에 이어 시장 점유율 5위를 기록했고, 2011년 미국 시장에서 10퍼센트의 점유율로 세계 자동차업계를 놀라게 했다.

1997년 삼성전자가 홍콩에 두 개 모델을 수출해 첫발을 내디딘 휴대 전화도 부품을 수입해 조립하는 수준이었다. 그래서 노키아, 모토로라 등 세계 휴대 전화업체는 국제 시장에서 명함도 내밀지 못하고 사라질 것이라고 비웃었지만 국내 시장을 바탕으로 기술을 익혀 지금은 전 세계에서 가장 많이 인기를 얻고 있다. 1991년 미국 퀄컴에서 개발한 CDMA 코드 분할 다중 접속 방식 기술을 들여와 한국이동통신연구소 현재 SK텔레콤 가 1995년 세계 최초로 제품 개발에 성공한 뒤 2011년 시장 점유율 세계 2위를 기록했다. 삼성, LG전자, 팬택은 매년 4억 대가 넘는 휴대 전화를 수출해 전 세계 소비자에게 대한민국을 알렸다. 이러한 성과를 바탕으로 2011년 12월 5일 마침내 우리나라는 세관 통관 기준 수출입규모 1조 달러를 돌파했다.

● 우리나라 연도별 무역액과 무역 순위, 단위 달러

1948년	1964년	1974년	1988년	1995년	2002년	2004년	2005년	2006년	2008년	2010년	2011년
2억	5억	100억	1,000억	2,000억	3,000억	4,000억	5,000억	6,000억	8,000억	8,900억	1조 달러
66위	69위	34위	12위	12위	13위	12위	12위	12위	11위	9위	8위

● 우리나라 5대 수출품의 특징

수출 품목	국내 수출 비중 변화(%) 2000년→2005년 →2009년	수출 순위 변화 2000년→2005년 →2009년	수출액(달러) 2000년→2009년 (연평균 증가율)
선박	4.9%→5.2%→22.4%	5위→4위→1위	84→451(194%)
반도체	15.1%→10.5%→8.3%	1위→1위→2위	260→310(5.1%)
휴대 전화	4.6%→9.7%→8.5%	6위→3위→3위	52→310(19.5%)
평판디스 플레이	0.2%→1.7%→7%	77위→11위→4위	2.8→256(26.7%)
자동차	7.7%→10.4%→7%	3위→2위→5위	132→254(8.6%)

무역 규모 1조 달러는 현대자동차가 싸구려 제품이라는 비웃음을 견디며 미국에 엑셀을 수출한 1988년 1,000억 달러를 돌파한 지 23년 만에 일궈낸 성과였다. 무역 규모 1조 달러는 국가 이미지를 높여 신흥 시장에서 매년 50퍼센트 이상 수출을 늘렸다.

2010년 우리나라 무역 규모는 미국, 중국, 독일, 일본, 프랑스, 네덜란드, 영국, 이탈리아에 이어 세계 9위였으나, 수출은 이미 우리보다 먼저 1조 달러를 돌파한 영국과 이탈리아를 제쳤다. 특히 2011년 4월에는 전년과 비교한 수출 증가율에서 27.9퍼센트를 기록해 세계 최대 수출국인 중국의 27.4퍼센트를 제치고 1위를 차지하기도 했다. 우리나라 수출 시장은 선진국 뿐 아니라 러시아·브라질·아프리카 등 신흥 공업국 시장에서도 50퍼센트 이상 늘어나고 있다. 특히 세계 시장에서 점유율이 높은 조선, 중공업, 반도체, 휴대 전화 세계 1위, 자동차 세계 5위, 철강 세계 6위 등은 국제 경쟁력을 가진 플라스틱, 화학 같은 부품, 소재 산업과 수직 계열화를 이루어 상승효과를 보이고 있다. 플라스틱, 합성수지, 반도체, 기계 부품 등 소재 부품 산업의 경쟁력은 고부가 가치 선박, 자동차, 스마트 TV, 스마트폰 같은 완성품을 짧은 시간에 세계적인 수준으로 올리는 데 큰 역할을 했다.

● 우리나라 무역액 변화

무역액 수립 연도와 금액	주요 수출품	주요이슈
1974년 100억 달러	1차 산업, 신발, 섬유 제품 등	- 1~3차 경제 개발 계획 - 주요산업 생산 시설 · 1972년 울산 석유 화학 단지 · 1973년 포항 제철소 · 1974년 조선 도크
1988년 1,000억 달러	섬유 제품, 자동차, 반도체	- 4~5차 경제 개발 계획 - 수입 자유화 정책 - 1986년 사상 처음 흑자
2000년 3,000억 달러	반도체, 자동차, 의류, 선박, 컴퓨터, 텔레비전	- 1995년 WTO 설립 - 1997년 아시아 외환 위기 - 1998년 흑자 전환 - 외국 투자 및 생산
2005년 5,000억 달러	반도체, 자동차, 휴대폰, 컴퓨터, 선박, 석유 제품	- 흑자 기조 유지 - 중국 1위 수출 시장 등극 - 남북 교역
2011년 1조 달러	반도체, 선박, 자동차, 휴대 전화, 석유 제품, LED	- FTA 추진 - 2008년 국제 금융 위기 - 외국 생산 확대

특히 세계 최대 생산 기지인 중국에 부품 수출을 비약적으로 늘려 2010년 1,168억 달러 약 125조 원 로 전체 수출액의 25퍼센트를 차지했다. 그러나 이러한 구조는 중국 경제가 어려움에 빠지면 함께 불황을 겪을 수 있으므로 수출 지역을 넓혀야하는 숙제도 생겼다.

일제 강점기를 벗어난 1946년 우리나라 주요 수출품은 오징어, 중석으로 미국과 일본 단 두 나라에 350만 달러의 수출에 불과했다. 1960년대 초까지 우리나라 10대 수출품은 철광석, 무연탄, 오징어, 흑연, 돼지 털 등 광물과 농·수산물로 대부분 1차 산업이었다. 그러나 1960년대 시작한 경제 개발을 계기로 1970년대 섬유, 합판, 신발 등 경공업 제품이, 1980년대에는 의류, 철강, 선박, 영상 기기를 거쳐 2000년대 반도체, 선박, 자동차, LCD 디스플레이, 휴대 전화, 평면 텔레비전, 합성수지 등 기술 집약적인 산업으로 전환하면서 첨단 고부가 가치 제품으로 바뀌었다.

② 세계 5위도 가능한 대한민국 경제

우리나라는 2011년 12월 5일 수출 5,150억 달러, 수입 4,850억 달러로 무역 규모 1조 달러를 돌파했다. 2000년대 우리나라 기업들의 주요 수출품은 자동차와 선박, 화학 제품, 휴대 전화, 정보 통신 기기 등 첨단 과학 기술이 집약된 제품이 주를 이루었다. 또한 2011년 7월 한·유럽 연합과 맺은 자유 무역 협정이 발효되면서 수출액이 557.3억 달러를 기록했다.

2012년 지식경제부가 발표한 우리나라 2011년 상반기 수출액은 2010년보다 24.4퍼센트 늘어난 2,754억 달러, 수입은 26.6퍼센트 늘어난 2,580억 달러를 기록해 수출과 수입을 합한 상반기 무역액이 5,334억 달러로 역사상 최대였다. 보통 수출입 규모는 상반기보다 하반기에 더 늘어 2010년 4,665억 달러로 상반기 4,251억 달러보다 9.7퍼센트 많았다. 그리고 2011년 우리나라는 수출 5,570억 달러, 수입 5,280억 달러로 총 1조 850억 달러, 290억 달러의 무역 수지 흑자를 달성했다. 우리나라 무역액은 1946년 수출 350만 달러, 수입 4,950만 달러로 총 5,000만 달러에 불과했지만 1967년 10억 달러, 1974년 100억 달러, 1988년 1,000억 달러를 돌파했다. 우리나라 무역액 증가 속도는 먼저 1조 달러를 돌파한 미국·중국·독일·일본·프랑스·네덜란드·영국·이탈리아 등 8개국 가운데 중국을 제외하면 가장 빠른 속도였다. 2006년 프랑스, 2007년 영국과 네덜란드가 무역액 1,000억 달러에서 1조 달러까지 도달하는 데 30여 년이 걸렸으나 우리나라는 23년 만에 돌파한 것이다. 무역 규모 1조 달러를 기록한 때를 기준으로 삼으면 우리나라는 프랑스·영국·네덜란드 등과 4, 5년 차이가 나지만 2008년 세계 금융 위기 때 증가율을 고려하면 몇 년 내에 영국·프랑스 등을 제치고 세계 5대 무역국에 올라설 수도 있다.

● 2010년 세계 무역 규모 순위

1위	미국	3조 2,462억 달러
2위	중국	2조 9,729억 달러
3위	독일	2조 3,359억 달러
4위	일본	1조 4,624억 달러
5위	프랑스	1조 1,263억 달러
6위	네덜란드	1조 886억 달러
7위	영국	9,622억 달러
8위	이탈리아	9,317억 달러
9위	한국	8,917억 달러
10위	홍콩	8,430억 달러

자료: WTO(세계 무역 기구)

③ 소득과 행복의 관계

사람들은 많은 돈을 벌려고 노력한다. 그래서 월급을 많이 주는 직장에 들어가려고 인기 대학과 인기학과에 들어가려 치열한 경쟁을 한다. 그런데 사회학자들은 많은 돈을 번다고 해서 반드시 행복한 것은 아니라고 주장한다. 소득과 행복의 관계를 연구한 리처드 레이어드는 놀라운 연구 결과를 발표했다. 서유럽 사람들은 지난 50년 동안 높은 소득으로 풍요로운 생활을 하고 있지만 수입이 늘어난 만큼 더 행복해지지는 않았다는 것이다. 부자가 가난한 사람보다 더 큰 행복을 느낄 수는 있지만 여러 시점을 비교해 보면 잘 사는 만큼 더 행복한 것은 아니라는 것이다. 그는 이러한 근거로 제2차 세계 대전 이후 50년 동안 1인당 국내 총생산이 3배로 늘어난 미국인에게 얼마나 더 행복해졌냐는 질문에 매우 행복하다는 응답은 그대로였다고 한다. 매우 행복하다고 대답한 사람은 1950년대 후반 40퍼센트 대였다가 1990년대 말 30퍼센트대로 줄었다는 것이다.

이런 통계는 일본도 비슷해 1인당 국민 소득이 여섯 배로 늘어나는 동안 만족도는 그대로였고 유럽 또한 마찬가지였다. 특히 소득 수준으로만 여러 나라를 비교해 보면 먹고 살기에 급급한 저개발국 국민은 소득이 행복에 영향을 주지만 일정한 소득을 넘어선 선진국에서는 사라졌다는 것이다. 일반적으로 소득과 삶의 만족도인 상관 계수는 매우 높지만 1인당 소득이 1만 3,000달러를 넘어선 국가들에서는 감소했고, 1만 5,000달러를 넘어선 국가에서는 행복 지수가 소득과 관련이 없었다고 한다. 이러한 결과는 한 국가 내에서는 일반적으로 부자가 가난한 사람들보다 더 건강하지만 가난한 국가가 선진국 국민만큼 건강한 예도 많았다고 한다. 특히 1인당 국민 소득이 미국의 9분의 1에 불과한 쿠바인의 기대 수명은 미국과 같은 78.3세였다고 한다.

우리나라는 외환 위기 전인 1996년 조사에서 65개국 가운데 소득과 삶 만족도가 중상위권으로 높은 편이었지만 2006년 영국 사회학자 와이트가 조사한 국가별 행복 지수는 세계 102위에 머물렀다. 우리나라는 외환 위기 이후 12년 동안 1인당 소득 원화 기준이 2배로 늘어 2010년 12월 국제 통화 기금이 조사한 때는 20,753달러로 세계 33위였다. 이처럼 소득이 늘어도 부유한 만큼 행복을 느끼지 못하는 현상을 이스털린의 역설이라고 한다. 이스털린의 역설은 행복과 소득의 관계를 연구한 미국 사회 심리학자 이스털린의 이름을 붙인 학설로 부유한 사람들은 습관처럼 더 많은 부를 얻으려고 행동하지만 옛날보다 잘 사는 것과 남보다 잘사는 것은 상대적이어서 열심히 노력해서 느끼는 기쁨이 오래가지 않았다고 한다. 이는 갑자기 물질적인 풍요로움을 누리게 되면 얼마 지나지 않아 당연한 것으로 여겨 시간이 지나면 더 많은 것을 원하기 때문이라는 것이다. 이처럼 풍요로운 환경에 적응한 사람은 기대 수준도 높아져 사치품을 필수품으로 생각한다는 것이다. 2000년대 들어 사회 문제가 되었던 명품 열풍도 결국 이스털린의 역설을 설명하는 현상이라고 할 수 있다.

● 공리주의 철학자 제러미 벤담

이처럼 소득이 늘어도 행복 지수가 늘지 않고 만족하지 못하는 것은 인간이 가진 끝없는 탐욕 때문이다. 일정한 부를 축적한 사람들은 더 잘 살고 싶은 열망과 더 높은 지위에 오르려는 욕망 때문에 끊임없이 일에 매달려 스트레스를 받는다. 그런데 문제는 높은 지위는 한정되어 있어 치열한 경쟁을 벌여도 극소수의 사람만이 오르는 제로섬 게임이라는 점이다. 세상 모든 사람이 좋은 집과 비싼 자동차를 가질 수 없는 것처럼 부와 명예는 항상 소수만이 누려왔다. 그런데 경쟁에 빠진 사람은 여가를 즐길 여유가 없고, 경쟁을 포기하기도 쉽지 않다. 따라서 사회학자들은 행복을 추구하는 가장 좋은 방법이 경쟁의식을 없애는 것이라고 주장한다.

많은 사람이 인류 역사에 자본주의가 등장하면서 인간이 자유를 위해 돈의 굴레에 빠졌다고 경고했었다. 18세기 영국에서 공리주의를 주장했던 제러미 벤담은 사람들이 항상 고통은 피하고 쾌락을 추구한다고 생각해 행복이나 효용을 수학을 빌려 계산하려 했다. 그래서 당시 경제학자들도 쾌락과 효용을 측정 비교하려고 측정기 개발에 많은 노력을 기울였다. 그러나 행복을 정확히 잴 수 있는 기계를 만들지 못하자 겉으로 드러나는 사람들의 무의식적 행동을 바탕으로 선호도를 조사하는 방법을 이용했다. 하지만 현대에 들어서면서 사회학자들은 이런 방법을 사용하지 않고도 행복을 직접 측정할 수 있게 되었다. 사람들에게 행복이나 만족도를 직접 묻고 그들의 생각이 정확한지 확인하려고 신경과학 이론을 이용한 것이다. 전전두엽 피질에 전기적 활동과 혈류를 측정하는 장치를 연결해 특정 질문과 대답이 실제 느낌과 일치하는지를 확인하는 방법이다. 예를 들어 어떤 가정의 소득이 평균 가계 소득보다 3분의 1로 낮아졌을 때 줄어든 만족도를 1로 정하고, 일자리를 잃거나 건강이 5단계 가운데 1단계 나빠지면 행복 만족도는 3이, 이혼했을 때 2.5~4.5가 줄어들 것으로 생각했다. 특히 행복을 연구하는 학자들은 사람이 소득만 중요하게 생각하면 일에서 느끼는 성취감을 찾기 어렵고 소득에 따른 소비와 지위보다는 가족 건강과 여가를 소중한 가치로 보았다. 따라서 행복을 추구하는 사람이라면 다양한 여가 활동을 통해 행복을 재분배해야 한다고 주장했다. 사회 심리학자들은 직업의 안정성과 공동체 의식, 정신적 건강, 정치적·개인적 자유를 비롯한 전통 경제학에서 관심을 갖지 않던 가치를 적용한 것이다.

2000년대 이후 우리나라에서 인기를 끈 부자 아빠 열풍은 언제, 어디서나 재산 불리기였다. 이러한 현상은 일부 대학에서 자본주의 개념을 적용해 인기가 없거나, 돈이 안 되는 인문학과를 통폐합하기도 해 부를 향한 인간의 끝없는 욕망을 보여주었다. 그러나 선진국에서는 이와 반대로 부의 축적보다는 축적한 부를 사회에 환원하려는 사람들로 대조를 이루었다. 특히 외국의 유명 대학에서는 인문학과를 늘리거나 인문학 강좌를 기본 과목으로 채택해 사회 심리학자들이 주장한 행복론과 연결시켰다. 그뿐 아니라 부자들도 오래 전부터 이러한 가치관을 실천해 관심을 끌었다. 특히 온갖 방법으로 돈벌이에만 집착했던 록펠러는 욕망을 벗어던지려고 재단을 만들었고, 독점 기업을 운영해 많은 재산을 모아 비난을 받았던 빌 게이츠는 마이크로소프트에서 퇴임하면서 전 재산을 빌 & 멜린다 게이츠 재단에 기부하면서 노블레스 오블리주의 가치를 일깨워 주었다. 또한 유명 연예인들도 이러한 행복 전파에 앞장섰다. 영화『로마의 휴일』로 유명한 배우 오드리 햅번은 말년 가난한 아프리카를 돌아다니며 빈민 구제 운동을 벌였고, 영화『타이타닉』의 주연 배우였던 레오나르도 디카프리오는 환경 운동에 적극 참여했다. 영국 비틀즈의 멤버였던 존 레넌은 1970년대 반전운동에 적극 참여하고 있으며, 영화『대부』에 출연했던 배우 말론 브란도는 인디언 차별에 항의하는 의미로 1972년 아카데미상 수상을 거부하기도 했다.

2000년대 이후 우리나라에서 관심을 끈 사회적 기업이나 올바른 대가를 지급해 빈민국 노동자가 가난에서 벗어나도록 하는 착한 소비 운동도 행복 공동체를 추구하는 실천의 가치로 자리 잡았다. 결국 행복과 소득의 관계는 심리적인 것에서 많은 영향을 받는다는 점에서 인간이 가져야 할 가치가 단순한 부의 축적이 아님을 잘 보여주고 있다.

④ 소유의 종말과 공유 경제

2000년 제러미 리프킨이 쓴 책『소유의 종말』에서 개인이 재화를 소유하는 시대가 끝날 것이라고 예언했다. 이러한 그의 예언은 2010년을 지나면서 옷, 음식, 집, 공간 등을 공유하는 새로운 경제 개념으로 관심을 끌었다. 2013년 시사 주간지 타임은 공유 경제가 세상의 소비문화를 바꿀 것이라고 보도하기도 했다.

공유 경제 Sharing Economy 는 2008년 미국 하버드대 로런스 레식 교수가
처음 사용한 말로 하나의 제품을 여럿이 공유해 쓰는 협업 소비를 기본으로
한 경제를 말한다. 2000년대 들어 높은 집값과
취업난, 비싼 물가 등으로 어려움을 겪게 된 사
람들 사이에서 공유 경제가 소비의 새로운 대안
으로 관심을 끌면서 퍼지기 시작했다. 최근에는
공유 경제가 단순히 물건을 빌려 쓰는 의미에서
벗어나 경험과 삶을 공유하는 방식으로도 활용
되고 있다.

● 제러미 리프킨

근대 자본주의에서 핵심으로 자리 잡은 소유
개념을 이제는 접속이 대체하게 된 것이다. 제러
미 리프킨이 『소유의 종말』의 소제목으로 접속
의 시대 The Age of Access 로 이름 붙인 것은 경제 · 정치 · 문화 등 모든 영역에
걸쳐 인터넷을 매개로 컴퓨터와 스마트폰이 접속하는 방식으로 다양한 정
보를 공유한다는 것이다.

20세기 현대 산업 자본주의에서 확립된 소유의 개념은 독립적이고 배타
적이며 지속성을 가져 재산을 소유하고 사용하고 처분할 수 있는 권리를
가지고 있다. 그러나 이제는 상품을 소유하면서 그에 대한 접속권을 갖는다
는 것이 리프킨의 주장이다. 접속은 의존적이고 유동적이며 일시적인 특성
을 지녀, 거미줄처럼 연결된 네트워크 경제에서는 모든 것이 접속으로 이루
어져 기존 삶이 가진 다양한 활동이 디지털 회로가 만들어낸 가상세계에서
이루어진다고 본 것이다. 따라서 이러한 변화는 산업 자본주의에서 강력한
영향력을 발휘하던 생산과 자본의 힘이 줄어들 것이라고 생각했다. 그는
특히 접속 문화가 가져온 영향력이 사회 구조뿐 아니라 생활 방식에도 많은
영향을 줘 인간관계를 변화시켜 연결 지향적이고, 다중 인격적이어서 유희
에 집착한다고 보았다. 이러한 변화에 대응해서 기업도 문화 체험 상품을

비롯한 새로운 판매 전략을 시도하고 있다. 이러한 문화 상품은 단순히 새로운 경제 활동을 넘어 인간이 지닌 가치를 기본적으로 뒤바꿔 놓는 계기가 된다는 것이다. 특히 전통적인 인간관계에서 보였던 상호 공감과 신뢰나 호혜 같은 소중한 가치가 사라질 수 있어 심각한 문제가 될 수 있다고 한다. 그러나 이러한 혜택을 누릴 수 있는 사람은 세계 인구의 1/5에만 해당되며, 접속할 수 없는 사람은 해당되지 않는다고 보았다. 결국 접속의 시대에서 새로운 네트워크 경제에 접속하는 사람과 그렇지 않은 사람의 격차가 소유의 시대 보다 더 큰 차이를 보일 것이라고 예상했다. 접속의 시대에서 기업은 상품 생산을 기존 소유의 시대에서 사용한 방식과 전혀 다른 전략을 추구할 수밖에 없다는 것이다.

산업 자본주의에서 생산에 필요한 자원은 노동과 토지, 자본으로 구성된다. 그러나 현대 경제에서 노동은 대본, 배역 선정, 세트 디자인, 촬영, 분장 등을 제작 회사와 외주 업체가 일시적으로 제휴해 분담하는 할리우드 영화 제작 방식으로 바뀔 것으로 보았다. 이러한 방식은 각 분야에서 전문적인 지식과 실행 능력을 갖춘 각각의 기업이 필요에 따라 모여 생산하는 것을 말한다. 따라서 접속의 시대에서 기업은 특정 과제를 최대한 효율적으로 수행하기 위해 인력 네트워크에 접속해 노동력을 조달하므로 각각의 노동자는 이합집산을 거듭하고 조직도 매우 유동적인 형태를 띨 것으로 보았다. 따라서 토지를 이용하는 형태도 변해 기업은 더 이상 넓은 토지에 큰 공간을 마련하지 않고 작지만 트인 공간에서 호텔 예약하듯이 여러 사람이 공유하도록 바뀐다고 보았다. 회사에는 개인 좌석은 존재하지 않고 한정된 공간에서 많은 사람이 필요에 따라 접속하는 방식으로 바뀔 것이라는 것이다. 자본에 대한 접근 방식도 변해 투자로 개인이 소유하던 방식에서 공동 소유로 투자가 이루어져 생활 방식에 접속할 수 있는 권리를 소유하는 것으로 그 의미가 변한다고 보았다. 특히 인터넷과 스마트폰이 널리 퍼져 이를 기반으로 거래를 중재하는 공유 경제 기업이 2009년 이후 미국에서 최소

100개 업체가 생겼다고 경제잡지 포브스는 발표했다. 공유하는 자원도 다양해 가재도구나 공구, 옷, 자동차와 자전거 등 교통수단 등 유형의 자원을 넘어 지식과 기술, 경험과 시간 등 무형의 자원까지 활발히 나눠 쓰고 있다. 자택 창고에 물건을 보관하고 싶은 사람을 찾거나, 남는 땅을 경작하려는 사람에게 빌려주기도 한다. 특히 공유 경제 기업인 에어비앤비 AB&B 와 짚카의 성공은 산업계를 놀라게 했다. 2008년 샌프란시스코에서 시작한 AB&B는 개인이 남는 방을 여행자들에게 빌려주는 빈방 공유 소개로 2012년 숙박일수만 1,200만~1,500만 박으로 전년보다 약 7배가량 늘어났다. 짚카는 2000년 보스턴에 사는 유치원 학부모들이 환경 보호와 비용을 절약하려고 12대로 만든 자동차공유 서비스로 2012년 매출이 2억 7,900만 달러 약 3,200억 원 규모로 성장했고, 2013년 6월까지 미국, 유럽 등에서 약 1만대가 운용되었다. 이에 놀란 세계 2위 렌터카업체 에이비스는 2013년 짚카를 5억 달러 약 5,700억 원 에 인수하기도 했다. 이처럼 소비를 줄이고 자원 효율성을 높이는 이점을 가진 공유 경제는 과잉 생산으로 과소비를 부추기는 자본주의 폐해를 해결하는 방법이어서 우리나라에서도 주목하고 있다.

서울시는 공유 경제의 핵심인 개인 간 거래 P2P 가 사회적 관계를 회복시켜줄 것이라고 확신해 2012년 9월 서울시를 공유 도시로 바꿀 것을 선언하

● 외국인 문화 체험에 기여하는 한옥의 내부 모습

면서 공유 촉진 조례를 제정했다. 2013년 4월 공유 단체·기업 등 27곳을 지정해 사업비를 지원하는 등 공유 경제 확산에 노력을 기울이고 있다. 서울은 인구 밀도가 높고 인터넷과 스마트폰 등 공유 경제의 핵심인 정보 통신 기술이 널리 보급되었고 전통 공동체 문화인 품앗이 등으로 쉽게 뿌리내릴 수 있는 조건을 갖추어 졌기 때문이다. 서울시는 2013년부터 공유 경제의 개념을 도입해 시작한 카 셰일링 서비스가

우리 삶을 어떻게 바꿀지 관심을 가지고 지켜보자.

⑤ 일자리를 만드는 공유 경제

공유 경제는 기업 구성원이 지분을 공유하는 방식과 재화를 소유하지 않고 사용하는 소비를 의미한다. 공유 경제란 용어가 등장한 것은 1984년 마틴 와이츠먼 미 하버드대 경제학과 교수가 자신의 책에서 불경기를 이겨내는 방법으로 제안한 뒤, 2008년 하버드법대 교수인 로런스 레식이 발전시킨 용어로 인터넷과 SNS가 발달하면서 주목을 받고 있다. 협력적 소비로도 불리는 공유 경제는 자원을 여러 명이 빌려 쓰거나 물물 교환, 품앗이 등으로 대량 생산과 소비가 가져다 준 환경 파괴나 자원 낭비를 막을 수 있다고 주장했다. 이러한 특성 때문에 2011년 타임지는 공유 경제를 세상을 바꿀 열 가지 아이디어 가운데 하나로 선정하기도 했다.

공유 경제의 특징은 차량, 자전거, 가전제품, 사무실, 공간, 음식, 경험, 시간, 정보, 지식 등 다른 사람과 공유할 수 있는 모든 유무형의 재화를 인터넷과 스마트폰을 매개로 연결한다는 점이다. 특히 공유 경제가 기존 대여 산업과 다른 것은 주로 인터넷을 이용해 거래 비용을 절약할 수 있고, 거래 주체끼리 쉽게 접근할 수 있다는 점이다.

2013년 미국 샌디에이고에 다임러가 만든 카투고 car 2 go 는 집카 서비스와 비슷한 개념으로 온라인으로 전기 자동차 300대를 빌려주는 서비스를 말한다. 카투고의 특징은 자동차를 대여하는 사람은 장소와 시간에 구애받지 않고 이용할 수 있다는 점이다. 집카는 차량을 반납하는 장소가 정해져 있지만 카투고는 반납장소가 따로 없어 이용한 뒤, 가까운 주차장에 주차하기만 하면 된다. 특히 카투고는 자동차와 무선 통신을 결합해 차량을 운행하는 동안에도 각종 정보를 제공받을 수 있는 텔레매틱스 기술을 이용해 전기

자동차의 위치를 파악해 그곳에서 차를 다음 이용자에게 대여할 수 있도록 했다. 이러한 공유 경제의 대표적인 사례는 BMW의 드라이브 나오 등 렌터카 서비스와 마이크로소프트가 제안한 자전거 대여 솔루션, 세계 곳곳의 빈집과 빈방을 여행자들에게 연결해 주는 공유 서비스인 에어비앤비 등이 있다.

특히 공유 경제는 높은 실업률과 실소득이 줄어드는 시대에 정규직과 사회 보장 보험에 매달리지 않고 살아갈 수 있도록 해 매우 긍정적이다. 개인이 소유한 자원이나 재능을 활용해 수입을 올릴 수 있는 기회를 제공하기 때문이다. 은퇴자는 에어비앤비를 통해 방을 빌려준 소득으로 연금을 대체할 수 있고, 특수한 기술을 가진 프리랜서는 기술 공유 사이트에서 일거리를 찾을 수도 있다. 각지에 흩어져 있는 다양한 자원을 공유 경제라는 네트워크에 모을 수 있는 힘은 정보 통신 기술이 발전한 결과이다. 자원 소유자와 수요자가 만나는 인터넷을 바탕으로 자유롭게 개인끼리 거래할 수 있게 되면서 전 세계에 빠르게 퍼졌다. 특히 2008년 세계 금융 위기와 2010년 남유럽의 소버린 사태로 재화를 소유보다는 빌려 쓰려는 소비자가 늘 수 있었던 것은 소셜네트워크서비스 등 정보 통신 기술이 공유 경제의 촉매제 역할을 했기 때문이다. 정보 통신 기술은 공유 경제에서 물리적 환경을 제공하고 정신적인 지주 역할을 한다. 2008년 로런스 레식이 공유 경제 개념을 처음 정리한 것도 정보 통신 기술 저작권을 공공 재산으로 보아야 한다는 오픈 소스 운동의 연장선에서 접근했다. 이는 인터넷에서의 창작물 저작권 공유 문제를 실생활로 넓힌 것으로 정보 통신 산업 중심지인 샌프란시스코가 세계 공유 경제의 중심으로 자리 잡은 것은 이러한 운동이 바탕이 되었다. 특히 대표적인 공유 경제 사례로 자리 잡은 에어비앤비 등 많은 공유 경제 기업이 샌프란시스코를 기반으로 활동하게 된 것은 시 정부가 2012년 3월부터 민간 전문가와 함께 공유 경제 협력 TF팀을 만들어 지원했기에 가능했다. P2P 중개를 바탕으로 한 공유 경제 기업은 창업비용이 거의 들지 않는 장점이 있다. 특히 불경기로 실업률이 높은 때에 아이디어만으로도 창업에 뛰어들 수 있어서 많은 호응을 얻고 있다.

공유 경제를 암시한 것은 제러미 리프킨의 『소유의 종말』이지만 널리 퍼질 것으로 예상한 것은 『위 제너레이션』이다. 2010년 출간된 『위 제너레이션』은 2008년 금융 위기 뒤 빠르게 늘어나는 공유 경제 사례를 들면서 경제가 살아나도 앞으로 10년 동안 지속될 현상으로 지속 가능한 재창조의 시스템이라고 평가했다. 2013년 포브스는 미국에서 공유 경제에 참여한 개인들이 벌어들이는 돈이 25퍼센트 늘어난 35억 달러 3조9,000억 원 이상이 될 것으로 예측했다. 특히 공유 경제로 자원 소유를 넘어 접근에 더 가치를 두면서 이미 생산한 자원의 효용을 최대한으로 끌어올릴 수 있게 되었다. 따라서 과소비와 쓰레기가 줄일 수 있어 공유 경제는 20세기형 산업 자본주의보다 훨씬 더 지속 가능성이 짙다.

공유 경제를 더욱 확산시키려면 사람들이 가진 무지와 관성을 바꾸어야 한다. 현재 35세 이상인 사람은 기존 산업 자본주의 관념인 열심히 일하고 소비하는 삶을 고수한다. 그들은 일한 대가만큼 재화를 소유해야 한다는 의식이 마음 속 깊이 뿌리박혀 있다. 그러므로 소유가 아닌 재화를 공유하려는 의식 전환이 이루어지지 않으면 효율적인 분배와 과소비로 생기는 사회 문제를 해결할 수 있는 공유 경제가 정착하는데 장애가 될 수도 있다. 그러나 인터넷 등 정보 통신 기기로 음악이나 각종 정보 등 생각을 나누는 것에 익숙한 젊은 세대가 성장하면 문제가 자연스럽게 해결될 수 있을 것이다. 이처럼 긍정적인 효과를 가진 공유 경제가 널리 퍼져도 참여자들끼리 신뢰를 쌓을 수 있을지 알 수가 없다. 만약 빈방을 공유하려는 사람이 너무 늘면 각각의 특징을 보장하기 어려울 수도 있기 때문이다. 또한 대기업이 개인끼리 공유 경제를 독점하고 확장시키는 것을 견제할 가능성도 많다. 공유 경제는 기본적으로 지역 연결망을 바탕으로 경제적 행위자인 개인끼리 지속적인 공유가 이루어져야 한다. 또한 거시 경제 차원에서 정책 입안자들이 공유 경제를 어떤 영역으로 볼 것인지와 기존 자원에서 새롭게 창출하는 가치를 어떻게 측정하고 정의할지도 알 수 없다. 이는 기존 국가 경제의 뿌리가 생산과 소비로 이루어지는 산업 자본주의 체제에서 산업 영향력이 줄어들면 어떤 방향으로 나아갈지 알 수 없기 때문이다. 그러나 공유 경제가 소유 중심의 소비문화를 변화시킬 수 있다는 점에서 긍정적이다.